新编21世纪工商管理系列教材

危机管理

第2版

主编 刘 刚

Crisis Management

中国人民大学出版社
·北京·

内容简介

危机管理能力是组织谋求生存和发展不可或缺的一项能力，越来越多的高校将危机管理列为学生培养计划的重要课程之一。本书顺应这一大趋势编写而成，旨在为学生提供尽可能全面的危机管理知识，帮助学生更好地培养危机管理能力。

本书具有如下特点：结构合理，逻辑性强；案例丰富，覆盖面广；重点突出，易于把握；语言生动，趣味性强。第2版是最新版，在维持基本框架不变的情况下，对各章内容做了精简与更新，新增了更具代表性的案例，以二维码的方式链接“延伸阅读”栏目。

本书适用范围很广，既可作为本科生和学术型研究生的教材，也可作为MBA、EMBA等专业学位学员的教学用书。组织管理人员也可以通过阅读本书加深对危机管理的理解，提升预防和处理危机的能力。

作者简介

刘　刚　管理学博士，中国人民大学商学院教授、博士生导师。曾任企业管理系主任、MBA项目中心主任，兼任中国企业管理研究会常务副理事长。研究领域为企业战略与文化、传统管理思想等。出版各类著作50余部，发表核心期刊论文70余篇，主持国家社会科学基金重点项目等国家及省部级课题7项。入选北京市优秀人才培养资助项目、中国人民大学杰出学者，2次获评中国人民大学年度“十大教学标兵”。主讲的“管理学原理”课程入选国家精品在线开放课程、北京高等学校优质本科课程。获中国社会科学院优秀科研成果奖、北京市教育教学成果奖等多项省部级奖励。

序言

党的二十大报告中深刻指出："我国发展进入战略机遇和风险挑战并存、不确定难预料因素增多的时期，各种'黑天鹅'、'灰犀牛'事件随时可能发生。我们必须增强忧患意识，坚持底线思维，做到居安思危、未雨绸缪，准备经受风高浪急甚至惊涛骇浪的重大考验。"对于企业而言，在发展过程中不可能总是一帆风顺的。危机就像税收和死亡一样，企业无法彻底摆脱它。

危机管理对企业的重要性可谓不言而喻，不仅可以帮助企业在危机爆发后更好地处理危机，消除影响，减少损失，甚至是化危为机，而且可以帮助企业做好危机发生前的预警和预防，真正做到"见落叶而知秋"和临危不乱。可见，危机管理能力已成为当今企业谋求生存和发展不可或缺的技能。企业必须彻底转变观念，树立强烈的危机意识，认真做好危机预防，有效地开展危机处理，才能在不确定性越来越强的环境中实现可持续发展，做到基业长青。

事实上，2002 年爆发的"非典"已经给许多中国企业上了一堂非常生动但又有些残酷的危机管理课。正是因为认识到这一点，为了更好地帮助企业开展危机管理工作，我在 2004 年出版了《危机管理》（中国经济出版社）一书。该书一面市就受到企业管理者的欢迎和好评，一度进入一些畅销书排行榜。而 2020 年肆虐全球的新冠肺炎疫情，则让众多企业对危机有了切肤之痛的认识，企业界形成普遍的共识：危机管理应成为企业的必修课。

作为培养管理人才的摇篮，商学院或管理学院更应顺应时代的潮流和要求，将危机管理列为学生培养计划的重要课程之一。本教材顺应这一大趋势编写而成，旨在为学生提供尽可能全面的危机管理知识，帮助学生更好地培养危机管理能力。

在编写的过程中，本教材着重突出以下四个特点：

第一，结构合理，逻辑性强。本教材以危机预防与危机处理过程为主线，将内容分为16章。其中，第1、2章是危机及危机管理概述，主要介绍危机及危机管理的基本概念、特征等；第3～6章阐述危机预防的相关内容，包括危机意识的培养、危机管理计划、危机预警及危机预控等内容，重点在于如何避免危机，并为危机爆发后的处理工作做充分的准备；第7～13章则从危机处理的角度编写，包括建立危机处理机构、开展危机调查与评估、危机处理策略、危机利用策略、危机恢复以及危机中的沟通与媒体公关等内容，重点关注面对已经爆发的危机如何确认危机的影响，做好善后处理工作，并力求变危为机；第14～16章介绍了外部环境变化与企业内部失控所引发的各种危机的管理对策，并探讨了企业如何利用传统文化来加强危机管理。总体而言，本教材不仅涵盖了危机管理过程的各个主要部分，而且从全新的视角对危机管理进行了分析和阐述。

第二，案例丰富，覆盖面广。本教材每一章都以一个案例来引出基本理论与原理，在讲解相关理论与原理的过程中也插入了数个案例，便于学生理解，在每一章的结尾部分都给出了一个供课后讨论的案例，方便学生进一步对本章的知识加以整合、提升。在案例选择上，既涵盖了以往年份的经典案例，又囊括了最近几年发生的有影响力的典型案例；涉及的企业既有知名跨国公司，又有我国本土企业。这样，学生在分析和讨论案例的过程中，既可以深入地体验跨国公司的管理情境，又可以很好地结合我国企业的实际情况，真正做到国际化与本土化的结合。

第三，重点突出，易于把握。本教材每一章的开篇都引用了中外经典名人名言，将中国传统文化中的危机管理思想与西方先进的危机管理理念相融合，提纲挈领地概括出每一章的核心思想。每一章还提供了学习目标以及课后思考题，方便学生更好地把握各章的重点内容。

第四，语言生动，趣味性强。为了激发学生的兴趣，本教材无论是对危机管理基本理论与原理的阐释，还是对案例的描述与分析，都尽可能采用简洁、明快的行文风格，以更贴近读者，案例部分更是以讲故事的形式将危机管理的相关内容娓娓道来，强调案例素材的可读性。总之，本教材力求做到集知识性与趣味性于一体，使学生能够更加轻松地学习并掌握危机管理的基本知识。

相较于本教材第1版，本版主要做了如下修改：其一，在维持全书16章基本框架不变的情况下，对各章内容做了相应的精简与更新，特别是对第1、2、14、15章进行了较大幅度的精简，读者能够更好地聚焦于核心内容的学习；其二，以二维码的方式链接“延伸阅读”栏目，方便学有余力的读者更深入地学习；其三，用20余个更具代表性的新案例替换了原有案例，对近10个案例的相关数据及素材进行了更新，读者能够有效地追踪危机管理实践的新发展。

本教材的适用范围非常广，既可以作为商学院或管理学院本科生和学术型研究生的指定教材，也可以作为MBA、EMBA等专业硕士学员学习危机管理知识的教学用书。另外，企业管理人员也可以通过阅读本教材来加深对危机管理的理解，提升预防与处理危机的能力。

本教材的写作提纲由刘刚拟定。参与编写的人员除程熙鎔（北京工商大学经济学院）、黄苏萍（首都经济贸易大学工商管理学院）、梁晗（首都经济贸易大学工商管理学院）、刘静（内蒙古大学经济管理学院）、吕文静（河北金融学院金融研究所）、于晓东（中央财经大学商学院）外，其他人均来自中国人民大学商学院，具体分工如下：第 1、2 章，刘刚、费少卿；第 3、4 章，刘刚、刘静；第 5、6 章，刘刚、程熙鎔；第 7 章，刘刚、张泠然；第 8、9 章，刘刚、吕文静；第 10 章，黄苏萍、梁晗；第 11 章，费少卿、黄苏萍、张偲婧；第 12 章，刘刚、于晓东；第 13、14 章，刘刚、殷建瓴；第 15 章，刘刚、费少卿；第 16 章，刘刚、梁晗。全书由刘刚统稿。

本教材的顺利出版，得益于中国人民大学出版社管理分社各位编辑的大力支持，对他们耐心、细致的编辑工作和认真、精心的出版组织工作，我们表示由衷的感谢！

由于编者的水平有限，本教材的错误和不足之处在所难免，恳请读者批评、指正！

刘 刚

目录

第1章
危机概述

智者千虑，必有一失。

——《史记·淮阴侯列传》

我每天的心情都是如履薄冰，如临深渊。

——张瑞敏

学习目标

- 掌握危机的定义和特征；
- 掌握危机生命周期的划分；
- 了解危机的诱因及分类；
- 明确企业危机的类型；
- 了解企业不同生命周期阶段的危机。

引　例

新冠肺炎疫情下的马士基

新冠肺炎疫情冲击海运业务

2020年初，突如其来的新冠肺炎疫情在短短3个多月的时间里，影响到了全球200多个国家和地区。疫情对航运业和集装箱物流业造成了重大冲击。国际航运工会秘书长盖伊·普拉滕（Guy Platten）说："为了遵守各国政府的隔离规定，涉及船舶靠岸时，有时要被迫等待14天。"更糟糕的是，一些港口完全关闭了，货轮被拒绝进港。据估计，本次疫情将给国际航运业造成超过1 100亿美元的损失。

海上航行时间长并且与外界相对隔离，一旦有船员感染，航运公司将有难以推脱的责任。马士基是一家主打海运的集装箱航运公司。4月初，公司旗下集装箱船"Gjertrud Maersk"号有多名船员确诊感染新型冠状病毒。马士基的航运业务受到了巨大的冲击。首席执行官施索仁（Sren Skou）这样看待疫情冲击：整个2、3月的业绩将会出现较大的疲弱，如果疫情出现好转的态势，可能后续月份有所恢复，公司将全力以赴应对疫情冲击。

灵活快速配置资源直面危机

危机之下，马士基迅速反应，对航线网络和运力部署做出了调整。

得知船员感染之后，公司迅速决定轮船停靠中国宁波舟山港，让船员接受医疗救治和护理。为了保证船员的安全，马士基宣布取消海员换班计划，有749艘航运船舶进行了调整。公司的快速响应得到了船员家属和媒体的认可。

公司在苏州、无锡、常州地区推出了全新多式联运服务，推出了“陆转水”“公转铁”两大拳头产品。全新的多式联运服务灵活运用了“水水中转”以及“海铁联运”，搭配既有的公路拖车，为客户提供从工厂至同城驳船码头或者火车站点的拖车服务，为企业复工复产提供物流解决方案。

马士基的一个零售业大客户因疫情影响，如果选择海运，货物会面临严重的延误。在这种紧急情况下，该客户联系马士基以寻求更快的解决方案。海运团队在一小时内和跨境铁路产品团队共同制定了一套解决方案，成功帮助客户节省至少14天的货物运输时间。跨境铁路农产品团队服务的敏捷和高效令客户印象深刻，公司也因此获得和客户长期合作的机会，并成功将服务范围从海运拓展到物流与服务业务领域。

一位客户需要将货物空运到马尼拉。然而在疫情期间，多国边境关闭，航空货运受到了极大的限制。公司的团队第一时间想到使用由于疫情而闲置的客运航班来承担货运包机服务，团队成员迅速把客户的货物从江苏通过拖车运抵北京，然后通过客运航班满足了客户的需求。敏捷、高效、灵活的方案既解了客户的燃眉之急，又为日后的长期合作奠定了良好的基础。

风险文化塑造危机响应能力

公司创始人穆勒（A. P. Moller）在1946年给公司经理人的信中写道：“如果损失能因时时警觉而避免，那我们就不应受其所伤。”当时马士基公司还只是业务单一的航运商，如今早已发展成为一家多元化企业集团，但它对风险的高度重视作为一项文化传统完整地保留了下来。2012年，马士基在公司宣传片中阐释成功之道时，依然特别强调了“时时警觉”是公司最为重要的价值观。

为了有效地践行价值观体系，马士基先是制定了《行为准则》，近年来又制定了《集团政策》。两份文件都提到，经营风险和操作风险的管理是公司的重中之重。《集团政策》分为商业方法、品牌、健康与安全、遵守法律、工作文化等五个部分，不但为实践价值观提供了行为标准，还为每一细则提供了员工行为指南。例如，“健康与安全”部分主要规范工作场所的操作行为，相关的员工行为指南更加具体细致，既体现了“时时警觉”的要求，也反映了“员工为本”的价值观导向。

资料来源：陆民敏．全球战“疫”，集运业影响几何？．中国水运报，2020-03-16；邓晓辉．小心驶得万年船——马士基集团的风险文化及其启示．企业管理，2014（3）；胡先进．马士基集团业务多元化对冲风险．海运情报，2013（3）；罗声．全球航运业龙头迷航，危机重重的马士基．英才，2010（4）.

“天有不测风云，人有旦夕祸福”，对组织而言，内部管理不力或外部环境变化都有可能成为组织陷入危机的诱因。理解危机的定义、特征及其类别，是有效实施危机管理，进而降低潜在危害性的基础与前提。

一、危机的定义与特征

（一）危机的定义

危机（crisis）是一种对组织基本目标的实现构成威胁，要求组织必须在极短的时间内做出关键性决策和进行紧急回应的突发性事件。这一定义突出了三点：第一，危机将对组织形成重大威胁，是妨碍组织基本目标实现的事件；第二，危机是一种突发性的事件，往往出乎组织的预料突如其来；第三，组织管理者需要在极短时间内回应危机，做出相关决策，这对管理者的管理能力提出了较高的要求。

延伸阅读 1－1：不同学者对危机的定义

（二）危机的特征

认识危机的特征，是组织有效识别危机的前提。否则，对于危机的识别就可能出现盲点。通常而言，危机主要有如下特征：

1. 突发性

不论是组织外部的危机还是源于组织内部的危机，通常都不易提前察觉，是在出乎意料的、没有准备的情况下突然发生。

组织外部原因所造成的危机，如洪水、地震等自然灾害，政府政策的突然变化带来的损失等是人们难以掌控的客观因素引发的，具有极大的随机性和偶然性，需要组织提前拟定突发事件的危机管理预案。

俗话说："冰冻三尺，非一日之寒。"组织内部因素所导致的危机，往往是由一系列细小的事件逐渐发展起来的，由量变到质变，最终引发危机，因而危机爆发前大都有一定的征兆，通过危机监测和预警准备，可以采取一些预控措施以减少损失。然而人们由于疏忽，可能对这些细小的事件一无所知，也可能对这些细小的事件习以为常、视而不见，因此，危机的爆发经常在人们的意料之外，危机爆发的时间、地点以及影响的程度常常是人们始料未及的。

例如，2015 年 8 月 12 日，天津港瑞海公司危险品仓库发生重大火灾爆炸事故，事故共造成 165 人遇难，8 人失踪，798 人受伤，304 幢建筑物、12 428 辆商品汽车、7 533 个集装箱受损，造成直接经济损失超过 68.66 亿元。经专家组调查，瑞海公司在物流园区从 2012 年 11 月至 2015 年 6 月曾多次变更资质经营和储存危险货物，安全管理极其混乱，大量安全隐患长期存在。然而监管部门并没有进行制止，导致了后来造成巨大人员伤亡和财物损失的事故。

2. 危害性

危机对组织和个人都可能带来危害或损失。由于危机一般是在当事者缺乏准备的情况下短时间内发生的，故容易带来高度的惊恐和混乱，并使得决策失误，产生巨大的损失。对企业来说，爆发的危机不仅会破坏企业的正常生产经营活动，还可能带来无形损失，如损害企业形象和信誉，从而不利于企业未来的发展，打乱企业持续稳定发展的步伐，更有甚者，还会威胁到企业的生存。况且组织要脱离危机并逐步恢复，也需要消耗相当的资源，甚至由于长期性的损害，无法恢复至危机前状态。

例如，马来西亚航空公司（以下简称“马航”）成立于1947年，该航空公司早期只有一架飞机，运营新加坡至吉隆坡和槟城等航线。随后公司不断扩展业务，直至21世纪初期，马航已经在亚洲、欧洲和大洋洲建立了密集的航线网络，成为有强大竞争力的航空公司。2013年，马航被Skytrax评定为5星级航空公司，全球范围内获此殊荣的航空公司仅有7家。2014年3月，马航MH370航班失事，机上全部人员遇难。8月，马航计划退市，全部收归国有，并进行资产重组。11月，马航召开股东会议，宣布裁退30%或6 000名员工。12月，马航股票正式停牌。

3. 公众性

“好事不出门，坏事传千里”，大众传播业的发展，信息传播渠道的多样化、速度的高速化、范围的全球化，使组织危机情境公开愈加便捷和迅速。特别是，随着近年我国消费产品质量问题日益突出，一些知名企业的产品问题屡见报端，公众的关注度不断上升，维权意识大幅增强，相关危机的爆发往往成为公众的关注焦点、媒体争相报道的“热门话题”。可以说，危机信息的传播速度已经超过事件本身的发展节奏。

在危机信息的传播中，各种媒体最有影响，因为普通大众获取的危机信息主要来自媒体，而媒体对危机报道内容的选择和态度都会影响公众对危机的看法。不论新闻信息属实与否、事件原委清晰与否，在短时间内公众都会通过网络、电视和亲友等途径了解到危机的信息，形成先入为主的理解，这对危机当事人及时、到位的反应能力提出了挑战。有些组织在危机爆发后因不善于与媒体沟通，导致危机不断升级。由于牵涉自身利益，危机的利益相关者更是十分关注危机的进一步发展及组织采取的危机管理措施。

4. 紧迫性

对组织而言，危机一旦爆发，紧迫性非常强。具体来说，危机的紧迫性体现在：第一，危机爆发前潜藏的巨大危害性能量在短时间内释放出来，其负面后果有可能不断扩大，要求组织必须立即采取有力的措施予以处理，任何延迟都可能带来更大的损失。第二，危机事件之间具有相关性，会相互传导，一个危机的爆发就如同向水中投入石子一般，会引发层层涟漪；如果组织管理者不及时遏制，可能引发一系列的后续不利影响，致使出现更大的危机。2018年11月17日，意大利知名服装品牌D&G发布了一部宣传片，有许多网友质疑其内容涉及对中国人形象的丑化。公司首席设计师在社交平台上不仅没有正面道歉，反而与网民发生冲突。应邀参加上海时装秀的中国明星们立即表示罢演，共青团中央也对其予以批评，一时间D&G品牌引发了中国消费者的一致抵制。第三，蓬勃发展的现代通信技术令信息传播加速，如果组织在危机发生后反应缓慢、应对不利，必然破坏组织在社会公众中的良好形象，引发利益相关者的恐慌与担忧。2018 年 3 月 29 日，互联网上疯狂转发一篇宣称“喝星巴克咖啡致癌”的文章，短短 2 天，文章的阅读量就超过了 10 万次。一时间，人们议论纷纷，星巴克的品牌形象遭遇巨大的危机（后来，“喝星巴克咖啡致癌”被确认为谣言）。因而，为获取社会公众的理解与支持，组织管理者需对危机做出快速反应。

5. 二重性

正如中国古语所云：“祸兮，福之所倚；福兮，祸之所伏。”这句话辩证地阐述了危机的二重性。汉字中的“危机”可以分拆为“危害”和“机会”，即“危机”同时具有危险性和机会性。危机的英文单词“crisis”也有异曲同工之妙，其原义是十字路口，或抉择的关口；在十字路口的决定可能意味着危险，也可能意味着机遇。

危机的危害性很好理解。危机的机会性则包含两个方面：第一，组织通过危机认识到自身的不足和缺陷，就此对症医治，能够克服自身存有的弱点。因而可以把业已发生的危机视为组织日后发展的“疫苗”，避免类似危机再次影响组织正常活动。第二，危机中心的组织往往是媒体关注的焦点，若组织对危机管理得当，不仅会使组织脱离困境，转危为安，还能增强组织正面形象，成为组织发展新的诱因，变坏事为好事。然而实践中，危机中的组织管理者往往过度悲观，忽视了危机的机会性，使得组织自身在危机中极为消极被动，影响了危机处理的效果。2017 年，《法制晚报》的记者通过对海底捞的暗访，拍摄到了老鼠钻食品柜、用火锅漏勺掏下水道、扫帚和簸箕与餐具一起洗等照片，揭露了餐饮行业的标杆企业——海底捞令人担忧的卫生状况。业界、消费者一片哗然。危机爆发之后的 3 个小时内，海底捞做出了迅速的回应。在第一时间进行核实并确定问题属实之后，主动承认错误，并且感谢媒体的监督。董事会出面，积极为员工承担责任，并且公布了后续整改的责任人职位、姓名、电话和最新进展信息。同时聘请专业第三方对公司各个角落进行全面的卫生排查，杜绝类似事件再次发生。迅速的回应、负责的立场，不仅挽回了企业声誉，更在企业内部凝聚了人心。危机发生过后，海底捞依然门庭若市。许多消费者表示，与其他火锅店相比，海底捞整改后的透明厨房更令人放心。海底捞成功地将危险转化为机遇。

（三）危机与风险的比较

所谓风险（risk），是指发生对组织不利事件的可能性，这里包含“不利”和“可能性”两个要素。这种可能性涉及：事件是否发生、发生时间、发生状况、事件发生后的影响和危害性大小等。风险是事件发生的概率及其后果的函数，可以用如下公式表示：

$$R=f(P,C)$$

式中，R 表示风险；P 表示事件发生的概率；C 表示事件所造成的后果。

组织若对风险防范不周，产生的危害达到较高程度时，危机就会到来。可以说，风险的存在，是导致危机发生的前提。对风险进行有效的评估和管理，可以防范危机的发生。组织若对风险不够关注，或者已经认识到风险却不采取防范措施，那么当下的风险就有可能转变为日后的危机。

危机与风险的主要区别表现在以下几个方面：

第一，风险的定义比危机宽泛许多，风险意味着“不利”的“可能性”，只要有可能造成损失即是风险。而危机的定义更为苛刻，危机意味着对组织目标产生严重的威胁，往往具有突发性，要求在短时间内进行相应决策。

第二，风险是危机的诱因，危机是风险积聚后的显性表现。当风险聚集到一定程度而爆发，呈现的形态即是危机。

第三，并非所有的风险都能引发危机，只有风险释放的危害性积累到一定规模，能够威胁组织的基本目标时，危机才会产生。

第四，两者的管理方式不一样。危机管理一般分为危机的预控管理与事后的危机处理，危机预控管理与风险管理都是组织日常管理工作的内容，存在常规的管理方法，但方法不尽一致；危机爆发后的管理，则往往采取非常规的管理方法，要求组织投入更多的人、财、物来处理危机。

不同的组织其风险程度是不一样的，按照风险程度的高低，组织可以划分为高风险、中度风险和低风险等不同类型，如表 1-1 所示。

表 1-1　部分组织的风险程度

高风险组织	中度风险组织	低风险组织
医药和化学品制造商	零售连锁店	保险代理公司
银行、金融机构、信托联盟、贸易机构	生物技术公司	软件公司
公共交通（航空、铁路、公交及地铁系统）	石油生产商和分销商	慈善机构
服务机构（宾馆、饭店、旅游公司等）	电信公司	电视台
核电厂	家庭用品制造商	财务会计公司
食品制造商与分销商	包装公司	服饰生产商
夜总会	网络中心	地方商务机构
娱乐休闲场所	计算机制造商与分销商	房地产经纪机构
软饮料与果汁生产商	发动机制造商	律师事务所
直升机、筏艇、轮船及娱乐用飞船出租	电梯制造商	咨询公司
建筑、房地产公司	大型超市及购物中心	汽车出租公司
煤气站	健康俱乐部	邮购公司
便民商店	医疗机构	
公共设施	个人卫生用品制造商	
水泥供应商	烟酒公司	

资料来源：巴顿．组织危机管理．北京：清华大学出版社，2002.

二、危机的生命周期

危机从其生成到消亡，形成了一个生命周期。在生命周期内，危机的危害性不断变化，应对方法也不完全相同。站在危机自身演变的角度，危机可以划分为四个发展阶段，即潜伏期（prodromal period）、爆发期（breakout period）、持续期（chronic period）、解决期（resolution period）。

（一）潜伏期

大多数危机都有一个从量变到质变的过程。我们将质变之前，各种诱因还在不断积蓄的阶段称作潜伏期。在这一时期，危机并没有真正发生，组织表面上一切正常，但潜藏着危机的因子，表现出一些征兆，预示着危机即将来临。有些危机的征兆较为明显，有些危机的征兆则不是十分明显，难以识别和判断。

在危机发生之前，若能及时发现危机的前兆，采取预控措施遏制危机于萌芽状态，则可以起到事半功倍的效果，避免潜在的巨大损失，减少危机管理的成本。然而，危机潜伏阶段的应对，往往不尽如人意，没有收到效果，主要的原因在于：第一，人们往往忽视危机的征兆。在组织运行正常的情况下，尤其是在组织快速成长时期，人们往往容易忽视业已出现的危机前兆。第二，人们注意到危机的征兆，但不认为危机会到来，不采取预控措施，等到更明显的征兆出现，反而耽误了预控的时机。第三，人们注意到危机征兆并采取预控措施，避免了危机的发生，但部分组织管理者据此认为，如不采取措施，危机也不会到来，采取措施反而浪费组织的宝贵资源，因此撤销危机防控措施，失去了防范下一次危机的契机，潜伏的危机因子肆意发展直至爆发危机。

（二）爆发期

危机诱因积累到一定程度，就会导致危机的爆发。此前潜藏的危机破坏能量得到释放，危机影响到组织的正常活动，损害组织公众形象，威胁到组织的根本目标，直接关系着组织未来的生存与发展。危机爆发阶段，危机具有的突发性、危害性、公众性、紧迫性和二重性特征都非常明显，危机的突发往往给利益相关者带来恐慌，组织的管理层将经受来自各方面的巨大压力，他们要求处理危机，制止危机的进一步蔓延。在危机爆发之后，组织的重要任务是采取危机处理措施，如果不及时到位地处理，危机可能进一步升级，影响范围和影响强度可能进一步扩大，利益相关者可能选择“用脚投票”，对组织不再信任，增加组织的损失。

（三）持续期

在这一时期，组织已经着手处理危机，包括开展危机调查与评估、进行危机决策、控制受危害范围与程度、实施危机传播管理、准备危机恢复工作等。在这一阶段，由于危机管理措施涉及大量资源调配、人员调整和一定规模的机构改组，组织内部会发生强烈的震荡。在这一时期，危机没有结束，仍在演进之中，但演进速度可能已经放缓，利益相关者的担忧已经减弱，但危机的危害性仍在持续，组织危机处理的决策水平和决策速度依然至关重要。

（四）解决期

在解决期，危机事态已趋于平息，组织的损失得到确认，危机的主要显性问题得到解决；随着危机风暴的消逝，组织管理层所面临的压力减弱。然而，组织不可得过且过，自此懈怠；应认真寻找危机发生的根本原因，总结危机管理的经验，提出有针对性的改良措施，完善危机管理计划、预控和处理体系，提防危机卷土重来以及后遗症；同时，组织还应尽快走出危机的影响，努力恢复自身形象和市场占有率，弥补损失，尽全力恢复至危机前水平。

值得一提的是，以上各时期仅是通常情况下危机经过的四个阶段，但并不是所有危机都会按部就班地经过这四个阶段。例如，一些自然灾害在发生前没有任何前兆，或者前兆持续时间极短，这种情形下，危机跳过了潜伏期；对于预警到的危机，组织及时采取预控措施，阻止了危机发生，使得危机不再进入爆发期；还有的危机无法得到妥善解决，终致组织破产、倒闭，这种情况下，危机没有解决期。

三、危机诱因及危机分类

（一）危机诱因

组织内部系统与组织外的环境系统都具有结构复杂、层次众多的特点，这些系统中的很多不确定性因素都可能导致危机的发生。一般来说，危机诱因可划分为以下两大类：

1. 外部环境变化

外部环境变化包括法律和政治环境的变化、政府经济政策的变化、金融风暴、市场波动、产业竞争态势变化、科学技术的发展、社会文化的变迁、媒体负面报道、自然灾害等。外部诱因大致分为两类：第一类是不可抗力的自然因素，如洪水、地震、泥石流等；第二类是组织自身难以掌控的外部人为因素，如金融危机、法规变更、社会文化的变迁等。外部环境对于组织来说大多是不可控的因素，是企业无法回避的。但通过建立并不断改良危机预警系统，增强对外部因素变化情况的监测，组织能及时发现危机征兆并采取应对措施。

2. 内部管理不善

危机的内部诱因主要在于组织内部管理不善，如管理理念陈旧、战略制定失误、战略执行不到位、组织机构设置不合理、员工士气低落、职能管理混乱、基础管理薄弱等。在企业中，危机诱因涉及企业公关、营销、人力资源、企业财务与信用、多元化经营、企业并购、组织创新等多方面，这些诱因可能导致组织内部危机，如产品线被破坏、资金链断裂、人力资源流失、工作场所暴力行为等。内部管理属于组织可控的因素，内部管理不善引发的危机通常具有慢性演进的特征，企业可以通过及时发现危机征兆，改善管理来减少损害。

图 1－1 列出了麦肯锡管理咨询公司对美国《福布斯》企业排行榜上前 100 家企业的危机调查结果。

（二）危机分类

危机分类的方法很多，不同的分类方法对应着危机管理实践和研究的不同需求。对

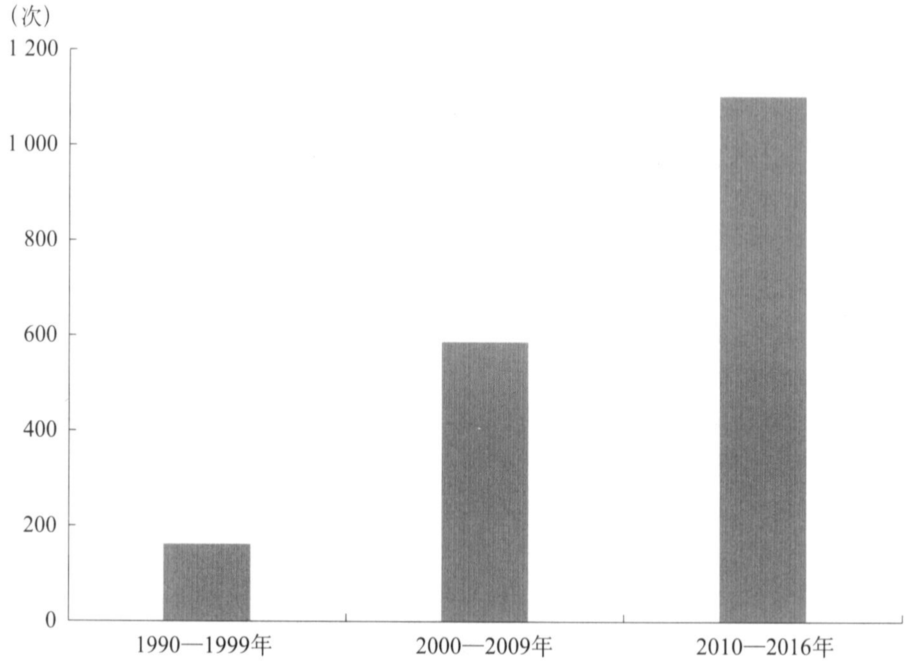

图 1－1　美国《福布斯》排行榜 100 强企业危机发生总次数

资料来源：麦肯锡管理咨询公司.

危机的类型进行划分，采用标准不同，结果也就不同。主要的危机分类如下：

1. 按照危机产生的诱因分类

按照危机产生的诱因，危机可以划分为以下三类：

（1）外生型危机。外生型危机是指外部环境变化所引发的危机。例如，1998 年 4 月，国务院颁布传销禁令，全面禁止中国境内的传销活动，要求所有以传销方式进行销售的公司停业整顿。受此影响，雅芳、安利等采用直销方式的跨国企业的在华业务遭受重大挑战，其发展模式必须转型。

又如，欧洲企业生产的肉制品和奶制品一直以高品质形象畅销各国，但疯牛病疫情的爆发，沉重打击了欧洲的畜牧产业；一些公司甚至遭到毁灭性的打击，因此而倒闭。一些与肉奶不直接相关的产品，如含有牛骨胶成分的化妆品和以牛血作澄清剂的法国红葡萄酒，因为含有动物制品成分，也被殃及，销售惨淡。

（2）内生型危机。内生型危机是指组织内部管理不善所引发的危机。2011 年夏天，俏江南南京店被媒体爆料使用地沟油。危机发生之后，公司立即与该加盟店解除加盟关系，试图与此事撇清关系。然而此举并没有获得媒体的认可，消费者对公司的食品质量更加怀疑，公司的品牌形象也受到严重的损害。

（3）内外双生型危机。在许多情形下，组织危机是由外部环境变化和内部管理不善两者共同作用所产生的。外部环境的突然变化犹如危机爆发的“导火索”，不善的内部管理则似“火药库”，两者一旦对接，危机的负面能量就充分释放。此时，危机具有内外双生型危机的性质。三株口服液风波就是这类危机的典型例子。

案例1-1

三株口服液风波

在三株之前，恐怕没有人会相信，一场官司竟能击垮一家年销售额高达80亿元的大企业。在湖南常德发生的一场索赔官司中，财大气粗的三株公司形象严重受损，产品销量直线下降，不得不收缩号称全国最大的营销网络，10余万员工随之下岗。据三株公司的说法，官司给三株带来的直接损失高达40亿元，三株品牌更是一时间无人问津。

三株卷入常德官司

1994年，三株公司正式成立。同一时间，三株口服液问世。凭借三株公司拿手的营销活动、高强度的宣传、精准的人群定位以及融合中西文化的企业管理氛围，三株实现了快速成长，在短短三年内，创造了保健品行业的“神话”：1994年，销售额为1.25亿元；1995年，销售额达到23亿元；1996年，销售额达到80亿元。

在一些地区，人们甚至开始哄抢三株口服液，原价二三十元一瓶，被炒到七八十元，无怪乎有报道称三株“卖疯了”。然而就在此时，三株遇到了麻烦。

1996年6月，年近八旬的老汉陈伯顺在医生推荐下服用了三株口服液；9月，陈伯顺出现了不良反应，后医治无效死亡。老汉的儿子陈然之一口咬定父亲的死因是服用三株口服液，并于12月向常德市中级人民法院提起诉讼。

1997年初，经法院委托，中国医药生物制品检定所检定了陈伯顺未服用的两瓶三株口服液；检定报告显示检定产品不合格。1998年3月，常德市中级人民法院做出一审判决，判定陈伯顺的死亡系服用三株口服液所致，三株公司须向陈伯顺家属赔偿29.8万元，并没收三株公司1 000万元的违法所得。

一审判决后，全国20多家媒体先后报道了此事，其中一篇题为《八瓶三株口服液喝死一条老汉》的报道被大量转载。不久，全国消费者都知道了：三株口服液喝不得，会喝死人的。

赢了官司输了市场

三株公司对该判决和媒体的报道十分不满，上诉至湖南省高级人民法院，一并把报道该事件的所有媒体告上了法庭。

1999年3月25日，湖南省高级人民法院做出终审判决，认为三株口服液致陈伯顺死亡的结论无法成立，推翻了一审判决。湖南省高级人民法院在终审判决书中指出，中日友好医院等专业单位的检定报告和研究结论表明，三株口服液是安全无毒、功效确切、质量可靠的产品，已有证据不能认定三株口服液与陈伯顺死亡之间存在因果关系，一审判决认定事实、适用法律错误，给予改判。

虽然众多媒体报道了三株公司胜诉的消息，然而，面对迟来的“胜利”，三株公司董事长吴炳新仍然一筹莫展。

常德官司之后，三株公司在湖南市场首次出现了零销售。与此同时，三株口服液及三株系列产品在全国的销售亦陷入瘫痪状态。1998年初，三株公司账面仍有几亿元的回款，而到 4 月份，销量直线下降，销售总额不足 1 000 万元，积压的库存多达 2 400 万瓶，直接导致三株公司的两个工厂全面停产。三株的 200 多个子公司停业，全国各地的工作站和办事处几乎全部关张。15 万人的三株营销大军被迫削减为 2 万人。据三株公司介绍，官司给三株带来的直接经济损失超过 40 亿元。

内部管理问题积重难返

一个小小的官司何以对偌大一个三株造成如此重创？这还得从三株迅速膨胀后的内部管理说起。

1996 年起，三株在快速扩张中建立了 400 多家子公司、2 210 个办事处、1.35 万个工作站，销售网络全国规模最大。三株公司的一些管理者由此产生自满心理，认为凭借庞大的销售网络，产品销量可以高枕无忧。三株董事长吴炳新事后反省：公司发展速度太快，组织架构和人员水平跟不上，导致终端销售工作一片混乱。

三株产品采用的是分销制销售模式，只有一到两家经销商能在同一区域内经营三株产品。而当各地注册的子公司出现后，三株内部的报酬制度由原先的年薪制改成了抽成制；为获取巨大的抽成收入，各子公司纷纷扩展经销渠道，只要交现款，任何单位都可以来拿货。一些子公司甚至违反总部的规定，低价倾销产品。

为吸引眼球、拉升销量，子公司扩大宣传产品的功效范围，甚至有员工把三株口服液吹捧为包治百病的万灵药。虽然总部三令五申，但还是无法改变近乎失控的市场局面。仅在 1997 年上半年，起诉三株公司虚假宣传的案件就已 10 余起。

可见，三株危机的爆发并非突然，而是有多方面原因的。

资料来源：刘刚．危机管理．北京：中国经济出版社，2004：14－16；易钟．服务型企业制胜法则．北京：金盾出版社，2010：114－115.

2. 按照危机影响的时空范围分类

根据影响的时空范围，危机可以划分为四大类：国际危机、国内危机、区域危机和组织危机。

国际危机指爆发于国际主体之间的恶性冲突，如海湾战争等。国内危机的影响只限于某个国家之内，对国家社会系统或子系统产生冲击。区域危机指仅限于某特定地区范围内的危机，如区域性污染、局部暴力冲突等。组织危机可以分为组织内部的危机和组织之间的危机，前者如生产线上的意外事故、财务危机等，后者如王老吉品牌争端等。值得注意的是，对一个组织来说，不仅组织危机会对组织有影响，国际危机、国内危机和区域危机的爆发都可能对组织产生影响，如海湾战争的爆发会对中东地区的石油运输和石油价格造成影响，影响石油企业的经营。

3. 按照危机发生的领域分类

从政府管理的视角来看，按照危机发生的领域，可以将危机划分为以下五类：政治性危机、社会性危机、宏观经济性危机、生产性危机、自然性危机。不同种类的危机包含的具体内容见表 1－2。

表 1-2　基于发生领域的危机分类

政治性危机	宏观经济性危机
战争	恶性通货膨胀或通货紧缩
武装冲突	国际汇率的大幅变动
政变	股票市场的大幅震荡
大规模的政治变革	失业率居高不下或上升
政策变迁	利率的大幅度变化
大规模恐怖主义活动	生产性危机
腐败	工作场所安全事故
其他政治骚乱	导致人身严重伤害的职业病
社会性危机	产品安全事故
社会热点问题的变迁	生产设施与生产过程安全事故
社会不安	自然性危机
社会骚乱	雨量的不正常变化（包括干旱、洪水等）
游行示威	地震、火山
罢工	台风或龙卷风
小规模的恐怖主义活动	流行性疾病
	其他自然灾害

资料来源：杨冠琼．不确定性、突变与政府危机管理．经济管理，2003（13）：2.

政治性危机是指由政治原因导致的危机，如战争、政变、大规模的政治变革等。社会性危机是指由社会系统自身原因或社会群体间冲突造成的危机，如种族问题、示威活动、社会骚乱等。宏观经济性危机是指发生于宏观经济领域的危机，其原因包括经济调控方针失误、监管不到位、经济系统缺陷等，具体表现如欧洲债务危机、贸易争端、国际产业结构失衡及物价大幅上升等。生产性危机指生产安全事故或产品质量安全事故导致的危机，如2015年天津滨海新区爆炸事故等。自然性危机指自然灾害引起的危机，这类灾害一般不可预知，难以监测，需要组织提前做好应急预案，在危机发生时依照方案快速响应。

4. 按照危机发生和终结的速度分类

按照危机发生和终结的速度，罗森塔尔将危机分为四类（见图1-2）：

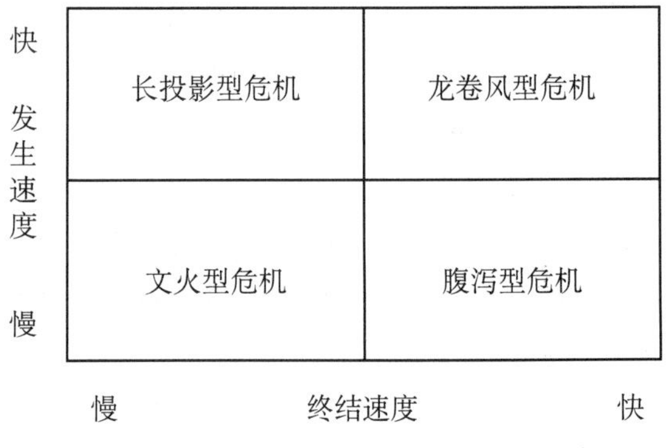

图 1-2　基于发生和终结速度的危机分类

（1）龙卷风型危机。这类危机来得快，去得也快，像一阵龙卷风。人质劫持即属于此类危机。

（2）腹泻型危机。这类危机的潜伏期往往较长，但持续时间很短。军事政变即属于此类危机。

（3）长投影型危机。这类危机突然爆发，但影响深远，2008年全球金融危机即属于此类危机。

（4）文火型危机。这类危机来得慢，去得也慢。旷日持久的巴以冲突是此类危机的典型例子。

5. 按照危机情境中主体的态度分类

按照危机情境中主体的态度，危机管理学者斯塔林斯等人将危机区分为冲突性危机和一致性危机两大类。①

各利益相关主体具有不同的要求时，或者说存在两个及以上不同要求的利益主体时，产生的危机属于冲突性危机；反过来，所有利益相关者拥有同质化要求的危机属于一致性危机。冲突性危机较为典型的例子是产品质量索赔，一致性危机的例子如自然灾害。当然，在一致性危机和冲突性危机之间并非具有不可逾越的界限，由于看问题的角度不同，同一危机可能具有不同的分类。如面对洪水侵害，灾区的群众共同的愿望是抗洪救灾，洪灾显然具有典型的一致性危机的性质；但为减少洪灾损失，面对泄洪地点的抉择时，泄洪地区和其他地区又具有一定的冲突，洪灾又具有冲突性危机的特征。

（三）企业危机分类

具体到企业这一特定的组织而言，我国直接或间接经历着大量企业危机。新冠肺炎疫情在经济上给企业带来了巨大的危机。根据人民法院公告网的数据，从2020年1月1日到6月25日，有超过1 000家企业发布破产公告，已被曝光的大型知名机构超过10家，全国法院审理的破产审查案件多达12 857件，破产案件26 195件。据天眼查的统计，2020年上半年，全国共有超过10万家企业提出注销，40多万家企业倒闭。

一般来说，按照危机的内容，企业危机可以分为以下四类：

1. 战略危机

战略危机是指管理者对组织内外部环境的估计错误，使得企业战略制定失误；或者企业制定的战略虽然正确，但由于战略执行不当而给企业造成的危机。在缺乏战略定位以及核心竞争优势背景下，错误地开展多元化战略和盲目融资并购，是造成暴风集团迅速走向衰落的主要原因。暴风集团在视频业务刚站稳脚跟之时便进入资本市场，2015年3月上市。利用上市之后所获得的充足的现金流和稳定的融资平台，暴风集团开始频繁扩展多元化业务，上市后2年间，暴风集团累计投资并购16家公司。然而，多元化业务

---

① Stallings R A，Schepart C B. Contrasting Local Government Response to a Tornado Disaster in Two Communities//Sylves R T，Waugh W L. Cities and Disaster：North American Studies in Emergency Management. Charles Thomas Pub Ltd.，1990：75－90.

战略不但没有给集团带来营收和利润的增长，反而消耗了集团大量的资金，增加了集团的负债，带来现金流压力。依据集团的经营数据，公司的资产负债率由原来的50%上升至60%以上，在2018年股东净利润为－10.9亿元，暴跌2 077.65%。暴风集团解体并陷入债务泥潭。

新希望集团董事长刘永好曾说：中国企业家70%～80%的失败是由于投资失败，而投资失败源于战略决策失误。[①] 也有研究发现，执行失败是可以补救的失误，而战略决策失误易导致企业的大败局。[②] 中国在发展市场经济过程中，机会大量存在，但经济环境波动较大，一旦战略决策失误往往会葬送一个企业。

2. 组织危机

组织危机是指组织结构与战略、目标市场、产品特性及组织发展阶段难以融合，致使组织管理效率下降而引发的危机。具体来说，组织危机的表现包括：管理层级过多，管理机构臃肿，决策迟缓，部门主义盛行；组织形式不适应组织发展阶段，组织规模扩大后仍然沿用过度集权的管理模式，不能有效运用事业部制；组织文化保守，安于现状，进取心不足等。

3. 职能危机

职能危机是指企业各项职能管理不善，难以适应企业战略及经营环境而产生的危机。职能危机具体包括以下一些类型：

（1）生产和产品质量危机。生产管理制度若制定不到位，或者制度未得到充分执行，一方面可能引发产品质量问题，另一方面还可能造成安全生产事故。安全生产事故不仅造成企业财产损失，还会危及人身安全，如我国的煤矿安全事故频发。这有内外两方面的原因，一方面，部分煤矿企业管理者严重缺乏安全控制意识，安全管理制度不到位或得不到执行；另一方面，政府监管部门监控不到位。对于产品质量问题而言，媒体报道产品质量问题后，消费者将迅速得知，影响产品销售情况和企业信誉，一旦产品质量给消费者造成重大损失，如消费者死亡或残疾，严重的产品质量危机即爆发。此时，危机的处理往往事关组织的前途命运，对组织管理者提出了极大的挑战。

（2）营销危机。因营销观念、策略难以适应企业战略及内外部环境而引发的危机属于营销危机。营销危机具体包括：第一，产品定位或市场细分错误，细分市场顾客并不青睐推出的产品。如万宝路香烟早期定位为女士香烟，但有女士反映白色烟嘴会沾上口红，显得不雅观；后万宝路香烟改为男士香烟，淡烟改为重味烟，立即受到男士的欢迎。第二，品牌策略失误。品牌对于消费者来说具有重要的意义，完善的品牌提升和维护策略可以为产品大幅增值；反之，品牌策略调整失误，消费者不认同，品牌价值将下降。如三九企业集团的“三九胃泰颗粒”是行业的领导者，后公司将“999”品牌拓展至啤酒市场；顾客在饮用三九啤酒时难免由品牌名称联想到胃药，品牌认同度下滑，影响到两个市场的销量。又如霸王原本是一个洗发水品牌，随后又推出凉茶饮料，消费者在饮用霸王凉茶时不免会想到霸王洗发水，并且难以扭转这种固有认知，霸王品牌定位的模糊

---

① 马征．企业风险管理在战略规划和投资决策中的应用研究．信息周刊，2019（19）：257－258.

② 段俊平．企业家不能任性决策．现代企业文化，2019（1）：58－59.

导致品牌认同度大幅下降。第三，企业价格策略失误。过高估计目标市场顾客的价格承受能力，定价过高，会造成产品严重积压。如果定价过于强调成本导向，价格难以适应市场需求变化或竞争需要，销量也会下降。第四，销售渠道出现问题，严重影响产品销售。例如，渠道设计不符合产品特性，过长或过短，过粗或过细；企业不能随产品的更新及时调整渠道；企业与经销商缺乏有效的沟通、协调与合作等。第五，促销活动不到位，严重制约产品的推广。具体情形包括：产品促销方案设计不合理，促销手段陈旧；促销费用高昂，促销效率低下；市场部门不能根据目标市场的特点开展针对性的促销活动，甚至与目标消费者的习俗相冲突等。

（3）人力资源危机。人才是企业发展的支柱。掌握核心技术、商业秘密和业务关系的关键员工流失，将对企业造成巨大的损失。当员工无法得到公正待遇和公司的信任时，士气必然下降。当企业员工士气普遍低落时，也可引发人力资源危机。此外，当某位企业高层决策者突然死亡或出事时也可能引发危机。

如 2004 年 11 月 30 日，创维数码突然停牌，公司股票无法交易。原来，由于涉嫌做假账和挪用公司资金，创维集团董事局主席黄宏生在内的 10 名工作人员当天下午被香港廉政公署带走调查。作为中国彩电业龙头企业，创维董事长涉嫌经济犯罪被“抓”的消息一旦披露，将对公司产生很大冲击。所幸，创维不仅在产品创新、内部制度管理上走在行业前列，在媒体关系、社会网络上也积累了良好的人脉，事件发生后迅速采取有效的危机公关，生产经营未受明显冲击，各方的担忧很快平息下来，市场渠道还得到了新的拓展。

（4）技术创新危机。如果企业死守原有技术和产品，停滞不前，不关注新技术和新产品的研发，就将渐渐失去竞争力，陷入技术创新危机之中。此外，企业不能盲目开发新产品，研发前需认真进行市场调查、了解市场需求；否则，新技术专利只能束之高阁，运用该技术的产品无人问津，引发企业危机。例如，诺基亚是 21 世纪初期著名的手机品牌，2003 年，全球累计销售突破 2 亿部；2009 年，发货量达到 4.318 亿部；2010 年，占移动终端市场份额超过 35%，远远领先其他手机品牌。然而由于缺乏对智能手机关键技术的有效研发，随着 iPhone 等智能手机的流行，诺基亚的市场占有率受到重创。

（5）财务危机。财务危机的产生原因有企业投融资决策失误、利率调整、汇率变化、证券市场波动、巨额资金被盗用或挪用等。企业收益减少或资金链断裂等情形出现后，企业财务陷入困境，资金难以为继，影响企业正常生产，经营秩序瘫痪，形成财务危机。

企业资金链断裂前，通常会有一个外部导火索，如贷款审批被拒、法院查封资产、应收账款无法收回、汇率或利率市场波动。回到企业内部，如果企业内控体系不佳，一旦出现巨额资金被盗用或被挪用，也会引发财务危机。一般来说，面临财务危机的企业往往呈现出资产负债率高、资产流动性低、资产结构不合理等特点，此时，企业债权人和投资者必须保持警惕。乐视市值的大幅缩水就与资金链断裂引发的财务危机密切相关。

案例1-2

乐视何去何从?

从高处到低谷，乐视由于资金链断裂危机市值大幅缩水，濒临退市。贾跃亭出走之后，乐视又该向何处去?

快速扩张

多年以后，当贾跃亭回忆起乐视时，也许依然会记得2015年的那个历史性时刻。2015年5月13日，乐视网的股本突破18.51亿股，当天开盘价15.27元，收盘价58.77元，公司市值突破1 526.57亿元，比同期万科市值还高出100亿元。

2004年，乐视正式成立，创始人为贾跃亭，公司致力于打造基于视频产业、内容产业和智能终端的“平台＋内容＋终端＋应用”完整生态系统，被业界称为“乐视模式”，即互联网视频、影视制作与发行、智能终端等业务的垂直产业链整合模式。2007年，乐视对影视剧、电影版权进行大力购买。2009年，随着版权保护政策实行，乐视获得了极大的资产。随后公司在大屏应用市场、电子商务方面进行了大量的业务拓展。

2014年，乐视全生态业务总收入接近100亿元。贾跃亭在2015年的一封告员工信中自信地提到，乐视的垂直整合生态模式已经逐渐成形，正在发挥其强大的力量。当年，乐视收入超过130亿元，同比增长90.89%。乐视门庭若市，持有乐视股票的基金公司已经达到57家。同期，乐视还宣布乐视“SEE计划”，致力于打造超级汽车以及汽车互联网电动生态系统，贾跃亭也在微博中表示：“这项计划旨在改善人类的生存环境，推动一场新能源产业革命。”2015年，乐视在北京举行超级手机发布会，正式宣布进军手机行业。乐视的版图，正在声势浩荡地扩大着。

质疑和批评

乐视的快车高速前行，质疑的声音也从来没有消失。随着乐视生态疆域的不断扩大，爱奇艺曾就视频版权和不正当竞争问题起诉乐视，并索赔500万元。小米等手机厂商，海信、索尼、三星等电视机厂商，特斯拉、比亚迪等电动汽车厂商环伺其周。乐视一时间陷入了多起诉讼赔偿案件中。

此前曾有行业评论家发出警告，尽管乐视一次又一次地推出平价电视，同时绑定乐视网会员服务，但终究还是亏钱推广，内容变现缺乏消费基础。缺乏战略考虑的多元化，公司内部存在大量的关联交易和担保行为，随意抽调资金进行盲目投资，这些透支了本来用于打造核心竞争力的宝贵资源。

风光不再

一年之后，情况急转直下。2016年11月份，乐视发布名为《乐视的海水与火焰：是被巨浪吞没还是把海洋煮沸》的公开信，承认乐视资金状况出现问题。2016年第4季度起，基金开始大批撤离乐视，仅仅一个季度，持有乐视股票的基金就减少了24只。

2017年，乐视亏损约138亿元。2018年，亏损超过40亿元。2019年，亏损113亿元，因2018年净资产为负值被深交所暂停上市，公司市值跌破200亿元。2020年第1季度，公司发布业务预告，预计第1季度亏损1.5亿～1.55亿元。如今，乐视的市值已经不到70亿元。曾经风光无限的贾跃亭，自从2017年辞去乐视首席执行官（CEO）一职并出走美国之后，便鲜有音信。

资料来源：高萍．关键年预亏　乐视网等5只暂停上市股退市预警．北京商报，2020-04-02；冯庆艳．孙宏斌手中股权市值半年缩水8亿元　乐视任命新CCO．经济观察报，2017-08-15；石飞月．乐视电视2020年414乐迷节启动．北京商报，2020-03-31；钟文．新能源汽车争夺战．中国企业报，2016-11-01；李媛．乐视网2014年业绩大涨．新京报，2015-04-03.

（6）信息危机。随着宏观环境的变化加速，行业竞争日益白热化，信息的获取对企业越来越重要，特别是供应链供求情况、消费者需求变化和竞争者策略调整等信息，都可能对企业造成较大的影响。企业管理者必须建立信息收集系统，及时、准确地掌握各类信息，否则，一条延迟或错误的信息可能致使管理者决策失误，引发企业危机。

4. 不可抗外力危机

不可抗外力危机是指由企业无法预测及无法人为抗拒的外部因素引发的危机，例如台风、海啸、地震、瘟疫等灾害以及宏观经济危机、战争、政府政策变化等人为因素引发的危机。这类危机不以企业的意志为转移，但会严重影响企业的经营活动。

四、企业生命周期与企业危机

一般而言，整个企业生命周期由导入期、成长期、成熟期和衰退期四个阶段组成。在不同的发展阶段，企业都可能遭遇危机，但所面临的危机种类各不相同。在四个阶段之间的临界期内，企业往往经历着严峻的经营挑战，需要战略转型；此时，危险与机会共存，因而四个时期的临界点可称企业战略转折点，也叫企业的危险点。如果企业能顺利逾越战略转折点，就能破茧成蝶，取得长足发展；否则，就很容易走下坡路，甚至从此一蹶不振。

（一）企业导入期的危机

在导入期，企业刚刚成立，技术还需改良，产品的质量也不稳定，品牌价值还未形成，消费者需要一定时间来评估企业的产品；企业资金有限，面临融资难题；内部管理上，企业的发展受制于少数几个创业者和核心技术人员。

在此阶段，企业经营上的任何差错，都有可能直接威胁到企业生存和发展，如果企业对市场潜在需求判断失误，就可能造成战略制定不当，目标制定得过于激进或保守，导致战略危机。如高估了市场需求，自主开发或外部引进的新技术无法创造足够市场价值，技术创新危机就可能发生。刚进入市场的产品还在接受消费者的考验时，若爆出产品质量不稳定或产品安全事故，企业会面临产品危机。另外，在导入期，各种生产要素有较大资金投入需求，企业缺少稳定的现金流来源，一旦融资出现障碍，资金链条断裂，财务危机就可能形成。而如果主要创业者意见不合，关键员工就可能流失，会造成企业竞争力明显下降，出现人力资源危机。

在导入期，企业需要努力获得市场对产品的认可，增加品牌价值和制定适合的产品推广策略，使产品技术成熟化，扩大生产能力，建立规范的运营流程，招募可用的人力资源。进入导入期末期，企业来到生命周期的临界点，如能提前做好充足准备，进行战略调整，顺利通过这一考验，企业会进入成长期；否则，企业很可能中途夭折，被迫退出市场。

（二）企业成长期的危机

在成长期，产品技术在不断改良后日渐成熟，产品结构调整减少，逐渐为市场消费者熟悉，企业的竞争优势逐步显现。产品的市场需求以较快的速度增长，吸引了较多竞争者加入，各品牌之间的竞争更加激烈。在此阶段，企业一般会加大市场促销的力度，提升销量和品牌价值；加大开发投入，提高产品性能；通过兼并收购、战略联盟、上市募集资金等方式扩大生产，增强企业竞争能力。

此时，一些企业会出现战略决策失误，陷入战略陷阱，致使竞争力下降。这一情形出现的原因可能在于企业发展平稳后，高管极易好大喜功、头脑发热，拉长企业经营战线，又无法协调统筹。在盲目扩张的同时，企业营销模式也趋于冒进，投入大量成本，却收效甚微。而过快的战略扩张步伐和激增的营销成本，容易使企业资金流紧张，成为财务危机的诱因。特别是在成长期末期，行业趋于成熟，价格战愈加激烈，危机发生的概率增加，任何失误都可能成为企业危机的导火索。许多曾叱咤风云的企业都是在这一阶段由于种种原因走向衰亡的。

这一阶段，企业可从如下几个方面入手，预防潜在危机：第一，考察是否具有自己的特点和核心业务。要经得起市场的考验，企业需要具备独到之处，企业可以与行业内其他企业进行对比，观察在技术、质量、渠道、服务等方面是否具有优势和特色。如果没有独特之处而盲目发展，企业可能会付出惨重代价。如长虹在成长期依然主要利用自己在资金和规模上的优势，用价格战打压对手，对技术创新关注不够，其主导产品电视机的毛利润越来越薄，企业盈利能力下降，最终制约了长虹的长期发展。第二，评判企业产品是否具有可靠质量。产品质量是取得顾客长期信任的前提，进入成长期的企业必须高度重视。如光明乳业在与伊利、蒙牛的激烈竞争中，于 2005 年被媒体爆出“早产奶”事件，产品标示的生产日期比实际生产日期早两到三天，光明产品销量迅速下滑，其股价猛跌，产品声誉受损。第三，提升售后服务水平。在成长期的竞争中，售后服务也成为竞争的重要因素，包括按时送货率、对客户需求的反应时间、服务反应时间等。第四，加强员工队伍建设。导入期的企业往往依赖于创始者的卓越领导，成长期的企业则需考虑将员工队伍建设制度化和稳定化。当今企业竞争日益深化，产品竞争渐渐转变为人才竞争，强化员工素质、培养知识转化能力和建立持续性的人才制度已成为企业发展的重要命题。

（三）企业成熟期的危机

在成熟期，企业已经具备较强的规模和实力，产品竞争力较为稳定。但市场销售增长率下降，整个产业内的生产能力大量过剩，对企业构成较大的威胁。这一阶段，企业一方面要维护已有产品的竞争优势和市场占有率，阻止衰退期的过早到来；另一方面，需将剩余资源投入高潜力的产品领域，并适时进行组织架构的改造，以便能顺利渡过未来的衰退期，进入新一轮企业生命周期。

在这一阶段，若企业管理不当，影响企业的现金收益和利润水平，成熟期可能缩短，使衰退期加速到来。成熟期的企业在战略、营销、技术创新和组织等方面都可能遇到危机。在企业战略方面，并购战略和产业联盟不仅能有效提高企业的市场占有率，而且能减少竞争对手的数量，同时企业可以根据需要整合供应链上下游企业，使企业的产品竞争能力得到整条供应链的支持，产业组织结构朝着有利于本企业的方向发展。有些企业没有认识到相应战略的重要性，或在战略的执行过程中反应迟钝，在与竞争对手的战略对抗中处于极其不利的地位，容易引发成熟期的危机。在营销方式上，为稳定市场占有率，企业需采取低价渗透策略，加强促销力度，提升售后服务质量；否则，企业竞争优势可能大幅下降，使得衰退期提早到来。随着竞争程度的上升，改良的生产工艺、设备和替代商品不断出现，企业可能面临技术创新危机。若不进行产品改进与开发，随着企业可用资源的不断减少，有些企业未提前改进或开发技术和产品，将面临逐步被新技术产品引领的市场淘汰的风险。要实现成本降低以及保持企业原有优势，内部的组织制度变革、流程再造已不可避免，有些企业固守原有的组织结构，组织形式严重不适应新的竞争形势，在市场竞争中反应迟缓，面临巨大的组织危机。

（四）企业衰退期的危机

在衰退期，市场上出现替代产品和技术，企业掌握的核心技术和产品竞争力已难以维持原有的市场占有率，呈现衰落的趋势。重新进行定位、开展企业重组、实施企业蜕变是延续企业竞争力的根本措施。在这一阶段，企业最可能遇到的危机是战略转型不及时，固守已经过时的产品和技术，导致市场极度萎缩，如不及时调整，企业将面临持续衰退，财务和人力资源危机会相继爆发，甚至导致倒闭破产。

这一阶段，企业的目标是自身的重整，再建市场竞争能力。在衰退期，企业面临强大的变革阻力，企业所有者应考虑改组高层管理团队，引入能帮助企业变革的高层管理者。对企业员工，要重新树立顾客导向思维，为顾客带来新价值。衰退期中，企业还需提防核心技术人才和优秀管理人员的流失，使人事重组中离职或辞退的员工能够和平离职，并做好组织内部人员的安抚工作。在衰退过程中，市场萎缩、组织内部官僚体制、人力资源流失等问题叠加出现，脱离衰退的变革必然十分痛苦。这一阶段的企业与导入期的企业有一定相似性，区别在于，衰退期企业面临的是长期发展后积累的大量复杂问题，但企业也积累了相当的经验和资源，可以努力通过创新和内部组织重塑，调动资源再造企业竞争力。

思考题

1. 什么是危机？试根据自己的理解予以概括。
2. 你认为危机的生命周期应划分为几个阶段？为什么？
3. 危机有哪些类型，可依据什么标准划分？
4. 企业危机可分为哪几类？

5. 为什么伴随着不同的企业生命周期会出现不同类型的危机？

6. 分别站在管理者、员工、消费者、投资者的角度，谈谈不同群体对企业危机的认识。

课后案例讨论

腾讯与老干妈的广告费风波

腾讯控诉老干妈欠下千万元广告费

2020 年 6 月 29 日，中国裁判文书网的信息显示：原告深圳市腾讯计算机系统有限公司（下称“腾讯”）诉被告贵阳南明老干妈风味食品销售有限公司、贵阳南明老干妈风味食品有限责任公司（下称“老干妈”）服务合同纠纷一案中，广东省深圳市南山区人民法院认为，原告的申请符合法律规定，裁定查封、冻结被告老干妈名下价值 1 624.06 万元的银行存款，或查封、扣押其等值的其他财产。一时间引起外界的猜测。

6 月 30 日，针对“腾讯请求查封老干妈公司 1 624 万元财产”这一诉讼事件，腾讯公司发表声明：“此事系老干妈在腾讯投放了千万元广告，但无视合同长期拖欠未支付，腾讯被迫依法起诉，申请冻结对方应支付的欠款金额。”

6 月 30 日晚间，老干妈也发出回应：公司从未与腾讯公司或授权他人与腾讯公司就“老干妈”品牌签署《联合市场推广合作协议》，且从未与腾讯公司进行过任何商业合作。关于此事，老干妈公司认为，腾讯公司被骗了，并已向警方报案。

一方面，腾讯状告老干妈拖欠自己广告费，另一方面，老干妈提出从来没有过广告合作。事件真相究竟如何，一时间众说纷纭，大家只能坐等事件后续发展。

7 月 1 日，贵阳市公安局双龙分局发布通报称，经初步查明，系犯罪嫌疑人曹某（男，36 岁）、刘某（女，40 岁）、郑某（女，37 岁）伪造老干妈公司印章，冒充该公司市场经营部经理，与腾讯公司签订合作协议。其目的是获取腾讯公司在推广活动中配套赠送的网络游戏礼包码，之后通过互联网倒卖，非法获取经济利益。

腾讯损失 1 624 万元广告费，还被三个骗子耍得团团转，老干妈成为“背锅侠”。事件发展至此，情节可以说是跌宕起伏，广大群众都时刻关注着，等待腾讯、老干妈“撕破脸”。

危机变广告

事件已然明了，腾讯受骗，老干妈被“冒名顶替”，这一反转当即引发了网友的关注，连续多日上了热搜。在这时，“腾讯”“老干妈”没有再继续纠结于法律责任追究问题，而是将此次危机事件转化为企业宣传。

7 月 1 日晚间，腾讯自嘲卖惨：“其实，但是，一言难尽……”悬赏送 1 000 瓶老干妈征集线索。

7 月 2 日，老干妈官方旗舰店上线一个名为“大客户专属”的 1 000 瓶辣椒酱组合包装链接，似乎是在回应腾讯公司的“要买 1 000 瓶老干妈”。

两个企业一唱一和缓和关系，迅速转移了观众的视线，化解危机的同时还合作宣传了一把，更是成为广大民众茶余饭后的谈资。从来不打广告的老干妈可以借此机会打一波广告，腾讯也以“卖惨”的方式成功扭转了企业形象。

7 月 10 日，双方通过官方渠道就合同纠纷事件发表了声明。此次事件也将以双方的和解而结束，声明中更是提出双方会开展正式的合作。等下次正式合作开始，又是新的一波热搜了，连广告费都省了不少，更是给外界留下悬念。而此次事件之后，腾讯视频的点击率暴增，与此同时，腾讯市值也悄无声息地涨了1 370亿元。本以为是一场合同纠纷，却在双方助力之下，成了一次全民狂欢，这次公关可以说是非常成功的。

资料来源：腾讯与老干妈握手言和：已向老干妈方面当面致歉．澎湃新闻，2020－07－10；何小桃．腾讯与老干妈发布联合声明　网友：这个老干妈的公章是真的吧．每日经济新闻，2020－07－10；王新根．腾讯与老干妈发布联合声明．深圳晚报，2020－07－11.

▶ 结合案例内容，试回答以下问题：

1. 腾讯和老干妈在危机处理方面有什么值得借鉴的经验？
2. 如果你是腾讯和老干妈的管理层，今后可以采取哪些措施预防危机的发生？

第2章

危机管理概述

千丈之堤，以蝼蚁之穴溃；百尺之室，以突隙之烟焚。

——《韩非子·喻老》

今后的战略可能不复存在，取而代之的将是危机管理。

——麦克纳马拉

学习目标

- 掌握危机管理的定义和特征；
- 明确危机管理在企业中的作用；
- 掌握危机管理的原则；
- 明确危机管理的过程；
- 了解企业危机管理理论和实践的发展。

引　例

一把吉他引发的危机

2008年3月，加拿大歌手戴夫·卡罗尔搭乘美联航的航班，从加拿大哈利法克斯飞往美国内布拉斯加州演出。卡罗尔中途在芝加哥奥黑尔机场转机，透过机窗，他竟看到美联航的运输工正在把他的吉他“像扔破口袋似的”扔到行李堆上。不出所料，卡罗尔取行李时，他那把3 500美元的吉他已被摔坏。

花了1 200美元修复吉他后，卡罗尔希望美联航能够赔付他的修理费用。随后的9个月里，卡罗尔以传真、电话、电子邮件等各种途径向美联航反映，但美联航总是找理由拖延时间，不愿承担责任。一位美联航的客服代表甚至直接在电话里拒绝了卡罗尔的赔偿要求。

愤怒和沮丧之下，卡罗尔创作了一曲《美联航弄坏吉他》，在歌词里，卡罗尔用幽默的口吻讲述了事情的经过，并拍了一段有趣的MV：他的朋友扮演美联航客服人员，摆出一副事不关己的冷漠表情，几位热心的消防队员出演行李托运工，在镜头前夸张地将吉他扔来扔去。卡罗尔把这段视频上传到YouTube，令人意外的是，在不到两周的时间内，视频浏览量竟超过400万人次。

在浏览后发表的评论中，网友们异口同声地指责美联航的作为，对视频作者表示支持。更巧合的是：就在这段时间里，美联航的股价下跌了10%，市值损失达1.8亿美元。美联航的高级主管发现后，极为惊讶，不得不怀疑公司股价重挫与这段音乐视频有关。

面对形象危机和股价下跌，美联航立即转变态度，主动要求支付给卡罗尔吉他维修费及1 000多美元的飞行代金券，然而卡罗尔却不接受，建议美联航把钱捐给慈善机构。美联航不得不照做，美联航还向公众表示："我们会保存这段视频，用作以后内部培训的资料，让员工都吸取教训，提高客户服务水平。"

美联航遭遇的"吉他事件"实属个案，却提醒企业管理者：与其处理危机，不如提前预防危机；如果危机确实发生了，就得尽快妥善处理，以免损失扩大。

资料来源：陈笛．吉他损坏未获赔，歌手写歌诉不忿，美联航在歌声中低下了头．羊城晚报，2009-07-25；华声．弄坏他一把吉他，惨了；歌手拍MV泄愤，红了；美联航损失1.8亿，巧了．三湘都市报，2009-07-27；姜奇平．美联航：一把吉他一点八亿美元．教育时报，2011-05-21.

考虑到企业经营环境波动日渐增强，以及潜在危机可能给企业带来的重大损失，企业必须具备危机管理意识，重视危机管理。企业可通过建立危机预防和处理机制，努力降低危机的危害性。往往在越危难的时刻，越能体现出一个优秀企业的素质与实力。

一、危机管理的内涵

（一）危机管理的定义

对于企业而言，危机管理（crisis management）是指企业在经营活动中，针对可能面临的或正在面临的危机，所开展的一系列管理活动的总称，目的在于消除或降低危机所带来的威胁和损失，乃至变危险为机会。

延伸阅读2-1：不同学者对危机管理的定义

（二）危机管理的特征

作为一种独特的管理活动形式，危机管理具有以下特征：

1. 预控性

危机管理具有预控性特征，即危机管理工作首先试图在危机爆发前采取措施，防范危机，以免后续耗费更多的人财物。危机的预防不仅仅是制订危机管理计划和计划演练等，这只是对危机爆发后的管理活动进行规划和排练；还在于在日常的管理中树立危机防范意识，通过建立危机预警系统及时监测危机诱因，评估相关因素，并采取措施加以防控。因而，危机管理的预控性特征体现为监测预警和事先的准备工作两部分。危机管理中的预控，意在使组织在危机中付出尽可能小的代价，并在日常经营活动中，为企业的平稳发展提供保障。

2. 动态性

危机通常具有高度的风险性和不确定性，随着危机事态的发展，危机管理工作也呈

彻危机管理，增强危机监控、预控和解决能力，以确保战略规划的有效执行。战略执行过程中，涉及危机管理的具体因素包括：经济波动及行业危机应对、供应链危机处置、商业活动的法律规范及道德标准、合理的资本结构、经营业务选择的决策及有效的内部控制体系等。

2. 完善企业内部机制

在企业危机预控、危机处理和危机恢复的过程中，危机管理的总体方针需要分解到企业各个部门、各个层级单位，涉及采购、生产、营销、财务、人力等各部门及集团企业管控等。有效的危机管理系统通过及时诊断和评估出其潜在危机诱因，发现管理中的具体薄弱环节，帮助提升各部门的管理机制。在危机处置过程中，问题涉及的部门和单位往往不止一个，完善的危机管理制度能够有效地协调内部沟通，督促各部门遵循权责处置问题，有助于企业内部整体机制的提升。

3. 维系员工忠诚度

企业所面临的危机可能使员工背负较大的压力，产生忧虑、恐慌、压抑、急躁等不良情绪，产生不安全感，更有甚者会对其健康和工作绩效产生负面影响。因而，在危机时期，组织成员的内部沟通及组织对成员的援助具有重要意义，不仅能够安抚员工，减轻组织成员压力，还有可能激发组织成员更强的凝聚力和胜任力。在西方组织中，员工援助计划（employee assistant program）已经逐渐发展为危机事件中帮助组织和员工共同应对危机的一种有效途径，如“9·11”事件以及 2008 年金融危机发生后，美国企业和联邦政府就普遍倡导通过员工援助计划，给予员工有效的帮助。[①]

同时，危机发生后，高层管理者在外部利益相关者和媒体沟通环节的处置工作，在员工心目中通常具有放大效应。如果企业管理层对危机处置不当，始终无法有效地缓解危机，会影响员工对企业管理层的信心，使员工对企业未来的发展产生疑虑，员工忠诚度下降，甚至引发核心员工的流失；反之，若危机得到妥善处理，企业员工对高管层的信心和信任感会增强，员工组织承诺提升。

4. 维护企业形象

企业形象由产品品牌形象、文化形象、声誉形象等构成，良好的企业形象得益于企业长期的品牌价值塑造以及以客为本、诚实经营的理念与行动。在危机事件中，企业的一举一动都受到利益相关者的关注，企业的危机管理行为会向利益相关者传递事态发展和企业自身变化的信号，有效的危机管理有助于维护企业形象，在危机管理中表现突出，甚至可能提升企业形象。失当的危机管理决策不仅无法有效缓解危机，还容易使辛苦树立起来的企业形象在短期内损失殆尽，这类事例不胜枚举。如果未做好危机处理，在从危机中恢复期间，企业要想在顾客、供应商、政府部门、媒体、社区居民以及其他公众中再次证明自己的信用，重新赢得信任，则需要花费更长的时间和更多的金钱。但若企业能认真吸取教训，以实际行动重拾消费者的信心，企业形象可能恢复较快。

---

① 伍晓奕．基于危机管理的员工援助计划研究述评．外国经济与管理，2010，32（10）．

2018年，碧桂园多地事故频发，工地坍塌、工程失火、人员伤亡、劳资冲突等负面新闻层出不穷，因其事故相对密集，这些事关生命和权益的事件也迅速成为社会讨论的焦点。处于舆论风口浪尖的碧桂园，并没有对这些负面事件进行深入的调查，在对媒体和公众进行回复的时候，也并未展现出真诚的态度，导致这些事件逐渐演变为公司的信誉与口碑危机。

5. 有利于确保企业盈利水平

伴随危机管理失当引发的企业形象损失，顾客对企业产品的忠诚度下降，转向竞争对手的产品或其他替代品，企业流失大量消费者。同时，由于危机管理失当，企业不得不投入更多资源应对危机，正常经营活动所需的资源减少，市场机会可能流失，未来的市场占有率也可能降低。在危机期间，还会发生大量非常规性费用，成本支出攀升。在收入下降、支出增加的重压下，企业财务状况会快速恶化。为了避免这些不利局面的发生，企业必须重视危机管理。日常的危机预控能够防范潜在危机，维持企业的竞争能力，从而间接提升企业盈利水平；良好的处理能够减少利益相关者和企业自身的损失，将利益损失降到最低，并有助于企业恢复至正常经营发展。

6. 有利于避免企业破产

壳牌石油公司1983年所做的一个调查研究显示，1970年《财富》500强公司中已有超过1/3销声匿迹；另据壳牌公司估测，大型企业的平均寿命不到40年，仅相当于人类寿命的一半。另据权威统计，大约80%的企业寿命不到3年，10%的企业寿命只有8年，只有2%的企业寿命能达到40年以上。① 在欧洲和日本，公司平均寿命只有12.5年。但与此同时，也存在不少100年以上的长寿企业。② 而我国企业界的情况不容乐观，在中国曾经有过无数辉煌的“老字号”，约有70%已经寿终正寝，能幸存的也大多处在风雨飘摇之中。③ 2010年年底，专题调研报告《后危机时代中小企业转型与创新的调查与建议》显示，我国中小企业的平均寿命仅有3.7年。④ 特别是，由于2008年全球金融危机及近年来我国经济和行业格局的转型，危机管理能力已经成为我国企业亟须具备的重要管理能力之一。事实表明，大量企业都是在危机事件中破产，企业只有有效实施危机管理，以危机为契机促进企业的变革创新，方能化险为夷，实现可持续发展。

二、危机管理的原则

有效的危机管理必须遵循一些基本原则，主要包括：

（一）预防第一原则

不少人存在一种错误观念，即危机管理仅仅是对已经爆发的危机采取处理措施，加

① 陆拥俊，江若尘．中国企业寿命与经济可持续发展问题的研究——基于2016《财富》世界500强的数据．管理现代化，2016（6）：52-54.

② 孙小青．日本长寿企业的秘诀——传统与革新．经营管理者，2016（34）：184.

③ 同①.

④ 同①.

以解决。如果危机管理仅仅局限于此，则绝不能达到企业危机管理的最佳状态。“凡事预则立，不预则废”，企业危机管理工作必须提前做起，建立危机监测和预控制度，在危机诱因尚未转化为危机前，采取措施将其消除。除此之外，危机预防还意味着对危机爆发后的复杂情形做准备，在危机爆发后，一个企业组织越能做好前期的应对准备工作，就越能尽快从危机中恢复。

从成本代价上看，危机预防包含了对于危机爆发后工作开展的准备，以及从根源上防止危机诱因的出现。危机预防所付出的成本较低，而危机爆发后，如要得到彻底的恢复，在付出较高代价弥补利益相关者损失之外，还必须回过头来从根源上去除危机诱因，防止下一次类似危机事件的产生，代价可想而知。危机管理必须如奥斯本（Osborne）和盖布勒（Gabler）所说：“使用少量钱预防，而不是花大量钱治疗。”① 正因为如此，危机管理包含的日常危机预防，决定了危机管理的长期性和动态性特征，这能帮助减少企业付出的潜在代价；同时，在危机四伏的动荡环境中，危机预防实际起到了维持企业竞争力和保障可持续发展的作用。

（二）公众利益至上原则

管理大师彼得·德鲁克（Peter Drucker）曾言：“如果想知道企业是什么，我们必须先了解企业的目的，而企业的目的必须是超越企业本身。事实上，企业是社会一分子，因此企业的目的必须在社会之中。”② 组织的长远利益与其所涉及的公众利益息息相关，良好的组织运作往往可以收到组织利益与公众利益兼得的效果。

事实上，不少企业危机的爆发，正是由于企业过多考虑自身利益，忽视或轻视了公众利益，结果，发生的危机反而威胁到企业自身利益。在危机管理工作中，企业关注的重点不应是短期利益，而应是长远的发展和利益，只有将关注重心放在其他各方利益相关者身上，企业的长远发展和利益才能得以实现。一旦危机爆发，企业危机处理人员若能以公众利益代言人的身份出现，将公众利益置于自身利益之上，便有可能获得顾客、媒体舆论和政府的充分理解和认可，对整个危机的处理奠定良好的基础。

2006年SK-Ⅱ产品质量问题发生后，宝洁公司未充分考虑公众利益，设置较高的退货门槛，引起大量消费者的不满和抗议。得知国家质检部门检出SK-Ⅱ产品中有禁用物质后，宝洁公司反应比较迅速，但设置了四条很高的退货门槛：一是消费者需持有由卫生部指定医院出具的过敏证明；二是必须有销售凭据；三是产品所剩含量须在1/3以上；四是填写的协议书上写有：“尽管产品本身为合格品，不存在质量问题，但本着对消费者负责的态度，我们决定为您做退货处理，经双方协议统一退款××元，此处理方案为本案例一次性终结处理。”许多消费者无法接受这些退货条件，极为愤怒，甚至在多个城市出现了顾客与宝洁的员工发生肢体冲突的事件，媒体一片哗然。在多方压力之下，宝洁公司宣布放宽退货标准。相反，美国强生公司曾在危机中奉行公众利益优先原则，赢得了大众的赞许。

---

① 张金明，彭永华．论企业危机管理．市场周刊．理论研究，2015（10）：6-9.

② 德鲁克．管理的实践．北京：机械工业出版社，2006：30.

案例2-1

美国强生：危机管理，公众利益优先

1982年，泰诺（Tylenol）胶囊氰化物中毒事件发生后，强生公司首席执行官吉姆·伯克（Jim Burke）毅然决定：下架所有泰诺胶囊。此举虽然使强生收入损失超过1亿美元，却受到了消费者的欢迎和认可；强生赢得了极高的赞许，并因出色的危机管理工作，被授予美国公关协会银钻奖。

泰诺中毒事件

事件起于1982年9月的芝加哥，有媒体报道，有人在服用泰诺胶囊后死亡，可能是泰诺中含有的氰化物所致。一开始死亡人数只有3人，后来却传说全美各地死亡人数高达250人。泰诺中毒事件的消息迅速扩散到全美。据有关调查显示，有94%的消费者知道这一事件。

泰诺胶囊上市后，就成为强生公司的主要产品之一，受到病患的青睐。中毒事件爆发前，泰诺的年销售额已经达到4.5亿美元，占据美国非处方成人止痛药37%的市场份额。其销售收入达到强生公司总销售收入的8%，利润占公司总利润的15%。

近1亿美国人曾服用泰诺以缓解病痛，泰诺可能致死的消息传出后，全美舆论哗然。强生公司面临一场生死存亡的巨大危机。

强生在行动

接到要求获得事情解释的媒体电话后，强生公司立即向公众声明："本公司是坦诚、愧疚、富有同情心的，决心解决中毒事件并保护公众。"公司公关部抽调25位专家负责处理这一事件。

在伯克的领导下，强生公司迅速采取了一系列有效措施。强生公司迅速着手调查事情真相，召回总价值达1亿美元的已出厂泰诺胶囊，成立庞大的检验小组仔细检验。强生公司发现，只有一个批次的药品受到污染，总量不超过75粒，且这些药品只在芝加哥销售，对美国其他地区没有任何影响。对芝加哥地区的调查表明：服用泰诺胶囊中毒死亡的人数最终确定为7人。在调查期间，强生公司停止刊登和播放有关泰诺的广告；为了尽快召回所有泰诺胶囊，强生还花大量费用向经销商和医疗机构发出警示。

在事态逐渐明朗且确认泰诺中毒事件系有人投毒所致后，强生公司没有马上恢复销售泰诺。强生公司了解到美国政府正准备推行新的药品安全法，认为这是一次难得的市场机会，于是将泰诺包装变更为政府鼓励的防伪、防篡改包装，领先竞争对手推向市场。同时，公司以强大的促销攻势，在纽约举行盛大的新产品新闻发布会，对零售商提供25%的超常价格折扣，并不惜花费5 000万美元向消费者赠送这种新包装的胶囊。

令人惊讶的是，在短短的5个月之内，强生公司的市场占有率竟回升至原来的70%，几乎安然渡过了危机。媒体对强生公司也赞许有加，《时代》杂志以《泰诺神奇般地重返市场》为题报道了泰诺创造的"奇迹"。

强生信条

其实，在泰诺中毒事件发生之前，强生公司并没有制订危机管理计划。但在中毒事件披露后，强生的信条就成为公司危机管理秉承的原则。

得知有病患中毒的消息后，公司首席执行官伯克曾将20名高管召集到一个挂有强生信条的屋子里，指着墙上的信条对大家说："这是公司信条，如果我们不以它为准绳，就把它从墙上揭下来撕掉吧。"

早在 1943 年，强生公司就创立了自己的信条，并仿照《独立宣言》的体例，将信条印在老式羊皮纸上面。强生信条的核心是公司的五个责任，包括：对医生、护士、医院、母亲和所有使用强生产品的人负责，对在强生的工厂和办公室里工作的员工负责，对强生的经营层负责，对强生所在的社区负责，对股东负责。

作为强生的第一项责任，强生公司承诺用以下行动确保对医生、护士、医院、母亲和所有使用者的责任：

产品必须始终维持最高的品质；

公司必须不断致力于降低这些产品的成本；

产品的订单必须迅速而精确地完成；

公司的经销商必须赚取公平的利润。

危机过后，伯克向媒体表示："公司的信誉比大多数人所认识到的要重要得多。当你迫切需要人们相信你的时候，人们能否相信你取决于在危机前的数年间你的公司及你本人在公众心中建立起的信任度。"《华尔街日报》也认为，强生公司的成功关键在于它牺牲了自己的利益，换取消费者不受损伤；如果昧着良心干，强生将会遇到很大的麻烦。

资料来源：刘刚．危机管理．北京：中国经济出版社，2004：44－47；朱华，窦坤芳．市场营销案例精选精析．北京：经济管理出版社，2000：182－184.

（三）全局利益优先原则

在危机管理工作中，企业管理者要处理好局部利益与全局利益的关系。虽然危机可能由局部问题造成，其影响却可能是全局性的；当局部利益与全局利益难以两全时，企业有必要拿出"壮士断腕"的气魄，以全局为重，确保企业长远的利益。

（四）主动面对原则

危机爆发后，企业应担负第一信息来源的角色，主动回答公众对工作的质疑并配合媒体的访问，把握信息发布的主动权。企业成为第二或第三消息来源，容易使公众产生误读，并产生不满情绪，令企业陷入被动。危机发生后，不论应由谁担负责任，企业都应该主动担负一定责任。即使企业是受害者也需对危机后果承担一部分责任，企业应待危机缓和后再与受害者沟通，否则容易火上浇油，不利于危机处理。在公众不满情绪高涨，但事实尚未查明时，企业不妨采取较高姿态，主动承担责任，给予一定损失赔付，尽快减弱危机的负面影响。

禽流感疫情的爆发曾使肯德基的销量急速下滑，肯德基并未被动等待危机过去，而是主动应对。禽流感来袭后，肯德基及时启动危机管理预案，成立危机管理小组，主动召开新闻发布会，向公众表明肯德基产品绝无危害，力图打消公众疑虑。在肯德基各大门店，墙面张贴了产品质量控制宣传图及确保质量的标语，为门店营造了良好的食品安全氛围。在品类上，肯德基在全国数千家门店推出虾球等与家禽无关的新品种，满足顾客对禽类以外食品的多方面需求，并主动降价促销。为应对来访媒体，肯德基总部提前准备好采访文件，要求各部门统一口径，随时应对媒体舆论的追问。在一系列主动措施下，虽然整体餐饮市场不佳，各餐饮门店销量下滑，但相较其他餐饮企业，禽流感危机中的肯德基依然保持了较好的公众形象，为危机过后的市场恢复奠定了基础。

（五）快速反应原则

危机的突发性特点要求危机处理必须迅速有效。伴随着信息传播技术的发展，特别是近年来新媒体、微博、移动社交平台等新兴网络媒介的兴起，危机信息传播的速度进一步加快。危机一旦发生，大众媒体的报道和网络媒介的转载，会立即引起社会公众的关注。若企业不能快速应对，会引起利益相关者及其他公众的疑虑，给企业发展带来负面影响。因此，企业须迅速启动危机管理计划，明确危机管理负责人和管理机构，配备必要的人财物资源，并尽快展开事件调查和评估，采取处理措施。由于公众对危机信息的了解愿望是迫切的，他们密切关注事态的发展，企业发布信息必须及时，以便有效地避免各种谣言的出现，防止危机扩大，损害企业形象。东芝公司在中国地区的发展中，就曾因反应不及时，给公司产品带来严重负面影响。

案例2-2

东芝笔记本电脑事件

曾有一段时间，东芝笔记本电脑因驱动程序存有缺陷而引发中国市场的销售危机。在这一事件中，东芝公司显得十分被动。东芝笔记本电脑事件的发生，为很多企业上了一堂生动的危机管理课。

针对美国的庭外和解

事情起于1993年3月美国得克萨斯州联邦地区法院的一起集体诉讼，两名美国用户指控东芝笔记本电脑软盘控制器（FDC）的软件功能存有瑕疵，可能致使软盘中的数据损坏或丢失。得知消息后，东芝公司发布声明，表示旗下笔记本电脑未有这一瑕疵；并与原告交涉，于同年10月达成和解协议。

依据和解协议，1985年1月1日以后生产的任何一个带有软盘驱动器和软盘驱动控制器的东芝笔记本电脑美国用户，都可以获得东芝的赔偿。这样，50万美国东芝用户将获得共计10.5亿美元的赔偿金，单个用户的赔偿金一般超过300美元，最高达到443美元。自2000年3月起，东芝开始安排美国用户申请赔偿，6月起用户们拿到了赔偿的时间表。

东芝公司透露了和解的缘由：美国得克萨斯州的陪审团曾做出过巨额赔偿判决的先例，赔偿金额可能达到100亿美元；如果参加诉讼，一旦面临巨额赔偿判罚，东芝公司将难以生存下去。为了避免出现这种可怕的局面，东芝不得已才做出和解的痛苦选择。

超过10亿美元的赔偿金使东芝公司2000财年出现约2.62亿美元的净亏损。

针对美国的和解方案，东芝在美国和日本举行了记者招待会。然而，在其他国家和地区，东芝却未采取任何行动，只是在网站上公告了这一事宜，让用户从网上下载相关文件。引起中国用户不满的是，东芝公司公布的文件竟是新加坡公司采用的英文版说明。

待遇不同引发风波

2000年5月，一家北京的媒体从一位东芝的美国消费者处获得消息，立刻刊登了一篇名为《东芝还要蒙中国人多久》的报道。拥有同样型号的笔记本电脑，仅仅因为国籍不同而得到不同的服务待遇，自然引起中国用户的强烈不满。媒体对此事也极为关注，相关报道纷纷出现。

依据美国法律，只要产品有损害用户的可能性，用户就可以提出赔偿。但是按照中国的法律，只有当实际损失发生以后才能提出赔偿。可是，东芝公司没有向用户解释法律规定的差异，在网络舆论的推波助澜下，纯粹的商业行为竟引发了中国用户的民族情感。事态在毫无控制的情况下迅速蔓延，对东芝公司的负面影响可想而知。

5月16日，成都用户吴津将一份索赔书递交到东芝公司成都代表处，不仅要求东芝公司就他1998年购买的一台东芝笔记本电脑给予赔偿，还要求东芝公司向全中国消费者公开道歉。媒体将吴津称作"中国的东芝索赔第一人"。东芝公司成都办事处在接到吴津的索赔函后，转呈给东芝中国公司。5月17日，《日本经济新闻》报道了中国的东芝笔记本电脑事件，又引发了日本国内消费者对东芝的质疑。

直至5月22日，东芝公司才在北京中国大饭店召开新闻发布会，直面已闹得沸沸扬扬的东芝笔记本电脑事件。在新闻发布会上，东芝公司对外声明：虽然在极限状态下不能否认FDC发生存盘错误的极微的可能性，但在过去15年，东芝销往世界各地的1 500万台笔记本电脑中，没有出现过因为FDC而投诉的现象。因此，从一般的角度来说，公司不认为其产品有所谓的质量问题。之所以在美国达成和解，实是迫于美国法律对企业诉讼不利的万般无奈的选择。为使用户更加放心地使用东芝笔记本电脑，从1999年11月起，东芝公司开始向包括中国在内的有需要的用户免费提供补丁软件，并在世界范围投放装有更加完善的FDC的笔记本电脑。

5月26日，就该事件，东芝笔记本电脑的中国总代理联想公司也发布了一份声明。声明再次强调，在美国发生的FDC诉讼和解一事，并不是由于东芝笔记本电脑存在缺陷，也不会给全球的用户带来FDC操作限制而引起的异常情况。本着为中国用户负责的精神，联想为此事专门组建了技术小组，针对不同系列的东芝笔记本电脑，就FDC进行了模拟环境下的实验，结果没有发现因FDC造成数据写入错误。在联想销售东芝笔记本电脑的5年时间内，没有确认过任何一起因FDC瑕疵而影响数据写入的用户投诉。但为使用户今后可以更加放心地使用东芝笔记本电脑，排除FDC造成数据写入错误的可能性，联想公司将提供如下售后服务：在全国设立分支机构的地区，设立服务窗口，专门为用户免费提供及安装FDC校验盘；对累计购买50台以上的大用户，可以免费上门安装；对没有分支机构的地区的用户，可免费邮寄校验盘；所有用户均可以在联想东芝网上免费下载校验软件。声明还表示：万一东芝笔记本电脑在正常使用情况下发生了因FDC造成的数据写入错误，联想将积极与东芝公司进行协调，并采取相应措施，维护中国用户的利益。

尽管东芝公司及其中国总代理做出了相应的解释和声明，但此时东芝公司已经错过了危机处理的最佳时机，中国用户根本不想听东芝的技术说明，他们在心理上和情感上不接受这样的解释，媒体普遍认为东芝的处理方式缺乏诚意。京沪两地相继有3名个人用户和3名集团用户起诉东芝公司，要求东芝给予赔偿。

东芝遭遇市场抵制

自1995年以来，东芝笔记本电脑连续四年位居中国笔记本电脑销量榜首，东芝公司也认为中国是其在亚洲最重要的市场之一。然而，这一事件的发生却令东芝笔记本电脑销量陡然直下。

东北和四川地区的部分电脑专卖店公开宣布不再出售东芝品牌的产品。5月17日，成都顶智笔记本电脑连锁超市将东芝笔记本电脑撤出展示店。

在北京，零售商纷纷抱怨东芝笔记本电脑不好卖。2000年6月，在中关村硅谷直销店几乎没有售出过一台东芝笔记本电脑。许多顾客一听到东芝的名字就直摇头，与东芝相关的推介活动根本无法开展。在著名的中关村海龙电脑城中，一名电脑经销商向媒体诉苦，该店销售的东芝电脑已从月30台降到了半个月仅两三台。

这一事件不仅影响了东芝产品的短期销量，更重要的是，东芝的品牌形象在中国消费者心目中急剧下降。

东芝的自我反思

东芝也意识到，光凭产品本身来解释不行，还得靠人来说话。

东芝公司总部公关部负责人大森圭介向媒体表示：这一事件反映出东芝公司与新闻媒介交流不够充分，甚至可以说没有太多的交流，沟通得很不好。在事件发生之前，东芝公司在中国没有一个专门的公关部门负责与媒体进行沟通或说明。

这起事件后，东芝公司已经着手在中国地区建立一个发言人部门，将专门负责媒体沟通和回应大众质疑。

资料来源：刘刚．危机管理．北京：中国经济出版社，2004：49－54；黄昌年，赵步阳．公共关系学．上海：上海交通大学出版社，2007：48－49；徐大建．企业伦理学．上海：上海人民出版社，2002：98－101.

（六）真诚坦率原则

危机发生之后，公众最痛恨的往往并非危机本身，而是企业故意说谎或隐瞒事实。企业应尽快与大众媒介取得联系，公布真相，不能利用记者不熟悉某一专业的弱点弄虚作假，也不能遮遮掩掩，像挤牙膏一样，否则会欲盖弥彰，不利于控制危机局面。为大众媒体设置障碍或许能解短时之难，却无法从根本上解决问题，因为记者可以在最大范围内揭露疑点，引起人们的种种猜测，加大危机处理的难度，对恢复企业形象极为不利。一些危机本身是由公众误解造成的，只要企业及时公布真实信息和相关证据，公众的误解自然就会消除。如果由于信息敏感性，不能透露所有细节，企业也应确保所披露信息是真实可靠的。

危机给受害者造成损害，这本身就是非常不幸的，企业危机管理人员在与媒体的沟通中，要多站在受害人立场上思考问题，表达歉意、同情和慰问；同时主动承担相应责任，而不应一味辩解，否则只会增加公众的不满。在听取公众的意见时，要让他们倾吐不满，宣泄情绪，以息事宁人，显示企业对公众的真诚。在危机处置过程中，公众对企业疑虑较深，如有必要，企业可请权威第三方走到台前，告知公众事实真相，以重获信任。

分众传媒曾遭遇的“短信门”危机就充分体现了真诚坦率原则的重要性。2008 年央视的“3·15”晚会曾爆出分众传媒旗下分众无线掌握全国 2 亿手机用户的个人信息，制造大量垃圾短信，“精准”群发对应客户。在央视的报道中，包括分众无线华北渠道拓展总监和郑州公司总经理在内的内部人士也证实了相关细节。但在危机发生后两天内，面对媒体采访，分众传媒始终不表明事情真相，闪烁其词，一位副总裁甚至矢口否认拥有 2 亿手机用户资料的说法，态度恶劣傲慢。在舆论声讨中，3 月 17 日在纳斯达克上市的分众传媒股价暴跌 26.59%，盘中创下年度新低。3 月 18 日分众传媒董事长江南春出面，证实分众传媒曾经投放商业广告给未定制的用户，表示将停止短信广告业务，全面整顿，并回购部分股票以稳定投资者信心。亡羊补牢，为时未晚，江南春的坦率承认和弥补措施收到了一定效果，挽回了部分损失。

（七）系统运作原则

危机管理是一项复杂的系统性工作，牵涉企业多个部门、多个层面以及外部多方利益相关者。企业内部应首先统一指挥，按照危机管理预案的要求，确定负责人员，明晰各自任务职责，听从管理小组的指挥。其次，危机管理具有全员参与性质，这不仅体现在危机预控上，还体现在危机处理上，企业应让每一位员工了解企业处理危机的总体方针和主要进展，并意识到自身是企业危机形象的窗口，即便没有参与到具体的危机处理工作中，也应保持高度负责任的态度，遵循企业整体的危机处理方针，不对媒体信口开河。最后，在危机处理过程中，企业内部需做好协调，一致对外。在企业各层级间，应做好危机管理指令和信息的上传下达，避免不同工作人员态度不一、观点不一。危机管理机构应指派专门的对外联络人，负责与舆论沟通，并确保说法口径一致，防止前后说法出现差异或矛盾。在危机尚未平息之前，最好不要变更对外联络人，因为新的联络人需要花费大量精力了解事件细节，沟通口径上可能与原联络人产生矛盾，造成公众误读，质疑企业的诚意。

（八）灵活运作原则

危机事态往往瞬息万变，从诱因出现到危机爆发蔓延的演进路线也往往具有高度不确定性，超出企业管理者的意料范围。所谓计划赶不上变化，危机管理人员应具有灵活运作的意识，在企业内外部发生没有预期到的变化时，不能教条行事，这也是危机管理的艺术性体现。特别在危机爆发期，局势混乱，不确定性大，高层管理者更需保持镇定、果断和灵活，在预定处置计划基础上，依情势做出合理调整，为企业成员树立信心，带领员工共渡难关。

延伸阅读 2-2：危机管理过程的不同模型

三、危机管理过程

本书将危机管理分为危机预防与危机处理两个过

程。危机预防包括危机管理计划的制订与演练、危机预警机制的建立、危机预控措施等，是危机爆发前企业所采取的行动，旨在消除危机和降低潜在危机的负面影响，并为危机爆发后的处理工作做好准备。危机处理则包含危机的事中管理与事后管理。其中，事中管理包括建立危机处理小组、进行危机调查与评估、商定危机处理方案、实施危机方案和媒体沟通等；事后管理主要指对危机管理工作开展总结评估及进行危机恢复等。在后续章节中，本书将详细介绍危机预防与危机处理的相关问题。

四、企业危机管理理论与实践的发展

（一）企业危机管理理论的发展

1. 西方危机管理理论的发展

早期的危机管理主要局限于军事和外交领域，古巴导弹危机的爆发使危机管理开始进入学术界的视野。随着企业竞争环境波动性的加强，20 世纪 80 年代起，一些学者开始探索经济和企业管理活动中的危机管理，提出了开创性的企业危机管理对策，自此，危机管理理论进入企业管理领域。

20 世纪 80 年代，罗伯特・希斯出版《危机管理》，该书在危机管理理论体系的建构中具有标志性贡献。1986 年，斯蒂芬・菲克出版了《危机管理》一书，对危机管理进行了比较系统的研究，建立了较为系统的危机管理分析框架。劳伦斯・巴顿出版《组织危机管理》，强调了危机管理预防为主及危机处置以人为本、关心危机利益群体的观念，该书还涉及非营利机构的危机管理，促进了危机管理学术理论在实践中的运用。诺曼・R. 奥古斯丁所著的《危机管理》强调了危机的两面性，即破坏性与建设性，并提出了危机管理划分的六阶段模型。前述几位学者的著作早已成为企业危机管理领域的经典，为企业危机管理理论的建构和发展做出了重要贡献。

随着日本经济的崛起，日本学者亀井利明对日本企业高速成长中出现的危机十分忧虑，成为首位日本企业危机管理的研究者。[①] 直至 20 世纪 80 年代末，日本本土的企业危机管理研究才真正兴起，但日本企业危机管理学者关注的重点在于自然灾害和环保问题引发的企业危机，认为危机费用化基础上的合理投保是防范企业危机的重要途径。

在之后企业危机管理理论的发展中，西方国家的学者从不同视角出发，建构了危机管理理论。纵观国外已有的危机管理理论流派，主要可以划分为如下数派：系统论、生命周期论、扩散论、危机变化的结构论和全面危机管理论等。系统论强调企业内外部环境的区分，探讨如何通过内部优化及内部与外部的互动来实施危机管理。生命周期论由西蒙・布斯提出，他根据企业危机的演进，将危机管理分为不同阶段，提出不同阶段的危机特征及其处理策略，该理论对认识动态演进下的危机管理具有重要意义。[②] 扩散论由

① 大橋英子. 亀井利明著『危機管理とリスクマネジメント』を読んで//各国のリスクマネジメント. 危険と管理，1998，28（3）：219－222.

② Booth S A. Crisis Management Strategy：Competition and Change in Modern Enterprises. London：Routledge，1993：123－124.

卡波尼格罗（Caponigro）提出，该理论分析危机的驱动力与根源，以帮助企业管理者制定危机应对策略。[①] 危机变化的结构论由米特罗夫（Mitrof）提出，认为危机管理包括危机形态与风险、危机管理机制、危机管理系统、利益关系人等四个关键因素，建立企业由外到内的应对模型，强调高级管理者在危机处理中具有核心作用。[②] 杰奎斯（Jaques）提出全面危机管理，将非线性结构要素视为一个相互作用的综合“集群”，而不是要按照一定的时间序列采取“步骤”，认为传统意义上时间序列上的相邻结构要素可以同时进行。[③]

在具体的危机管理研究问题上，我国学者郭际通过梳理，发现已有的研究主要聚焦于以下内容：第一，企业危机的定义与危机的成因；第二，企业危机发展阶段的划分；第三，危机处理的方法与技术；第四，企业危机的管理理论；第五，企业危机预警管理；第六，企业自身职能的学说。[④]

2. 我国企业危机管理理论的发展

20世纪90年代，企业危机管理理论开始传入我国。在国家自然科学基金的资助下，佘廉等学者于90年代初起开展了一系列危机管理研究，如“企业逆境管理——管理失误成因分析及企业滑坡对策研究”“企业危机的预警原理与方法”等课题项目，使企业危机管理研究逐渐进入我国管理学者的视野。他们重点探讨了我国企业的困境及相应成因，并提出了企业危机管理理论，是我国企业危机管理研究的重要创建之一。

“非典”疫情后，危机管理研究逐渐被我国学界所重视。清华大学公共管理学院薛澜等所著《危机管理——转型期中国面临的挑战》（2003年）探讨了我国转型期的危机管理对策；中国人民大学商学院刘刚所著《危机管理》（2004年）系统地阐释了已有的企业危机管理框架和主要方法；中国人民大学新闻学院胡百精所著《危机传播管理》（2005年）从传播学的角度剖析了危机管理；胡百精于2007年开始出版的《中国危机管理报告》收集了大量政府和企业危机管理案例，总结了我国危机管理实践状况；中国传媒大学邵华冬所著《企业公关危机管理研究》（2012年）深入分析了危机公关理论和实践。

就国内危机管理文献总体情况而言，学界研究与社会需求密切相关，在危机事件引发更广泛关注的年份，危机管理研究的成果也更多。[⑤] 但是，根植于我国背景的系统性危机管理理论仍然很少。我国学者曾相继提出企业危机管理的结构论（朱延智，2003）、公司治理论（何维达，2007）和和谐管理论（刘静静，2009）等理论，但影响力有限，没能形成持续性的理论发展。考虑到中国特殊的政企关系和经济发展路径，构建基于中国情境的企业危机管理理论十分必要，这一领域仍然有着广阔的发展空间，尚待进一步探索。

① Caponigro J R. The Crisis Counselor：A Step by Step Guide to Managing a Business Crisis. Chicago：Contemporary Books，2000：68－69.

② Mitroff I I，Mitroft A I，Pearson C M. Crisis Management：A Diagnostic Guide for Improving Your Organization's Crisis Preparedness. New York：Wiley，1993：10－118.

③ Jaques T. Issues Management and Crisis Management：An Integrated Non-linear，Relational Construct. Public Relations Review，2007，33（2）：147－157.

④ 郭际．现代企业危机管理．北京：科学出版社，2010：8.

⑤ 同④.

（二）企业危机管理实践的发展

西方发达国家目前已基本实现了危机管理的产业化。据统计，超过 3 000 名专业危机管理人员长期受雇于美国各公司；加拿大、美国已有数十家专业的危机管理咨询企业，为企业危机管理提供指导和咨询服务。除此之外，企业危机管理教育也日益受到关注，欧美各主要商学院都已开设企业危机管理课程。在经历了危机的考验后，不少大企业的危机管理意识越来越强，危机管理水平越来越高，甚至把危机管理当作新的公司铁律（new corporate discipline）。英国伦敦证券交易所还要求上市公司必须完善危机管理制度，并定期提交危机管理报告。

在我国，多数企业缺乏常态化危机意识，即使是在经历“非典”疫情之后，企业界依然没有清晰地意识到危机管理的重要性，进行常态化危机管理制度建设的企业更是少之又少。2020 年新冠肺炎疫情暴发后，大量企业倒闭，很多企业遭受巨大损失。

目前，许多企业将危机管理作为一项重要的管理活动内容，或准备落实企业危机管理制度，但是，不同企业的危机意识和危机管理水平相差悬殊。德勤会计师事务所对全球企业危机管理能力进行了调查，调查结果如图 2－1 所示。

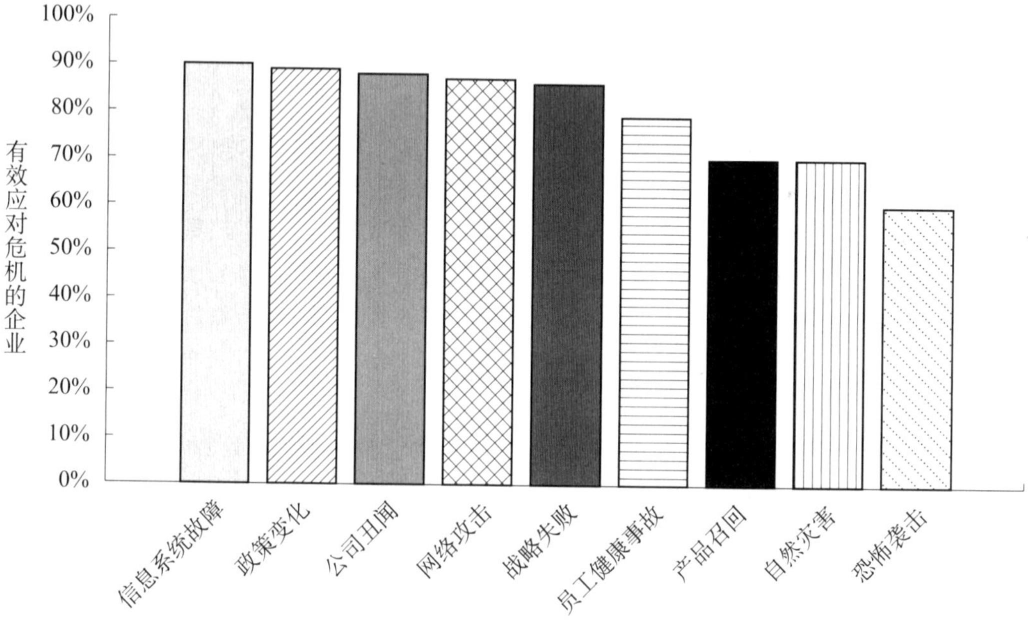

图 2－1　2018 年德勤全球企业危机管理调查报告

资料来源：德勤官网.

即使是在危机管理实践发展多年的情况下，面对不同类型的危机，也并非全部的企业都能有信心应对。有大约 10％的企业在面临各项危机时束手无策，陷入极其困难的境地。

可以看出，我国企业已逐渐认识到危机管理的重要性，努力建立相关制度，但对危机管理的认识依然有较大的局限性，认为主要是公关部门和市场部门的工作，并未纳入企业的整体发展中。这反映出，我国多数企业对危机的认识局限在事后管理，事前预防的意识仍需提高。这同时也预示着，我国日后的危机管理理论研究和实践仍有极大的发展空间，重点是危机管理的质量提升。

思考题

1. 什么是危机管理？危机管理与一般的管理工作有什么联系和区别？
2. 企业进行危机管理有什么作用？
3. 你认为危机管理中最重要的原则是什么？
4. 你赞同哪种危机管理过程的划分方法？
5. 回顾你印象最深刻的中国企业危机事件，结合本章内容，说说企业危机管理的成败得失。

课后案例讨论

诺基亚与爱立信：相同的危机，不同的结局

2000年3月17日晚，飞利浦公司在美国新墨西哥州的芯片厂突然发生火灾。这场大火仅燃烧了10分钟即被扑灭，但影响到了当时全球最大的两家移动电话制造商——诺基亚和爱立信。原来，飞利浦公司的这家工厂是诺基亚和爱立信最重要的芯片提供商之一，该厂出产的芯片40%是专门提供给诺基亚和爱立信的。其中Asic射频芯片是飞利浦的独家专利。

3天以后，诺基亚与爱立信都知道了火灾的消息。为了安抚两家大客户，飞利浦高层表示，该厂会在一个星期内恢复生产，并保证优先满足诺基亚与爱立信的需求，失火消息传出后，两大厂商的反应截然不同。诺基亚总部紧急派人飞往飞利浦的工厂，要求获取火灾处理的最新进展。在与飞利浦管理层的沟通中，诺基亚表现得十分积极，却又十分强硬，甚至提出让飞利浦把旗下各大工厂的生产安排拿出来研究，寻找可能有多余产能的地方；在诺基亚的压力下，飞利浦公司快马加鞭，立即指示旗下荷兰和上海的两家工厂紧急赶制1 000万颗芯片，供给诺基亚公司。

火灾发生后的两个星期里，诺基亚还调派了30多位世界各地的工程师和经理一起协商其他解决方案；工程师重新设计了芯片，使得美国和日本的其他厂商也能生产。诺基亚随即联系了美国和日本的一些厂商帮助生产数百万颗芯片，从接到订单到生产只有5天的准备期。

但这场火灾却没有引发爱立信高层的足够重视，收到飞利浦公司的表态后，大家认为这场火灾并不会对公司运营产生多大影响。然而直到3月底，芯片厂还无法恢复生产，仍需要等待数周。直至4月初，爱立信高层才发现，飞利浦工厂的停产已经影响到爱立信的运营；然而，他们也束手无策。原来，早在20世纪90年代中期，为了降低成本，爱立信简化了供应链，基本没有安排后备供应商，因而此时难以从其他渠道补充芯片。而时逢手机销售旺季，几百万颗芯片的短缺，令爱立信的一款重要机型无法推出。7月，爱立信公布火灾损失后，股价几小时内下跌达14%。而在此不久前，爱立信才刚采用新的零件采购模式，确保多家上游厂商可同时供给零部件。

由于反应及时，诺基亚芯片供应量得到保障，下游手机制造和销售基本未受影响；飞利浦工厂失火却让爱立信损失严重。虽然爱立信后来重新与其他供应商合作，增加了芯片来源，

但由于行动缓慢，已有超过4亿美元的收入损失。更糟糕的是，爱立信在营销等其他管理工作上也出现失误，致使2000年手机部门总计亏损高达16.8亿美元。主要竞争对手诺基亚的全球手机市场占有率从27%提升至当年的30%；爱立信则减少了3%的市场份额，从12%降低至9%。面对高额损失，2001年1月，爱立信决定退出手机自制市场；诺基亚等厂商有望进一步扩大市场份额。

其实，诺基亚当时在日常的供应链管理中就十分优秀。为了保障供应链的通畅运行，诺基亚组建了自己的信息体系，实时调节供需，提高机动生产能力。诺基亚不仅每年而且每季每月，都会对下一周期的需求进行预测修正。专门的市场信息收集人员每天都会在市场收集供应商和代理商的销售信息和顾客反馈，并及时与它们沟通。对于上游原材料厂商，诺基亚非常重视与它们的沟通，通过互相之间的信息共享，保证它们能够按照需求提前安排生产；然后诺基亚会按照不同区域的需求量，分配至各工厂。

对于这次危机，诺基亚负责零部件供应的执行副总裁贝提・科贺纳（Pertti Korhonen）评价道："危机是改进的机遇！"爱立信的高层则不得不承认管理失误："我们发现问题太迟了，我们根本没有所谓的危机处理方案。"

资料来源：刘刚．危机管理．北京：中国经济出版社，2004：50-53；张浩．采购管理与库存控制．北京：北京大学出版社，2010：18.

▶ 结合案例内容，试回答以下问题：

1. 试比较诺基亚和爱立信的不同危机应对态度和措施。

2. 诺基亚成功的危机处理与其日常管理有什么联系？

3. 如果你是爱立信的高层管理者，负责企业危机管理工作的整改，你会从这起事件中吸取哪些教训？如何权衡降低成本与危机预防？

第3章
危机预防概述

宜未雨而绸缪，毋临渴而掘井。

——朱柏庐

微软离破产永远只有18个月。

——比尔·盖茨

学习目标

- 了解企业实施危机预防的重要性；
- 掌握危机预防的定义和特点；
- 明确危机预防的内容；
- 了解危机意识的重要性；
- 掌握培养危机意识的措施。

引　例

鸿茅药酒跨省追捕事件

鸿茅药酒被吐槽

2017年12月19日，广东麻醉医生谭秦东在“美篇”发布了题为《中国神酒“鸿茅药酒”，来自天堂的毒药》的文章，突出“鸿茅药酒”广告夸大实际疗效，只为了获取巨大的商业利润，同时，也指出鸿茅药酒对老年人会造成伤害。该文章点击量上千次。

随后，2017年12月27日，内蒙古自治区凉城县公安局接到鸿茅药酒公司报案，鸿茅药酒厂家称，自从谭秦东发布文章以来，已经引起了多家网络媒体对“鸿茅药酒”的诽谤行为，这些媒体传播了虚假的信息，对广大读者和患者造成了巨大的误导，导致多家经销商退货和退款，总金额超过83万元。根据公司内部的统计，公司有两家分公司收到了共7名市民的退货要求。公司遭受了严重的销量下滑，公司商誉也受到了严重损害。

2018年4月13日，红星新闻首次报道此次事件，在微信公众号上发布《广州医生发帖称“鸿茅药酒是毒药”涉嫌损害商品声誉被警方跨省抓捕》，受到网友的广泛关注。

广东医生被抓捕

2018年1月10日，内蒙古自治区凉城县公安局办案人员到达广州，对谭秦东进行抓捕。

2018 年 1 月 25 日，经过内蒙古自治区凉城县人民检察院批准，谭秦东涉嫌损害商品声誉，对谭秦东执行抓捕行动。根据凉城县公安局的起诉意见书，凉城县公安局的调查结果显示，谭秦东在微信群中转发“毒药”文章超过 10 次，所链接到的网站的点击量超过 2 000 次，微信群访问量超过 849 次，朋友圈访问量超过 720 次。

4 月 17 日，内蒙古自治区人民检察院调查认为，目前该案件事实不清、证据不足，指令凉城县人民检察院将该案退回公安机关补充侦查并变更强制措施，同日，谭秦东取保候审，当时便流出他的照片，十分憔悴，更是引爆了舆论。

同年 3 月 5 日，程远律师在自己的微信公号发表了《广告史劣迹斑斑的鸿茅药酒获“CCTV 国家品牌计划”，打了谁的脸?》一文。4 月 16 日晚间，内蒙古鸿茅国药股份有限公司认为该文诽谤鸿茅药酒声誉，又将程远律师告上了法庭。此后，鸿茅药酒受到了舆论的广泛批判，事件于 4 月 17 日发展到顶峰。

获得道歉，失了人心

在这次事件中，有诸多自媒体人员以及律师都做出声明支持谭秦东医生。大批新闻网站对此事件进行跟踪报道。也有群众质疑抓捕谭秦东的行为，希望其能维护自身权益，还对鸿茅药酒的成分是否具有毒性提出质疑，呼吁国家机关加大对虚假广告的打击力度。鸿茅药酒一时间成为大众焦点，舆论发展也一边倒。

4 月 26 日，鸿茅药酒生产方，内蒙古鸿茅国药股份有限公司发布企业自查报告，撤下广告宣传进行整改，并且向社会公众致歉。

5 月 17 日，事件主角谭秦东医生向鸿茅药酒发表道歉声明；同日晚间，鸿茅药酒发布声明，接受谭秦东致歉并撤回报案及侵权诉讼。

在此次事件中，从一开始，鸿茅药酒是站在有利位置的，然而让警察跨省追捕，虽然最后也获得了谭秦东的道歉，但是失去了舆论支持，也失去了人心。

此次事件对鸿茅药酒企业影响巨大，其零售终端销量也下降。同时鸿茅药酒也被爆出曾经被多地食品监管部门通报违法，违法次数达 2 000 多次，被暂停销售十余次，国家食品药品监督管理总局已有其多次违规记录。2019 年 12 月，鸿茅药酒被中国中药协会授予“2018 年度履行社会责任明星企业”称号，但因为舆论的强烈质疑而被撤销。

资料来源：被跨省抓捕的医生：我本已经做了最坏的打算．新京报，2018－04－18；毛一竹，刘懿德，曹祎铭，等．可以穿越大半个中国来抓你？三问鸿茅药酒事件．(2018－04－17)．https：//baijiahao. baidu. com/s?id=1597994504932534792&wfr=spider&for=pc；中药协会道歉了，鸿茅药酒的“荣誉”遭撤销．(2019－12－26)．每日经济新闻.

每一家企业都可能面对危机，这对企业来说是难以避免的，但这并不代表危机不可预防。正如《左传·襄公》中所言：“居安思危，思则有备，有备无患”，危机管理的重点首先在于预防。对危机管理来说，“防火”比“救火”更重要，如果危机事件爆发后再补救，只能尽可能降低损失，已经造成的损失则无法挽回。因此，明智的企业管理者应及早发现危机的征兆，采取措施消除危机或减弱潜在危机的影响。即便危机发生，也不致措手不及；打有准备之仗，损失才会尽可能减少。

一、危机预防的内涵

（一）危机预防的定义

危机预防（crisis prevention）是对企业具有战略性意义的一项管理活动，其目的是在企业中树立广泛的危机意识，并在危机意识的指导下建立一套全面深入的危机防范制度，对企业的危机隐患和危机征兆进行监测和预控，以将危机消灭在萌芽中或尽量减少危机带来的损失，保证企业经营管理系统的有序运转。

延伸阅读 3－1：危机预防的不同定义

（二）危机预防的重要性

美国工程师海因里希（Heinrich）1941 年曾就机械事故后果进行过统计。在调查 50 余万起事故后，他得出了著名的海因里希事故法则：在机械事故中，死亡或重伤、轻伤、无伤亡事故的比率为 1∶29∶300。换句话说，每 330 起机械生产的意外事故中，就有 1 起事故结果是有人员死亡或重伤，29 起是人员轻伤，剩余 300 起没有造成人员伤亡。虽然这一统计结果在不同生产过程和不同类型的事故中有所变化，但这一规律证明了在同一活动所引发的无数次意外事件中，必然存在重大伤亡事故。只有努力减少和消除无伤害事故，重大事故才有可能得到防范；因而企业必须重视出现的危机征兆，否则后果可能不堪设想。

频发的企业危机已经证明，危机管理的首要工作不再局限于对已爆发危机的善后，还在于企业日常经营中的谨慎预防、提前谋划。相对于危机爆发后用种种措施来弥补，危机预防是成本最低，也是最佳的危机管理策略。任何一家想要实现持续经营的企业，都不能忽视危机预防的重要性。

（三）危机预防的特点

危机预防作为企业危机管理至关重要的一个组成部分，具有战略性、主动性和潜在性的特点。

1. 战略性

危机预防对于企业来说，是事关全局的管理工作。一旦疏于对危机的防控，很有可能使企业多年的经营成果毁于一旦。曾经的手机霸主诺基亚，叱咤全球手机市场，其全球市场份额一度高达 40%。长期的市场垄断地位使得诺基亚失去了危机防范意识，在智能手机时代没有及时调整策略应对挑战，市场份额不断缩水，在高端智能手机市场更是节节败退，股价也跌至历史最低水平。

2. 主动性

危机的不确定性和风险性决定企业必须主动采取预防措施，将危机化解于无形之中。针对企业有可能发生的危机，企业应对员工进行事前的模拟培训，做好应对问题的准备，这样不仅有助于有效应对危机，还能有力地维护企业形象。而等危机爆发后再匆忙采取措施，不但不能有效解决危机，还有可能加重危机带来的损失。2004年9月发生的海南航空"乘客下跪"事件就说明了这一点。由海口飞往徐州的海航航班延误超过3小时，其间海航不断变换延误理由，导致乘客情绪激动，以致出现了一名乘客向工作人员下跪的事件。还有乘客不满海航的做法，将海航的补偿费挥洒空中。事后，有不少媒体曝光了事件细节，招致舆论对海航低劣服务的大量批评，海航却极力辩解，而非诚心向乘客和社会承认错误，更恶化了社会大众对海航的评价，海航的企业形象受到严重损害。

3. 潜在性

危机预防工作贯穿企业日常经营管理工作的各个方面，而不仅仅局限于危机处理培训、危机预警机制等具体制度上。其中危机意识的培养更是重中之重，深入全体员工内心的危机意识是最好的危机预防措施。

案例3-1

柯达：昔日霸主的没落

曾经的辉煌

总部位于美国罗切斯特市的伊士曼柯达公司曾是世界最大的影像产品和服务的生产和供应商。公司业务遍布150多个国家和地区，在全球有员工约8万人。作为感光行业的昔日霸主，柯达创造过一系列骄人的成绩：公司创始人乔治·伊士曼1886年发明了世界上第一台"傻瓜相机"，不懂复杂摄影技术的普通人也可以享受到摄影的乐趣；通过对市场的准确把握，在竞争对手把眼光局限在生产相机时，柯达将战略重点放在胶卷的生产上，几乎垄断整个胶卷市场，其竞争对手难以望其项背；作为行业技术创新的领导者，该公司1975年发明了数码相机。柯达曾经的辉煌足以媲美任何一家世界级企业：1930年，柯达占有世界摄影设备市场70%的份额，以及该市场90%的利润；1964年，柯达推出一款傻瓜相机，该产品当年的销售量创下照相机的世界纪录，高达750万台；1966年，柯达的海外销售额已高达21.5亿美元，排《财富》500强企业第34名，纯利排第10名，而行业第二的爱克发的销售额仅及柯达的1/6；在1990年和1996年的品牌顾问公司排行榜中，柯达都高居第4名。

可以说，在影像拍摄、分享、输出和显示领域，柯达一直是当之无愧的领导者，傲视其他任何竞争对手；在100多年的企业发展中，柯达为无数家庭和机构提供了最优质的服务。柯达公司黄金时代的员工曾表示："我们给自己灌输这样的意识，我们能做任何事，不可战胜。"

数字技术时代处境维艰

然而，快速更替的科学技术给每一个技术型企业都带来巨大挑战，柯达也受到强烈冲击。

首先是来自市场领域的激烈的价格竞争，柯达产品的价格被压低40%。在发展中国家市场，由于多数用户更重视价格而非产品品质，竞争对手推出的低价胶卷受到了热捧，致使柯达的市场占有率下降。柯达组织了一系列价格反击战，挽回了部分市场份额，但仍难以全面清除价格战造成的负面影响。

柯达面临的另一个挑战来自数字成像技术对传统成像技术造成的冲击。长期以来，在底片和相纸生产与冲印过程中存在高昂的成本、笨重的设备和污染严重问题，人们不太愿意使用体积大、不能永久保存、查找困难的底片和相纸。

数字成像技术直接解决了这些难题，令底片和相纸逐渐淡出历史舞台。一张轻便的光盘就可以存储数万张照片；越来越多的照片直接由电脑打印生成……总之，数字成像已成为市场趋势，除专业人士外，底片和相纸几乎已无人问津。这场技术革命宣告胶卷行业进入濒死状态。实际上，追溯源头，数据技术的先驱还是柯达，但柯达却始终没有把开发的技术成功运用到商业上。

柯达财务数据显示，2012年全年，该公司净亏损13.8亿美元，相比于2011年亏损额增长80%。2004—2012年，仅有2007年一年实现了盈利，公司市场价值已从1997年的310亿美元降到2012年的1.75亿美元，十余年蒸发90%以上。2012年1月3日，柯达公司股票的平均收盘价已连续30个交易日低于1美元，纽约证交所向柯达递交了“继续上市标准通知”，柯达面临被交易所强行摘牌的风险。在收到纽交所退市警告16天后，柯达提出破产保护申请。

有分析人士认为，正是助柯达走向巅峰的胶卷业务让柯达一度沉溺于成功的幻象，柯达1975年首先发明数码相机，却未能把这项新技术变成利润增长点。随着海外竞争对手开始攫取胶卷业市场份额，柯达20世纪80年代开始走下坡路。之后，数码相机和智能手机的出现令柯达的经营日益艰难。2003年，柯达宣布停止投资胶卷业务。当影像市场步入“数字时代”后，曾经将柯达带入鼎盛时代的胶卷业务不断发生亏损，柯达不得不裁减了胶卷业务的大量员工；如今，胶卷业务已经成为柯达经营的绊脚石。其实，柯达本有转变企业经营模式、经营战略的机会。在21世纪初数字科技开始流行时，柯达高管层过于保守，固守传统胶卷市场的垄断地位，没有推出跟得上市场发展节奏的创新型产品，错失再次成为市场影像产业领导者的机会。反观柯达的竞争对手，乐凯的光学薄膜业务已显成效；富士早在2000年便开始转型，将传统胶片业务压低到总营收的1%，2002—2012年，除了2010年之外，其他年份全部实现盈利，与柯达的连年亏损形成鲜明对比。

艰难转身能否成功？

自2008年开始，柯达靠出售专利权获得了近20亿美元收入。2011年，受柯达委托，拉扎德投资银行负责出售柯达拥有的1 100个数码专利，“推销”的重点客户是对专利权组合感兴趣的平板电脑厂商。柯达开始力图转向个人消费者和商业用途打印机业务。但是，在移动互联网浪潮下，传统打印机市场本身也在经历衰退，惠普、佳能、爱普生、富士施乐等大品牌公司的打印机市场业绩都在下滑。如果柯达要实现成功的定位转型，不会仅仅关注传统打印机业务，可能还会涉及3D或4D打印业务。后者仍然是一个新兴市场，前景能有多大，能否得到用户的认可，这些问题都还没有明确的答案。在这种情况下，柯达能否走出破产阴霾，实现成功转型只能等待时间的验证。

资料来源：刘娇．传柯达将申请破产保护　求生路愈走愈艰．(2012-01-05)．环球网；王丽歌．柯达面临退市风险：百年老牌未能华丽转身．第一财经日报，2012-01-06；柯达市值降至1.75亿美元：十余年蒸发90%以上．新快报，2012-01-06；吴辰光，李冰．破产保护？柯达百年大厦将倾．北京商报，2012-01-06；曲忠芳．柯达年中走出破产保护困难重重．北京商报，2013-03-13.

二、危机预防的内容

（一）战略层面的危机预防

在战略层面，企业应塑造重视危机管理的文化，形成深入全体组织成员的危机意识，提高危机管理活动的自觉性和员工对危机的警惕性。战略是企业最高层的全局谋划，对于企业的发展具有统领性的作用，战略层面的支持是危机预防工作能够发挥作用的根本保证。对于企业来说，战略层面的危机预防是企业文化、危机意识和这两者所带来的企业氛围的综合体。这一层面的危机预防是危机管理工作中抽象而又最为重要的部分，也是开展危机管理具体工作的根本指导。

（二）战术层面的危机预防

企业的所有经营管理工作最终都要落到实处，由具体的制度、措施、人员来共同完成。战略层面的准备为危机预防工作的开展提供了指导，但如果没有一套完整高效的制度和掌握危机预防技巧的员工来支撑，危机预防工作只能沦为一纸空谈。关于危机预防管理的具体方法，本书后面有详细叙述，这里仅简单介绍企业在危机预防中通常采取的措施。

（1）对企业的危险程度进行自测，明确企业的健康状况，分析的内容包括经营环境、管理者素质、组织效率、市场开拓和盈利能力、分销渠道等。

（2）修订企业各项规章制度，创建危机预警制度，制订危机管理计划，成立企业的危机管理团队，并注重对可能发生的危机情况进行预演练。

（3）在企业中建立畅通的沟通渠道，保证危机信息的及时传递。

（4）制定具体的危机传播方案，当危机发生时，掌握危机信息发布的主动权，派专业人员应对媒体和公众的质询。

战术层面的危机预防措施能让企业成员在预防和处理危机时有可靠的制度指导，减少对危机的分析、反应时间，形成快速响应机制。

三、危机意识的培养

（一）“温水煮蛙”现象与企业危机意识

在《第五项修炼——学习型组织的艺术与实务》一书中，彼得·圣吉（Peter Senge）用一则温水煮蛙的寓言说明了许多企业失败的原因，不是突发性事件带来的威胁，而是企业对于缓缓而来的致命威胁习而不察：如果你将一只青蛙放进沸水中，它会立刻试着跳出来。但是如果你将青蛙放进温水中，不去惊吓它，它将待着不动。然而，你渐渐升高水温，温度从 21 摄氏度升到 27 摄氏度时，青蛙仍会显得若无其事，甚至自得其乐。可悲的是，当温度慢慢上升时，青蛙将变得越来越虚弱，最后无法动弹。虽然没有什么限制它脱离困境，但青蛙仍旧留在那里直到被煮熟。为什么会这样？因为青蛙内部感应生存威胁的器官只能感应出环境中剧烈的变化，而感应不到缓慢、渐进的变化。①

“温水煮蛙”现象值得企业管理者深思。实际上，危机的诱因往往潜伏在企业日常管理工作中。由于缺乏危机意识或工作疏忽，企业管理者没有对危机诱因加以足够的重视，以致未能有效防范危机。有的情况下，并不重要的细节问题经过一系列“传导反应”、“滚雪球效应”或“恶性循环”，最终演化为严重威胁企业的大危机。尤其是企业取得了一定成绩或达到了一定的发展阶段后，往往沾沾自喜，对危机丧失警惕，造成巨大的损失。

中兴通讯是中国非常具有竞争力的一家公司，常年位列全球通信公司前四名。公司2018年第一季度财报显示，净利润达到16.87亿元，除核心部件的芯片要从美国进口之外，似乎一切都顺风顺水。然而，2018年4月16日，美国政府禁止中兴通讯向美国购买敏感产品，并且在未来7年内禁止美国企业向中兴通讯出售所有芯片。受到突如其来的禁令的影响，中兴通讯第一季度的净利润瞬间转变为亏损53.1亿元。

可见，企业必须建立危机防范意识，在企业运转不畅时，必须时时提防潜在的危机。在企业蓬勃发展之时，也要居安思危，未雨绸缪，因为危机往往潜伏在管理者难以发现的地方。加强危机意识有如下作用：第一，企业员工能够养成防范危机的习惯，减少工作中的不当行为，避免潜在危机的诱因；第二，使企业员工善于发现危机发生的征兆，将危机消灭于无形；第三，即便危机爆发，也能避免不必要的慌乱，及时采取措施阻止危机蔓延。

（二）企业危机意识的形成

1. 积极灌输危机意识

要避免“温水煮蛙”的情况出现，最高管理者首先必须建立危机意识；如此，企业战略才不至于陷入迷失，出现企业发展大方向上的危机。海尔的生存理念是：“永远战战兢兢，永远如履薄冰。”在与国外知名厂商的行业竞争中，海尔首席执行官张瑞敏并不赞同不少中国厂商采取的“用市场换技术”的策略；他认为外资企业进入中国后一定会千方百计占据中国市场，虽然中资企业获得了一些技术，但都不是有用的一流技术，中国企业最终会失去自己的市场。由于具备这样强烈的危机意识，海尔凭借自己的努力不断开发出新技术和新产品。

危机管理同时也并不仅仅是企业“一把手”或某些职能部门，如公关部门、生产安全部门的职责，它也是企业每个层级和每个职能部门需要一同面对的课题。如果企业员工都能具备较强的危机意识，危机爆发的可能性就会大为减少。最高管理者要通过各种渠道，将危机意识灌输给全体员工，提高每个人的危机警惕性，使每个人都能居安思危；并促使每位员工在实际工作中落实危机管理的要求，做到防微杜渐。

2. 主动制造危机意识

曾经有这样一个故事：有位牧羊人在冬季寒冷的北方地区放牧一群羊。夏天温度适

① 圣吉．第五项修炼——学习型组织的艺术与实务．北京：中信出版社，2009：24-25.

宜、水草茂盛，羊群过得很舒适，便养成了不爱动的习惯。随着冬季的到来，羊群无法适应严寒的天气，不少羊冻死了。为了提高羊群的生存概率，牧羊人选择了一个看似残酷的方法，在放牧区放几只狼。面对生存危机，羊群只能不断地奔跑来防止狼的攻击。虽然有些羊被狼捕获，但那些不断奔跑的羊不再害怕严寒的侵袭，羊群的死亡比例反而比原来低了不少。

这个故事体现了主动制造危机的功效。为了提升员工的主动性、积极性和创造性，企业管理者可以有意识地制造一些危机，激发员工更加勤奋努力和探索创新，以实现更高的目标。例如，日立公司在面对 20 世纪 70 年代的石油危机时，决定让公司 2/3 的员工减薪待业，发给他们原工资的 97%～98%。这一举措节省的经费虽少，却让全公司的员工产生了强烈的危机意识，在这种氛围下，日立公司很快走出了困境。

（三）危机教育

危机教育能够帮助员工建立危机意识，学会危机管理的基本方法，并提升员工应对危机所需的心理素质和灵活应变能力。对于新员工而言，危机教育更为重要。危机教育的内容包括：

1. 危机意识教育

危机意识是企业发展的保护伞。危机意识教育要让员工认识到，危机时时刻刻伴随着企业成长的步伐，危机是企业衰亡的罪魁祸首。企业最大的危机便是没有危机意识。危机意识在企业鼎盛时期尤为重要，企业今日的成就有可能成为明日衰落的诱因。许多跨国公司所使用的员工个人职业生涯发展档案（personal performance development file，PPDF），是企业在进行员工危机意识培养时可以采用的一种方法。

PPDF 包括三方面的内容：第一，员工的个人情况，包括个人履历、受教育情况、工作经验、工作成绩等；第二，现在的行为，包括现在的工作情况、工作行为、工作目标等；第三，未来的发展期望，包括职业目标、所需能力、行动计划等。员工将相关内容填好之后编写成手册，与其领导各一本，领导根据实际情况给予员工指导。这样做的好处在于，为员工明确规划了实现目标的道路，使员工将个人的发展与企业的兴衰联系在一起，从而对企业的发展充满危机感和紧迫感。

值得注意的是，任何事物都有两面性。危机意识虽能使企业时刻保持警惕，但过度强调危机意识，可能会让员工承受过多的压力。这样不仅不利于危机的防范，还会使员工无法发挥自己的全部能力，甚至导致员工离职，带来企业人力资源危机。因此，企业在对员工进行危机意识教育时，必须把握好“度”，使其既能够起到危机预防的作用，又能满足员工工作安全感方面的需要。

2. 危机防范教育

危机事件的爆发多与企业本身不当的经营行为相关，如违反法律、管理决策失误、产品质量问题等。因而，危机防范教育要求企业首先加强安全教育，提升内部管理，降低人为失误的概率。为此，需要培训员工的生产、服务技能，确保企业产品或服务的质量。同时，还要培养企业内外部的合作精神和合同技能，包括员工之间、部门之间、企业与供应商及经销商之间、企业与消费者之间、企业与媒体之间、企业与政府之间的合作。

危机爆发前大都有不同程度的征兆，通过培训，员工要学会发现和捕捉到这些征兆。企业危机征兆包括：外部环境方面，国家的有关法律政策发生变动，行业中出现强大的竞争对手或替代品，自然灾害引发的供应链运行不畅；媒体舆论方面，媒体、行业协会和政府等机构特别“关注”本企业，关于企业管理者或企业形象的负面信息增多；在市场销售方面，顾客抱怨越来越多，市场销售量渐趋饱和，价格呈下降趋势；生产运营上，既定计划无法得到有效执行，设施故障，生产线闲置时间增加，“三废”排放严重，产品不合格率不断上升；在内部管理上，对环境变化反应迟缓，管理层相互猜忌，职能部门之间相互扯皮，员工情绪低落，研发投入不足；在财务状况方面，各项财务指标不断恶化，盈利能力下降，亏损增加，负债严重等。针对各种不同的危机情况，企业须采取不同的应对举措，防止危机的征兆恶化引发企业更大的损失。

3. 危机处理教育

企业中不同岗位的职责不同，所面临的危机也不同。企业应根据不同岗位的要求对员工开展有针对性的危机管理技能教育，使危机管理知识与自身所在岗位能够充分匹配；并给予员工相应的危机处理职权，明晰危机管理中可采取的行动。员工个人的危机处理教育是企业危机预防成功的基础，也是加强员工危机意识的一种手段。

4. 危机案例教育

案例教育能够帮助加深对危机管理工作的理解，是危机教育的重要组成部分。当前，不少欧美企业已经将真实危机模拟演练纳入危机教育中，以提升企业的抗危害性能力。员工资源管理（crew resource management，CRM）就是这样一种课程。该课程通过信任、理解和帮助团队成员彼此督促，来提升团队合作精神；如果出现危机，员工能相互密切配合，从容应对，提高危机管理的效率。航空业已将CRM课程纳入危机培训，通过提前训练突然发生飞行事故中机组人员的反应配合，避免发生真实危机时可能的混乱局面。如今，CRM课程已经进一步运用于其他类型的团队作业中，如石油业、法律部门、消防部门、护理人员和医疗组织等。

表3-1是成功实施CRM课程教育的10项标准。

表3-1 成功实施CRM课程教育的10项标准

- 课程服从CRM的目标，而不是绩效考核的工具；
- 课程教师具备较高的智商和良好的沟通技巧；
- 进行一次严格的任务演习，且这些任务能够将CRM改进与有效提高工作效率预期联系在一起；
- 课程目的不是晋升或职务调动，否则，培训对象会改变其参与方式；
- 课程能折射出团队文化的敏感性，因为不同文化背景的培训对象对CRM的认同程度不同；
- 课程的重点在于从自省中有所收获，而不仅仅是自我批评；
- 知识要点简明扼要，并通过例证进行强化；
- 每一培训对象及整个团队均有充足的时间消化所学知识；
- 课程具有连续性，以强化所学的各种原则；
- 对课程有效性的认可依据不仅仅是培训对象的信奉程度，而且应包括课程的实效。

资料来源：希斯．危机管理．北京：中信出版社，2001：107-108.

思考题

1. 什么是危机预防？在危机管理中的地位如何？
2. 危机预防包括哪些内容？
3. 应该如何培养企业的危机意识？

课后案例讨论

风波重重的加多宝

经过近20年的努力，加多宝（中国）饮料有限公司（以下简称“加多宝”）终于把凉茶饮料从名不见经传的小业务做成了全中国最有影响力的大市场，使凉茶成为受到全国乃至世界欢迎的饮品。然而，随着王老吉的火爆，加多宝与广药集团之间的利益冲突也开始出现。长达9年的官司，加多宝赢得了一些，也失去了不少。

失去“王老吉”

道光八年（1828年），一位名叫王泽邦的商人在广州开了第一家“王老吉凉茶铺”，茶铺的凉茶广受欢迎；百多年后，“王老吉”凉茶几经风雨，传承到了新中国建立之时。之后，王老吉药厂转变为国营企业，隶属于广药集团。

一直到1995年，红罐王老吉不仅不为多数饮料消费者所知晓，也未受到广药集团的重视。广药集团与加多宝的母公司香港鸿道集团签订合约，鸿道集团于1997年起取得“王老吉”品牌在红色纸包装和红色铁罐装上的使用权。1998年，加多宝在东莞建立了第一家凉茶饮料工厂，多次改进了王老吉的生产和加工工艺。此后，加多宝共在广东、北京、福建、浙江、青海、杭州和武汉建立了7个生产基地，共有18条生产线，年产量高达十几亿箱。加多宝还在媒体广告上投下重金，“怕上火，喝王老吉”的广告词一时之间传遍了全中国。王老吉凉茶的销售额在2002年仅为2亿元左右，2010年突破160亿元，超过可口可乐150亿元的销售额，成为中国市场销售额第一的饮料。

加多宝与广药集团的“王老吉”之争始于2010年。2010年11月，广药集团高调召开媒体发布会，宣布依据第三方评估结果，广药旗下的“王老吉”商标已具有1 080.15亿元的品牌价值，成为中国目前第一品牌。在1 080亿元的光环照耀下，鸿道集团付给广药的每年506万元的商标租赁费显得不足，广药对此有所不满。2011年4月，广药集团请求中止广药集团与鸿道集团的合作。2012年5月，仲裁决定下达，裁决判定双方签订的《“王老吉”商标许可补充协议》和《关于“王老吉”商标使用许可合同的补充协议》属无效合同，红罐“王老吉”的商标使用权由广药集团收回。自此，两大厂商分道扬镳，加多宝不得不进行品牌转型，成为广药“王老吉”的竞争者。

后“王老吉”时代的加多宝

2012年，对加多宝而言是“非常时期”。实际上，“非常时期”一词可能都无法形容加多宝的处境，不少评论人士发出质疑：失“魂”的加多宝路在何方？对企业来说，培植一个知名品牌要耗费许多心血，而现在，加多宝需要重新开始。

失去“王老吉”品牌的使用权后，加多宝立即开始更换包装和广告，力图将努力培育的“王老吉”的知名度移植到“加多宝”品牌上。加多宝展开了其所擅长的大规模媒体宣传攻势，广告覆盖面上至央视，下至重点区域的地方性媒体，如凉茶品牌认知度较高地区的浙江卫视、南方卫视、广东体育频道等。除了高频次的广告投放，加多宝在广告内容上也绞尽脑汁。加多宝首先打出了“全国销量领先的凉茶，改名加多宝”的广告，且加多宝凉茶仍然采用红色罐装，外观上仅将“王老吉”更换成“加多宝”三个字，字号也加大了。其次，加多宝抓住原有的销量优势，在媒体上打出“全国销量第一的红罐凉茶，现改名加多宝”的信息，与另一条广告标语“怕上火，现在喝加多宝”相得益彰。最后，在消费者了解到“王老吉”改名的信息后，为降低消费者的顾虑，加多宝针对性地打出“还是原来的配方，还是熟悉的味道”的广告词。加多宝竭尽全力，在媒体宣传上下足功夫，吸引原来的“王老吉”消费者转向购买“加多宝”。随后，加多宝仅用5天时间就决定以6 000万元的赞助费冠名2012年最火爆的选秀节目《中国好声音》，自7月13日节目首播，一直到9月30日总决赛——80天后，没有人不知道《中国好声音》，也没有人不知道凉茶领导者加多宝。加多宝凭借《中国好声音》，“红”了整整一个夏天。

与铺天盖地的广告相匹配的是加多宝强势的渠道渗透力。凭借多年的经营，加多宝基本上控制了KA卖场（KA即“重要客户”（key account））。就企业产品销售而言，KA卖场就是客流量、营业面积和发展潜力三方面的集成体，例如大型零售商沃尔玛、家乐福、麦德隆等，或者区域性零售商万佳、联华等，以及学校和批发市场等渠道终端；考虑到凉茶的独特性，重点渗透餐馆终端，提高占有率，特别是火锅店、川菜馆、烧烤店等，使得红罐包装的“加多宝”能在短时间内完成铺货，提升“加多宝”的品牌价值。渠道配合广告宣传，两者实现了完美的步伐统一。

事实证明，加多宝的行动取得了极佳的效果：据国家统计局、中国行业企业信息发布中心公布的《2012年我国饮料行业1—3季度运行状况分析报告》，2012年前三季度，加多宝销量同比增长超过50%，份额超过72.96%，稳居凉茶行业第一；在罐装饮料方面，加多宝市场销售份额近12%，在全国罐装饮料销量中排名第一。加多宝公司出产的凉茶连续第六年获得了“中国饮料第一罐”的称号。

荣光背后危机重重

打了一场漂亮仗的加多宝并非就高枕无忧了。2013年1月，加多宝收到广州市中级人民法院的裁定书，要求加多宝立即停止在媒体宣传上使用“王老吉改名为加多宝”“全国销量领先的红罐凉茶改名为加多宝”，或与之意思相同、相近似的广告语。广药集团还以“加多宝的广告侵犯了公司权益”为由，向法院提请加多宝支付“几亿元到10亿元”的赔偿金。

此后，双方在各地法庭展开了“车轮式”诉战。2014年，广药集团起诉加多宝相关六家公司侵害“王老吉”注册商标权，并要求赔偿10亿元。2016年广药集团变更诉求，将索赔金额提至29.3亿元。2018年7月，广东省高级人民法院做出一审判决，支持广药集团诉求，判决加多宝赔偿广药集团14.4亿元。根据天眼查的数据，从2010年到2019年，加多宝与广药集团发生16起法律诉讼案件，其中涉及加多宝方杭州、浙江、武汉、广东、福建等多家公司。

与广药集团的诉讼之争并不是加多宝唯一需要担忧的事情。凉茶市场的竞争会日益白热化。虽然加多宝的优势还可能持续，但掌握“王老吉”商标的广药也不容小视；广药具有不断追赶加多宝的势头，宝庆堂、和其正等其他凉茶品牌也开始发力。为了争夺市场，各个品牌展开了白热化的渠道争夺战；加多宝能否维持住餐饮和大超市的渠道优势，还需观察；而且重要的是，广告营销费用的大幅攀升，也令加多宝感受到了压力。

可见，加多宝要想坐稳凉茶市场第一的位置，还需要应对两大难题：渠道方面，广药和其他品牌开始下大力气拓宽餐饮和经销渠道，不可避免的渠道战已经打响；品牌方面，广药掌握具有浓厚文化内涵的“王老吉”品牌，对注重历史沉淀的凉茶来说，消费者日后会更加青睐新兴的“加多宝”还是传统的“王老吉”，尚无定论。

资料来源：安娴．加多宝：痛失“王老吉”之后．国企，2012（10）；张斌，孙朝玲．加多宝：6个月完成超级品牌的“回向”．销售与市场·评论版，2013（1）；加多宝，“中国饮料第一罐”是怎样炼成的．(2014-03-31)．枞阳在线；陈雅琼．广药诉中禁令获支持 加多宝“改名”广告词叫停．证券日报，2013-02-01；孙吉正．加多宝与中粮正式分家 上市之路“任重而道远”．中国经营报，2020-05-09.

▶ 结合案例内容，试回答以下问题：

1. 加多宝更名危机的爆发是必然的吗？加多宝在广药集团未提出收回“王老吉”商标时，是否做了足够的准备？

2. 加多宝安然渡过更名危机的原因是什么？

3. 你认为加多宝今后的战略重点应该放在哪里？它能否长久保持市场第一的地位？

第4章
危机管理计划

夫未战而庙算胜者，得算多也；未战而庙算不胜者，得算少也。多算胜，少算不胜，而况于无算乎！

——《孙子兵法·计篇》

应当像认识到死亡和纳税是不可避免的并必须为之做计划一样，认识到危机也是不可避免的，也必须为之做准备。这样做并不是出于软弱或胆怯，而是出于知道自己准备好之后的力量。

——斯蒂芬·菲克

学习目标

- 明确危机管理计划的内容；
- 掌握危机管理计划的制订过程；
- 熟知危机管理计划的培训流程；
- 了解危机管理计划演习的意义。

引　例

英国海上石油公司危机管理计划的制订

英国海上石油公司拥有北海的帕玻尔·阿尔法石油钻井平台。在已有的海上事故处理应急工作程序的基础之上，该公司委托苏格兰公共关系公司对原有计划进行审查并补充一个行动计划。以下简要介绍该危机管理计划的制订过程。

对现有应急计划的审查

苏格兰公共关系公司此项目的目标是为英国海上石油公司审查原有的处理海上事故的应急工作程序，并在此基础上补充一个行动计划。审查完成后，公共关系公司发现，在英国海上石油公司精心设计的应急计划中（包括疏散、安全、防火、联络救援服务等），并未包括公共关系活动。而实际上，在公司发生重大事故时，公共关系活动是必不可少的，与公众的无效沟通不仅无法帮助公司摆脱困境，反而可能给企业带来危害。对于英国海上石油公司而言，其公众关系可能涉及的人群有：员工亲属、当地议员、政府及其机构、地方管理机构、保险和金融机构、警方和紧急服务机构、特殊利益集团（如渔民）、环境保护主义者等。

工作目标

在对英国海上石油公司现有的应急计划进行分析及审查后，苏格兰公共关系公司规划出了此项目需达到的目标：首先，在英国海上石油公司发生重大事故后，确保其公司内部能够有一批熟悉新闻媒体的工作人员（包括英国新闻媒体和国际新闻媒体）；其次，在英国海上石油公司的事故在媒体报道过程中，确保公司的高级管理层和相关负责人有能力应对媒体的采访；最后，事故发生后，企业需要召集相关人员以协助处理危机，在这个过程中需确保工作人员能够尽快了解事故相关的背景材料，能够胜任处理媒体和员工亲属打来的大量询问电话的工作。

概括起来，苏格兰公共关系公司制定的工作目标为：在事故发生后，企业内负责事故处理的管理者和工作人员能够尽快适应"应对媒体"这一平时并不熟悉的工作。

公关应急计划的制订

公关应急计划包括以下三部分：

第一，确定可能会对事故感兴趣的媒体。英国媒体主要分为以下几类：地方报纸，全国性报纸，地方广播电台和电视台，全国性广播电台和电视台，通讯社，以及贸易、技术和专业媒体。公司应该做到的是：将媒体的分类情况告知有关人员，了解不同媒体的不同截稿时间和新闻兴趣点。当英国海上石油公司的危机处理相关人员得到了媒体的详细材料后，就能够更好地应对危机发生时可能会面临的有关媒体的问题。

第二，危机事件中应急工作人员的作用。事故发生后，除了有关媒体或者相关机构会致电企业询问有关事故的信息，企业员工的亲属也希望通过企业了解事故情况，因此，企业员工在处理询问时应做到以下几点：首先，言辞准确、有礼貌，以免引起猜测；其次，切勿就事故情况与询问者展开探讨；最后，途径必须为企业规定的正式途径，所有交流均应转由专业的负责人员处理。

第三，答复各类询问。首先，来自媒体的询问。对待这类询问，工作人员应该以认真负责的态度，向媒体提供真实、客观的信息，避免错误信息泛滥、谣言四起的不良现象。且公司应该根据事故发展的真实情况，准备一份情况声明，随着事故的进展，不断更新。其次，来自员工亲属的询问。对待这类询问，工作人员应该抱以同情的态度，且要为企业树立真诚、负责的形象，使员工亲属愿意相信和依赖企业，减少焦虑和不安，以避免员工亲属散布对企业不利的信息。最后，来自其他利益团体的询问。对待这类询问，工作人员应该做到礼貌和耐心，并转由公司内适当的部门或员工回应。

紧急事件分类

英国海上石油公司的事故可以分为三类：A 级事故，即可能引起严重的人员伤亡或设备损坏的事故；B 级事故，即致命的灾祸和设备损坏并导致停工的事故；C 级事故，即可能的重大灾难。对待不同级别的事故，企业需制订不同的公共关系处理计划。

处理媒体询问的工作纲领

应急媒体反应小组工作纲领的主要目的是帮助工作人员更好地应对各种可能出现的事故，纲领包括以下内容：电话应答技巧、"要"与"不要"、使用背景材料和与媒体记者面对面交流接触。除了制定纲领外，企业在日常工作中，应对纲领中所涉及技能给予员工相应的训练和演习。

除上述内容之外，计划还包括以下工作：与警方合作、处理非媒体的询问、计划演习和训练。虽然计划不能涵盖所有可能出现的状况，但是尽量全面的公共关系处理计划能够让相关负责人员有更加充分的准备去应对不同的危机事件，以帮助企业更好、更快地渡过危机。

资料来源：莫斯．公共关系实务——案例分析．上海：复旦大学出版社，1996：137－157；张岩松．危机管理案例精选精析．北京：中国社会科学出版社，2008：242－249.

一项对全球《财富》500强企业的调查显示，危机爆发后，公司被危机困扰的平均时间是8.5个星期，相比于制订了危机管理计划的公司，没有制订危机管理计划的公司的困扰期要长2.5倍；危机后遗症的平均波及时间是8个星期，相比于制订了危机管理计划的公司，没有制订危机管理计划的公司的波及期要长2.5倍。可见，制订危机管理计划十分重要。企业需依据自身所处行业的特征，就可能爆发的不同危机，提前制订出危机管理计划；计划要明确如何防范危机发生，以及危机发生后企业应怎样展开危机处理行动。

一、危机管理计划的内容

有人把危机管理计划比喻成企业的“手电筒”，因为在突然停电的状况下，人们的第一反应就是寻找手电筒，在手电筒的帮助下前往保险丝处查看停电的原因，恢复供电。危机管理计划正如“手电筒”一样，可以指引企业有条不紊地管理好危机。危机管理计划的主要内容为组织在危机管理过程中需采取的主要步骤，及相关工作人员的职责。

通常而言，一份完整的危机管理计划包括以下内容：绪论；确认引发危机事件的危害并做出风险分析；预防危机事件的措施；应对危机事件的准备；危机事件的发现、警报和报告程序；危机事件的应变程序；关闭设施的指引；终止危机事件的处理程序；附录资料。①

（一）绪论

1. 危机管理计划的目标

危机管理的第一项任务是及早发现危机征兆，将危机遏制于萌芽之中；万一危机爆发，应尽量降低危机所带来的损害，并在条件具备的情况下，化危机为转机。就如企业的发展目标并不单一，具有多元性一样，危机管理的目标也具有多元性，尤其是当危机事件涉及不同的利益群体时。企业在危机中考虑的利益主体包括顾客、员工、股东、供应商、经销商等。上述众多的利益关系很难一碗水端平，因此涉及危机管理目标主从性的确定问题。即便对同一利益群体，是着眼于短期利益还是着眼于长期利益，危机管理的目标选择也大相径庭。

---

① 周成．如何制定企业危机管理计划．经济管理文摘，2003（12）：10－12.

例如，在美国“9·11”恐怖袭击事件发生的当天，一些电视台新闻制作流程被迫简化，导致在第一时间出现很多不实的报道，新闻品质大打折扣。时效第一的目标选择虽然符合股东的短期利益，却由于破坏了企业可持续发展的后劲而对股东的长期利益不利。企业应依据危机的不同类型，考察不同利益主体在不同危机情境下受到的损害程度及持续时间长短，以明确不同危机管理目标的主次性。

2. 危机管理的原则

危机管理工作中出现的种种失误，往往是危机管理原则未能在危机预防和处理过程中得到有效执行所致。确定危机管理的原则，有利于有效防范企业危机管理工作中的种种失误。在本书的第2章中提出的预防第一、公众利益至上、全局利益优先、主动面对、快速反应、真诚坦率等危机管理原则，值得企业在制订危机管理计划时借鉴。

例如，1994年年底，英特尔公司的奔腾芯片出现了一些技术问题，但英特尔并没有意识到这是一场危机的根源，仅仅将它视为一个技术问题而忽略了用户的感受。意想不到的是，媒体和网络上的批评声接踵而至，大有压垮英特尔之势；不久，英特尔损失竟然高达4.75亿美元。让人哭笑不得的是，当英特尔表示同意为义愤填膺的用户更换芯片时，却很少有用户这样去做，仅有不到3%的个人消费者更换了芯片。可见，人们并不真的要更换芯片，他们只要知道他们有权利更换就行了。在这次芯片危机中，英特尔先期的损失源于对快速反应和公众利益至上原则的忽视，而一旦它重新重视公众利益，危机很快就化解了。

3. 危机事件的界定

企业需先确认可能演化为潜在危机的事件范围，即做出潜在危机事件列表。一些危机是由管理者自身的失误决策引发的，如裁员、兼并收购、价格战等就属于这类危机；还有一些危机则不在企业的可控范围之内，例如大订单的撤销、人为破坏、不良舆论、自然灾难等。在对潜在危机进行列表时，应做到尽可能全面，不要遗漏重大的潜在危机。

对潜在危机进行列表通常有以下两种方法：

（1）历史发生法。总结以往企业发展历程中发生过的危机，因为之前发生过的危机可能再次上演。对于历史较为悠久的企业，此法较为实用。它能有效预防危机，或提高危机处理的效率。

（2）行业对比法。梳理行业内或相关企业爆发过的危机，并对它们的危机管理措施和效果进行总结。此法对于新成立企业尤为重要。例如对烟花爆竹生产企业来说，同业的爆炸事故及其应对经验就值得借鉴。

对于所有潜在的危机，企业都要依照轻重缓急进行排序，估测未来危机爆发的概率及其危害后果，以为日后制定危机应对措施做好准备。例如，1992年安德鲁飓风登陆美国佛罗里达州之后，电话公司发现可调配的工作人员不足。原因在于，许多电话公司的野外工作人员都有孩子，需要日间托儿服务。飓风过后，托儿中心被摧毁，许多人必须在家照看孩子。虽然电话公司提前准备了充足的电线杆、电线和开关等，却未想到员工的家庭需要。如果能事先认识到这点，电话公司就能尽早在日托服务上做准备。万般无奈之下，电话公司不得不紧急雇用了一些退休人员开办临时托儿中心，为员工提供托儿服务，这才增加了人手，及时恢复了电话网络。

4. 危机管理计划的更新和修订

由于企业经营环境在不断变化，当初制订的危机管理计划可能已无法适应当下的环境，所以企业应根据环境的变化，定期对企业的危机管理计划进行更新和修订。例如，危机事件界定范围的变化、危机管理负责人的变化、危机处理流程的变化等。同时将变化的内容告知相关负责人员，使之熟悉新的危机应对流程，让危机管理计划能够在关键时刻充分发挥作用。

5. 危机管理小组的建立

危机管理小组是负责实施企业危机管理计划的具体机构。危机管理小组的成员构成和对应职责必须在危机管理计划中加以明确。

（1）危机管理小组的人员构成。危机管理小组是一个跨部门的机构，其核心层通常由高管层成员、公关部经理、保卫部经理、法律顾问等构成。企业可再根据危机的不同需要，增加危机小组成员的数量，如财务方面的危机增加总会计师或财务部经理，产品质量方面的危机增加总工程师或技术部经理等。行政部和人力资源部主管及其他后勤工作人员需要为实施危机管理计划提供后勤资源保障。危机管理小组成员也可以聘请外部专家。在日本，有关危机管理研究的权威机构对危机管理小组进行过较为严格和细致的内部分工（见表4-1）。①

表4-1　日本企业危机管理小组的职责分工

负责领域	职责内容
总务	与紧急对策有关的设施等的维修、管理及安全保护 取得各负责领域人员的电话等资料 取得和统一管制一般电话和临时电话 办理当地派遣小组的出差及出国手续 车辆、飞机、直升机（如有需要的话）等运输工具的准备 因紧急对策而随之发生的出纳业务及紧急支用物品的筹措及管理 为公司内外相关人员提供饮食、住宿等相关生活准备 负责指挥中心因危机而产生的其他事务
对外联系、宣传	掌握与危机有关的资讯，并在企业内部进行沟通 统一对公司内部发布信息 撰写对外发表用的声明 与客户、供货厂商及其他关系人之间的联络 提供资讯给大众传播媒体，准备与举行记者招待会 与行政机关之间的联系 接待外来者或与之交涉 与受害者家属之间的联络 应对其他与紧急情况相关的宣传业务

① 朱延智．企业危机管理．北京：中国纺织出版社，2003：102.

续表

负责领域	职责内容
保险、法规	决定保险处理方针 与保险公司之间的联络 与法律顾问等关系人之间的联络 与损害赔偿的支付及请求有关的业务 与保险、法规有关的其他业务
补给	准备与取得原料等物资补给 准备与取得货物流通的渠道 产品的保管及对客户的送货业务 与补给有关的其他业务
制造	与工厂或服务提供单位之间的联络窗口 有关执行制造业务的资讯收集、分析及实际状态的掌握 在制造或服务现场，对有关制造或服务活动提出建议或指示 针对制造业务或服务业务的执行情况，与消防部门等行政机关建立联络 取得代替产品及充实国内外的资源体制 其他与制造方面有关的业务
修理、修复	对工厂采取紧急措施以及提供与修复有关的建议与指示 选定和储备修缮事业者 估计损伤程度以及筹措修理、修复的资财 其他与修复有关的业务
当地派遣	任命危机爆发地的总指挥 联络与销售有关的组织 按照救助生命、避免财物上的损失的处理顺序实施对策 与总指挥沟通后，具有在事发地开展危机处理的全权 执行其他与事发地危机处理相关的业务

资料来源：朱延智．企业危机管理．北京：中国纺织出版社，2003：102－103.

（2）危机管理小组的职责。危机管理小组是企业危机管理的权力机构和协调机关，它有权调用公司资源应对危机，并代表公司对外发出声明，做出妥协和承诺。其具体职责包括：对各种潜在的危机进行预警；负责制订危机管理计划；危机爆发后，负责危机原委的调查，制定具体的处理方案，与利益相关者充分沟通，采取措施控制危机的伤害，防范危机蔓延扩大，减弱危机的不良影响。

（3）首席危机官的确定。首席危机官（chief crisis official，CCO）又称首席危机管理者（chief crisis manager，CCM），是危机管理小组的负责人，通常由企业最高管理层成员担任，在危机管理计划中应规定发生哪种类型的危机由谁出任首席危机官。对于重大的危机，担任这一角色的往往是企业的一把手。首席危机官虽然不是像首席执行官（CEO）、首席财务官（CFO）、首席运营官（COO）那样的常设职务，但一旦危机爆发，首席危机官是处理危机的最高指挥官，对危机的处理负总责。许多企业都有过这样的教训：危机爆发后往往找不到危机管理负责人，或者是“铁将军”把门，或者是几个保安拦住记者的采访，或者是在无可奈何之下请几个无关痛痒的人物出场。这不仅不会迅速消除危机影响，还会造成负面的社会影响。没有危机管理计划的企业，往往更容易犯这个错误。

（4）危机管理小组的联络。危机管理小组的成员必须提供24小时的联络方式，包括办公及家庭电话、手机、传真、电子邮件等，以保证危机爆发后成员之间能畅通无阻地保持联系。尤其对下班后发生的危机，应明确相关当事人及危机管理小组的沟通渠道和沟通方式，以确保在最短时间内将危机通知到危机管理小组成员。

（二）确认引发危机事件的危害并做出风险分析

1. 危机调查及其内容

危机调查是制定相应的危机处理对策的基础。一般来说，危机调查的内容有：确认主要的危机利益相关人，人员范围包括消费者及潜在消费者、企业员工、股东、经销商、供应商、监管部门、行业协会、媒体单位及社区居民等；确定危机对不同利益相关者的影响后果及影响程度；确定导致危机爆发的原因。根据危机的不同类型，确定不同的调查方法。

2. 评估危机的风险程度

危机的风险评估指对危机发生的概率和危机会造成的潜在影响进行评估，使危机管理的负责人能够更加全面准确地预测和管理危机的危害性。在对危机进行风险评估时，除需要分析危机发生的概率及其后果的严重性，还需考虑与危机有关的意外事件和表4-2中所列的重要因素。

表4-2 风险评估时需考虑的重要因素

因素	可引起公众较高关注度	可引起公众较低关注度
严重后果的潜在性	引起的死伤在较短时间和附近地点发生	引起的死伤在较长的间隔时段内发生
熟悉程度	陌生	熟悉
明白程度	对危机事件的发展或程序感到陌生	理解危机事件的发展或程序
风险程度的肯定	未能掌握	已经肯定
控制能力	缺乏	足够
风险暴露的避免	不可避免	可选择
对儿童的明显影响	有	没有
影响的显现度	延迟	实时
影响下一代	有	没有
所产生的恐慌性	有	没有
对负责企业的信心	低	高
受媒体的关注度	高	低
发生的记录	严重及屡有发生	轻微及甚少发生
受害者身份	可见	统计资料
责任承担分布	含糊	清晰
利益	有	无
后果的复原性	低	高
危机的成因	人为错误	天灾

资料来源：周成．如何制定企业危机管理计划．经济管理文摘，2003（12）：10-12.

3. 企业外的风险评估

一个企业的危机，不仅会对本企业造成影响，还会对周边环境及其所在的社区造成一定的危害。企业在制订危机管理计划时，应该考虑到企业的危机可能对企业外的环境造成的危害，在对危害做出风险评估的同时，制定相应的应对措施。

（三）预防危机事件的措施

1. 制定预防危机事件的政策

企业的危机事件预防政策需体现企业控制危机事件发生的意向和决心，政策的主要作用是为实施预防危机事件的活动提供指导和方向，因此政策内容需做到简洁、明了、无歧义和易执行。

2. 安全及健康委员会

清楚地界定在危机管理过程中安全及健康委员会的责任和需发挥的功能，并在日常的管理中，对安全委员会成员提供危机管理培训，使其在危机管理过程中真正能够发挥作用。

3. 巡查和稽核

在企业的日常管理中，企业应设定专门的小组，对企业危机预防措施是否到位进行定期的检查，以确定危机管理计划中有关危机事件预防的措施得到有效的实施。对这类专业小组，企业应挑选合适的人选，并给予必要的培训。

（四）应对危机事件的准备

1. 训练

详细列出企业参与危机管理过程的员工所必须参加的训练，并列出课程名称。在完成以上工作后，需指派专人负责以上课程的培训、监督、检查及完成。

2. 演习

在完成企业危机管理计划后，企业应该定期安排有关危机事件处理的演习，使参与危机管理过程的员工和相关负责人能够熟悉处理流程和危机管理计划。同样，在制订危机管理计划时，应将危机事件处理的演习计划编入危机管理计划，并在计划中列出演习的举行次数和日期，使危机事件处理演习成为企业日常活动之一。

3. 应变设施

列出处理危机事件所需要的应变设施，定期对设施进行检查和维修，记录检查和维修的日期及操作过程，以确保这些应变设施能够在危机事件处理过程中正常运转。

4. 安保

企业在处理危机事件的过程中，安保措施同样是必不可少的，它可避免企业陷入不必要的混乱，降低其他危险因素。在计划中应列出危机发生时安保人员的工作范围和内容，并将文件下发至安保负责人，使之熟悉这部分计划的内容，使安保人员能够在危机事件处理过程中真正发挥“安内”的作用。

5. 危机沟通策略

（1）确定发言人。在危机管理小组中，确定企业对外的发言人。发言人可以是首席危机官，也可以不是。发言人必须具备良好的语言沟通能力和机敏的反应能力，熟悉企业及危机各方面的情况①，详见表4-3。为防止发言人发生意外情况，企业还应准备2～3名能随时与外界沟通的候补发言人。

表4-3 危机发言人的任务及知识、技能要求

任务	知识	技能
面对镜头表现自然	理解准确传递信息的重要性	善于进行信息传递
有效回答有关提问	理解长时间停顿的危险性 掌握有效倾听的步骤 理解“无可奉告”的危险性 理解和记者争辩的危险性	迅速思考 善于倾听 尽量不说“无可奉告” 面对压力保持冷静
清楚表述危机信息	理解和专业术语有关的问题 理解回应的必要性	避免使用专业术语 组织回应
有效处理复杂问题	理解复杂问题的有关特点	有效识别和确认复杂问题 善于要求对方重复叙述问题 掌握处理复杂问题的技巧 对不准确信息提出质疑 对不能回答的问题说出理由 评价复合性问题回答的正确程度 善于应对复合性问题

资料来源：Coombs W T. Ongoing Crisis Communication：Planning，Managing and Responding. London：SAGE Publications Inc.，1999：65.

（2）确定对内沟通策略。企业应明确与企业员工和重要股东等内部人员的沟通方式，让他们首先从企业而非媒体或熟人处得知危机的信息。

（3）确定对外沟通策略。企业应列明对外沟通的对象，包括政府部门、媒体记者、消费者、供应商、经销商、中介机构和保险公司等，便于危机爆发后能第一时间沟通信息或相互合作。同时，应确定对外信息沟通的渠道和统一口径，明确新闻发布会的举办时机及举办方式，确定新闻资料规范，建立高频问题（frequently asked questions）题库，注明不宜向外界披露的信息的范围，如产品原材料的配方、管理层的薪水等，以免在慌乱中向外界泄露企业机密。

（五）危机事件的发现、警报和报告程序

1. 发现危机事件

及时发现危机事件能够为企业赢得宝贵的补救时间，也是危机管理流程的开始。在

① Coombs W T. Ongoing Crisis Communication：Planning，Managing and Responding. The Fifth Edition. London：SAGE Publications Inc.，2018：65-73.

计划书中应列出能够侦测危机事件的方法，其中包括侦测和警报系统、员工的工作报告、媒体报道等。

2. 呈报危机事件

工作人员发现危机事件后，应尽快将危机事件呈报给相关负责人，帮助危机管理负责人在第一时间对危机事件做出响应。在计划书中应列出危机事件发生后应呈报的部门、小组、管理者及相关政府部门的联络方式等，旨在第一时间触发危机管理系统。

3. 通知所有员工危机事件的发生

危机发生后，企业除了马上着手对危机事件做出响应外，还应承担起保护企业员工生命健康的责任，以及相应的社会责任（保护危机事件所波及的企业外部人员的生命健康及财产安全，或及时配合相关政府部门采取保护措施）。在计划书中应列出通知企业全体员工、危机事件所波及的企业外部人员、相关政府部门的方法和相应的联络方式。

4. 疏散程序

在通知送达指定的人员后，企业需要马上采取一定的疏散措施。在计划书中应制定疏散程序，协助企业员工尽快撤离危险现场。

（六）危机事件的应变程序

依据不同类型危机可能出现的情况，有针对性地设定好相应的处理措施。确认危机发生后，即可按照事前确定的措施采取行动，从而节约出大量宝贵的危机处理时间。制定处理措施时，要特别重视第一步的行动，即首要事项的处理。例如，火灾发生以后，首先需要切断电源并报警；人身安全事故发生以后，首先需要紧急止血或进行人工呼吸等。

（七）关闭设施的指引

这部分计划主要包括：第一，列明在何种情况下须关闭企业的何种设备和系统；第二，列明关闭这些系统和设备的步骤以及检查是否关闭的方法或步骤；第三，对执行关闭以上设备和系统的员工提供必要的训练和指导；第四，为执行关闭以上设备和系统的员工的安全撤离提供适当的安全措施。

（八）终止危机事件的处理程序

第一，恢复企业的正常运作。此步骤旨在帮助企业尽快恢复正常生产和运作，减少损失。在计划中应列出负责执行此步骤的员工及其职责。

第二，文件记录。所有的危机事件都必须记录清楚，以给日后的法律诉讼及责任追究提供依据。在危机爆发之后，应确定专人负责记录危机的发展过程，包括时间、地点、人物、进展等。记录的工具不限于笔和纸，还包括照相机和摄像设备等，必要的时候，可请公正的第三方机构现场勘查。在计划书中应清楚列出资料收集和文件填报人员的职责。

第三，危机事件调查。事后的调查有助于找出导致危机事件的根本原因，使得企业能够据此制定有效的改善措施，防范类似危机的再次发生。在计划书中应清楚列出调查危机事件的程序、事件调查相关的负责人员的职责以及调查结果的呈现方式和汇总方式。

第四，损失的点算。此步骤的目的在于帮助企业点算资源和设备的损失。在计划书中，应明确指出负责此工作的人员及其工作职责，并提供必要的指导。

第五，危机事件的善后工作。善后工作包括：一方面，找出是否还有尚未处理的危险情况（若有则尽快处理），以防留有后患；另一方面，检讨在执行危机管理过程中是否有不完善的地方（若有则尽快改进），以完善企业管理。

（九）附录资料

附录资料的主要内容为危机管理计划中的其他相关资料，主要包括：（1）企业楼层平面图：用于显示设备、应急设施及物资的配置，便于资源的调配；（2）紧急联络电话：列出危机中可能涉及的政府或机构的联系方式；（3）资源补给清单：能够为企业提供人力、物力的企业的名称和联系方式，使企业能够尽快获得所需补给；（4）危机事件程序表：危机处理人员的姓名、责权、联系方式等，以便企业能在最短时间内展开危机管理工作。不同的企业，附录资料的内容会有所不同。

二、危机管理计划的制订

（一）制订危机管理计划的好处

企业制订危机管理计划有以下几方面的收益：首先，帮助企业的高管层和危机管理小组的成员树立信心，在面对危机时能够做到心中有数；其次，明确各部门在危机应对过程中的职责，使企业各部门在面对危机时能够做到有条不紊、各司其职；再次，危机管理计划这样系统的强化计划，能够使企业在面对危机时有较高的决策效率和较快的应变能力；最后，能够帮助企业系统性地收集并掌握企业在危机发展过程各阶段决策所需的关键信息和数据。

除此之外，危机管理计划还能发挥以下功能：增强危机指挥的权威性、增强危机管理的规范性、增强危机决策的科学性和增强应对危机决策的实效性。

（二）制订危机管理计划的基本要求

在管理学界，已有学者对危机管理计划的制订提出了一些要求，这里列出其中具有代表性的建议。

1. 布兰德

布兰德（Michael Bland）将企业制订危机管理计划应注意的事项归为九项：找出企业可能会出现的危机，这些可能会出现的危机会涉及哪些重要关系人，制定危机手册，联系可能会出现的危机所涉及的重要人物，适时地对外界提供所需的信息，组建危机沟通小组，列出危机发生期间可能需要的设施和资源，建立沟通通道以联系重要关系人，列出防范可能发生的危机所需要接受的训练并逐渐完成。

2. 安德森和克莱纳

安德森和克莱纳（Alan H. Anderson & David Kleiner）提出公司的危机管理计划应该联系企业整体状况，如公司政策、资源分析、市场研究、竞争环境中的机会与威胁。计划应根据以上内容，进行深度的评估，然后再展开制定过程。①

3. 奥古斯丁

奥古斯丁对于危机管理计划提出了自己的理论，即次要事项效果理论。其内容为：企业的危机管理计划除了需重视大政方针外，还要对具体的细节加大注意力度，原因在于危机的诱因并不明显，而是隐藏在一些琐碎的事件中，很容易被忽视。一旦一些关键的细节被忽略，后果将十分严重。②

（三）制订危机管理计划的原则

在制订危机管理计划的过程中，以下事项值得注意：

1. 计划要有弹性

危机管理计划指明的是一般危机的惯用对策，而非一个死板的危机管理完全手册；它不可能穷尽危机类型，也无法细化所有的危机管理细节。危机管理计划的条款不能规定得太死，应有较强的灵活性。只要一个危机管理计划有效地确定了危机管理的原则、程序、资源保证、分工关系，就能够使企业在特定的危机爆发时采取特定的方法处理。

以UT斯达康公司为例，在"非典"爆发以前，公司已制订了一个总体的处理诸如地震、火灾等突发灾难的危机管理计划。尽管"非典"的爆发在公司的预料之外，但公司仍能迅速将已有的危机管理计划移植到企业对"非典"的预防上来，迅速成立了"非典"预防小组，组长由CEO周绍宁担任。在信息沟通方面，公司将最新的信息及时通告给员工。除每天检查消毒情况外，上班前，部门主管都要做好本部门的考勤。如果发现员工未出勤，无论什么原因，都要通知人力资源部。上午工作结束之前，人力资源部会用电子邮件通报每一位公司员工和家属的健康状况。IT部门每天保证两套可视系统开通，鼓励员工通过电话会议和可视会议等方式保持联系，并在内部网上设立特别频道，介绍急救知识，公布各地疾病控制中心的电话。"非典"期间，公司没有员工感染的病例。

2. 制定不同的危机处理备选方案

并非所有的危机处理对策都能达到预期效果，因而制定危机对策时，还要考虑可用的备选方案。第一套方案不再适用或效果不佳时，接着采纳第二套方案，以此类推。其中，要重点明确不同方案的优先级别，将最有利于降低或消除危机负面影响的方案放在前面。

3. 充分利用外部资源

制订危机管理计划时，不仅要注重利用内部资源，也要注重利用好外部资源。如针

---

① 熊卫平．危机管理：理论・实务・案例．杭州：浙江大学出版社，2012：102.

② 奥古斯丁，等．危机管理．北京：中国人民大学出版社，2004：16.

对下属的零部件生产工厂可能存在的火灾，企业就应考虑开辟外部的零部件供应来源，并事先确定备选的零部件供应商。在危机中，外部专家的作用要尤为重视；外部专家的范围包括产品技术专家、学者、媒介顾问和政府官员等。外部专家的介入，不但能改善危机管理小组的知识结构，弥补企业内危机管理人才不足的缺陷，而且有助于提高企业在危机处理中的公信力，使外部公众相信企业不会在危机处理中损害他们的利益。

4. 计划应避轻就重

对于企业而言，可能祸不单行，同时爆发几种危机。为避免多种危机同时发生引发的混乱，企业应根据危机管理计划中提出的排序标准及危机爆发后的实际情况，首先确定主要问题所在，优先解决主要问题。

5. 计划要有前瞻性和实效性

危机管理计划的作用在于危机爆发时，能够为危机管理的负责人和相关工作人员提供行动的依据。其内容是预测未来可能发生的事件，并为处理行动提供计划。因此，危机管理计划必须体现一定的预测性或者前瞻性。

随着企业内外部形势的不断发展，原有计划应随之调整，以适应最新的组织内外部环境。因此，危机管理计划同样应具有一定的实效性。

（四）制订危机管理计划的目标

对任何组织和危机管理负责人而言，制订一份结构完整、设计合理的危机管理计划都是开展危机管理工作最为基础的部分。同时，为了使危机管理计划最大限度发挥其功效，危机管理计划的目标需服从组织整体目标。因此，危机负责人在制订危机管理计划时，应本着以下目标。

1. 维持组织的生存

一个组织要想在经历危机后得以生存，即使组织的正常业务不会永久地中断，生存能力能够得以保存，就需要将企业的损失控制在可承受范围，体现在计划书中便是对企业风险损失和企业抗风险能力的评估。企业在危机后将要面对暂时停顿、更新人员、合并或者重组等困境，但是，不管企业将经历何种意外损失和困境，企业最主要也是最根本的目的就是生存。

2. 持续发展

在生存的基础之上，企业在经历危机后的下一个目标便是发展。企业想要达到生存这一目标，就需要维持企业正常业务的运转，而要想实现更进一步的目标——发展，就需要做到将企业不能正常开展业务的时间控制在合理的范围内。而根据企业所处的行业和类别的不同，“合理的时间范围”有不同的含义。在有的企业中，即使某些经营活动暂停数月，依旧能够做到随时恢复运转，保持企业的连续性，但是对有些企业而言，哪怕是一天的中断，都是不允许的。因此，本着企业持续发展的目标，危机管理人员需了解企业中每一项活动是不是必须持续开展，若不是，则需估算这些活动允许的最长中断时间。同样，在计划中需专门有一项支出，用以维持那些无法中断的活动的正常运转。

对于许多公共单位而言，公共服务设施或者资源遭受到严重的损失后，仍然能够持续运转十分重要，这些单位需花费大量的精力和财力来设计和执行应急计划。这些单位包括警察局、消防队、自来水厂、环卫部门、公共教育部门、医院等，这些组织在危机管理中最重要的目标就是不间断地提供公共服务，且不得存在任何差错，以维持整个城市的正常运转和必要的秩序。

3. 长期目标不受影响

在企业发展这一目标的基础之上，维持长期目标不受影响是企业危机管理的下一个目标。在危机发生后，企业不仅会遭受物质损失，企业的长期发展目标也有可能受到影响。因此，在计划中，企业的管理人员需要事先设定一个可承受损失的限度，以明确在危机管理过程中，危机管理者所冒风险的可承受程度。

对于某些企业，尤其是以收益稳定为目标的企业，在经历危机时会承担较大的意外损失风险，为了保持收益的稳定，在财务上需建立损失准备金并在几年内分摊。在考虑财务准备金和分摊过程中，企业应以经营目标为基准，保证企业长期经营目标不会因为意外的风险而受到影响。

4. 满足组织持续成长的要求

如果企业在没有充分准备的情况下遭受了十分严重的危机，那么企业的实际危机管理成本相对于有准备的情况下将会非常高，甚至会将企业以前所积累的成果消耗殆尽，究其原因就是危机管理计划的缺失，致使企业在危机出现后，无法将危机控制在可以接受的范围内。因此，企业在制订危机管理计划时，必须满足企业持续成长的要求。

通常情况下，企业所追求的目标不仅仅是生存、最低的收入或者稳定的收入，而是收入的不断增长，因此对企业而言，风险管理的成本会比较高，但相应地能够降低意外风险带来的损失（通过分摊风险管理成本实现）。如果企业以承担较大的风险损失为代价换取较低的风险管理成本，那么企业在降低风险管理成本的同时会获得较快的组织成长。

5. 承担社会责任

企业的危机不仅会对企业自身的利益造成影响，还会对员工及利益相关者造成一定的利益损失。企业在危机管理过程中体现出的社会责任感和道德感不仅能够降低危机对外部利益相关者的负面影响，同样能够为企业塑造正面的社会形象。企业制订危机管理计划时，应将保护企业员工和利益相关者作为企业危机管理的目的之一，这样才能履行好企业的社会责任，维护企业的良好形象。

以上五个目标中，生存目标是最为根本的目标，其他所有目标的实现都是建立在生存的基础之上。而最为次要的是成长目标，因为此目标不仅很难实现，而且企业需为此目标付出很大的成本。

在案例4－1中，我们通过某玻璃生产厂商寻找自身薄弱之处的事例，来说明企业应如何拟订应对危机的计划。

案例4－1

玻璃生产厂商寻找自身薄弱之处

某玻璃生产厂商是世界上最大的国际日用玻璃生产商之一，该公司在15个国家拥有工厂，为了解哪些危机最应该进行有效管理，公司开展了一项专业的调查项目。此项目共持续 3 个月，所涵盖的范围为：企业在全球 15 个工厂及总部的高级经理和员工，欧洲、北美、亚太地区 400 家主要分销商、1 500 名消费者，市场中一些主管官员，行业媒体记者、编辑。为了完成此项目，企业聘请了一家专业调查公司。此项目能够帮助识别企业薄弱环节，缩小危机管理范围。以下为简要分析结果。

第一，潜在危机或“发生可能性”。最可能发生的标记为红色，包括玻璃碴或碎片伤害消费者、消极的媒体报道所导致的销售滑坡等；能够发生但在近期内不会发生的标记为黄色，包括某家生产工厂发生死亡事故、首席执行官的突然死亡等；不可能发生的标记为绿色，包括工厂突然关闭等。

第二，潜在危机或“对企业的损害”。会造成严重伤害的标记为红色，包括产品造成的用户死亡、对企业造成严重损失的诉讼等；会造成损害，但是能够加以管理的标记为黄色，包括现在或者以前的员工因为对企业存在不满致公司出现人员伤亡或重大损失的事件等；会造成很轻微的伤害，并且可以很容易地加以管理的标记为绿色，包括高层管理者中的一人离开企业并加入竞争对手公司，能够对行业或者企业造成较大损害的政治活动等。

第三，最可能发生的严重损害。最有可能发生，并能够造成严重损害的标记为红红，包括玻璃碴或者碎片伤害消费者、由消极的媒体报道所导致的销售滑坡；最有可能发生，且能够造成损害，但是可以管理的标记为红黄，包括有关产品质量的负面传闻所导致的销售损失；会发生，且会造成严重损害，但在近期不可能发生的标记为黄红，包括能够对企业造成严重损害的诉讼；在短期内发生的可能性小，且会造成伤害，但是可以管理的标记为黄黄，包括某家生产工厂发生死亡事故、首席执行官的突然死亡、现在或者以前的员工因为对企业存在不满致公司出现人员伤亡或重大损失的事件。

资料来源：卡波尼格罗．危机顾问：有效预防、控制与管理企业危机．北京：中国三峡出版社，2001：75－80；张岩松．危机管理案例精选精析．北京：中国社会科学出版社，2008：255－258.

三、危机管理计划的培训

为了提高组织全体员工的危机管理技能，有必要将危机管理计划印成文件或小册子，由危机管理小组的成员担任教师，对员工开展有针对性、有侧重点的危机管理培训。例如，华北某大型食品生产公司，有一本所有员工都必须熟知的公关手册。详细规定了遇到各种问题员工应如何处理、如何回答，哪些东西可以对外宣传，哪些东西不能对外宣传等。自 2000 年起，虽然该公司连遭麻烦事，包括业绩下滑、高管层震荡、产品质量缺陷等，但除个别记者收集到一些坊间传闻外，公司几乎没有遇到过负面报道引起的形象危机。

（一）危机管理计划培训的目的

参与危机管理的工作人员，尤其是危机管理小组的成员，需要具备一些日常工作中不曾涉及的、特殊的工作技能，如同媒体进行沟通和交流的技能。工作人员能否较好地掌握这些技能，对于企业能否顺利渡过难关，恢复正常运营有着十分重要的作用。此外，危机管理计划的制订不是企业全员参与的过程，许多需要参与危机管理的工作人员可能并不了解危机管理计划的内容，故需要对参与的工作人员定期进行培训，使他们熟悉危机管理计划的内容。危机管理计划培训的主要目的是：让参与危机管理的工作人员能够熟悉并掌握危机管理工作所涉及的特殊知识和技能，并熟悉危机管理计划的内容。除此之外，培训过程还能够帮助强化企业内部的危机意识、全局观念等。

（二）危机管理计划培训的内容

培训的内容要主要针对危机管理计划中所涉及的，工作人员在日常工作中并没有接触的，那些非基本、非常规的知识和技能。例如，员工在日常工作中几乎没有机会和媒体接触，更不用说同媒体进行沟通和交流。但是在危机发生后，当铺天盖地的媒体向企业涌来时，一个新闻发言人往往应付不了如此多的媒体和如此密集的沟通。这时，许多平时工作不涉及媒体的工作人员就需要出面协助完成这项工作。试想，如果平时没有受到如何与媒体交流和如何应对媒体这类的培训，一个普通人很容易在媒体面前不知所措，甚至会无意识地说出对企业不利的话。因此，企业需要将如何应对媒体列为企业危机管理培训的内容。

由于各种类型的企业所面临的危机各不相同，因此企业需要列入培训内容的知识和技能不仅种类繁多，而且不容易归类整理，这里不再做详细的论述。企业在制定培训内容的时候，应该以危机管理计划为准，尽量做到全面细致。

（三）培训遵循的流程

1. 列出需要接受的课程

根据企业所需要培训的内容，培训负责人就可以规划出所需要接受的课程的名称、种类等。首先，在课程设置方面，应本着使企业资源得到最有效利用的原则，一门课程应尽量涵盖几个相关的培训内容。一方面，不用安排员工多次参加类似课程，节约员工时间；另一方面，企业不用分别单独为相关课程支付成本，节约企业资源。其次，对于所列课程，应该划分等级，哪些是十分重要需要聘请专家专门指导，哪些是一般重要需请相关专业人员指导，哪些是不太重要仅需企业内部从事相关工作的人员进行指导。这样不仅能够引起企业员工重视，也便于规划企业资源。

2. 列出每项课程需要参加的人员

根据危机管理计划中每位员工的职位和职责的要求，员工需要参加不同的课程，接受不同的培训。因此，对于不同的课程，参与人员不尽相同，而且根据员工工作性质等特点，员工可用于参加培训的时间也有差异。因此，负责培训的人员不仅需要考虑该员工参加课程的必要性，而且需考虑该员工参加课程的可能性（培训不能影响企业正常的生产运营）。所以，课程的人员安排不是一张简单的参与人员列表，而是一个有根据的、系统的、需综合考虑各方面因素的工作清单，要由做事有条理、考虑周到的员工负责此事。

3. 选定合适的培训人

依据课程的内容和重要程度，培训负责人应选定合适的培训人对员工进行培训。在考虑培训人人选时，不仅需考虑培训人能否胜任，而且需考虑其成本是否在企业可接受范围内。对于有条件的企业，最好的方法是聘请专业的咨询公司或者公关公司，通过系统的、专业的、规范的培训，使员工更好地掌握危机处理所需的知识和技能。没有条件聘请专业公司进行培训的企业，则可以通过请有过类似经验的工作人员，以经验传授的方式完成培训。

4. 安排培训的时间和地点

培训的时间和地点，不仅要满足员工方便性的需求，更要满足员工舒适性的需要。如果一味地帮助企业节省资源、降低成本，而安排条件太差的环境，或将课程安排在国家法定节假日，培训的效果可能会适得其反。对于生产型企业，当由于客观条件企业无法正常生产时，可以安排员工进行培训；对于非生产型企业，则应尽量把培训安排在企业业务量较少时。

5. 对培训成果进行检验

培训课程结束后，要检验受训人员对所讲授的知识或技能的理解、掌握和运用能力。通常的做法是针对培训内容进行一场测验，但是对于危机处理这种操作性和应用性较强的知识和技能，测验往往不能真实地检验受训者对所培训知识或技能的掌握程度。企业需通过危机演习检验工作人员对所学习内容的掌握程度，通过重复演习过程，提高员工的熟练程度。

6. 总结和反馈

在完成一项培训后，负责人和受训人均需对所培训课程进行反馈和总结。一方面，此过程可以帮助检验培训的效果；另一方面，可以帮助发现培训中的不足，便于改进以后的培训。

四、危机管理计划的演习

为了加强员工对危机管理计划内容的理解，也为评估危机管理计划内容的合理性进一步改进，企业可以依据自身的特定状况，设定危机情景，展开危机任务的演习。如炼油厂针对可能发生的火灾，以安保人员为主体，实施救火演习。通过训练演习，参加者知道灭火需要储备更多的泡沫灭火器和安装便利的消防水龙头，而平坦宽阔的道路能提高反应速度。最初演习的规模可以小一些，当员工熟练度和技能增加时，就可以扩大规模，以强化员工之间的协作训练。企业可以用视听设备将演习的全过程记录下来，便于演习结束后进行总结和分析，针对演习中出现的问题，重点培训员工的相关技能。同时，在训练演习的基础上，企业应对原有的危机管理计划进行分析、评估，进一步完善计划。以下介绍演习的动因和意义、演习的内容、常见演习形式以及三种训练方式。

（一）演习的动因和意义

企业进行演习的最基本原因就是，演习可以提高参与危机管理工作人员对危机的熟悉度以及处理危机的能力。而有效的危机演习，不仅能够降低工作人员面临实际危机时操作上的人为错误，而且能够降低实际危机中现场调配资源的时间耗费。而演习的核心意义在于增加处理危机的经验，并增加对潜在危机的警惕性。因此，任何危机演习对企业来说，都具有一定的积极影响。

在现实中，工作人员所遭遇到的环境要比演习中恶劣得多，相对于演习的环境，现实的危机中到处都存在肉体上的刺激（尘土、烟雾、高温和水）和各种干扰因素（闪光灯、警报和嘈杂声），这些因素均会对人员的执行力和决策力造成影响。而在演习中，不管环境多么逼真，都无法完全还原真实环境，所以企业只有通过反复的演习才能够帮助参与者提高对类似环境的适应性，以更好地处理在危机中遇到的各种情况。在这个过程中，演习可以反映工作人员对突发状况的反应能力以及对基本技能的熟悉程度。通过增加演习的复杂度和真实性，可以帮助工作人员提高对环境的适应能力；而不断地重复演习过程，则能够帮助工作人员增加处理危机的经验。

演习的意义主要表现为克服实际危机中出现的基本问题，而这些问题主要包括：（1）通过演习中调动、部署人员的过程，使管理人员在面临真正的危机时，能够节约更多的时间；（2）使参与危机管理的工作人员熟悉各自在危机中的位置和任务，并了解如何应对危机中可能出现的混乱和指挥失灵；（3）探索在面临危机的状况下最有效的沟通方式；（4）熟悉危机管理计划的具体内容和实施过程；（5）体会媒体是如何在危机发生时发挥作用的；（6）学习如何尽快帮助企业从危机中恢复到正常状态。

在这里需要注意的是，当制定和运行模拟的演习时，组织的正常活动不能中断，且成本的投入必须在组织所能够承受的范围内。演习除了以上作用外，还能够发挥其他的作用：（1）帮助企业发掘和识别新的人才，提高人才的多样性；（2）学习如何在危机过程中通过运用公共关系和社区服务，帮助企业提高社会形象；（3）帮助企业改进安全防范工作。

（二）演习的内容

根据危机演习的动因和意义，可以总结出危机演习的主要内容。

1. 心理演习

通过创造近似真实的危机情景，让参与危机管理的工作人员身临其境地感受危机来临时，企业整体所面临的紧张感和压迫感，即对工作人员进行心理素质的演习，提高他们的心理承受能力和抗压能力。对于这部分内容，企业在条件允许的情况下，可以聘请心理学家帮助企业举办仿真的危机演习。

2. 组织培训

演习能够为企业提供绝佳的检验培训效果的机会。一般而言，检验培训效果最通用的途径是“测验”，但是这种方法往往只能够检验受训者对于所传授知识的熟悉度，并不能检验受训者实际的掌握情况。而企业可以通过演习，检验受训者对于所传授的理论知识、基本技能的掌握程度、熟悉程度和运用程度。除此之外，企业也可以检验是否为受训者提供了合适的、完整的培训，并在此基础上修正培训的内容。

3. 基本功训练

在危机发生时，时间往往是十分紧迫的，需要工作人员做到争分夺秒。因此，在这样的环境下，危机处理人员不仅需要知道怎么做，还要在短暂的时间内准确无误地完成规定的操作和任务。因此，对于企业而言，经常地、定期地进行演习，以确保工作人员能够准确而熟练地完成操作，是十分必要的。

4. 实地演习

实地演习，即场景演习，指经过电脑模拟或者现场的实时演习来进行演练。对于前者，参与人员可以将反馈和决策输入，由电脑模拟得到结果，主要应用于飞行员、宇航员、军备人员和汽车司机，能够帮助参与人员提升应对危机的能力。

对于危机管理的演习，真实性的要求往往较高，企业在实际演习时会将监控人员、会计系统以及信息收集和整理工作加入演习中。监控人员和会计系统的主要作用是评估和记录人力、物力应该达到的目标。信息收集和整理工作的目的在于为危机管理者的决策提供依据，帮助企业收集资料以便进行演习效果分析。

（三）常见演习形式

1. 预案演习

劳伦斯·巴顿说过，危机管理计划是“剧本”，那么实战演习，即预案演习就是按照“剧本”表演一遍。实战演练，即预案演习，也叫实战模拟演练，是对计划的一种完整“彩排”。在实战演练过程中，参加人员要全部到场，穿上专用服装，布景和道具等均需全部到位。应用到企业危机演习中，就是企业危机管理人员在设计的可能出现的情景中，根据所规定的不同部门和人员的分工，分别配置所需的物质资源，将危机计划中可能出现的危机及处理过程“表演”一遍。

在前期准备方面，实战演习的要求很高，在演习的过程中，又几乎调动了所有的危机管理中的资源，因此成本很高，企业采用的频率一般较低。

2. 桌面演习

桌面演习，即“程序演习”，指通过情景的模拟与设计，启动危机相关的应对计划，并就模拟事件的真实发展过程，按照计划中的人员分工要求，进行同现场相似的应答式的演练。所以通俗而言，桌面演习也可以称作“纸上谈兵”，因为危机管理的相关工作人员只是对计划中可能出现的危机进行口头上的应对演习。在现实生活中，人们更愿意采用桌面演习的方式，一方面这种方式可以帮助检验危机管理计划的可行性，能够同时提高工作人员的危机意识和对危机管理计划的熟悉程度；另一方面，相对于预案演习，桌面演习所需要投入的资源和成本相对较低。

在实际的操作中，我们建议企业实行预案演习与桌面演习相结合的形式，对于那些能够给企业造成较大损失的危机，采用预案演习的方式，以使工作人员熟悉危机应对流程，并在实际操作中完善危机管理计划。对于发生频率相对较高，且不会对企业造成太大损失的危机，企业可以通过桌面演习的方式，以相对较低的成本，使危机管理工作人员熟悉危机应对流程。无论采用何种形式的演习，企业都要做到预设危机情景、程序完整、人员全部到位，尽可能使模拟的环境与真实情况相似。

案例4-2

德勤的网络攻击演练

德勤是美国最大的私营公司之一，2019年收入已经高达462亿美元，为世界上一些大型银行、跨国公司、媒体企业、制药公司和政府机构提供审计、税务咨询和高端网络安全咨询等服务。

2015年春，公司在纽约举行了一场网络攻击事件模拟演练。公司网络风险服务主管兼美国联邦调查局（FBI）网络犯罪探员玛丽·奈顿（Mary Knighton）提到，这次演练的目的在于帮助公司高管和IT团队快速有效地应对网络攻击事件。通常来说，大多数公司的安全部门和IT人员对网络犯罪的警惕性较高，也做过应对此类事件的培训。然而，公司的其他部门对此问题严重性的认识就远远不够了。那些能够完美解决危机的高管经常会发现“网络攻击事件”比他们以往解决的任何事件都更加令人猝不及防。

包括安全、IT、财务、市场、法务等部门的经理及公司CEO在内的公司高层都被集中到一间会议室里。展现在他们面前的是攻击者已经成功入侵公司网络的模拟场景，他们的任务是拿出一个快速应对和解决方案。他们会时不时地收到一些新的信息来推进任务进程，比如模拟的媒体报道和调查结果。在这次演练中，黑客通过“管理员账户”闯入了该公司的全球电子邮件服务器，管理员账户为客户提供了特权，可以不受限制地访问服务器的所有内容，目前可能已经盗取了公司客户的信息。由于客户与德勤之间频繁的电子邮件往来，许多重要资料都在邮件中，其中甚至不乏美国政府部门的机密信息。3月13日，FBI探员造访德勤，要求公司迅速处理此次网络攻击，并称将提供一切力所能及的帮助。截至3月15日，德勤已经有六个客户被告知他们的信息受到了黑客事件的影响。

德勤很快展开了代号为“Windham”的内部调查，并开始反向追查黑客。信息技术人员试图分析黑客留下的电子痕迹，找出他们访问了什么地方，通过对IP地址的精确定位和分析，小组成员试图确定黑客是一个人，还是一个商业竞争者，或者是一个国家支持的黑客。同时，德勤还与那些收到黑客攻击消息的用户保持联系。德勤高层亲自与客户面对面交流，并表示公司已冻结服务器，正在全力调查黑客来源，德勤继续服务客户的能力未受任何干扰。信息技术部解释说：“我们的网络安全防御系统是同类中最好的，事实上黑客从一开始就被我们的系统发现了，所以他们很难得到任何有价值的信息。”无疑，这些举措即使不能完全有效地挽回客户的信任，也表明了公司团队的态度和决心。另外，德勤迅速在其网站上对潜在客户表示：“网络风险不仅仅是一个技术和安全问题，而且是一个商业风险。尽管当今快速的创新步伐可以带来战略优势，但也使企业面临潜在的网络攻击。遵守符合最佳实践的网络行为可以帮助我们的客户将业务所受的影响降到最低。”该公司一直与媒体保持沟通，以减缓这场危机对公众意见的影响。

到3月20日，在安全部门和外部力量的帮助下，所有攻击来源的地理位置都已经被追踪到，FBI和美国警方开始了抓捕行动。至此，本次网络攻击模拟也告一段落。3月21日，德勤宣布对其“网络情报中心”加大资金和团队投入，为客户提供“全天候的侧重于业务的运营安全服务”。公司网络情报中心发布官方公告：“我们监控和评估贵企业面临的独特威胁，让贵公司能够迅速有效地降低风险，并加强网络弹性。我们的专业人员并不满足于技术指标，还分析相关威胁，从而帮助确定贵公司的业务、客户和利益相关者面临的风险。”

事实上，网络攻击每天、每分钟甚至每秒都在发生，在信息时代，大型企业的网络数据安全似乎还没有得到应有的重视，在物联网、区块链等新兴技术逐渐蓬勃发展的背景下更是如此。在预见这些危机和做出必要的准备上，德勤的做法值得借鉴。

资料来源：Chalfant M. Deloitte Hit by Cyberattack.（2017－09－25）. The Hill；Jackson J. In A Mock Cyberattack，Deloitte Teaches the Whole Business How to Respond.（2015－04－09）. IDG.

（四）演习中的训练方式

在危机管理计划演习的过程中，企业可以采取以下三种训练方式：

1. 专门针对危机管理小组的训练

危机管理小组是企业中专门负责处理企业危机事件的临时性部门，在危机处理过程中有着举足轻重的作用。危机管理小组必须注重事先的演习工作，并在平时严格按照危机管理计划执行。危机演习不仅能够帮助危机管理小组提高反应能力、应对能力、分析能力和执行能力，而且能够帮助企业检验危机管理计划中考虑不周全或者多余的部分，以便企业和危机管理小组能够及时改进。

在一般的危机演习训练中，危机管理小组的主要训练内容应该包括基础技能训练、基本知识训练、熟练度训练、心理训练和执行力训练等。除此之外，企业应该为危机管理小组提供专门的资源，以便小组能够进行每年至少一次的仿真训练。例如，在事先保密的情况下，设计一个紧急情况，让危机管理小组在半天或者一天的时间内解决，以检测危机管理小组的快速反应能力。事后，危机管理小组应该针对整个危机处理过程进行检讨，以发现处理过程中的疏漏之处，避免真实情况中出现类似疏漏。在为危机管理小组提供基本知识和技能训练方面，企业可以聘请外部专家进行专门的培训，使得危机管理小组成员的理论知识和专业技能能够帮助其胜任危机管理过程中的重要角色。

2. 案例情景模拟训练

案例情景模拟训练的过程大致是：首先由演习的负责人收集一些危机案例，然后将案例的背景资料提供给受训者阅读，之后由受训者根据自己的理解说出解决方案，或者由负责人专门针对案例的某一部分进行提问或者组织讨论。它的优势在于能够使受训者发挥集体智慧的作用，为了解决问题而共同探讨，以找到更好的解决方案；与此同时，受训成员也能够通过集体思考的过程得到启发。在企业条件允许的情况下，负责人可以根据案例中设定的情景，赋予小组成员不同的角色和分工，并根据案例有计划有步骤地进行模拟演习。这种方式能够使小组成员感受到较为真实的危机处理情景，使演习最大限度地发挥作用。

3. 角色轮换训练

除了以上两种训练方式，企业还可以根据危机管理计划，定期对参与危机管理的成员进行角色轮换模拟训练。因为在危机发生时，处理过程不可能完全按照计划进行，有时由于意外的突发状况，需要工作人员能够胜任其他员工的工作，以便组织能够做到灵活应对危机。训练的内容应包含危机处理的专业知识、基本操作技能和心理承受能力等。为了使企业资源得到有效利用，演习的负责人应按照计划把具体的需处理的任务分解为多个步骤，指派多个受训者承担不同的角色。受训者不仅需要根据自己的理解，与他人配合共同完成模拟训练，还需要在模拟活动结束后一起讨论和反思，互相学习。在企业条件允许的情况下，可以聘请外部专家对受训者的行为进行指导，使受训者的行为更加规范和专业。

思考题

1. 危机管理计划应该包括哪几方面？每一方面的主要内容是什么？
2. 制订危机管理计划的要求、原则和目标分别是什么？
3. 企业实施危机管理计划培训的目的是什么？
4. 企业进行危机演习的动因和意义是什么？
5. 危机演习有哪几种形式和训练方式？

课后案例讨论

北京三元与乳业危机

再周密的计划都不可能做到完全避免危机。对于天灾，一份完整缜密的计划能够帮助企业降低危机带来的损失；对于人祸，一份细密的计划或许能够帮助企业渡过难关，但是最好的计划莫过于企业良好的经营。企业只有从自身做起，公平公正地对待各个利益相关群体的利益，生产“放心”的产品，才能够真正做到从源头避免人祸所带来的危机。以下将以三元如何渡过乳制品行业危机为例，结束本章有关危机管理计划的讨论。

危机爆发前的三元

北京三元集团有限责任公司以农牧业、食品加工业、物产物流业为主导产业。截至2007年年底，公司共雇用员工3 005人，其中合同工1 666人，劳务人员1 339人。2008年上半年共有资产13.21亿元，上半年企业营业收入为6.545 4亿元，净利润1 543万元。同时，在这一年的上半年，三元摘掉了“ST”（特别处理）的帽子，实现扭亏为盈的企业初期目标。与此同时，乳制品行业的龙头企业蒙牛乳业2008年上半年营业收入为137.02亿元，净利润8.97亿元，拥有在职员工23 500人，销量行业第一。相对于蒙牛这个行业老大，三元存在不小的差距。

三聚氰胺事件

在食用三鹿婴幼儿奶粉的婴儿被查出患有肾结石后，检验机关进行检测，三鹿集团生产的奶粉中被发现含有工业原料三聚氰胺成分。依据相关报告，截至2008年9月21日，共有39 965名患儿因食用三鹿奶粉接受了治疗或咨询，住院者已达12 892名，治愈1 579名，死亡4名。该事件迅速引起了各方的高度关注和对乳制品的担忧。

然而事情并不仅限于三鹿集团，国家质检总局在对国内各大乳品企业生产的婴幼儿奶粉进行检测后发现，包括蒙牛、伊利、光明、圣元以及雅士利在内的不少知名乳制品企业的奶粉中均有三聚氰胺成分。此事不仅使国内舆论反应极为强烈，还严重损害了中国乳制品业的国际声誉；多个国家立即做出反应，全面禁止中国乳制品进口。事件过去3年后，余波仍未平息，2011年中央电视台《每周质量报告》节目的调查发现，仍有大量中国民众不敢购买国产奶粉。

三元应对乳业危机

但是，有一家著名乳制品厂商的名字并未出现在含三聚氰胺的婴幼儿奶粉品牌名单中，那就是三元。这份报告让一度在激烈的市场竞争中掉队的老牌国有企业——三元获得了人们的广泛关注。

面对行业危机，三元在第一时间组建了危机管理小组，并明确公司危机公关的原则和宗旨：谨慎面对机会，更多考虑风险，平稳渡过危机，树立品牌信任。之后，三元再次统一对外沟通的口径，召开媒体发布会，表示会与其他乳品企业共渡难关；并发出诚信倡议书，呼吁全行业企业严格自律。在随后的一系列活动中，三元并没有就此事件过多纠结，而是跳出此次危机，更多地促成行业及社会对危机的反思。

危机后的三元

危机过后，三元的产品销量飞快增长。三元2009年营业收入达23.80亿元，较上年增长68.33%，在职员工达到8 293人。

2009年3月，三元集团与其子公司河北三元组成联合竞拍体，出价6.165亿元，成功竞拍下三鹿集团。截至2012年9月，三元净资产达到36.75亿元（是2008年上半年的近3倍），第三季度营业收入为9.84亿元（2008年第三季度为3.4亿元，约为2008年同期的3倍）。

三元成功实现了企业的不断增长与扩张，因“乳制品行业”之祸，得“自身成长”之福，依靠的就是其质量合格的产品。这对于其他行业的许多企业而言，不失为一个正面的借鉴之例。而对于三元而言，距离行业第一还有一段路要走，但是从消费者的角度来说，我们真心希望三元能坚持不懈地为消费者提供高品质的产品。

资料来源：窦含章．保守估计三鹿受污染奶粉全国潜在受害者将超3万．(2008-09-12)．新华网；新华视点：“Ⅰ级响应”发出以后——中国政府全力处置“三鹿奶粉”事件．(2008-09-16)．新华网；卫生部：现有1.2万余名婴幼儿因食用奶粉住院治疗．(2008-09-21)．新华网；国家质检总局公布检出三聚氰胺婴幼儿配方乳粉企业名单．(2008-09-16)．央视网；全国液态奶三聚氰胺专项监督检查结果发布．(2008-09-19)．新华网；三元集团以总价6亿多元成功竞得三鹿资产．(2009-03-04)．新华网；三元2007年至2012年季度、半年度和年度报告．三元企业官网；蒙牛2008年半年度报告．蒙牛企业官网.

▶ 结合案例内容，试回答以下问题：

1. 三元能够成功应对乳制品行业的危机，所依靠的根本能力是什么？

2. 你认为三元在应对危机的过程中有什么可以改善的地方？如果有，请指出，并提出改进意见。如有没有，请针对三元的应对措施做出评价。

3. 你认为三元的成功是必然的还是偶然的？请给出理由。

第5章
危机预警

凡事预则立，不预则废。

——《礼记·中庸》

我们一直在设定一个机制，好让我们的经营者不打盹，你一打盹，对手的机会就来了。

——柳传志

学习目标

- 理解危机预警的内涵；
- 掌握危机的监测方法；
- 掌握危机的预评估方式；
- 了解危机的预报程序；
- 明确危机预警失灵的原因。

引　例

“善变”的雅芳

雅芳（AVON）是第一家进入中国的国际直销公司。然而，直销模式在当时的中国遭遇了政策寒冬。2005年，雅芳（中国）有限公司（以下简称“雅芳中国”）终于获得了商务部授予的第一张直销许可证。但是，如今雅芳中国逐渐弱化直销概念，将赌注再次押在了零售渠道上。至今，雅芳中国已经历了多次销售模式转型，市场还能容忍雅芳中国的“善变”吗？

从直销走向零售

1990年，化妆品品牌雅芳进入中国。对于依靠直销模式成长为全球最大化妆品公司之一的雅芳来说，直销模式已融入品牌的灵魂。因此，雅芳在开发中国市场时也采用了直销模式。

为了维护正常市场秩序，1998年4月，中国政府在全国范围内禁止传销行为。针对外资企业，经国务院批准，国家有关部门下发了《关于外商投资传销企业转变销售方式有关问题的通知》。雅芳中国第一个宣布公司将转变为“有店铺无推销员”的模式，只有部分原雅芳推销员通过开店加盟的方式留在了雅芳中国。

1998年7月，另一直销巨头安利公司获得了中国政府批准的第一张“店铺＋推销员”经营牌照，引导其他外资公司走上了一条转型道路。雅芳中国对此始料未及，等到它跟风申请到了这一牌照，已经没有人再愿意成为雅芳中国的推销员。雅芳中国不得不在全国设立了规模仅次于柯达的专卖店网络。在宝洁和欧莱雅围攻下的第一次被迫转型相当艰辛，直到2003年雅芳中国才开始盈利。然而，尽管雅芳中国的专卖店数量极多，但其对专卖店的管理水平却非常低。很多专卖店的档次定位、社区环境以及相互压价的情况都不利于雅芳中国的品牌形象。这为雅芳中国日后的管理混乱留下了隐患。

获得第一张直销牌照

2004年，雅芳中国已在中国拥有6 397家专卖店和1 700个专柜，但雅芳中国一直未放弃直销梦。通过一系列的申请，2005年4月，雅芳全球首席执行官钟彬娴在北京正式宣布：雅芳中国已成为中国政府批准的唯一一家直销试点企业。

在此消息宣布后的三天内，雅芳中国广州总部遭到近60名专卖店店主围攻，他们担心推销员会抢走专卖店的生意，扰乱市场价格和销售。此外，从雅芳中国高调宣布的试点方案细节来看，其与当年安利公司实行的“店铺＋推销员”模式并没有太大的差别。

后来的事实表明，专卖店店主的担心是有道理的。因为雅芳中国已有庞大的专卖店和柜台网络，而其大力发展的3 000名推销员队伍又杀入了过度饱和的专卖店市场，在两条渠道之间产生了激烈的正面冲突。经销商和推销员在拿货的数量、产品折扣上都不尽相同，市场上出现了大量的窜货，直销员通过相关渠道以低折扣拿到商品，开始在市场上砸价，对专卖店造成了严重影响。还有专卖店店主表示，雅芳中国在一开始推出专卖店规划时，并未对专卖店的投资金额和大小做出规定；规模大的店负担较高的运营成本，即便拿货价一样，利润水平也肯定比不上小店。

虽然有安利公司等“店铺＋推销员”的经验在先，但雅芳中国显然没有为专卖店和直销两条渠道并行的销售模式做好准备，到2010年，雅芳中国仍然没有在这两条渠道之间找到平衡。然而，雅芳中国的销售额却已从2003年巅峰时期的24亿元下降到2010年的13亿元左右，2010年全年累计亏损近8 000万元。在两套发展模式的摇摆中，随着安利等竞争者市场份额的快速增长，雅芳品牌在中国已经渐渐褪去了百年化妆品品牌的优雅形象，以致一些消费者一度把雅芳视为二三线品牌。

全面布局零售渠道

2012年3月，加拿大业务总裁林展宏被雅芳急调至中国。上任后，他立即在广东、陕西等地召开了多场经销商会议，会上他征求了所有经销商对雅芳销售模式的意见，结果99%的经销商都希望做零售。7月，雅芳中国发表声明：“雅芳在中国的主要业务是零售。”配合雅芳总部的全球性裁员安排，雅芳中国负责直销的经理已减至20人以下，负责零售的经理人员约有250人。

毫无疑问，在失去直销优势的背景下，逐渐淡化直销概念、采取全盘零售的营销模式更为稳妥。在全盘零售的带动下，虽然林展宏成功完成了总部下达的1.5亿美元销售指标，但是雅芳中国的销售额仍持续下降。经过几年的发展，雅芳中国逐渐形成了“美容专卖店十电商十化妆品专营店/商超”的全渠道布局。

截至2019年，雅芳在中国区的直销业务已经归零。公司在中国拥有超过1 200家美容专卖店，化妆品专营店及商超渠道已覆盖超过6 000家门店。就线上渠道而言，雅芳已将天猫旗舰店的线上运营权收回，2018年“双十一”，通过与天猫合作，雅芳中国当天的支付金额达到了2018年的5倍。

直销业务曾经给公司带来神话般的增长，雅芳和所有直销人员对其有割舍不下的情感。公司在反复摇摆后最终果断舍弃了中国区的直销渠道，逐渐走上了稳定的发展道路。

资料来源：雅芳对大势研判失误 走上不断“放弃”的不归路．（2005－04－28）．搜狐财经；吴丽娟．中国雅芳缩减专卖店解救经营危机．（2010－05－08）．经济观察网；陈俊宏．雅芳中国裁员关闭分公司，直销模式在华恐被弃．（2013－01－08）．网易财经；李亚蝉．雅芳中国否认裁员传闻 称不会放弃直销模式．每日经济新闻，2013－01－10；郑晓玫．新零售倒逼商业模式 企业加速线下门店布局速度．信息时报，2020－01－05；陶凤，彭慧．商务部公布最新直销登记名单：雅芳直销产品锐减．北京商报，2019－06－11.

提前发现危机是有效进行危机预防的前提。危机预警系统的建立，有助于危机管理小组及时地收集有关企业危机的各种信息，预先评估危机的严重程度和冲击力度，提前向利益相关者发出危机预报。

一、危机预警的内涵

（一）危机预警的含义

预警这个词语最早来源于军事术语，是指通过各种渠道和手段探知敌人的信息并综合分析获得其动向，以便提前采取防御策略的行为。[①] 企业危机预警，就是指企业采用定性与定量相结合的方法选择危机指标，事先对危机的诱因及征兆进行监测和评估，并由此发出危机警示的管理活动。危机预警是危机预控的基础。

（二）危机预警系统的构成

通常而言，危机预警系统主要包括危机监测、危机评估、危机预报等三个子系统。危机预警系统的基本框架如图5－1所示。

在定量分析方面，企业需要在对各类风险因素开展初步分析的基础上，依据自身的特定背景，把容易产生危机的因素和潜在负面作用较为严重的因素确认为监测的对象；并创建对应的预警指标系统，不同的指标对应不同的预警标准。收集到各大渠道的信息和消息后，应对潜在危机的危害性高低做出预评估；如果危害性超越了设定的预警指标标准线，就必须给予危机预报，并且即刻着手危机预控工作，以降低或消除危害性。风险初步分析、建立预警指标、确定预警标准、收集相关信息等工作由危机监测子系统完成；危机预评估子系统和危机预报子系统完成相应的危机预评估和危机

① 张金明，彭永华．论企业危机管理．市场周刊（理论研究），2015（10）：6－9.

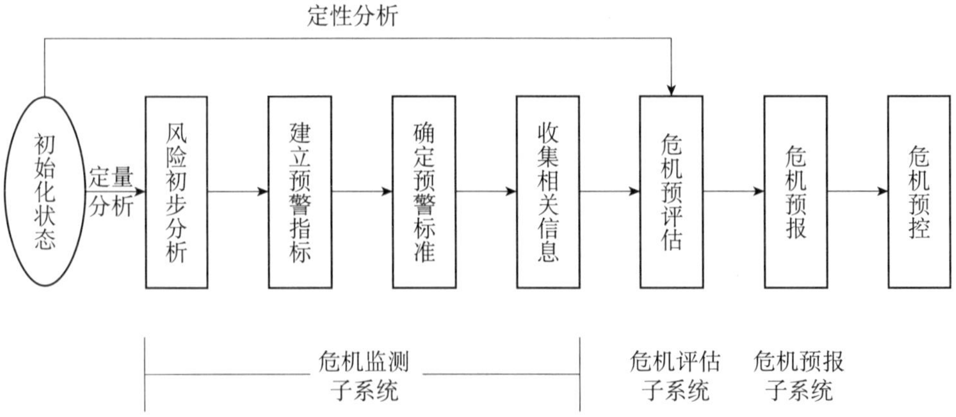

图5-1 危机预警系统框架

预报工作。

表面上看，定性分析似乎越过了危机监测阶段直接进入危机预评估阶段；然而，这一认识未注意到，风险初步分析、建立预警指标、确定预警标准、收集相关信息等过程的工作也必须依靠专家丰富的实践经验和直觉判断，他们对危机管理的各项隐性技能的熟练使用就是定性分析能力的重要表现。因而，危机监测实质上已经由企业的系统组织转变成专家的独立实践。

（三）危机预警的原则

企业面对的外部危机和内部危机情况往往非常棘手，因此需要设立危机预警的原则，以确保企业的危机预警系统高效、顺利地运行。需要注意的方面如下：

1. 综合性原则

企业面对的危机来自各个方面，就外部危机而言，政治冲突、经济衰退、环境破坏、自然灾害、人口增长等都有可能威胁到企业的生存与发展；就内部危机而言，企业在战略决策、组织结构、人力资源管理、财务控制、技术创新、营销公关等方面稍有不慎，就会破坏企业的日常运营，甚至搞垮企业。因此，企业对危机的日常预警必须综合涵盖内部与外部、宏观与微观的方方面面，对任何轻微的预兆都要谨慎对待。

2. 真实性原则

21世纪已经进入信息爆炸的时代，信息在一次次的传递过程中不可避免地会受到噪声的干扰，这导致企业获得的信息出现了失真，信息中包含不断累积放大的谬误。此外，市场中还存在着故意歪曲事实的信息。这些信息一旦进入企业的决策系统，就会使企业的策略和行动偏离正确的方向，让企业付出沉重的代价。因而，企业应该在危机预警工作中追求信息的真实性，衡量真实信息成本与危机损失成本。

3. 全面性原则

在收集信息监测危机时，企业需要看到的不仅仅是危机的表面，而是要“从内到外”

“从前到后”地审视危机。“从内到外”看的是潜在危机发生的根本原因，以及危机爆发后可能会对企业的哪些方面产生影响。“从前到后”看的是企业要面对的潜在危机是否有其他公司的前例，以及危机是否会受到舆论、股市、行业整体的影响而迅速扩大。企业必须将自身放在危机的最大影响范围中来全面考虑问题，警惕各种力量的相互震荡导致危机扩大。

4. 主次性原则

企业在同一个时期会面对各种各样的潜在危机，全面性原则要求企业监测这些危机的各个方面，但并不建议企业在所有潜在危机上“平均出力”，这会让企业对危机应接不暇。企业应该将最多的精力放在对自身威胁最大的危机或造成一系列危机的根本原因上，及时对其进行成功预警往往可以起到事半功倍的效果。①

5. 及时性原则

企业在危机预警的过程中，须及时发现问题，并在第一时间反应。无论是全面地收集信息、甄别信息的真实性、分清危机的主次或密切注意系统性冲击，都必须在情况有了最新动向后就更新企业的危机预警系统，拖延只会让危机酝酿得越来越大，并导致企业失去最佳反应时机。更重要的是，需要及时制定的不仅是危机预警决策，更应该是企业在决策之后的执行力。

二、危机监测

危机监测子系统的职能在于：通过对危机诱因、危机征兆的严密观察，收集整理反映危机迹象的各种信息或信号。企业应通过各种渠道，对主要的危机诱因、危机征兆进行全过程的监测。

（一）风险初步分析

企业存在各种各样的风险。不同的风险危险程度不同，有些风险的释放会给企业造成严重的后果，这些风险是企业无法承受或者难以承受的；而有些风险则对企业的影响较小，对于这些风险企业能够承受；还有一些风险与收益存在很强的正相关性，高风险往往与高收益并存，对于这一类风险，例如证券投资、新产品开发等，许多企业往往愿意承受。对于企业的危机管理而言，重点针对的是第一种类型的风险。

因而，对面临的各种风险进行初步分析极其必要，这有助于企业更有效地进行危机预警。表 5－1 按照危险程度对不同风险进行了分类，危险性较高的风险应成为企业危机预警管理的主要监测对象。

---

① 刘芬．提升企业危机管理水平的思考．市场周刊，2019（6）：16.

表5-1 不同风险的危险性

危险性较小的风险	危险性较大的风险
自愿承担的	非自愿承担的
十分熟悉的	不熟悉或新生的
认为可控制的	不能控制的
由感觉到风险的人承担的	由别人管理的
根据后果按比例公平分摊的	存在似乎分配不公平的利益和成本的
让人恐惧感极小的	记忆深刻的
认为是长期或习惯性存在的	令人非常害怕的
散布于整个有形地理空间或到处出现的	突然或在意想不到情况下开始的
暴露期短暂的	固定并引人注目的
非致命的	暴露期限长的（且造成的重大影响需要很长时间才能逐渐显露）
认为是自然界一部分的	致命的
认为能用行动对抗的	人为的
能触知的（能见到、尝到、嗅到、摸到或听到的）	不受管理行为约束的
	不能感触意识到的

资料来源：希斯．危机管理．北京：中信出版社，2001：39-40.

（二）建立预警指标

确认危机预警的监测对象后，企业须依据不同的对象设立对应的预警指标。

1. 预警指标的设计原则

（1）科学性。企业所选择的预警指标应能有效地反映企业的真实运营情况，数据来源确凿，资料准确，便于操作。

（2）概括性。预警指标应具有较高的概括性，应尽量避免内容重复的指标。

（3）系统性。企业危机预警是一个较为复杂的问题，导致危机的诱因既可能是企业外部因素，也可能是企业内部因素，通常，众多的危机诱因往往交互影响、交互作用，为准确、灵敏地开展危机预警，各项预警指标要相互联系、相互补充，构成一个有效的指标体系。

（4）可比性。孤立的指标对于企业危机预警而言意义不大，所选择的预警指标应具有较强的可比性，既便于企业开展纵向比较，也便于开展横向比较。

（5）重要性。企业所面临的危机不同时，需要重点关注和一般关注的指标需要区别开来。因此，企业在设计好各方面的预警指标后，应该为这些指标赋予不同的权重，最关键的指标占的预警比重最高。

2. 危机预警指标体系

表5-2列出了不同企业在进行危机预警时最常关注的一系列指标。

表5-2 企业危机预警指标体系

外部宏观环境	经济发展水平	技术水平的变革
	政局的稳定性	自然环境的变迁
	文化的兼容性	信息系统的便利
	政策法规的连续性	人口的受教育程度
行业发展情况	行业发展的阶段性	行业竞争水平
	行业生产总值占比	替代行业的发展水平
市场表现	市场占有率	新产品推出速度
	与竞争对手的差异性	品牌知名度
	顾客好评度	产品盈利空间
财务状况	资产负债率	利润率
	流动比率/速动比率	股东收益率
	资产周转率	成长性
组织结构	组织层级数	组织完善程度
	目标统一度	资源匹配度
	组织人际关系	团队合作水平
人力资源管理	员工离职率	关键人才流失率
	员工满意度	人才储备
	员工职业发展	员工培训
运营管理	劳动生产率	资产设备水平
	质量水平	业务流畅程度
	售后服务	快速反应能力
利益相关者	政府关系	企业社会责任
	股东控制	关联企业
	媒体评价	竞争关系

（三）确定预警标准

在选定了具体的指标体系之后，需要依据企业的历史数据和资料以及行业的平均水平确定各项指标的预警线。对于一些难以量化的指标，也应确定便于识别和判断的预警线。是否超过这一预警线，是判断是否开展危机预报的标准。

需要注意的是，由于企业外部和内部环境不断变化，企业必须定期更新预警标准。当企业处于经济循环的上升、政治和平或行业繁荣发展期时，预警标准可以适当宽松；当企业遭遇经济衰退或行业衰退期时，应该设置高度灵敏的预警指标。而对于企业内部的情况，无论处于什么时期，都必须采用最严格的预警标准。

（四）收集相关信息

广泛收集相关的信息是企业进行危机预警的前提。信息收集的渠道可分为外部渠道与内部渠道两大类；外部渠道包括传统大众媒体、互联网、利益相关者的抱怨与批评等，内部渠道主要包括企业财务数据、企业内部的沟通与报告等。同时，对内部经营活动和外部环境变化进行的专项调查也是信息收集的渠道之一。

1. 传统大众媒体

报纸杂志、广播、电视等传统大众媒体是企业获取危机相关信息的主要渠道之一。企业应特别关注以下方面的内容：企业在公众心目中是何种形象？公众对企业的产品和服务持何种态度？企业所处行业的景气度如何？国家法律和政策有无不利于企业的变化？经济周期处于哪个发展阶段，对企业有何影响？自然条件的变化是否对企业构成威胁？企业的竞争对手现状、实力、潜力及发展趋势如何？同行业企业普遍遇到的焦点问题是什么？

2. 互联网

据中国互联网络信息中心（CNNIC）发布的第47次《中国互联网络发展状况统计报告》，截止到2020年12月，我国网民规模达到9.89亿，互联网普及率为70.4%。互联网的迅速发展不但拓宽了企业获取信息的途径，也使信息的搜索和传递成本大为降低。重要门户网站、纸质媒体的电子网络版、行业信息平台网站以及搜索引擎的关键词搜索结果都是企业收集危机信息的重要来源。

3. 利益相关者的抱怨与批评

消费者、竞争对手、内部员工、股东、经销商、供应商、社区公众等利益相关者的抱怨与意见以及政府部门与相关社会团体的批评与警告，也必须引起企业危机管理机构的关注。如果对这些利益相关者的意见置若罔闻，往往可能引发大的危机。秉承积极友善的态度去认真听取利益相关者的不同声音，不仅是企业关注利益相关者的一种态度，也应当成为企业收集危机信息的重要方式之一。

许多企业危机预防的成功实施，就建立在对利益相关者的意见高度重视的基础上。以摩托罗拉公司为例，当出现客户投诉或者当分销商表示出某种关切时，公司就派出一个由产品、法律和技术专家组成的专门小组进行调查，以便在危机大规模爆发之前将其解决。这种此谨慎的态度，是企业蓬勃发展的有力保障。

4. 企业财务数据

对各项财务数据进行计算和分析可以发现企业许多潜藏的问题，对企业危机进行有效的监测。企业应重视财务比率分析，对常用的财务比率，如速动比率、流动比率、资本结构比率、存货周转率、销售利润率、资产利润率等进行长期跟踪，并密切关注其发展趋势。同时，企业还要重视对其现金流的分析。财务指标超出正常区间的波动，应引起危机管理小组的高度重视。

5. 企业内部的沟通与报告

许多情况下，企业危机的征兆都是被一线员工首先发现的。然而这些信息并非都能传递到危机管理负责机构，保障这一过程的顺畅性就显得十分必要。因而，内部沟通与报告对于危机预防极为重要。促成美国制造第一艘核潜艇鹦鹉螺号的海军上将里科弗（Rickover）以强行要求部下报告问题和错误而闻名，在他领导期间，美国核潜艇从未发生任何重大事故。对于企业而言，内部沟通和报告系统效率的高低直接影响到能否提前采取预控措施避免潜在危机的发生。

在组织层次较多的企业中，信息沟通的时效性和准确性往往大打折扣；在扁平化、柔性化的企业中，一线员工可以直接将发现的危机信息及时反映给管理层，对危机预防较为有利。为提升危机信息在企业内传递的速度和精确性，企业应明确规定相应危机信息的沟通与报告制度。伴随企业信息管理系统的建立，如能通过企业内部网站或论坛、电子邮件等途径直接将基层员工收集到的信息反映给高管层，危机信息的全面性和时效性将有所提高。

6. 专项调查

企业通过召开座谈会、组织问卷调查、开展实地走访等形式，可以了解各方面对企业的看法和意见，从中发现问题。企业内部也可以就一些普遍关注的问题进行专项调查。对于厂房、设备、电缆以及煤气、石油、自来水管线等的损耗情况，只有经过工程师的现场勘察，才能确认其危险程度，从而避免安全事故的发生。

三、危机预评估

危机预评估子系统的职能在于：在收集到大量的危机信息后，通过对信息的梳理和分析，对未来可能发生的危机类型及危害程度做出估计。

（一）相关信息的整理

完成对危机信息的整理和排查，收集到的危机信息才能发挥效用。整理相关信息时，应当注意以下问题：

1. 对信息的真实性进行甄别

如果不同的信息之间存在矛盾，那么信息的真实性就必然存在问题。如果信息来源主观性过强，信息传递者与事件内容利益相关性较强，信息传递中的节点过多，或信息传递过程中干扰因素较多，则信息就有可能失真。因而，对于收集到的危机信息，企业需要仔细排查虚假信息，通过去伪存真的鉴别，筛选出真实的信息。

2. 对信息进行归类

在对危机相关信息的真实性进行确认的基础上，应按照信息的类别对信息分门别类地存储，使信息具备条理化、系统化的特征，以便开展企业危机预评估工作。不同类别的信息可以从不同角度揭示企业存在的问题，提供大量丰富的细节，对信息进行归类将有利于企业节省危机反应时间，并且可以根据各类信息检索以前曾经发生过的危机信息。

3. 关注重要的危机预警信号

在对相关信息进行整理的基础上，企业要根据自身所处的情况，筛选出当前阶段最需要密切关注的关键预警信号，这些信号可以是一些数字指标，可以是企业经历的重要事件，还可能是利益相关者的只言片语和直觉反应。表5－3所列的一部分危机预警信号值得企业格外关注。

表5－3　主要危机预警信号与潜在危机的对应关系

预警信号	潜在危机
员工有不满情绪	工作场所暴力事件
令人失望的财务结果	消极的媒体报道；员工流失；士气低落
顾客抱怨	产品召回；失去业务；产品可靠性诉讼
年龄过大的CEO或高层决策者	突然或严重的伤害
忽视代理人、会计师或税务代理的建议	罚款或处罚；消极的媒体报道；丧失信用/信任
不健全的环保过程	罚款或处罚；昂贵的诉讼；丧失信用/信任
研究和投资的减少	丢失市场份额；糟糕的财务表现；声誉受损
没有充分考虑员工的工作计划	严重的质量问题；事故；失去业务
没有持续的计划	工作业绩不佳，精力过多集中于组织内部和责任分摊
没有经营计划	由于缺乏战略/战术和长期计划，工作业绩不佳
没有危机管理计划	危机管理不当；消极的媒体报道；声誉受损

资料来源：卡波尼格罗．危机顾问：有效预防、控制与管理企业危机．北京：中国三峡出版社，2001：57.

（二）潜在危机的预评估

要预评估潜在危机的种类及其危害性高低，既可以采用定性方法，也可以采用定量方法，或者结合两种方法。以下介绍常见的几种危机预评估方法。常见的危机预评估方法有专家意见法、危机晴雨表法、野田式企业实力测定法和人工神经网络法（人工神经网络法见延伸阅读5－1）。

延伸阅读5－1：人工神经网络法

1. 专家意见法

鉴于时间限制或数据资料不完整，一些危机的预评估难以运用定量分析方法，只能采用定性分析方法。专家意见法是常见的定性分析法；它主要通过征求企业内外部相关专家的意见，来确定潜在危机的种类和危害性大小。头脑风暴法、德尔菲法是专家意见法中常用的两个方法。

头脑风暴法的具体实施过程如下：企业邀请内外部有关方面的专家齐聚一堂，由危机管理小组指定的会议主持人介绍相关的情况，为与会专家创造一个宽松的发表意见的环境，让他们大胆地提出自己的想法，同时，禁止对别人的想法提出批评。专家们互相启发、相互影响，能够充分调动大家的思维积极性，把注意力不断集中到对潜在危机的发生概率和危害影响的预评估上，不断完善和补充自己的看法。全部专家都表达完自己的观点和意见后，由会议主持人总结这些观点，并逐一探讨，最后形成对潜在危机的基本看法。头脑风暴法鼓励与会专家畅所欲言，有助于企业发现那些平时容易被忽视的潜在危机。

德尔菲法最早由美国兰德公司于 1946 年采用。在危机预评估工作中，德尔菲法要求企业先匿名征询专家的看法；征询可以通过寄发相应背景材料实现，专家需依据个人的独立判断写下对潜在危机的认识和意见，然后寄回企业危机管理小组。企业危机管理小组在对所有专家的意见进行汇总整理之后，再将汇总整理的结果反馈给每一位专家，作为重要的参考资料，要求他们重新斟酌自己的意见，重新进行判断，在必要的时候，还可以要求他们解释为什么自己的估计与大多数人的意见不一致。如此反复多次，专家的意见逐渐趋于一致。这样，对潜在危机预评估的结论的可靠性就较高。

随着互联网的发展，可以有效地实现德尔菲法与计算机技术的结合。各位专家通过计算机接收相关的背景材料，将自己的看法输入计算机传递给企业危机管理小组，计算机将所有专家的意见汇总之后，再传递给各位专家作为重新评判的参考依据。经过多轮反复，最后各位专家通过计算机对不同的意见进行表决，得出结论。计算机技术的采用，大大提高了德尔菲法的效率，这是传统的邮寄方法所无法比拟的。

2. 危机晴雨表法

美国学者斯蒂芬·菲克分别以危机发生概率和危机影响值（crisis impact value，CIM）为横坐标和纵坐标，创建了危机晴雨表（crisis barometer grid）（见图 5-2）。这是一种定量分析方法。危机发生的概率处于 0～100%。当发生概率为 0 时，表示危机不可能发生；当发生概率为 100%时，表示危机必然发生。对于危机发生的概率，应尽量采用具体的数字加以衡量。根据发生概率的程度，危机可以划分成低概率（0～50%）、高概率（50%～100%）两大类型。显而易见，如果两个危机的影响值相同，但是发生概率不同，那么两者所受到的重视程度必然不同。

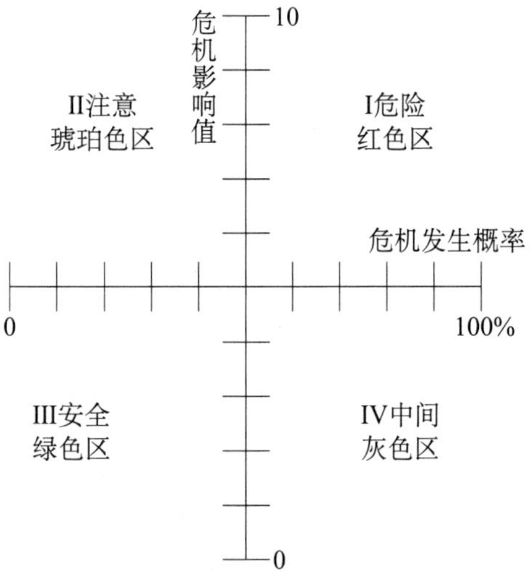

图 5-2　危机晴雨表

资料来源：Fink S. Crisis Management：Planning for the Invisible. NY：American Management Association，1986.

危机影响值是指危机发生后不对它进行干预所造成的危害程度高低。在进行评判后，企业可用 0～10 之间的数值来表明危害性的大小；数值越大，意味着危机的危害程度越大。可以根据以下因素来评断危机影响数值高低：危机影响企业正常经营活动的程度；

危机对销售收入和净利润的影响程度；危机对企业外部形象的损害程度；危机影响时间的长短；企业是否成为舆论焦点；企业是否成为政府机关、社会中介组织的重点关注对象；企业日常活动中与媒介和政府机关的公共关系保持如何；企业有否制订相关的危机管理计划；是否有可能对危机采取及时的补救行动；一旦危机恶化，危害性将达到何种程度，企业是否有能力承担；等等。对以上各项因素赋予一定的权数，然后进行评分加总，就可以得到具体的危机影响数值。

如果潜在危机处于红色区域，即图5-2中的第Ⅰ象限，说明危机的发生概率和影响数值都较高，危害程度较大，必须即刻发出危机预警，采取预控手段，否则后果不堪设想。如果潜在危机处于灰色区域，即第Ⅳ象限，表明危机的发生概率较大，但影响值较小，危险程度处于中间状态，企业需小心提防，以防不必要的麻烦发生。如果潜在的危机处于绿色区域，即第Ⅲ象限，表明危机的发生概率和影响值都较小，企业还相对安全。如果发现潜在的危机处于琥珀色区域，即第Ⅱ象限，表明虽然危机的发生概率较小，但一旦发生就会造成较大影响，因此也需要企业对危机保持密切注意。

3. 野田式企业实力测定法

为了有效反映企业危机的程度，日本专家野田武辉提出了企业实力测定法。[①] 这是一种定量分析方法。野田认为，在危机预警工作中，过多的信息反而会降低预警的效果。他另辟蹊径，从企业资产负债表和利润表中挖掘出增长性、综合收益性、短期流动性和长期安全性这四个因素，用来评判企业的危机状况。这四个因素分别对应以下四个财务指标：人均销售额、总资产经常利润率、流动比率、固定长期适合率。这些财务指标的计算公式分别为：

人均销售额＝年度销售额/企业员工数

总资产经常利润率＝经常利润（税前）/总资产×100%

流动比率＝流动资产/流动负债×100%

固定长期适合率＝固定资产/（自有资产＋长期负债）×100%

得到企业上述四项财务指标数值后，将这些指标与行业平均值进行比较；赋予行业平均值5的分值，则可以算出企业上述指标的相对值和危机程度。其计算公式分别为：

前三类指标的相对水平＝企业指标/行业平均指标×5

固定长期适合率的相对水平＝行业平均指标/企业指标×5

企业上述指标的危机程度评判原则为：2分以下代表危险；2～4分代表警戒；4分以上为安全。根据不同企业中不同指标的重要性程度，分别赋予不同的权数，就能得到企业的总体危机程度。

一旦得出潜在危机的危害程度，就能依据危害程度对危机分级，根据不同的危机等级发出不同警示程度危机预报。例如，对保险企业来说，可将会致使整个保险产业全面亏损或衰退甚至威胁到企业继续生存的危机列为最高等级；将会一定程度负面影响本企业赔付能力或严重影响企业经营管理活动的危机列为第二等级；将对某一地区业务或某一险种造成重大影响的危机列为第三等级。

---

① 高民杰，袁兴林．企业危机预警．北京：中国经济出版社，2003：111-114.

从澳航的案例中我们能看到转型时期由于战略问题和人力资源问题处理不当给公司带来的巨大危机。

案例5-1

澳航的罢工危机

澳航集团成立于1920年，是一家澳大利亚航空公司。公司的愿景是成为“世界上最优惠和廉价的航空公司”。截至2011年6月底，公司的航线已经覆盖47个国家和地区以及208个机场，每周运送国内航班超过5 700架次，运送国际航班970多架次。运送旅客人数累计超过4 450万人次。

战略调整

2011年澳航的罢工危机其实早在1990年就能看出些苗头了。起初，澳航是一家国有公司。当时，澳大利亚政府开始放松对航空业的管制。1993年，澳航开始进行私有化改革，向英国航空公司出售了25%的股权。1995年，澳航剩余的75%股份通过澳大利亚证券交易所向公众出售。

作为国有公司，澳航在成本控制上与全球其他航空公司相比完全没有竞争力，而员工的高工资所带来的高成本负担勉强可以被年年增长的利润所掩盖。公司过去垄断着一条飞往美国和英国的航线，从中获得了丰厚的利润。然而，私有化改革之后，这种垄断局面被打破了，利润逐年下降。为了适应新的环境，公司不得不开辟新的盈利航线，并不断提升飞机的服务水平，但是公司的成本却始终没有得到控制。渐渐地，国有公司的工资水平已经难以支撑新业务所需要的低成本竞争优势了。

罢工冲突

临近2011年冬天，代表工程师、航空服务人员（包括行李搬运和航空餐饮）以及飞行员的三个工会，就工资条件不符合工会要求进行罢工，罢工持续了几个月。澳航称，此次罢工已经影响到至少8万名乘客，公司取消了超过600个航班，并停航7次，有108架飞机和22个机场受到了严重影响。2011年11月29日，澳航首席执行官艾伦·乔伊斯（Alan Joyce）发表声明称，由于长期的劳资纠纷，公司决定停飞全部机队。劳资冲突彻底爆发了，这一事件导致全球68 000名乘客滞留。

澳大利亚公平工作委员会（FWA）是具有劳资冲突仲裁性质的组织，该组织有时也被称为工业裁判。罢工事件发生后，FWA立即命令劳资双方返回谈判桌进行谈判。根据澳大利亚航空业协会的规定，发出此命令之后，双方有21天的时间来解决争议。在这段时间内，双方事实上未能达成解决方案。FWA不得不采取强制性的仲裁措施来解决争端。然而，即使是具有约束力的强制性仲裁措施也需要几个月的时间来执行，还会导致一项长达四年的强制性协议，该协议规定在这四年期间，双方都被禁止采取任何不符合协议精神的行动。

一方面，代表飞行员的工会认为，澳航未能在谈判中表现出足够的诚意。事实上，薪酬并不是最关键的，他们主要关注工作安全问题。由于公司的海外业务逐渐增多，许多飞行员和工程师担心自己会被派往海外，飞行员工会希望确保澳航能就此问题对员工进行薪酬上的补偿。代表航空服务人员的工会也希望限制澳航的海外航线。另一方面，一直试图削减成本并将重点转移到全球的澳航表示，目前公司正处于生存危机状态，它需要能够应对竞争对手所带来的巨大压力。乔伊斯说：“我所关心的只是澳航的安危，我并不反对工会，也不是不关心员工的福祉，只是我必须做出艰难的决定，以保证这家伟大公司的长期生存。”

领导者

当乔伊斯被选为澳航的首席执行官时，他承诺提高员工敬业度并提高士气。可是这与2011年的实际情况形成鲜明对比。此外，他号召整个航空公司停飞的非同寻常的举动迫使联邦政府和行业协会出手调停，这无疑是澳大利亚航空业几十年来都从未出现的情况。尽管如此，乔伊斯坚称这是一场战争，他别无选择，只能发动战争。从战术上讲，尽管对全球客户造成了干扰，但公司似乎还是赢家。三个交战的工会被迫进行调解，而当调解失败时，被强制进行仲裁。从表面上看，乔伊斯似乎已经赢得了反对澳航扩张战略的斗争，然而，他面临的真正挑战是如何挽回澳大利亚公众和35 000名在争议期间遭受附带伤害的员工的心。

后续进展

根据乔伊斯的说法，澳航可能需要经历一段低谷期才能恢复增长。他想取消无利可图的国际航线，减少对新国际航班的投资，更多地依赖与竞争对手的联盟。他的愿景是使缩减后的部门在未来三年内恢复利润，并在五年内返还其资本成本。35 000个职位当中的1 000个职位被裁员，然而有趣的是，所有这些职位的员工都是自愿离岗的。

媒体则认为，澳航做出停飞的决定并不稀奇，因为这是一家拒绝员工勒索的航空公司，也是一家将乘客拒之门外的公司。公司与员工拉开了距离，也失去了乘客的信任。墨尔本商学院的伊恩·威廉森（Ian Williamson）教授推测，即使将澳航机队停飞的决定取得了理想的短期结果，对于航空公司而言，挑战才刚刚开始。公司该如何获得转型所必需的人才，重建良好的劳资关系，重新获得乘客的信任呢？

劳资纠纷对客户、供应商和其他第三方产生了深远的影响。澳航在未充分告知大众的情况下中断了正常的运营，这很难说到底是好是坏。在整个争端中，澳航管理层似乎没有表现出在航空公司希望实现重大转型以保持竞争力的时候聘用其员工的能力。

资料来源：Bamber G. Saving Qantas is a Matter of Trust. The Sydney Morning Herald，2011-11-08；O'Sullivan M. Qantas Close to Engineers Pay Deal in Major Step Towards ＄2 billion Cost Cut. The Sydney Morning Herald，2014-09-30；孙迟．澳大利亚公平工作委员会下令澳航终止罢工．中华工商时报，2011-11-01.

四、危机预报

危机预报子系统的职能在于：依据危机预评估的成果，将危害程度较高的潜在危机向企业及企业各利益相关者发出警报，提请关注，并提前采取预控措施。

（一）危机预报的形式

危机预报有两种形式，一是日常预警指标报告；二是紧急预警指标报告。

1. 日常预警指标报告

在日常的运营过程中，企业对外部宏观环境和企业内部职能都有一套常规的预警指标系统，定期发布企业运营情况预警报告。从这套系统中，企业可以得知在一段时期内外部环境是否对企业经营有利，将这套指标值与行业均值和行业中的龙头企业相比较，可以得知自身的日常运营、财务、人力资源、营销等管理活动是否合理进行。除了数字指标外，企业员工对企业运营情况的直觉也可以成为日常预报的信息来源。定期报告日常预警指标有利于企业牢牢把握影响企业生存与发展的信息，及时发现日常经营中潜在危机的蛛丝马迹。

2. 紧急预警指标报告

在企业发现潜在危机爆发的可能性很大时，需要启动一套紧急预警指标报告系统，并调配专门的人员成立危机预警小组，利用企业的人力和物力尽量掌握危机的相关信息。该紧急预警系统中的监测指标必须紧密围绕潜在危机构建，由对危机情况最为熟悉的人员进行预评估。这段时期，企业的所有经营活动都必须根据紧急预警指标报告进行决策。

（二）危机预报的程序

1. 确定危机爆发的临界点

企业应该根据历史数据或者专家建议为危机爆发设定临界指标或标志事件，一旦该标志出现，就表明企业进入了紧急状态。在没有达到临界点的这段时期内，企业必须为即将到来的危机做好准备，因为任何事件的爆发都有可能加快临界点的到来。

2. 确定危机发生的范围

企业必须确定潜在危机会影响的地域、市场或产品范围，这对于经营跨度较大的企业，例如全球化企业和相关多元化企业来说尤为重要。企业需要明确一个领域内发生的危机会不会波及其他经营领域。

3. 确定危机预报的对象

经过信息收集、筛选和甄别，危机严重性和冲击力预评估的预警信息应该向哪些利益相关者报告也是企业必须提前明确的问题。首先，企业必须向董事和高管及时预报危机，便于他们在有利的时期做出决策。其次，企业必须依照相关法律决定是否要向监管机构报告潜在危机的信息。诸如食品、药品、军工等领域的企业在向监管机构预报危机方面的规定一般非常严格。最后，企业应该考虑危机信息对于公众的影响、公众是否对此拥有知情权、隐瞒危机是否违背道德和破坏公司信誉等问题，一旦危机爆发，决定是否向公众公开危机情况。

4. 比较并决定是否发出预报

在确定了危机爆发的临界点、范围和预报对象后，企业可以将紧急预警指标数值和标志事件与目前的危情相比较，明确如何发出警报。当然，在此过程中，企业需要根据外部和内部情况对危机预报的程序标准及时进行核准，以防发生出人意料的变化。

有效的危机预报子系统应使潜在受害者和危机反应者能够准确、快速地收到危机信息。如果潜在受害者和危机反应者较为集中，可以仅针对局部发出警报，以减少不必要的紧张情绪；但如果危机反应者和潜在受害者相对分散，则应选择覆盖面广的警报，使警报尽可能到达预定的受众，否则，达不到预期的效果。在罗氏制药的案例中，我们可以看到罗氏在危机预报上的失误及其导致的产品和信誉危机。

案例5-2

罗氏的沉默

英国媒体的一则消息曾引起轩然大波：全球十大制药企业之一瑞士罗氏制药（Roche）涉嫌隐瞒美国分公司超过1.5万例因不良反应致死的案例。对中国市场而言，涉事的多款药品均为各疾病治疗领域的销售冠军，此次瞒报对中国的影响大到无法估计。

被尘封的死亡报告

2012年6月21日，欧洲药品委员会表示，英国检验部门在一个罗氏的药物资助项目中，检查出8万多份未经公司有效评估的不良反应报告；其中6万份是不良反应病例，还有1.5万份是死亡病例，共牵涉8种药品，主要用于治疗肠癌、乳腺癌、乙型肝炎、皮肤病和眼疾等。这个项目启动于1997年，旨在为美国病患提供援助，不良反应报告原本应当及时上报药品监管部门，却被罗氏封存了15年。

这次事件并不是罗氏第一次涉嫌违规。2005年就有媒体报道，两名日本未成年人因服用“达菲”致使精神异常，后不治身亡。2010年，罗氏的抗转移性直肠癌药品安维汀被中国部分医院进行超适应证推广，用于治疗眼睛黄斑变性，导致上海数十位老人暂时性失明，引发了中国民众的超适应证恐慌。

罗氏在全球药品市场占据大量份额，为了安抚民众，英国与欧洲药品保健品监管当局称，目前还未发现副作用和死亡病例与罗氏药物直接关联的证据，但对罗氏隐瞒这8万份报告的行为“极端关注和担忧”，将对这些病例报告立即展开相关调查，并对罗氏的隐瞒行为“采取了回应”。最近，英国医保系统已经不再继续使用罗氏的晚期乳腺癌药物。

“漏报”还是“瞒报”

2012年7月11日，罗氏在公司网站上刊登了《关于罗氏在美国患者援助项目中不良事件漏报情况说明》。按照该说明，罗氏认为本次事件的起因是“漏报”而非“瞒报”，表示公司未检测到罗氏药品存在安全隐患；并已将不良事件的初步分析提交给药品监管局审查，而数据的最终确认还需要等待5个月。但是，关于该美国援助项目的具体情况、不良反应与药品之间的关系以及“漏报”的原因，罗氏并未披露任何细节，这份说明令人十分困惑。

全国合理用药监测网专家孙忠实认为，罗氏或许是因还未结束该资助项目的评估而隐瞒不良反应病例，但这确实违反了制药企业主动报告药物不良反应的国际惯例。如美国药物监管机构就规定，药企在新药上市3年后就要对新药做出评估，上市7年后要做再评估。大型药企一般都有世界范围的不良反应病例监测平台，不仅企业需及时上报药物的不良反应情况，医疗单位和病患也可以上报。如果病患和医疗单位向监管机构报告了企业隐瞒不良反应的情况，核实后企业将受到巨额罚款等惩罚。

当前，罗氏不披露详细信息的行为已经涉嫌商业欺诈。

药，吃还是不吃？

欧洲药品监管机构披露罗氏的“瞒报”事件后，中国患者的心情十分复杂。有6种相关药物也在华销售，分别是安维汀、赫赛汀、美罗华、特罗凯、希罗达、派罗欣。其中的赫赛汀和美罗华是在中国销售了10多年的冠军抗癌药。

罗氏中国向《凤凰财经》发来说明称，此次不良反应事件仅限于该美国项目，罗氏中国严格遵守中国有关法规，如果获悉不良反应事件，公司会按照中国的法律及时上报给监管机构，并积极配合政府部门的调查问询。

就我国的不良反应披露程序而言，《药品不良反应报告和监测管理办法》规定，“国家鼓励公民、法人和其他组织报告药品不良反应”，处罚力度为5 000元到3万元不等，情形严重的不再批准注册。由于我国采用的是自愿报告原则，企业和医院可能会压下不良反应病例。对于此次事件，当时的国家食品药品监督管理局在未公示罗氏在中国的不良反应数据前，就两次表示“未发现异常情况”，该说法缺乏公信力。

此外，一些国内医药专家认为，国内对上述药品的不良反应较少与服药剂量小有关，但这些药物称不上绝对安全，如果病人患有甲亢、糖尿病等基础疾病，那么服用这些药物就容易出现不良反应甚至致死。

对于很多患有癌症的病人来说，罗氏的药，吃了副作用很大，不吃又担心癌症扩散，又没有别的药可以吃，最后万一病死，也不知道是得癌症死的，还是吃药吃死的。罗氏在这一系列事件中，着实让市场和顾客对其失去了部分信心。

资料来源：贾晓宏，习楠．罗氏隐瞒药物致死．北京晚报，2012-07-11；李松涛．罗氏瞒报门大量数据仍未公开 药监局约谈．中国青年报，2012-07-16；潘洁．罗氏制药说明被指缺诚信 不披露详细信息涉欺诈．国际金融报，2012-07-17；李妍．罗氏问题药国内检测没问题 专家称人体质问题．中国经济周刊，2012-07-24.

五、危机预警失灵的原因

在企业危机管理工作中，系统自身设计的缺陷或各种失当的操作可能会导致危机预警系统失灵。分析危机预警失灵的缘由，对于改进危机预警系统的设计，提高危机预警的准确性和工作效率很有帮助。危机预警失灵主要有以下一些原因，需要引起企业高级管理层和危机管理小组的重视。

（一）危机预警系统设计上存在缺陷

由于设计不合理，危机预警系统可能存在各种导致系统失灵的缺陷。

由于在对风险进行初步分析时的工作失误，一些重要的风险因素未能纳入监测范围，使得危机预警系统指标缺失；而另一些无足轻重的风险因素却纳入了监测范围，不但无端地增加了企业的成本支出，而且容易干扰分析者的视线，成为对危机监测不利的烟幕弹，掩盖对重要风险因素的监测。

由于危机预警系统的设备选用不合理或匹配出现问题，各子系统之间或子系统内部不能有效地配合与衔接，再加上不同部门之间存在的利益冲突，危机预警系统时常发生故障，出现局部瘫痪乃至全部瘫痪，系统的信息收集、整理工作缺乏效率，危机预评估经常失误，从感应到危机预警信号到发出警报所花费的时间很长。只要以上危机预警的任一环节出现失误，危机都有可能发展到企业无法掌控的程度。

（二）信息传递过程中出现障碍

有些企业的组织层级过多，使得危机信息传递过程的节点过多，出现信息失真与信息延误。一些企业没有制度化的危机信息沟通渠道，缺乏明晰的信息传递路径指示，致使危机信息传递效率低下。有些企业通信系统不稳定或存在资源不足的现象，使得危机信息传递不及时、不准确。

同时，人为因素也会造成信息传递障碍。[①] 当员工发现造成潜在危机的源头是自己时，往往会把这个信息瞒下，试图通过自己的力量恢复事态，而当员工发现自己没有能力解决问题时，解决危机的最佳时机已经被耽误了；当员工发现潜在危机的源头是同事时，将该信息报告给上级容易对组织人际关系产生消极的影响，而顾忌同事瞒报危机又会使企业陷入危机的恶性循环。

（三）危机预评估准确性不高

在危机预评估的过程中，历史数据不完整、不准确会使得危机预评估的效果大打折扣。由于对收集到的各种信息的整理不到位，一些虚假的信息被当作真实的信息作为预评估依据，而一些真实的信息却被当作虚假的信息遭到屏蔽，严重影响预评估的准确性。如在专家意见法中，如果对专家资质把关不严，则会使专家队伍的水平参差不齐，降低专家小组的评审效果；同时，专家判断的客观性也有待商榷。这些因素都会造成危机预评估的准确性下降。

（四）危机预报不及时

不少情形中，低效率的危机预评估导致危机预报缺乏及时性。在海量的信息面前，企业无法确认哪些是真实信息，哪些是虚假信息，哪些是重要信息，哪些是冗余信息。因此，在对潜在的危机做出判断的时候，不少企业表现得犹豫不决、瞻前顾后，要等到危机诱因非常明显的时候才对潜在危机予以确认，并发出危机预报。而此时，危机往往已经发展到了燃眉之急的地步，不利于企业开展危机的预控工作。甚至，有些企业在危机爆发相当长时间以后才意识到事态的严重性。

（五）对危机预警的赏罚不明

有些企业对认真负责危机预警的员工没有适当的奖励措施，对推卸危机监测责任、干扰危机预评估、延误危机预报的员工也没有相应的惩罚规定，这种赏罚不明会使与危机预警相关的人员消极怠工，员工缺乏广泛收集相关信息的积极性，减少预警系统中相关设备的维护频率，影响危机预评估的质量。尤其是对于一线员工而言，由于他们是危

① 景平，黄中鼎．企业危机预警失效的人为因素研究．商业时代，2009（32）：65－66.

机信息收集的重要来源，如果对他们缺乏明确的激励与惩罚规定，就等于向他们传递“危机预警无足轻重”的信号。

（六）对危机信息重视不足

企业高管层或危机管理机构可能并不重视基层传递过来的危机信息，认为这些信息无关紧要，可不予理会；直至危机发生，才后悔莫及。究其原因，要么是他们对于相关的信息缺乏敏感性，要么是他们过于官僚主义。

即便危机预警系统发出了预警提示，也存在企业和相关反应者动作迟缓的情况。致使他们动作迟缓的缘由有多种，可能是组织机构过于庞杂或官僚化严重，延缓决策并延误行动时机；可能是以前危机预报子系统曾出现多次错误警示，使人们对危机警报的准确性产生怀疑；也可能是人们已经习惯于正常状态，缺乏对潜在危机进行有效反应的知识，面对警报不知道该如何应对等。

（七）企业违法行为

最后需要提醒的是，如果企业本身在从事非法的勾当或违背道德的行为，那么即使企业在日常经营中将危机防范工作做得万无一失，危机还是会爆发的，因为进行非法或背德交易本身就是一个大危机。

思考题

1. 危机预警的含义是什么？危机预警系统由哪些部分构成？

2. 如何进行危机监测？企业可以从哪些渠道进行信息收集工作？应该根据危机信息建立什么样的预警指标？

3. 如何预评估潜在危机的严重性和冲击力？

4. 危机预报应该遵循哪些程序？在时间、范围、预报对象方面需要注意什么？

5. 危机预警失灵的原因有哪些？

课后案例讨论

大成基金：重庆啤酒梦，一场空

对研制乙肝疫苗 10 多年的追逐，让重庆啤酒股份有限公司（以下简称“重庆啤酒”）股票早已成为专业投资机构大量买入的热门股票。然而，重庆啤酒宣称乙肝疫苗效果不明显的一纸公告，使其股票连续 3 天跌停，首先受到影响的就是占重仓基金总份额九成的大成基金管理有限公司（以下简称“大成基金”）。至此，大成基金终于被重庆啤酒这个“地雷”炸醒。

研制乙肝疫苗的啤酒厂

重庆啤酒主营业务为啤酒生产及销售，最初是由重庆啤酒集团改组重庆啤酒厂而来。1997 年 10 月，重庆啤酒在上交所上市。1998 年 12 月，重庆啤酒投资 1 435 万元收购了重庆佳辰生物工程有限公司（以下简称“重庆佳辰”）52%的股权，与第三军医大学、重庆大学等科研单位一起主导自主研发国家一类新药“DD 乙肝治疗性多肽疫苗”。重庆啤酒成为第一家进军高科技生物制药领域的啤酒企业。2004年11月，该疫苗完成了Ⅰ期临床试验。

2005年，重庆啤酒宣布控股子公司重庆佳辰参与共同研发的“治疗用（合成肽）乙肝疫苗”已经进入关键的Ⅱ期临床试验阶段。自此，在投资者眼中，重庆啤酒拥有啤酒十生物医药这个双重概念。然而，该疫苗并没有重大的进展。2008年和2009年，来重庆啤酒调研的专业投资机构每年还不到十家，投资机构对重庆啤酒的乙肝疫苗业务并不在意。

就在这个时候，大成基金投研团队来重庆啤酒调研，他们在重庆驻足一星期，找到乙肝疫苗项目的负责人第三军医大学吴玉章教授、临床医院的领导、重庆啤酒的两任高管和投行保荐公司全方位了解乙肝疫苗的研发状况。大成基金了解到，2008年的10个病人中，5人的HBV-DNA（乙肝病毒基因）水平大幅下降，3人转为小三阳，这些表明乙肝疫苗可能激活了机体免疫。于是，在2008年年底，大成沪深300指数基金进驻了重庆啤酒。

曾经的蜜月期

2009年，重庆啤酒的乙肝项目出现新进展：9例临床病人中，6例出现DNA清零或转阴，3例e抗原转阴。尽管9个病例尚不具备临床统计学上的价值，但是大成基金备受鼓舞，开始大举增持重庆啤酒的股份。2009年年底，重庆啤酒的十大流通股股东中，大成系的基金已占据7席，总共持有4 495.2万股，占流通股比例超过10%。

随着乙肝疫苗项目的推进，其他投资机构和个人投资者也开始关注重庆啤酒。有“乙肝疫苗”这个世界级难题的概念撑腰，重庆啤酒的股价走势远远甩开了啤酒类股票，走出了自己的独立行情。从2010年9月1日至11月16日，重庆啤酒股价从37.60元飙升至79.88元，涨幅高达109.42%，大成基金的回报率高达4倍，但大成基金依旧重仓持有重庆啤酒股票，并没有见好就收。

面对重庆啤酒如此“牛气冲天”的行情，各大投资机构开始着重推荐买入重庆啤酒股票。2011年，兴业证券称，乙肝疫苗在2013年不会给公司带来真实利润，但考虑到乙肝疫苗的广阔前景，目前重庆啤酒已不在风险期，维持“强烈推荐”评级；天相投顾称，如果只考虑重庆啤酒的主营业务，预计公司2011—2013年的每股盈利（EPS）将分别达到0.42元、0.51元和0.61元，维持“中性”评级；华创证券认为，作为治疗乙肝的革命性药物，乙肝疫苗的生产将推动公司在2015年全球上市，因此维持“强烈推荐”评级。

然而，对于重庆啤酒如此“猛烈”的涨幅和高达百倍的市盈率，很多券商和分析师表示“越来越看不懂”，更多的人甚至是“不相信”。但是，大成基金在重庆啤酒的仓位过重，希望研究员发布看好的研究报告。面对基金公司的压力，很多研究机构逐渐不再出重庆啤酒的研报。2011年年底，在重庆啤酒的股价轮番大涨后，大成基金无疑成为最大受益者，却也深陷其中难以抽身。

最后的决裂

2011年12月7日，重庆啤酒突然发布公告，称乙肝疫苗的Ⅱ期临床测试效果并不明显，公司正在考虑是否继续研发该药物。公告一出，如一记重磅炸弹，8日重庆啤酒股票跌停。大成基金粗略估算损失3.6亿元，重仓基金整体损失超过4亿元。此时，大成基金提出对试验揭盲数据的质疑，称根据试验记载和文献对照，该乙肝疫苗已接近一线用药的治疗水平，重庆啤酒必须对试验结果做出合理解释。大成基金仍然对该乙肝疫苗的前景保持乐观。

9日，重庆啤酒继续打出跌停板，大成开放基金的其他重仓品种也未能幸免。当日，莱宝高科、海南海药、王府井和康美药业分别大跌9%、8%、5.3%和5%。12日，经历了两个跌停板后，大成基金要求重庆股票停牌，对新药安全有效性进行最终评估，并罢免重庆啤酒董事长黄明贵，但重庆啤酒仅表示公司信息披露完整、恰当，股票继续在市场交易，直到9个连续跌停板、跌幅超过50%后，重庆啤酒才召开股东大会，并拒绝罢免董事长。20日，大成系基金已浮亏逾20亿元，六次下调重庆啤酒的预期价位；旗下多只基金净值下降10%，大成基金不得不面对可能近百亿元的赎回压力。21日，大成系多只产品可能出逃，卖出金额或超过5.02亿元，投资机构的两个26 000手的甩卖让重庆啤酒继续跌停。

综合来看，大成基金买入重庆啤酒的成本价低于20元。21日大量卖出后，虽然与重庆啤酒大受追捧时浮盈近4倍的状况已无法相比，但大成仍然有五成以上的获利。然而，这一突发事件使大成基金流动资金紧缺、遭受赎回冲击及品牌价值跌落，恐怕要很长的时间才会恢复。这种重仓持股的方式隐含了一触即发的危机，大成基金仅能侥幸逃生。

资料来源：卢远香．大成系基金潜伏重庆啤酒两年 回报4倍．(2010－12－06)．中证网；李新江，徐皓．大成基金再调重庆啤酒估值 危机公关被指转移矛盾．(2011－12－14)．新浪财经；刘勇．基金“抱团重仓”模式源于赌博心态．经济导报，2011－12－14；谭浩俊．重庆啤酒：大败局还是大骗局．(2012－01－12)．中国证券网.

▶ **结合案例内容，试回答以下问题：**

1. 大成基金应该如何避免此次危机？
2. 公司应该如何建立有效的危机预警机制？

第6章
危机预控

不备不虞，不可以师。

——《左传·隐公五年》

当危机来敲门，企业一是要放弃不切实际的幻想……二是专注如一……三是创新求变。

——李彦宏

学习目标

- 理解危机预控的含义；
- 理解危机预控的六种策略；
- 掌握危机预控的六种策略的使用方式。

引　例

贵州茅台“国酒”商标案

2012年7月20日，贵州茅台酒股份有限公司（以下简称“贵州茅台”）向国家商标局申请的四个“国酒茅台”注册商标通过初次审核。消息一出，立即引发了白酒行业的轩然大波。在后续的三个月公示期间，至少22个白酒企业、律师行、知识产权代理人和个人对此提出了异议，五粮液、汾酒与杜康联合四川几家白酒企业更是明确地表达了反对立场。很多白酒企业担心，贵州茅台的“国酒”之路会让自己“无路可走”。

自称“国酒”的茅台

贵州茅台是由中国贵州茅台酒厂有限责任公司等8家公司共同发起成立的，主要从事贵州茅台酒系列的生产和销售。实际上，从2001年到2010年，贵州茅台共申请“国酒茅台”注册商标达9次之多，其中有5次被驳回。经历了8次失败的“国酒茅台”申请，这次终于出现了一丝曙光。茅台酒如此执着于“国酒”商标是有原因的。

多年来，因为其悠久的历史和在开国大典上担当“开国喜酒”的经历，贵州茅台一直以“国酒”自称，在专卖店的广告牌和电视广告中，可以随处见到“国酒”茅台这个称呼，而贵州茅台并不拥有“国酒”商标，所以这些广告已涉嫌虚假宣传。同时，贵州茅台的国宴用酒身份也得不到有力的证据支持。这些自封的“国酒”“国宴用酒”称号曾经帮助贵州茅台提升了自身的品牌档次，支撑起其数千元的奢侈价位。一旦失去了“国酒”称号，贵州茅台的销售和价位就会受到冲击。

此外，在汾酒看来，茅台还有其他涉嫌虚假宣传的行为。2005年，贵州茅台在某媒体上宣传称，茅台是在1915年旧金山“巴拿马万国博览会”上唯一的金奖获得者，这一表述也写进了茅台当年的招股说明书。但山西汾酒博物馆的实物证据和文字记载表明，汾酒才是巴拿马金奖的获得者，国内还有多家酒企也获得了其他奖项，只有在五等奖中出现了贵州酒品，它被后人认为是当今的茅台酒。

因此，为了维护既有的市场价值和品牌形象，贵州茅台急需这个被法律承认的“国酒”商标。

白酒企业的“反击”

贵州茅台第9次申请终于通过初审的消息犹如一石入水激起千层浪花。白酒生产企业纷纷对贵州茅台产生了“暗箱操作”和“炒作营销”的质疑。白酒企业声讨贵州茅台“国酒”之名的背后，实际上也是一场利益争夺。其中，汾酒、五粮液和杜康的反对声最高。

汾酒提出，贵州茅台注册“国酒”商标的行为至少违反了如下法律法规：《中华人民共和国商标法》第十条、《中华人民共和国反不正当竞争法》第六条、《中华人民共和国广告法》第七条以及《含“中国”及首字为“国”字商标的审查审理标准》。先前贵州茅台自封的“国酒”称号还未商标化，而当贵州茅台要注册“国酒”商标时，就必须严格遵守相关法律。

五粮液集团认为，把“国酒”商标赋予任何一个企业或产品都是不恰当的。1952年，在中国首届四大名酒评选中，白酒的四大主流香型榜上有名，分别是代表凤香型的陕西西凤酒、代表清香型的山西汾酒、代表浓香型的四川泸州老窖和代表酱香型的贵州茅台。就各种香型的产销量来说，浓香型白酒占据了80%的市场份额，居四种类型的白酒之首。而且，大量史料表明，陕西西凤酒的历史比茅台酒更为久远。山西汾酒博物馆的县志记载，贵州地区的酿酒师傅是由汾酒产区迁移过去的。对于贵州茅台成为中国“国酒”一事，“全国人民都在反对”。

杜康更是在8月5日发表了一封《关于反对“国酒茅台”申请商标的公开信》，提出了十条质疑：第一，贵州茅台的历史文化底蕴不如西凤酒与汾酒深厚，也无法代表中国悠久的历史文化。第二，贵州茅台多年来位居酒类产品的价格首位，多数中国人一辈子也喝不到，怎么可以称作中国“国酒”？第三，酱香型白酒无法代表中国所有的白酒类型。第四，还没有国家把一个品牌的酒确定为“国酒”的先例，即便著名的法国“国酒”也仅指葡萄酒这个类别，而不是某品牌的酒。第五，称为“国酒”的品牌必须获得国人的普遍认可。第六，“国酒”商标的授予将引发其他行业“国茶”“国奶”的申请狂潮。第七，“国酒”具有“代表国家的酒”这个字面含义，这间接贬低了其他“非国酒”企业的地位和品牌形象。第八，“国酒”标签与企业品牌相结合会有极大的风险，贵州茅台的经营不善会影响到国家信誉。第九，贵州茅台成为“国酒”品牌不利于严打“三公”消费。第十，市场上的茅台假酒太多，“国酒”容不下这种混乱的市场。

事实上，令这些白酒企业联合反击贵州茅台的最主要原因是，一旦贵州茅台注册了“国酒茅台”商标，那么西凤酒的“国典凤香西凤酒”、汾酒的“国藏汾酒”、泸州老窖的“国窖1573”、五粮液的“国五液”等“国”字头称号将不能继续使用，贵州茅台将代表中国的“国酒”，独享这个殊荣，霸占高端白酒市场的利益蛋糕，令其他白酒企业陷入品牌和经营危机。

当然，也有白酒企业对贵州茅台表示支持，例如古井贡酒就表示，“贵州茅台毕竟是白酒行业的领头羊，作为国酒的代表，它不仅代表了茅台，还代表了整个中国白酒，我们支持这个正确决定”。分裂成两个阵营的白酒行业为“国酒”商标之争掀起了激烈的口水战，只要贵州茅台坚持申请“国酒茅台”商标，白酒行业的异议就不会停息。

资料来源：李丽．教授炮轰国酒茅台过初审 称违反四项法律法规．（2012－07－30）．人民网；吴睿鸫．茅台入“国门”会不会被“指定消费”．每日经济新闻，2012－08－01；夏芳．白酒专家肖竹青：茅台满足个体欲望伤害整个行业．证券日报，2012－08－10；江德斌．白酒企业群攻“国酒茅台”实为利益之争．每日经济新闻，2012－08－09；张力军：即使“国酒”也会被市场摒弃．（2012－08－09）．中国广播网.

在企业收到危机预警信号后，及时采取危机预控措施往往能以最小的成本处理潜在危机，而忽视危机预控的企业则失去了控制危机的最佳时机。简言之，危机预警和危机预控是不可分割的两个系统，无法孤立地发挥作用。

一、危机预控的内涵

（一）危机预控的含义

危机预控即提前对可能引起危机的各种诱因采取措施或对难以避免的危机做好准备，全部或部分地清除危机爆发的诱因，尽最大可能采取措施避免危机的爆发或降低危机爆发时的危害程度。

（二）危机预控的对象

企业面临的危机可以分成外部来源和内部来源，想要在危机爆发前就遏制其萌芽，就必须追溯到危机的源头。外部危机和内部危机在预控方法、预控对象上都存在差异。

1. 外部危机预控

当企业面临的外部环境发生变化时，企业的存在与发展很有可能会受到影响，所以企业必须准备好危机潜伏期的预控方案。外部环境危机最常见的是政治动荡或敌意、经济衰退、文化冲突、自然灾害、能源成本上升或枯竭、技术革新等，这些危机具有波及范围广、影响持久和冲击力大的特点，依靠企业的一己之力避免这些外部危机的发生几乎是不可能的，企业应多运用公关策略、顾客忠诚、退出特定市场等方式减弱外部危机的冲击力。同时，企业还需要改变自身的内部管理，避免与外部危机发生全面冲突。

2. 内部危机预控

企业的内部危机预控涉及企业运作的各个方面，包括供应链与物流、组织结构、人力资源、设备技术、产品质量、财务、营销等，这些职能部门环环相扣，最终将危机的后果反映到企业的财务状况上。在预防内部危机时，企业必须找到一系列问题的罪魁祸首。例如，企业的层级过多就可能导致官僚主义，而在官派作风下，企业的奖惩制度没有体现出公平公正的原则，员工没有得到充分的激励，就会产生怠惰、拖延的工作心态，从而企业的新产品推出缓慢、营销手段反响平平，盈利远低于预期水平。归根到底，主要原因就是企业层级过多。企业既要对内部职能部门进行日常的预控，也要在紧急时刻拿出专门针对特定危机的预控措施。

如果将企业看成一个人，那么内部危机预控就是保证人体内部的各个器官健康完好，外部危机预控就是让个人远离容易导致患病的外界环境。就像只有当人体本身并无大碍时，才能适应环境变化一样，只有企业做好内部危机预控，才能最大限度地缓解外部危机的冲击。因此，在进行日常的危机预控时，企业应该将更多资源部署在内部危机预控上，而当企业真正遭遇到潜在危机时，则需要具体问题具体分析。

（三）危机预控的原则

在进行合理、准确的危机预警基础上，对危机进行预先控制时，企业应当遵守以下基本原则：

1. 时机原则

由于不同危机在真正爆发前会经历时间长短不一的潜伏期，而且潜伏期中，任何偶然事件的发生都可能促使危机形成，所以企业必须掌握充足的信息，把握潜在危机的发展态势，并在最短时间内做出何时切入以扼杀危机于萌芽的决策。在这个时机解决隐患的公司所付出的代价是最小的。

2. 经济原则

虽然潜在危机爆发后带来的冲击力足以毁灭企业，但危机在企业的生命中只能算是小概率事件，大部分时间内，企业还是在正常地开发、生产、销售产品与服务。简言之，企业在危机预控上花费的人力、物力和资金首先不能危及日常运营活动，否则就会本末倒置。其次，为了在危机时刻发挥资源的最大作用，企业应该成立危机预控小组，授权专门人员进行集中调配，在合理范围内尽量减少企业的危机预控成本。

3. 可操作原则

企业制订的危机预控方案必须具有可操作性，这需要企业谨慎检查各项因素的心理预期是否超出了合理范围。同时，企业还应当注意内外部经营环境的改变是否会让部分资源不可用，或者是否带来了新的危机预控机会。例如，当企业失去一位在处理媒体关系上非常有经验的公关人员后，就不应该再对通过媒体舆论平息事态抱有过高的期待。

4. 避免连锁反应原则

同一时期，企业可能面对多个潜在危机。在解决主要、迫切的危机时，企业不能抱着“病急乱投医”或者“拆东墙补西墙”的想法胡乱采取危机预控措施，否则危机很有可能在企业的职能部门间转移，或者当前的潜在危机解决后，企业不得不面对因此产生的副作用。因而，企业必须尽量选择不会产生连锁反应的危机预控措施。

二、危机预控的基本策略

在对危机进行预先防范时，企业可以从多个角度考虑预控策略。这里提供了应对潜在危机的六种基本策略，此处用射箭这个比喻说明它们之间的差异。如果将潜在危机看作射向企业的一支利箭，那么，排除策略就是提前采取措施消灭射箭的人或那支箭；防备策略，顾名思义，就是准备好挡箭牌挡住射来的箭；缓解策略，就是减弱这支箭的冲击力度或缩小它的伤害范围；剥离策略，就是决定舍弃即将被箭射伤的那个部分；转移策略，就是在箭射来时利用与自己有协定的第三方进行掩护；升级策略，就是主动借这支箭彻底地提升自己的武装实力。当然，企业采取这些基本策略的首要目的都是避免被潜在危机“击中”。

（一）排除策略

有些导致危机的诱因属于企业可控制的因素，如果企业管理得当，就有可能在危机发生之前将危机诱因清除掉，从而彻底排除危机。单纯从效果上来看，排除策略是最佳的危机清空策略，它能够清除所有潜在危机的危害性。排除策略的主要措施有：

1. 远离危害程度大的风险

一旦企业远离了危害程度较大的风险，危机爆发的概率就会极大降低。比如，对航空企业来说，规定何种天气条件下不能开展飞行任务，就能防范该天气状况下发生的飞机飞行事故。再如，企业选择不投资某高风险的大型项目，就能有效消除由投资失误引发的资金流短缺或业绩下滑危机；通过移走易燃易爆危险品，就能排除生产场所的火灾隐患。

2. 实施零缺陷管理

开展零缺陷管理以提升管理工作标准也是排除危机的重要方法。制度缺陷、缺失章法、有章不依等局面是引发企业内部危机的根本原因。零缺陷管理有助于减少企业内部的许多弊病，它要求企业各级管理者和基层员工都设立更严格的任务目标，以努力达到零缺陷的标准，从而减少内部管理不当引发的危机。

如今，世界著名的大公司，如通用汽车、通用电气、克莱斯勒、摩托罗拉等都接受了零缺陷管理的思想。我国的海尔、荣事达等企业也在追求零缺陷目标中创造了辉煌，海尔集团的OEC管理法就是零缺陷管理思想落在实处的集中体现。

3. 设计良好的防范机制

一一列明潜在的危机诱因，有针对性地制定和采取措施，逐步清除各项诱因，能有效防止危机的发生。

计算机“千年虫”问题的成功解决，是排除策略成功实施的典型案例。全世界的公司和政府机构花费在防范“千年虫”上的资金总共高达60亿美元，许多公司早在1997年、1998年就着手防范“千年虫”可能引发的问题，媒体对“千年虫”的报道也十分广泛。正因为企业界和政府都对“千年虫”保持高度警觉并提前采取各种措施加以预防，

2000年1月1日零时来到之时，全球的计算机系统才没有出现“千年虫”危机。

4. 在主要公众中建立强有力的信誉基础

企业应努力建立忠诚、高效的员工队伍，培养能够强力支持企业的客户基础，与大众媒体建立良好的关系，在其他重要的社会公众心目中建立可靠的信誉。如果企业已经建立起诚实、正直的形象，就不易产生矛盾，能够有效地防止潜在危机的爆发。

5. 迅速解决小问题或小错误

多数情形下，如果企业轻视犯下的小错误或对细节问题置之不理，就可能发生连锁反应，成为导火线，诱发严重的危机。企业对于这些可能引发危机的细节问题不能抱有侥幸心理，而是应以预想到最坏结果的态度谨慎地解决。如果企业对这些小问题和细节能有足够的警觉和重视，防患于未然，则能以微小的成本预防潜在危机的发生。

从下面奥达克余百货商店的案例，我们就可以看到，奥达克余百货商店在短时间内迅速解决了售货员失误引发的问题，化解了一场潜在的信誉危机。

案例6-1

商店的35个紧急电话

美国女记者基泰丝随丈夫去日本东京探望公婆。为了表示对长辈的敬意，她在东京的奥达克余百货商店特意选购了一台索尼牌唱机。售货员彬彬有礼，专门帮她拿了一台尚未启封的产品。

可是等她深夜回到住处，拆开包装试机的时候，却发现无法使用。经过检查，发现原来是一台空心唱机，根本没装内件。基泰丝十分恼火，决定第二天早上去与商店交涉。她还连夜以《笑脸背后的真面目》为题撰写了一则新闻报道，传真到了她工作的美国报社。

次日一早，就在基泰丝准备出发的9点55分，她收到了百货商店打来的电话，商店工作人员表达了诚挚的歉意，并通知她商店将很快派人送一台全新的唱机到她的住处。

不到1个小时，商店副总经理带着一位年轻的职员风尘仆仆地赶来，在客厅入口处双双俯首鞠躬，表示特来请罪。副总经理还读诵了一份记录，上面记有商店连夜为弥补这一过失所做的全部工作。

原来，前一天下午4点30分，店员错把一个空心的样机当成新机，拿给了基泰丝。意识到这一问题后，店员迅速通报保安部门，请求寻找可能还在店内的基泰丝，而基泰丝早已离开。售货员又马上报告了监理员，监理员又报告了监督，监督又向副总经理报告。商店方面感到此事非同小可，立即召集人员商议。但是，让商店发愁的是，他们手上只有两条线索：基泰丝的签名和一张美国运通卡的付款信息。商店当晚连续打了32个紧急电话向东京各大宾馆查询，但是毫无结果。

为寻找基泰丝，商店专门打越洋电话向位于纽约的美国运通公司总部打听，得知她在纽约父母家中的电话号码。通过和基泰丝的母亲通话，商店了解到她东京公婆家的电话号码。基泰丝早上接到的致歉电话，已经是商店方面为此事所打的第35个紧急电话。

除了全新的唱机外，商店还额外给她送来了一盒蛋糕、一条毛巾和一张唱片当作礼品。基泰丝送走两人不久，副总经理又急匆匆地赶回来，对她说："我还忘记向您道歉了，昨天麻烦您在售货单上重签名字，以致耗费了您宝贵的时间，深感不安，希望您能宽恕。"原来，前一天她在第一张售货单上的名字被售货员拼写错了，以至于不得不填写第二张售货单，耽误了几分钟。

这一经历让基泰丝十分感动，她重新撰写了一篇题名《35个紧急电话》的报道，发往报社。考虑到两则新闻报道的视角不同，美国报社添上编辑的话后一并刊登。后来，奥达克余百货商店将基泰丝寄来的报纸给了日本某报，日本的几家报纸争相转发。奥达克余百货商店的名声大振。

一场潜在的危机消灭于无形，坏事变成了好事。这一事件被美国公关协会推举为世界性公关范例，编入了相关教材。

资料来源：邹晓恢.35次紧急电话.思维与智慧，1999（6）：16；刘刚.危机管理.北京：中国经济出版社，2004：121-122；曹金洪.成长故事.长春：北方妇女儿童出版社，2010：129-130.

（二）防备策略

正所谓有备无患，在危机诱因难以排除、缓解和转移的情况下，为降低危机发生后造成的损失，企业要在危机发生前就做好准备工作。尤其对于企业外部不可控因素导致的危机来说，防备策略十分有效。企业对危机准备得越充分，受到危机的冲击就越小。

之前章节讨论的危机意识培养和危机教育注重于从人力资源角度对危机爆发做好准备；组建危机管理机构、确认危机管理机构成员及其职责、规范危机时期的沟通渠道等注重于组织机构上对危机的准备；制订危机管理计划注重于制度安排方面对危机爆发做好准备。除此之外，企业还需为危机备份计算机信息，提前调节好计算机信息管理系统，并储存危机管理的物力资源，准备足够的资金，等等。防备策略可以从企业的各个方面着手进行。

在这方面，有不少成功的经验。以花旗银行为例，经过多年的努力，花旗银行建立了清晰的沟通渠道。如果某分支机构遇到抢劫或爆炸事件，各层级职员都十分清楚应当遵循的程序、求助的对象、对话的人和机构、沟通的措辞与忌讳，以及通知律师、会计师、联邦调查人员的不同时间点等内容。

目前，规模较大的企业大多建立了备用的计算机系统，以防止自然灾害或其他灾害对系统的破坏，确保在日常运作的计算机系统出现故障之后业务不会中断，不至于影响企业的正常运转。在"9·11"事件之后，美国许多企业不但要求所有信息都要有备份，而且要求备份信息必须存放在22英里之外，原因在于小规模核爆炸的辐射半径是22英里。

"9·11"事件的发生使许多美国公司陷入了困境，很长时间都难以复苏。但是世贸大楼最大的主顾之一摩根士丹利公司竟在"9·11"次日就恢复了日常工作，大幅降低了恐怖袭击对企业造成的负面影响。原来，摩根士丹利在数年前就制订了详细的数据安全保护方案，花巨资建立了远程数据防灾系统。世贸大楼被袭击之前，摩根士丹利公司的重要数据信息已全部备份到了几英里之外的一处办事机构。

（三）缓解策略

缓解策略是指在危机诱因不能被排除的情形下，以各种方法尽量将危机诱因局限在一定范围和限度以内，以降低危机发生后给企业带来的损失，令危机的长期负面影响降至最低水平。缓解策略的主要措施包括：

1. 拖延危机的爆发时间

面对潜在危机的威胁，若企业还没有为阻止危机爆发做好充分的准备，可以采用拖延战术延缓危机的爆发，为企业采取有效措施争取充足的时间。一旦企业做好应对潜在危机的准备，就必须当机立断，迅速将潜在危机的爆发范围和冲击力度控制住。例如，对于部分自然资源的日益枯竭，可以通过提升资源使用价格的方式减少资源使用量，降低资源的消耗速度，并及早寻找或开发替代资源。

2. 削弱危机的强度

为了能抵抗潜在危机爆发时的冲击力，企业可以采取适当措施削弱潜在危机的强度，包括消灭危机的部分诱因、将大危机分解成可以应付的小危机、减少舆论的负面宣传、避免危机的连锁反应等。例如，当跨国公司准备进入新兴市场时，必须考虑到由于文化、宗教信仰的差异而不被消费者接受的可能性，为此公司可以通过对新兴市场进行详细的调研、在产品设计中融入地方元素、招募当地人员组成营销团队等方式减少进入市场的阻力。

3. 增强抵御危机的能力

对于潜在危机的缓和，企业不但可以从危机方面着手，也可以从提升企业自身抵御危机能力的角度思考。企业可以通过引入先进的制造技术、研发新的产品和功能、提高售后服务的水平、联合或兼并具有较高市场价值的企业、聘请专业的公关团队等措施降低潜在危机对公司的伤害损失。

从土豆和优酷的案例中可以看到，为了应对中国互联网视频行业的同质性竞争和重新洗牌，行业的“老大”和“老二”走上了强强联合的道路。

案例 6－2

土豆与优酷“闪婚”

2012 年年初，土豆 CEO 王微公开宣称“优酷一意孤行的‘主观盗播’行为是‘害群之马’”，孰料三个月后，土豆就同优酷这位“欢喜冤家”毫无征兆地 100％换股合并了。作为中国网络视频行业的“老大”和“老二”，优酷与土豆的火速合并赚足了围观群众的眼球。

“宿敌”变“爱侣”

2005 年 4 月，在创始人王微的率领下，土豆视频网对外开通，网站定位为供用户上传、观看、下载和分享视频的大型网站。一年之后，古永锵携“为用户搜索、浏览、创造和分享视频提供最好服务”的理念，创建了优酷网。从此以后，土豆和优酷“相爱相杀”的精彩大戏就上演了。

作为中国网络视频行业的两只领头羊，优酷与土豆占有1/3左右的市场份额。以2011年第4季度的网络视频市场收入份额为例，优酷和土豆分别占了21.8%和13.7%，搜狐视频以13.3%紧跟土豆之后，其他网站如爱奇艺、PPTV网络电视、迅雷看看、乐视网、凤凰视频、风行在线、新浪视频等均在2.9%～6.9%之间。在发展的过程中，优酷和土豆一直被放在一起比较，尽管二者曾经有过短暂的合作，但更加常态的是激烈竞争和互相指责的“宿敌”关系。

2010年年初，随着网络视频生力军盛大、百度和中国网络电视台等多方的加入，视频版权的市场价格也水涨船高，单个影视作品的版权费甚至能上涨将近10倍。为了在购买版权时获得更多的优势、提升盈利空间，优酷与土豆共同推出“网络视频联播模式”，即将各自买断的独播剧资源免费交换，交换节目得到的收益归属于对方。

2010年年末，优酷和土豆几乎同一时间向纽交所和纳斯达克提交了海外上市申请，股权融资额分别为1.5亿美元和1.2亿美元。由于网络视频行业对资金的需求非常庞大，因此业内认为，优酷和土豆谁先上市获得融资，谁就能在未来的竞争中获得优势，二者也在争当网络视频第一股的上市战争中铆足了劲。为了上市前的业绩冲刺，土豆向广告投放者“空手套白狼”提前收取广告费用，而一旦土豆没有买到影视剧的版权，就只能铤而走险播放盗版视频。这个“网络视频潜规则”的爆出让土豆遭到了美国证券交易委员会（SEC）的严厉审查，同时其视频总流量也已经远远落后于优酷。

2011年年中，由于土豆的上市搁浅，曾传出土豆为了满足投资方变现资金的要求，将网站出售给寻求优质并购的优酷这一消息。优酷网CEO古永锵对此暧昧回应道，“优酷的收购，首先只集中于视频领域”，而且“优酷的收购策略对所有公司都开放”。最终，8月17日，在推迟了大半年后，土豆终于成功上市，粉碎了这一传言。然而，土豆在与优酷的上市竞争中失利的严重后果是，此时土豆的股票市值连优酷的1/3都不到。

到了2011年年底，土豆和优酷又因侵权问题撕破了脸。土豆指责优酷盗播其获得的独家授权综艺节目《康熙来了》，在土豆方面函告优酷删除相关内容后，优酷置之不理，因此土豆联合节目制作方向优酷索赔1.5亿元。而优酷则表示，自己获得独家授权的视频如《强心脏》《人气歌谣》等节目长期被土豆盗播，优酷表示将对“贼喊捉贼”的土豆提起诉讼。2012年年初，这场侵权战升级为土豆联合搜狐视频、乐视网等一起屏蔽优酷的垂直搜索引擎搜酷，这给优酷的平台化业务造成了很大麻烦，优酷愤而向法院起诉土豆不正当竞争并索赔480万元。

正当民众津津乐道于优酷和土豆的刀光剑影时，2012年3月12日突然传来一个爆炸性的消息：优酷和土豆将合并成为优酷土豆集团！昔日不顾形象互掐的两个死敌居然在不到20天的秘密谈判后就高调牵手，着实令人再次体验了互联网世界的风云变幻。就连一位土豆员工都说，“我天天待在办公室里，听到这个消息后人都懵了”。

“闪婚”很无奈

从披露的具体交易细节来看，优酷和土豆以100%换股合并后，将成立优酷土豆股份有限公司，交易总额预计为10.4亿美元。从合同条约生效之日起，土豆的已发行和正在流通中的A类和B类普通股将全部退出纳斯达克；土豆的每股股票兑换成优酷7.177股A类普通股，其美国存托凭证退市后也转换为优酷的1.595股美国存托凭证。在合并后的新公司中，优酷股东拥有约71.5%的股份，土豆股东拥有约28%的股份。古永锵担任优酷土豆的CEO，王微是董事会成员，双方保证在合并中与合并后都不会裁员。同时，在网站的具体运作方面，新公司旗下的优酷和土豆仍然保持独立平台运营。

优酷与土豆的这次“联姻”虽然在意料之外，但也在情理之中。从2005年、2006年土豆和优酷相继成立至今，屹立在视频网站战场上的公司从几百家减少为十几家，而中国的网络视频用户突破了4.5亿的量级。市场在迅速扩大，门槛在逐渐升高，但市场对于十几家公司来说还是过于拥挤，激烈的竞争不会带来“共赢”的结果。

国内视频网站的盈利模式也较为单一，都是依靠购买影视剧的版权来吸引观众，再播放视频广告收取费用，这个模式造成了视频网站严重的同质化。而YouTube和Hulu则通过用户创造内容（user generated content，UGC）或付费观看模式来填补剧集购买成本，这一模式在现阶段还不适合我国网络视频用户。所以，核心的剧集价格越来越高、观众的忠诚度难以保持、广告商在投放广告时有了更多选择，这些因素都导致国内视频网站的盈利危机。

而当对资金需求量极大、需要资本一轮轮推动的视频网站连续亏损时，视频网站背后的投资方就坐不住了。在投资方的变现或盈利压力下，视频网站可能会选择兼并或被兼并的出路。2010—2011年，虽然同为中国视频网站的领头羊，但是优酷的净亏损额达到了3.77亿元，而土豆因为运营成本的拖累净亏损5.53亿元，陷入了比优酷更为糟糕的境地。在优酷与土豆合并前，土豆已经向新浪、百度和腾讯等公司抛出过橄榄枝；同时，优酷也因价格问题放弃了爱奇艺的并购计划。最终，急需资金的土豆和寻求并购的优酷一拍即合。

优酷和土豆并购之后最明显的收益是，新公司优酷土豆占据了网络视频市场40%左右的份额，在未形成垄断的条件下远远甩开了新“老二”搜狐视频，抑制了竞争对手能够形成的威胁，在广告商投放广告和影视剧版权费上拥有了更大的发言权，可以共享技术开发和视频播放。当然，更多的问题也接踵而来，企业文化整合、员工职位重合、网站品牌和视频产品差异化、运营平台和后台技术的整合等都需要优酷土豆慎重对待。

在中国网络视频发展承上启下的关键时刻，优酷和土豆走出了合并这一步。面对行业即将到来的重新洗牌，优酷土豆先发制人，走上了努力扭亏为盈的道路。

资料来源：周婷．土豆和优酷互相指责侵权．中国证券报，2011-12-19；雷风．PPS徐伟峰：优酷土豆合并仍面临高毛利及现金压力．（2012-03-12）．搜狐IT；林丰蕾．王冉披露优酷并购土豆详情：交易谈判不足一月．（2012-03-12）．搜狐IT；张黎明．优酷希望土豆能成功上市．北京晨报，2011-08-10.

（四）剥离策略

在无法完全避免潜在危机爆发的情况下，企业必须对极具破坏性的潜在危机或容易受到潜在危机影响的自身某个部分进行剥离。剥离策略常见的措施有以下两种：

1. 限制危机发生的范围

当意识到潜在危机时，企业必须及早将其限制在一定的产品、市场、地域、顾客范围内，防止潜在危机蔓延到本来运行良好的业务中。例如，跨国公司在遍布全球的各个市场中都推出了适应当地市场的产品，一旦某个市场中的产品出现了设计缺陷或质量问题，公司必须让其他市场中的产品与其撇清关系，避免其他市场受到连累产生震荡。

2. 减少受到危机影响的创伤面

当企业的某个子公司、分部、市场、业务或职能部门很有可能受到潜在危机的冲击时，企业或许可以采用“断臂求生”的方法迅速摆脱隐患。剥离自身的某个部分对于企业来说往往是一个非常艰难的决定，因此企业必须对该部分做出完整、准确的评估，在剥离该部分能获得的收益和保留该部分会受到的冲击之间进行权衡。

从通用电气改革的案例中可以看到，为了避免受到非核心和低盈利业务的拖累，通用电气采用“数一数二”和“无边界”思想对旗下业务进行了整顿。

案例6-3

“数一数二”的通用电气

成立于1892年的通用电气是全球最大的多元化跨国企业。在百多年的发展历程中，通用电气从生产单一电气产品的公司扩张为拥有9个总部（集团）、50个事业部和49个战略事业单位的庞大公司帝国。随后，察觉到通用电气繁盛背后隐藏危机的CEO杰克·韦尔奇（Jack Welch）坚决地执行了他的“通用电气瘦身计划”，将通用电气带上了超速发展的道路。

“臃肿”的公司

从一开始就将多元化确定为企业核心战略的通用电气，在20世纪50年代已经拥有5个集团组，25个分部和110个部门。1963年接任董事长的弗雷德·博奇（Fred Borch）为了使公司的组织结构适应不断扩张的业务规模，将原有的机构扩张为10个集团组，50个分部和170个部门，相应地增加了共计141个领导职位。博奇还组建了5人的董事会，以制定公司的长期战略并督导战略执行。1971年，为了应对财政赤字，通用电气在事业部内加设了一个独立部门“战略事业单位”，对事业部的产品和资源进行有选择的规划、管理和使用。1977年，经济滞胀使得CEO雷金纳德·琼斯（Reginald Jones）重新实行集权化，在各个事业部之上设置了“超事业部”，方便协调和管理事业部。此时，通用电气已经演变成拥有5个超事业部、9个总部（集团）、50个事业部和49个战略事业单位的多层级超级大公司。

多层级虽然满足了通用电气在管理上的一些需要，但是导致公司产生了臃肿森严的等级结构、人浮于事的低效率、对市场的反应迟缓、奖惩制度不公平公正、竞争失利、业绩滑坡等诸多问题。到1981年韦尔奇接任CEO时，通用电气以120亿美元的市值排名全球第十，但这也已经是当时的通用电气所能企及的巅峰状态了。

“整顿、出售或关闭”

韦尔奇面对的是帮助通用电气获得新生或伴随它走向衰落的抉择。当然，他选择了前者，在IBM等大型企业尝试实行终身雇佣制时，韦尔奇开始大刀阔斧地减少管理层级和冗员，并对非核心事业部进行整顿。

韦尔奇首先对通用电气的内部管理体制进行改革，将原来复杂的8个层级减少为3～

议的范畴；签订这一协议后，医院将手术的意外危险责任转由病患和病患家属承担。对应在企业经营中，企业通过与合作者提前签订类似免责协定，可以避免或降低损失。

例如，供货企业在供货合同中明确规定对人体有害的原材料的运输、储存、加工条件，如果生产企业违反上述条件而发生安全事故，供货企业不承担安全责任，以避免卷入不必要的索赔纠纷或官司之中。

（六）升级策略

潜在危机往往是企业走向发展或衰落的转折点，升级策略就是企业通过潜在危机认识到目前的经营中所存在的问题，主动利用潜在危机这个机遇进行重大的改善或变革。企业可以利用潜在危机完成核心业务的重塑、生产技术的升级换代、员工雇佣制度的转变、细分市场的重新定义、供应链一体化等革新。升级策略是在上述排除、防备、缓解、剥离和转移策略的更高层次上对企业的危机“防火墙”进行的彻底升级。

在处理潜在危机的过程中，有些企业会采取非法措施，例如向监管市场的政府机构或官员行贿、暗中限制或中伤竞争对手的产品、进行非诚信的营销和公关、将责任推卸给上下游供应链等。这些违背法律或道德的措施或许会暂时控制潜在危机的局面，但给企业埋下了更大的隐患，一旦这些暂时的应对措施曝光，企业将会为此付出更大的代价，因为违背法律或道德的行为本身就是危机。

思考题

1. 什么是危机预控？进行危机预控要遵循哪些原则？

2. 排除策略和防备策略适用于何种情况？可以从哪些方面实施这两种策略？

3. 缓解策略、剥离策略和转移策略各适用于何种情况？可以从哪些方面实施这三种策略？

4. 升级策略如何实施？其对于企业发展有什么积极意义？

课后案例讨论

中海油收购尼克森

2005 年，中国海洋石油总公司（简称“中海油”）曾对收购美国第九大石油公司优尼科（Unocal Corporation）信心满满，最终却折戟沉沙。在等待了 7 年之后，中海油在 2012 年启动了对加拿大尼克森石油公司（Nexen Inc.）的收购计划。吸取了收购优尼科失败的教训，并且在有利的经济形势下做好周全准备的中海油，这次终于打了一场漂亮的收购“翻身仗”。

中海油“折戟”优尼科

2005 年，志在挺进国际石油市场的中海油谋划着收购美国的优尼科和加拿大的尼克森。考虑到优尼科的资产大部分在亚洲，而尼克森的重要资产油砂存在相当的经济不确定性，中海油在当年 6 月 23 日以 185 亿美元现金要约首先启动了对优尼科的收购计划，与中海油展开竞争的是美国雪佛龙石油公司（Chevron Corporation）。然而，在这次收购优尼科的过程中，中海油明显准备不足。

对于美国的政府核准程序及买卖背后牵涉的各种政治经济纠葛，中海油缺乏深入的研究，它唯一的优势就是较高的出价，但这点却使得美国政客对中海油代表中国利益的说辞更有立场。6月24日，得知中海油的报价后，美国国会能源商业委员会主席乔·巴顿（Joe Barton）和拉尔夫·霍尔（Ralph Hall）立刻致函布什，表示中海油对优尼科的收购可能将威胁美国的能源安全。后来，又有数十名国会议员公开要求布什政府严格审查中海油的并购计划。

中海油也没有与优尼科的高管事先达成一致。在美国政府的阻挠和雪佛龙的争夺下，优尼科董事会以另寻买家相威胁，要求中海油和雪佛龙提高收购价格。翌日，优尼科董事长威廉森（Williamson）致电中海油方面，要求再次提高收购价格；中海油董事长傅成玉对优尼科的要求表现强硬，提出了加价的三个附加要求，双方无法达成一致。在雪佛龙被迫提价后，中海油仍然维持原价，这使其失去了优尼科高管的支持。

中海油也没有处理好收购优尼科涉及的公共关系。美国媒体对中海油收购事件大肆渲染，其中不乏阴暗的政治揣测。例如，《纽约时报》刊登了雪佛龙总裁的评论，“我们并非与中海油进行商业竞争，而是在与中国政府竞争”。美国的普通民众受到政客的影响，也担心如果中美之间发生战争，中国会控制优尼科在美国一些州的大量加油站和全球的几处油田，切断美国的汽油供应。媒体渲染了美国民众对于优尼科被收购的恐惧感，使得中海油的收购又增加了一重阻力。

在整个收购优尼科的过程中，中海油表现得过于“高调”。中海油高层曾在中海油总部大厦举办“誓师大会”，宣布一定收下优尼科。在收购过程中，中海油多次主动发布收购信息，这导致其收购过程过于透明，让美国监管机构和竞争对手拥有充足的时间研究应对策略，而对于被收购公司利益相关方的信息，中海油则存在很多认识盲区。信息不对称让中海油在这次收购中处于被动地位。

2005年8月2日，中海油发布声明，撤销与优尼科的收购要约，收购优尼科终以失败草草收场。

有备无患的中海油

收购优尼科的失败阻碍了中海油海外扩张的道路，新任董事长王宜林再次把目光投向了加拿大尼克森石油公司。2012年7月23日，中海油公告，公司已与尼克森董事会商定，将用151亿美元现金收购尼克森的所有股权，同时承担尼克森43亿美元的负债。由此，中海油正式开始了对尼克森的收购计划。

尼克森是加拿大排名第14的石油能源公司，在加拿大、美国和英国都拥有资产，在多伦多和纽约两地上市，主要开采加拿大西部的油砂和页岩气这些非常规油气。与收购优尼科时相同，中海油要面对财务、法律、政治和交易等多方面的风险，必须遵守加拿大、美国和英国的法律和信息披露原则，并与这些国家的劳动者保护机构和工会进行充分交涉。为了不再重蹈收购优尼科的覆辙，中海油做了非常充分的准备。

中海油选择了一个非常有利的时机。2005年时，尼克森的经营状况非常好，而中海油的规模较小；2012年，由于美国经历金融危机，经济实力衰退，再加上油砂开采对环境影响很大且成本高，而美国的页岩气革命一定程度上提高了本国的能源产能，所以美加之间原定的油气管道建设计划被否决，资金短缺、业绩不佳且存在管理失误的尼克森急需一个拯救者。急需寻找能源产品买家的加拿大政府意识到，拒绝中海油等于拒绝了中国这个新兴市场，对中海油的态度也将影响加拿大吸引外国投资者的能力。

中海油事先还做了大量外围调研工作。在对外宣布计划收购尼克森之前，中海油已会见了加拿大、美国、英国和尼日利亚等尼克森业务驻地的部分官员，让他们对中海油产生好感。之后，王宜林又多次与尼克森的高层会谈，强调这不是一项恶意收购，中海油会竭力保证尼克森及其股东的利益，在此基础上中海油与尼克森建立了相互信任。同时，为了使收购尼克森通过加拿大政府审批，中海油多方获取了加拿大政府的各种要求和偏好，成立了专门的财务和法律队伍，还请来专业的公关和咨询机构辅助工作。中海油对加拿大政府、尼克森两处重要资产所在地政府及各方利益团体展开了多番游说。在中海油的努力下，尼克森的高层也出面推动其股东和加拿大政府批准收购。

中海油这次在收购信息发布方面显得相当低调。从 2012 年 7 月宣布收购尼克森开始直到收购成功前，中海油高层都对此闭口不谈，几乎与媒体完全隔绝。就连中海油内部的多数员工也未听说过收购一事，保密工作非常严格。对于政府审批结果，中海油制定了成功和失败两套不同的方案，并按照成功方案尽力保证交易顺利。

在做好充分准备的前提下，中海油有惊无险地通过了审批。中海油对尼克森的收购方案一提出，就遭到加拿大舆论的质疑，民调也显示加拿大民众普遍反对这桩收购交易。加拿大议会中的保守党人也担心加拿大的部分油气资源会受到控制，例如加拿大移民部长贾森·肯尼（Jason Kenney）就对此一直持有保留意见。为了打消加拿大政府和民众的疑虑，中海油开出了极其优惠的收购条件，不仅以 61%的溢价估算公司价值，承担公司 43 亿美元的债务，还承诺尼克森董事会和管理层中加拿大人必须占到 50%以上。在这样的丰厚条件下，加拿大政府终于认可“中海油没有伤害加拿大的价值、工会和劳动关系”。在美国，由于尼克森在墨西哥湾的油井资产不到 10%，没有达到危及美国国家安全的程度，所以美国政府没有强力阻挠。同时，为了应对美国可能进行的干扰，中海油也做好了剥离尼克森美国资产的准备，而英国政府方面则甚少对外国收购进行干预。因此，虽然在收购审批期间加拿大政府也曾以慎重审查为由两次延期决议，但最终加拿大和美国政府分别于 2012 年 12 月和 2013 年 2 月批准了中海油的申请，中海油对尼克森的收购终于成功落幕。

这笔买卖划算吗？

这次收购结束后，中海油将得到尼克森在英国北海、西非外海和墨西哥湾的生产权益，并将拥有尼克森在加拿大本土和中东的生产物业，至此，中海油的产业已遍布世界各大洲。中海油将掌握尼克森在加拿大阿尔伯塔省的长湖油砂项目，拥有全球第三大原油库存。尼克森拥有 9 亿桶油的证实储量和 11.22 亿桶油的概算储量，这令中海油的总产能至少提高 20%，储采比从 9.6 年提高至 10.3 年。中海油在非常规油气上的资产和技术不足也将得到填补。

然而，在巨大的经济利益背后，中海油还面对着收购尼克森后的一系列问题。首先，对于占尼克森总资产 64%的加拿大油砂资源，其开采成本高于页岩气，只有在国际油价超过 80 美元/桶时才有开采价值。国际油价走势的不确定性加大了油砂的商业风险。其次，除了较高的收购价格和附加债务外，中海油还必须无条件留用尼克森的 3 000 名原班人马，提高资源的就地转化率，定期向加拿大政府汇报生产数据。此外，中海油还必须将地区总部设在加拿大的卡尔加里，以负责中海油和尼克森在北美洲和中美洲的资产。中海油与尼克森公司文化与人员的整合也是一大难题。中海油收购尼克森能产生多大的发展推动效应还需要时间的证明。

资料来源：李跃群．中海油已同意加拿大苛刻要求 不惜代价要拿下油气巨头．（2012-11-21）．

人民网；马芸菲．重金收购尼克森，中海油的买卖是否划算？．(2012－07－28)．凤凰财经；薛洪涛．政治敌意成我国企业海外并购最大障碍．(2012－11－07)．搜狐；辛灵．美欧贸易保护主义日益激烈中企海外并购骤降7成．(2012－10－11)．南都网.

▶ 结合案例内容，试回答以下问题：

1. 从中海油对优尼科的收购失败中可以吸取哪些教训？
2. 中海油为成功收购尼克森做了哪些准备？
3. 你认为中海油收购尼克森的交易划算吗？

第7章
危机处理概述

当断不断，反受其乱。

——《黄帝四经·兵容》

一个人应养成信赖自己的习惯，即使在最危急的时候，也要相信自己的勇敢与毅力。

——拿破仑

学习目标

- 理解危机处理在危机管理中的作用；
- 掌握危机处理的方法；
- 掌握危机处理的步骤；
- 明确企业危机处理的注意事项。

引　例

西贝莜面村“报复性涨价”事件

2020年初，新冠肺炎疫情暴发，之后不久，所有餐饮服务业都遭到了严重的打击，西贝莜面村也不例外。

2020年2月1日，贾国龙公开称，受到疫情影响，西贝400家线下门店基本停业，只保留100多家外卖业务，预计春节前后一个月损失营收7亿～8亿元，同时2万多名员工一个月支出就在1.5亿元左右，若疫情无法有效控制，企业账上现金流撑不过3个月。对于每年服务顾客5 000万人次，2019年达到40亿元收入的西贝来说，这无疑是一个可怕的“灭顶之灾”。更致命的打击是现有的供应链渠道难以消化春节前的囤货，大量库存积压，西贝也因此断送了救命的现金流来源；同时，西贝线下店分布广泛，疫情暴发期间难以实现统一管理，员工只能在家待业。西贝保留的部分在线外卖业务，面临着新的挑战，如在疫情暴发期间对门店进行消毒管理，外卖业务中的原料选择和烹调，配送人员的健康实时监控，无人参与的餐饮配送等。

4月，令贾国龙松一口气的是疫情得到了一定的控制，全国许多地区的门店可以开始营业了。然而西贝莜面村的消费者却着实生了不少气，因为他们发现西贝莜面村涨价了，而且涨的还不止一点。一位网友称，“土豆条炖牛肉 80 元，酸菜封缸肉 80 元，这实在是太贵了”。4 月 11 日，贾国龙在个人微博上回应，承认确实涨价，2 月 1 日起，西贝莜面村上海及周边 8 个城市的 18 道外卖菜品，上涨 1～10 元不等。4 月 6 日起，上海 12 家门店的 25 道堂食菜品，也上涨 1～10 元不等。全国其他 374 家门店的堂食价格保持不变。

然而消费者对此并不买单。网络舆论上充斥着对西贝莜面村的骂声，西贝莜面村一度上了微博热搜，“发国难财”“报复性涨价”的帽子随之而来，包括央视财经在内的各大媒体也纷纷报道。在舆论的压力之下，贾国龙不得不宣布停止涨价，并发表公开道歉信。贾国龙在微博中说道：“我们确实涨价了，这个时候涨价，确实不对，我们决定恢复到疫情前的价格水平。”此外，公司在全国 59 个城市 386 家西贝门店提供“吃 100 元，返 50 元”的优惠，以表诚意。此前，海底捞也出现了相同的涨价事件，也向公众进行了道歉，不过与海底捞道歉完网友纷纷点赞不同，西贝莜面村的此次道歉却众说纷纭。有网友回复道：“希望价格降回去的同时，量不要悄然变少。”也有网友表示：“跟着别人道歉，诚意和效果恐怕都要大打折扣。”

一名网友说：“尽管企业复工复产的压力很大，可是消费者也是这次疫情的受害者，也许我们应当客观理性地看待这起事件，不过西贝莜面村的营销策略着实令人担忧，在以营销出名的海底捞火锅道歉之后进行道歉，只能给人一种被逼无奈的感觉，还会令人明显对比出两家公司营销策略的优劣。在疫情期间，能给消费者以安慰的除了菜品的不涨价和折扣券之外，可能就是餐饮企业的坦诚了，而西贝莜面村显然令人感觉不到这一点。”这次事件无疑对西贝莜面村的品牌形象有着巨大的影响，人们在批评其任意涨价的策略之外，可能还会对其管理水平提出质疑。未来西贝莜面村将如何恢复消费者的信任，让我们拭目以待。

资料来源：沈晨．海底捞道歉了，西贝莜面村也道歉了！为涨价道歉不如市场说了算．河南商报，2020-04-13；贺风玲．继海底捞之后，西贝也道歉了．广州日报，2020-04-12；黄磊．餐饮店强收茶位费应列为霸王条款？．深圳商报，2020-06-10.

面对突如其来的负面报道和口诛笔伐，或是消费者和受害者的不断投诉，或是销售停滞，或是员工人心浮动等问题，如何有效地处理危机便成为企业在生存和发展中至关重要的环节，成败往往在此一举。

一、危机处理的内涵

（一）危机处理的定义与作用

危机处理是指当企业处在危机爆发和持续阶段时，对危机进行有效管理，使其转危为安，甚至转危为机，实现动态突破的过程，是危机管理的重要组成部分。本书将危机管理分为危机预防与危机处理两个过程。前面几个章节已经对危机预防做了详细讲解，第 7～11 章将对危机处理进行全面分析。

企业在危机处理中的表现对企业危机管理的成败具有决定性的作用，由于不同企业采取的方法不尽相同，因此危机对企业的影响也有很大的差异。企业面对危机时如果处理不当不仅会破坏消费者对企业的信任，降低消费者购买意愿，损害企业声誉与形象，同时还会对利益相关者造成连带影响，甚至引发行业危机。

2017 年 4 月 9 日，美联航一个由芝加哥飞往路易斯维尔的 UA3411 航班已经坐满了，为了让 4 名额外的机组成员能够搭乘，公司在飞机上寻求 4 名自愿下机的乘客，承诺赔偿 1 000 美元及一夜酒店住宿，但是没有人愿意放弃登机。随后，美联航决定用电脑随机抽出 4 人。被抽到的一名亚裔医生拒绝下机，遭到机组成员的暴力对待，周围的乘客用手机拍下视频并上传到了网上，舆论一时哗然。面对舆论的谴责，美联航发言人表示，公司遵循正确的程序，他坚定地支持机组的处理方法。此言一出，立刻引来了舆论更强烈的反应，同时亚裔医生已经请他的私人律师对美联航进行起诉。无疑，美联航鲁莽的危机处理方式给公司声誉和收入带来了巨大的损失。

反之，如果企业应对措施得当，妥善处理与利益相关者的关系，有效控制和消除危机因素，不仅可以化解危机，避免或减少企业财产损失，甚至可以化“危”为“机”，变不利为有利。

（二）危机处理的方法

在危机事件爆发后，企业需要采用一些技术性的措施，包括资源调配、选定适当的发言人、善后处理等。下面简要介绍一些经典的危机处理方法和技术。

1. 事故控制体系

事故控制体系（incident command system，ICS）是对危机进行现场直接管理的方法。ICS 起源于美国加州森林火灾的处理，是一整套指挥、控制和协调应变的工具，现在已推广用于处理各种类型的紧急事故。一种典型的 ICS 模式如图 7－1 所示。

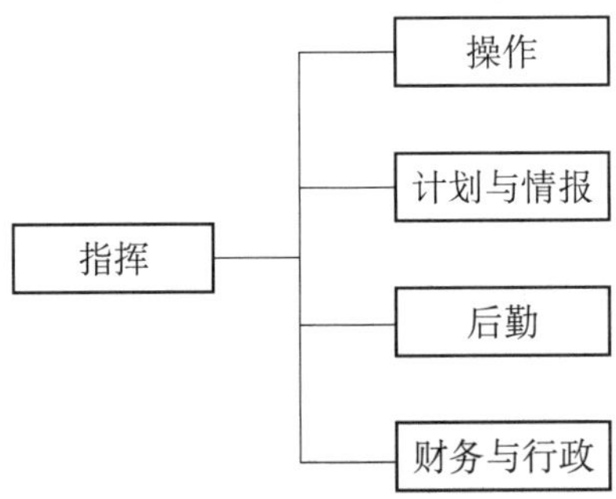

图 7－1　一种典型的 ICS 模式

资料来源：希斯．危机管理：第 2 版．北京：中信出版社，2004：196－198.

该模式包含从指挥到现场操作等流程，通过具体执行部门负责协调危机事件的紧急处理。指挥主要负责危机事件管理；计划与情报部门负责收集、整理分析和记录关于危机处理和可利用资源的信息；后勤部门负责提供通信、医疗救援、设施等多种物质资源及服务；财务与行政部门负责危机处理过程中的财务和成本分析，并提供其他部门没有的职能。

ICS系统中操作、计划与情报、后勤以及财务与行政四个部门之间较为平等，有益于部门间及上下级间信息沟通，这样的组织架构较为扁平化，也富有弹性。计划与情报部门对危机妥善处理起到核心作用，企业管理者也可提升它的重要性。但该系统的缺陷在于忽略了与危机处理小组以外的利益相关者的沟通。

2. 危机管理框架结构法

危机管理框架结构（crisis management shell structure，CMSS）经过专门设计可以满足危机情境下的策略与政策需求，同时保持与运营指挥反应过程对接联系的清晰结构。

CMSS包含四个部分，如图7－2所示，其中，信息系统包括一个信息整理部（information collation office，INCO）、一个公众与媒体部（public and media office，PUMO）和一个咨询形象管理部（advisory image management office，IMMO）。咨询系统由咨询形象管理部和主要咨询团体（principal advisory group，PAG）组成。决策系统是危机管理者与核心高管（包括很多公司的首席危机官）的对接口。运营系统有一个合作和指挥系统（coordination and command office，CACO）及专业的战术反应部（tactical response units，TRU）。当专业操作需要管理两个及以上团队时，TRU可根据ICS模式建立。危机管理者（crisis manager，CM）和管理联络部（managerial link office，MLO），可扩展四个组成部分的任务范围。

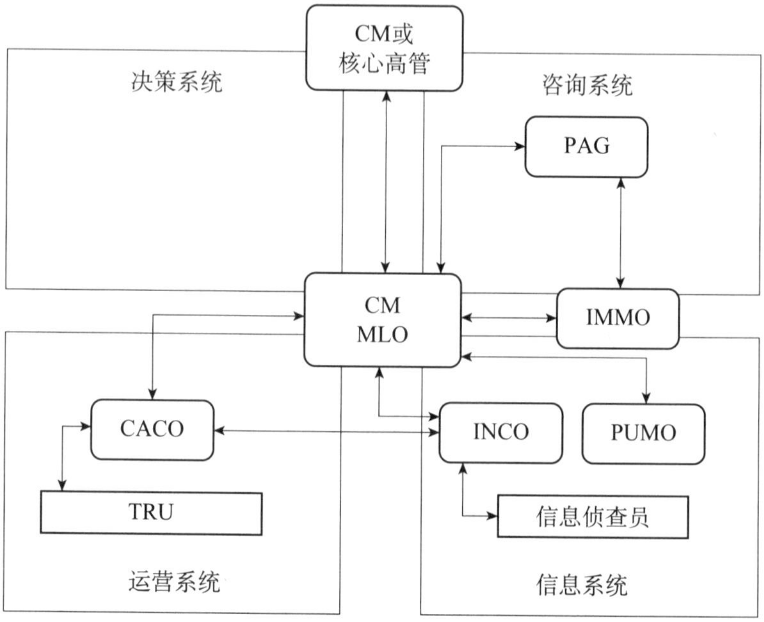

图7－2 CMSS框架图

资料来源：周永生．现代企业危机管理．上海：复旦大学出版社，2007：19.

CMSS可以应用于各种规模的组织结构，无论危机的种类、规模与特征如何，CMSS都可以清楚地限定每个部门或团队的作业及目标。这些标准包括：这个部门是什么样的部门（what）；部门为何存在

延伸阅读7－1：CMSS中各组织面临危机时的具体活动

（why）；谁负责此部门（who）；部门什么时候启动（when）；部门设置在何处（where）；部门如何进行组织活动（how）。

CMSS各组织部门分工明确，拥有简短的沟通与指挥通路，能够准确收集、评估与掌握危机信息，重视合作而不仅是战术指挥，同时，扁平的结构可以支撑各集团间及组织与外部组织间进行有效的沟通管理。

二、危机处理的步骤

一般而言，企业危机处理包括以下步骤：

（一）建立危机处理机构

危机爆发后，应按照危机种类对应的危机管理计划要求，迅速组建包括企业高管、相关职能部门负责人乃至外部专家顾问在内的危机处理小组；明确危机处理小组成员的职责、权限和联络渠道等。

如果企业没有制订过危机管理计划，则应参考同一行业其他企业的以往经验或比照类似危机的情况，组成危机处理小组；在选配处理小组成员时，应特别关注人员的知识背景和素质技能的合理匹配，以保证危机处理小组具备较强的专业性和综合素质。

成立危机处理小组之后，应当首先确定团队负责人，即首席危机官，以及危机处理期内的对外发言人。首席危机官和新闻发言人可以由一人担任，也可以由不同的人担任。

（二）表明危机处理的诚恳态度

危机处理小组应尽快对公众表明企业对危机处理的认真积极态度，以减少相关利益人的恐惧和忧虑。企业应当表明，虽然危机发生的原因、危害性和影响范围等都不明晰，但本企业一定会本着负责、诚恳的态度着手危机调查和采取措施，尽快给公众满意的答复，并对受害人表示同情和慰问。为了避免企业日后的危机处理工作陷入被动，在事态的走向还不明朗时，企业对外的表态应注重表明诚恳的态度，尽量避免拘泥于细节。

（三）着手危机调查与评估

公开表达企业危机处理态度的同时，危机管理小组须迅速开展危机调查工作，以了解危机的真相。全面细致的危机调查和危机评估是制订有效危机处理方案的基础。调查的重点包括：了解危机发生的详细经过；了解危机的受害者及受害情况；查明危机爆发的原因等。危机调查后，要对危机对企业和相关利益人造成的损失大小、危机蔓延的概率、危机对企业未来发展的影响、公众媒体对危机的态度等进行详细评估。

（四）制订危机处理方案

若已经制订过对应类型的危机管理计划，企业应结合危机调查与危机评估，按照危机管理计划的要求，制订出具体的危机处理方案；同时，根据危机的特殊情况，企业可对计划内容做出微调。

若遇到尚未制订管理计划的危机，危机处理小组应根据危机调查与评估的结果，尽快制订危机处理方案。危机处理方案的主要内容包括：确定危机处理的目标和原则；选择危机处理的策略；制定对受害者的赔偿措施；明确危机沟通的对象、方式、策略；明确危机的恢复策略；确保危机处理所必需的人、财、物资源。

（五）实施危机处理方案

根据危机处理方案的具体要求和时间安排，危机处理机构成员分头实施危机处理方案。如果危机没有被媒体公开，危机处理的重心应当是控制事件的负面影响；这时，企业须在合理合法的条件下，尽快同受害者沟通协商、达成协议，以较小的利益损失换取危机的迅速解决，以免事态扩大，给企业名誉带来更多损失。

如果危机已为公众所知并引发较大范围的影响，危机处理的重心应当放在转变公众态度上。为此，企业须在妥善处理好危机事件本身的前提下，强化与公众的沟通；尤其应做好媒体公关工作，使媒体清晰地认识到事情原委，促使媒体以更加公正、客观的态度评述危机，以维护企业形象。

（六）对危机处理结果进行评估与总结

危机基本得到缓解后，企业须展开危机处理结果的评估，评估的内容有：危机的发现和报告是否及时？危机处理的基本目标是否达到？危机处理小组的工作效率如何？危机处理策略的选择是否合理？危机受害者是否得到有效安抚？危机沟通策略是否合适？危机沟通是否及时、准确？危机处理中人、财、物是否有足够的保证？危机处理措施是否负面影响企业日常的经营管理？通过评估，企业能总结危机处理的经验，并发现危机处理过程中的缺陷和不足。

在危机处理工作中，企业管理者还会注意到一些平时没有察觉或未加以关注的问题。这些问题有的是制度层面的，有的是人为因素方面的，都是在日常工作中未曾察觉，危机爆发后才逐渐显露出来。对这些问题的具体分析将为企业日后管理工作提供借鉴，从而完善企业内部管理工作。

依据危机处理评估结果，危机管理小组应出具书面的危机处理总结报告，并呈交给董事会。在必要的情况下，应通过媒体向外部公众公布危机处理结果。

（七）做好危机处理的善后工作

前六步的危机处理工作主要解决了危机发生后“救火”的问题。为使企业尽快摆脱危机的阴影，早日恢复日常经营工作，企业还需做好危机处理的善后工作。

第一，尽快消除危机的消极影响。一方面，企业要开展有较大影响力的公关活动，创建良性的公关气氛，用实际举措展现企业重整旗鼓的决心，表达对公众支持与帮助的期望，从而逐步恢复企业外部形象，减少不利于企业发展的舆论声音；另一方面，企业需要努力消除危机可能对员工、股东等内部公众所造成的心理影响，以鼓舞员工的士气，获得股东的大力支持。

第二，进一步提高危机管理技能。企业必须从危机中吸取教训和经验，可以将危机过程制作成生动形象的案例，用以辅助危机管理教育，来增强员工的危机意识和提升员工的危机管理技能。如果危机爆发前企业尚未制订危机管理计划，则应把此次危机作为沉痛的教训；与此同时，正所谓有备无患，企业应即刻着手制订系统的危机管理计划，对危机管理工作进行制度化安排。

第三，改进管理制度，减少管理漏洞。对于危机处理进程中凸显的内部管理问题，企业必须大力改进和调整相关制度，避免类似的危机再次上演。

值得注意的是，以上各步骤的安排并非固定不变，不同步骤间可能有一定重合，甚至存在互相交换顺序的情况。例如，在某些紧迫的危机态势下，危机处理小组成员选定之前，企业就会派出人员前往事故现场了解事态并进行危机调查。如果机械地理解危机处理步骤，反而会使危机处理陷入被动。

三、危机处理的注意事项

在危机处理过程中，企业必须注意以下一些事项，以免增加损失，陷入难以为继的困境。

（一）尽快确认危机

在危机管理的失败案例中，不少企业失败的原因在于：当危机发生以后，企业没有认识到问题的严重性，并不觉得危机已经发生，以致贻误最佳的危机处理时机。造成危机确认延误的原因包括：第一，企业预警机制出现障碍，未及时给出危机预警提示；第二，企业组织结构混乱，信息传递不畅、速度缓慢，危机相关信息未能及时传递到危机管理者处；第三，一线员工害怕承担责任，对危机信息隐瞒不报；第四，企业高层管理者的危机意识淡薄，缺乏警惕性，对于收到的有关危机信息不以为然，没有引起足够的重视。为了以最快的速度控制并解决危机，企业首先必须在第一时间对业已发生的危机进行确认。

（二）确保冷静决策

面对突如其来的危机，企业高层管理者不能受公众激愤的情绪的影响，切不可惊慌失措，乱了分寸，而应镇定自若，保持清醒的头脑，沉着面对现实，迅速组织人员查清危机的真正缘由，准确地弄清楚危机的性质、趋势及发展后果，找到解决危机的有效办法，果敢地做出决策。

镇定沉着的心态能帮助危机管理者从全局的角度认识问题，把危机处理策略与企业未来的长远发展联系起来，而非孤立地看待危机事件，采用“头痛医头，脚痛医脚”的方式处理危机。

IBM在处理“千年虫”问题上的做法，值得其他企业借鉴。自1993年接任IBM的CEO之后，郭士纳将处理“千年虫”的重新编程看成是一次绝好的内部重新整合的机会，成功地将IBM从技术型、硬件型、大型主机型计算机企业转变为服务型、软件型、系统整合型的信息效能企业，使IBM从1993年的亏损87亿美元转变为2000年的盈利

87 亿美元。

（三）迅速做出反应

久拖不决是危机处理的大忌。危机爆发后，随着公众媒体的报道，企业通常会陷入舆论的指责声中。此时，企业必须意识到，唯有诚恳、负责任的态度才能缓解或消除危机的负面影响，高傲、轻慢或相互推诿的做法只会引起大众更强烈的不满。因而，企业应当给予诚恳的处理危机的表态，尽快就事情真相展开调查；明确自身责任后，以快刀斩乱麻的凌厉手段，在短时间内给公众一个满意的答复。否则，不但会对企业声誉造成损害，而且给竞争对手以可乘之机。

2019 年 5 月 23 日，针对美国加征关税，一位联想高管在接受美国消费者新闻与商业频道（CNBC）采访时说："我认为，我们完全有能力将部分生产能力从中国等受影响国家转移到其他不受关税影响的国家，继续生产。"随后 CNBC 发布消息称："若美国提高中国关税，联想就将生产线撤出中国。""联想撤出中国"很快成为舆论的热议话题。虽然这次风波是表述不当造成的，但是联想集团迟钝的反应还是给公司形象造成了负面影响。4 天后的 5 月 28 日，联想才在公众号上发表文章驳斥这个观点，然而根据危机处理黄金 24 小时的原则来看，联想的反驳是失败的，舆论并没有因为这篇文章而反转，整个 5 月，搜索引擎上与"联想"有关的词都是负面的。

美国明尼阿波利斯的诺维斯特银行在火灾后所进行的危机公关使其安然渡过了这场灾难性的危机。在大火吞噬了 16 层的银行大楼后，大量储户十分恐慌，担心他们的储蓄会随大火化为灰烬，强烈要求提款。在这一情形下，诺维斯特银行总裁立即在广播和电视台发表声明，表示大楼在火灾前已经投保，储户的钱款和物件都不会有损失，且该银行的各分支机构继续正常营业。除此之外，银行大楼对面出现了诺维斯特银行的"战时"办公室，负责接待储户和媒体记者；银行员工还穿上了印有银行名称的 T 恤衫，到街上引导客户前往就近的银行分支机构。

案例 7-1

奔驰被砸事件

2002 年 3 月 15 日，延续 3 个多月的奔驰被砸风波终于结束，武汉森林野生动物园与梅赛德斯-奔驰公司达成和解协议：奔驰方面彻底清洗汽车燃油系统，让车辆恢复到出厂标准；武汉森林野生动物园有一年的路试期，以确认奔驰车性能良好。在此前 3 个多月中，武汉森林野生动物园与奔驰方面产生严重分歧，掀起了一场全国瞩目的维权行动。

2001 年 12 月 25 日，在十余家媒体的见证下，一头老牛拖拽一辆全新的 SLK230 奔驰轿车在武汉人民会议中心附近的道路上绕行一圈；次日上午 11 点，在武汉森林野生动物园，5 名年轻力壮的小伙子挥动铁锤、棒棍，砸向这辆奔驰轿车，车的风挡玻璃被砸成碎片，前灯被打碎，机盖被砸坏。

被砸的奔驰车是武汉森林野生动物园于 2000 年 12 月在北京花 89 万元购得的一辆德国原装进口车。

武汉森林野生动物园表示，这辆车在买回后不久就出现故障，电脑系统失灵，警示灯始终亮着。此后在洗车过程中，又发现发动机漏油。虽然曾把车送至北京的销售公司自费检修，但取回武汉不久又出现动力不足的情况，之后北京的销售公司屡次派人来武汉维修，但反复 5 次都没能把车修好，于是武汉森林野生动物园提出退车的要求。

2001 年 12 月 20 日，奔驰方面对武汉森林野生动物园的要求做出书面答复：轿车故障系汽油中存有杂质而影响到车辆工作；考虑到这一问题是外部因素导致的，奔驰公司不能接受武汉森林野生动物园方面的退车申请，但愿意延长油缸及油喉的售后服务到 2002 年 1 月 31 日。

在退车要求遭拒绝之后，武汉森林野生动物园决定通过老牛拖奔驰和砸车的方式维护自己的权益，讨回公道。

奔驰车被砸的次日晚，梅赛德斯-奔驰公司北京办公室发表声明：问题的原因已经查明，是客户使用非指定燃油所致。公司出于好意为客户提供清洗燃油系统的免费服务，这一免费服务将于 2002 年 1 月 31 日之前有效，遗憾的是客户拒绝了这一善意的提议。奔驰方面对客户选择不接受公司的帮助而深表遗憾。该声明还表示，奔驰方面对车主做出的极端行为感到十分遗憾。

同一天，武汉森林野生动物园在新浪网上对奔驰公司的声明做了回应：武汉森林野生动物园并未简单拒绝奔驰公司提出的清洗燃油系统的做法，只是要求奔驰公司承诺，如果第 6 次仍未解决这辆奔驰车存在的问题，就答应退车要求；遗憾的是，奔驰方面调派来武汉的工作人员明确表示：他们不代表奔驰公司，而奔驰公司权威部门也再次选择沉默与回避的态度。武汉森林野生动物园还表示：武汉森林野生动物园并未砸毁奔驰车问题所在部位，欢迎奔驰方面前来清洗；如果经检查不是汽油问题，奔驰方面应承诺武汉森林野生动物园“修不好，就退车”的合理诉求；在一周时间内，武汉森林野生动物园将拭目以待奔驰方面对待消费者的积极举措，并保留起诉奔驰公司的权利。

2002 年 1 月 10 日，武汉森林野生动物园方面连同 5 位奔驰车车主接受了媒体采访，称奔驰方面若不在 1 月 14 日前给予答复，武汉森林野生动物园会把奔驰车送到北京，要求上门鉴定；如在北京仍未得到有效鉴定，武汉森林野生动物园将把车运回武汉另行处理。同时，发表了奔驰问题汽车受害者联谊会成立的声明。

1 月 17 日，武汉森林野生动物园不远千里，自行将被砸的奔驰车从武汉拉到北京，并委托全国用户委员会调解“砸车”纠纷，强烈要求奔驰方面对车进行质量检测。

同一天，奔驰公司则要求：武汉森林野生动物园就所采取的不必要且侵害奔驰公司权益的行为发布一封公开道歉函，发至所有报道砸车事件的媒体。

1 月 24 日，武汉森林野生动物园向诸多媒体声明：园方将终止全国用户委员会的委托，把病车拉回武汉。原因是：园方代表在北京停留的一周时间里，始终没有奔驰方面的人出面与园方代表沟通协商。

2 月 27 日，武汉森林野生动物园对媒体宣布：北京的一位奔驰车车主将来武汉声援动物园方面，如果奔驰公司不给动物园方面实质性回复，该车也会被砸。3 月 3 日，这辆奔驰车抵达武汉。3 月 4 日，武汉森林野生动物园又宣布：奔驰方面若不给出实质性解决问题的答复，8 日 13 时该车也将被砸毁。

3 月 7 日，奔驰公司派人来到武汉，双方一同前去武汉的一家汽车修理厂，奔驰公司的工作人员用随身携带的设备检测了车辆，查出4个“故障码”。但究竟是什么问题，车主不清楚，奔驰方面称要回去分析。同时奔驰方面仍然称，是汽油质量有问题引发了发动机故障。双方未能达成一致意见。动物园方面评价奔驰公司派来的工作人员说：“他们都很神秘，打电话都用公用电话，不愿透露行踪。”

3月8日13时，全国各地的60名媒体记者见证了又一辆奔驰车被砸的全过程。砸车时间总共10分钟左右，这辆白色奔驰S320轿车的前车灯、前风挡玻璃、两侧车窗玻璃和奔驰徽标都被砸坏。

就在这辆白色奔驰被砸的当天，奔驰中国公司向媒体发表声明：公司期待以积极、理性的对话方式解决这一问题，在此之前也曾多次做过类似努力，并向武汉森林野生动物园提出了非常慷慨的条件；然而让人遗憾和震惊的是，动物园方面在公众场合下再次采取了与去年相同的行为，现在这一举措使得解决问题的过程更加艰辛，客户采取任何持续的极端行为都无助于促成此类和其他问题的积极和建设性的解决方案。

两辆奔驰车分别被砸相距的2个多月时间里，奔驰方面始终十分低调，除了两次公开声明外，与车主的沟通也十分小心，从而被认为“态度漠然”“桀骜不驯”“歧视中国消费者”。奔驰被砸事件被媒体三番五次地报道，对奔驰公司造成了极其不利的影响。有媒体调查显示，50%的被访消费者认为“中国人民的感情受到了奔驰公司的伤害”。还有专家认为，奔驰公司敢于“藐视”中国消费者，是因为该公司看到一旦在中国出现产品质量问题，承受的法律风险相对较小。市场上，一些打算购买高档轿车的消费者转而购买其他品牌。

砸车事件也传到了奔驰公司总部所在地——德国。2002年1月23日，《法兰克福评论报》刊登了题为《王先生和他的奔驰车》的新闻报道，副标题为“这个中国人砸了豪华车，因为它老趴窝，公司认为劣质汽油是根源”。

在砸车事件的整个过程中，反映出奔驰公司的危机管理存在问题。在双方达成和解协议后的2002年3月25日，奔驰公司中国区总裁麦基乐公开承认，在整个砸车事件的处理过程中，奔驰方面缺乏与车主的沟通技巧。

资料来源：刘刚．危机管理．北京：中国经济出版社，2004：150-155；王媛．奔驰公司中国区总裁：奔驰要补“沟通技巧”．新快报，2002-03-26.

（四）有重点地采取行动

由于危机发生后企业的反应时间和可用资源较为有限，企业如果采取“撒胡椒面”的策略，平均地使用力量，将不利于抓住危机中的主要矛盾，从而导致更大的损失。因而，危机反应措施应有轻重缓急，先处理危害性大、事态紧急的问题，再处理其他问题。通常来说，企业应首先处理帮助危机受害者救治病情、防止危机进一步扩散、向公众澄清事情真相等急迫事务。

（五）主动纠正错误、赔偿损失

发生的危机，尤其是发生的重大责任事故，致使大众利益受到损害之时，企业应采取妥善的善后处理方式，尽快弥补错误，赔偿受害者的物质和精神损失：第一，迅速改正错误，采取有力的方法纠正过失。不惜代价召回有问题的产品，关闭引起污染和安全问题的生产线，以表达企业解决问题的决心。第二，第一时间在媒体上刊登道歉信，或直接上门看望受害者及其家人，给予安抚和慰问，争取社会公众的谅解。第三，对受害者及其家人给予相应的物质补偿。

（六）积极运用外部专家

在危机处理工作中，外部专家或顾问的参与可起到如下作用：第一，弥补企业在专业技能和工作经验上的不足；第二，在与公众进行沟通的过程中，外部专家由于其特殊的身份，具有较强的权威性和公正性，更容易取得公众的信任；第三，外部专家或顾问与本企业没有利益纠葛，对危机的态度较为客观、全面。尤其是企业的危机管理遭遇重大障碍的时候，外部专家或顾问的利用往往能取得“山重水复疑无路，柳暗花明又一村”的效果。如果忽视运用外部专家的优势，企业可能由于经验和能力不足，而决策缓慢、执行不到位，导致处理过程中的失误。

北京大华衬衫厂所遭遇的蚂蚁风波很能说明外部专家的作用。该厂曾有一批衬衫发往日本东京，外商却在衬衫中发现了蚂蚁窝，要求退货，并给厂方寄来两瓶蚂蚁样本作为证据。厂方经过仔细检查衬衫的生产、包装、储运等各个环节，未发现有蚂蚁窝的可能，无奈对方证据确凿，厂方难以进行有力的反驳。为此，大华衬衫厂带着蚂蚁样本找到了长期从事蚂蚁研究的著名昆虫学家唐觉教授。唐教授在查阅资料后，发现这种蚂蚁是伊氏臭蚁，主要分布在日本本州岛南部的东京、大阪以及四国岛、九州岛等地，中国地区除福建鼓山有少量存在外，其他区域尚未发现。唐教授权威的鉴定报告证明蚂蚁是在衬衫到达日本后侵入的，不仅使大华衬衫厂免予赔偿，而且额外获得了外商追加的每年 100 万件衬衫的订单。

（七）重视政府部门和社会中介组织的作用

政府部门的权威是任何其他机构或个人所难以比拟的。危机爆发后，公众期望了解危机实情，尤其是企业被公众质疑时，政府机构凭借其权威和公正性可以帮助企业澄清事实，让公众了解到事情真相。不少企业在危机发生以后，没有认识到政府机构的重要作用，不主动寻求政府的帮助，使企业被动承受危机处理中的焦虑。更有甚者，一些企业在危机发生以后，不注意配合政府部门开展工作，给企业形象及企业的可持续发展造成极为不利的影响。行业协会、消费者保护协会、环保机构等组织具有较强的公信力，为公众所认可。在危机处理过程中，充分利用这些社会中介组织的力量，可以有效地帮助企业扭转不利的舆论环境，对于企业重塑良好的形象非常有利。

英国的通用食品公司就成功地利用社会中介组织化解了危机。20 世纪 80 年代初，随着绿色浪潮在全球的兴起，由于当地渔民大多采用电鱼的方式捕捉金枪鱼，金枪鱼罐头受到了抵制。为应对这一情形，在制造金枪鱼罐头时，公司一方面全部购买传统的鱼枪捕捉的金枪鱼为原材料，并于新的产品包装上做了相应的标志；另一方面，积极参加并资助环保机构的活动，在全英提倡采用以鱼枪捕捉的金枪鱼制成的罐头为原材料。通用食品公司的努力使其生产的金枪鱼罐头不但在市场上站稳了脚跟，还成为环保组织推荐的产品，销售量不断增加。

思考题

1. 危机处理的方法有哪些？试比较各种方法的优劣。
2. 简述危机处理的步骤。
3. 你认为企业在危机处理中需要注意哪些事项？
4. 回顾你印象最深刻的中国企业危机事件，结合本章内容，谈谈该企业危机处理的作用。

课后案例讨论

埃克森公司油轮漏油事件

埃克森（Exxon）是著名的大型跨国石油公司，在美国《财富》杂志1990年评选的美国500家最大规模的公司名单中，排第三位，仅次于通用汽车公司和福特汽车公司，其原油生产和销售业绩高居美国国内石油公司之首。但是，1989年的油轮泄油危机，却让埃克森公司遭受了巨大的经济和外部形象损失。

1989年3月24日晚上9时，埃克森公司拥有的一艘仅下水3年、配备现代化仪器的瓦尔迪兹号（Valdez）油轮在阿拉斯加的威廉王子海峡触礁，总共有26.7万桶原油泄漏。

威廉王子海峡地处美加交界处，海水湛蓝，沿岸林木茂盛，是大量海鸟、成群的海生动物的栖息地。大量原油的泄漏，很快拉出一整条宽1公里、长约8公里的漂油带。洁净的生态系统被严重污染，近海区的渔业受影响极大，出现了当地有史以来最惨重的一次环境灾害：25万只海鸟、2 000多只海獭和至少22只鲸鱼死亡。

然而，如此重大的一次泄油事件，并未引起埃克森公司的高度重视。起初，公司派埃克森运输分公司的总经理弗兰克·亚罗西（Frank Iarossi）赶赴现场；而后，又派埃克森美国公司的负责人威廉·史蒂文斯（William Stevens）前往威廉王子海峡。

尽管漏油事件的后果显而易见，但埃克森发言人却认为损失不大。埃克森既没有全面彻查泄漏原因，也没有采用有效的方法来清除泄漏的石油；与当地政府也缺乏充分的沟通，这导致受污染面积持续扩大。

埃克森公司不负责任的行为触怒了加拿大和美国两国政府、环境保护机构和新闻媒体。它们联合起来发起了一场“反埃克森运动”，指责埃克森公司恶劣的行为，认为埃克森想要在这一事件中蒙混过关。此事很快惊动了美国总统布什。3月28日，布什命令组建由运输部部长、环保署署长和海岸警卫队总指挥负责的特别工作小组，要求特别工作小组立即开展事故调查。

调查结果表明，这起恶性漏油事故是船长约瑟夫·黑兹尔伍德（Joseph Hazelwood）饮酒过量，擅离职守，让缺乏经验的三副代为指挥造成的。调查结果一经公布，舆论为之哗然。

直到事故发生3周以后，埃克森公司总裁劳伦斯·罗尔（Lawrence Rawl）才乘飞机前往现场。由于行动迟缓，罗尔受到了媒体、美国国会议员乃至公司股东的抨击。《时代》杂志对此评论道："由于公司近年来故步自封，所以它没有为公众的敌对情绪做好充分的准备。过分强调节省成本，将决策推给下层实施，罗尔先生却很少与媒体、安全分析师或商业机构沟通。"

在各方的声讨中，埃克森公司不得不花重金聘请专业人员用高压水枪、蒸汽冲洗海滩，甚至用双手刷洗巨大的岩石。但是，由于阿拉斯加当时的天气极为寒冷，埃克森公司的清洗进度十分缓慢。埃克森公司为此付出了20亿美元的清理费。

更糟糕的是，埃克森公司的公众形象一落千丈，民众开始把埃克森视为一家傲慢无礼、自私自利的公司；美国和西欧的不少公司客户宣布弃用埃克森的产品，转而购买埃克森竞争对手皇家壳牌石油公司的产品。一些消费者甚至掰碎了手中的埃克森公司的信用卡，将碎片邮寄到罗尔的办公室。

不仅如此，阿拉斯加一个陪审团裁定埃克森应支付50亿美元的罚款，以赔偿漏油造成的损失。埃克森公司认为处罚过重，提出申诉。美国第九法庭巡回区申诉法庭受理了申诉请求，并于2001年11月宣布，埃克森公司应当为漏油事故负责任，但50亿美元罚金过多；联邦法院裁决，由1999年合并的埃克森-美孚石油公司为该事故负担40亿美元的罚金。

2009年，埃克森瓦尔迪兹号原油泄漏信托委员会发布报告，认为该事件遗留下"灾难性环境后果"。阿拉斯加地区一度繁盛的鲱鱼产业在1993年彻底崩溃，迄今仍未恢复；大马哈鱼种群数量始终处于相当低的水平；在这一区域栖息的小型虎鲸群体濒临灭绝。美国南亚拉巴马大学社会学教授史蒂夫·皮库则发现，尽管已过去20多年，这起事故遗留给阿拉斯加农渔业和社区环境的负面社会和精神影响依然存在。

资料来源：刘刚．危机管理．北京：中国经济出版社，2004：158-161；埃克森瓦尔迪兹号油轮漏油事件．（2010-05-31）．新华网．

▶ 结合案例内容，试回答以下问题：

1. 埃克森在此次危机处理中有哪些不足的地方？为什么？

2. 一再遭受舆论抨击，为何埃克森还会如此被动？应如何权衡企业社会责任和企业利益的关系？

3. 假设你是埃克森的高管，负责企业的危机管理工作，你会怎样应对此次危机？

第8章
危机调查与评估

子入太庙，每事问。

——《论语·八佾》

一切实际工作者必须向下作调查。对于只懂得理论不懂得实际情况的人，这种调查工作尤有必要，否则他们就不能将理论和实际相联系。

——毛泽东

学习目标

- 掌握危机调查的特征；
- 掌握危机调查的内容；
- 了解危机调查的方式；
- 明确危机评估的基本原则；
- 掌握危机评估的主要内容。

引　例

“召回门”事件敲醒丰田

2009年8月28日，一名警察驾驶一辆雷克萨斯ES350轿车行驶在美国加州圣迭戈的高速路上，轿车突然加速，最终造成一家四口死亡的悲剧。在美国媒体的轮番报道下，丰田车的质量问题引发社会普遍关注。不久美国政府介入事件，要求丰田公司对旗下汽车的安全系统开展全面检测，从而引发了丰田“召回门”。

深陷召回泥潭的丰田

从2009年年末开始，丰田深陷召回泥潭而无法自拔。2009年11月，由于脚垫滑动卡住油门踏板，丰田公司不得不宣布召回426万辆丰田和雷克萨斯品牌汽车，成为丰田汽车在全球范围内被召回的起点。两个月后，丰田公司在“召回门”中越陷越深。2010年1月21日，丰田公司宣布，由于油门踏板的技术缺陷，公司在美国召回230万辆RAV4、卡罗拉、汉兰达等车型的汽车。在当日发布的声明中，丰田公司表示，经检测发现，这些车型在极少的情形下会发生踩下油门踏板却不能返回原位或恢复原位缓慢的问题。1月28日，丰田又召回北美地区销售的5款共109万辆汽车，原因是油门踏板和脚垫存有安全隐患。

紧接着，丰田召回的范围开始扩展至欧洲。1月29日，丰田欧洲公司宣布，为整修油门踏板问题，丰田可能会在欧洲地区召回不超过180万辆汽车。加上丰田在中国宣布召回的75 552辆RAV4汽车，短短3个月内，丰田决定在全球范围内召回的汽车已经超过800万辆。而在2009年度，包括丰田、大发、日野公司在内的整个丰田集团的销售业绩也不过781.3万辆；换句话说，丰田的汽车召回总数已经超过全年的销售量，可谓创出汽车召回史上的纪录。

2010年2月5日起，丰田总裁丰田章男连续召开数次媒体招待会，向公众解释丰田召回汽车的想法；但表示，他不愿意参加美国国会的听证会。然而，在被媒体指责为"逃跑"后，丰田章男又在19日上午改口称很乐意出席听证会。通常，美国国会指明某在美开展业务的公司负责人出席听证会时，公司是没有多大选择余地的，且美国国会听证会是全国实况转播。

此次事件使丰田公司多年来苦心打造的"安全、可靠"形象遭受重创。在国会的重压之下，美国高速公路交通安全管理局（NHTSA）对丰田事件展开调查。经过近11个月的调查期后，2011年2月8日，丰田"召回门"终于有了政府方面的说法。美国交通部公布丰田车电子节气门与突然加速之间关联性的调查结果，最终的结论是丰田车电子节气门没有任何缺陷。

有媒体将这一消息称为丰田公司的"重大胜利"，然而，丰田公司内却没有任何庆贺的氛围，丰田仅在公司官网上低调声明："今后，丰田将比以往更加关注和注意倾听顾客的声音，继续为顾客制造安全且能放心使用的汽车。"丰田公司的高层管理者在接受媒体采访时也表示，即使调查结果证明丰田汽车确实不存在安全隐患，但由于公司在向消费者交车时没有向其说明车辆的正确使用方法，因此也应该为此承担一定的责任。

成本控制高于一切的丰田

早在2000年年初，为了加强产品在全球的竞争优势，丰田发布了一份成本控制方案。根据这一方案的安排，丰田未来要降低30%的汽车零部件采购成本。这一计划的主要制定者是渡边捷昭，他曾被《财富》杂志誉为世界财经界最有影响的25人之一。在日本国内，他被视为削减生产成本的顶级专家，能够在他人察觉不到的地方发现降低成本的机会。在西方管理界，不少人已将渡边誉为成本控制的大师级人物。

传统的日本工业界一直沿用企业系列（keiretsu）模式，即生产商和周边的合作厂商都以日本式信用为纽带建立合作关系。一般而言，这个网络中的成员都是日本公司企业，它们相互间的关系也并不仅限于生意上的合作，而是会定期在一起共同探讨市场战略和团体的发展。丰田提出成本控制目标后，其合作厂商承受了前所未有的压力。如果要想继续与丰田保持合作关系，就必须接受丰田的新报价，否则只能选择退出；而丰田采购零部件的地域范围也会突破原有的日本本土供应体系，在全球范围内寻找最低成本价。这一计划实施后的5年内，丰田节省了100亿美元的采购成本。

丰田的高层管理者在尝到了这一计划的甜头后，决定在这条路上继续走下去。渡边捷昭于2005年顺利当选丰田公司的社长，这一成本压缩战略得到继续贯彻。在渡边的领导下，丰田开始了一系列压缩成本的行动。例如，曾经有研发小组将一个由日本厂商制造的汽车零部件分解成28个组件，并且认定其中6个的成本是可以削减的，从而使这些零部件的制造成本减少40%。当时，丰田的高管们非常自信地将这一方法喻作“从干毛巾里挤出水来”。

为降低零部件的价格，丰田开始对日本国内供应商施予更多的压力，并积极寻找海外供货来源。丰田的工作人员先确定了180个关键零部件，然后在全球寻找最低的报价；将得到的生产厂商的报价作为标准要求现有供应商，若不能达到标准，就不能成为丰田的合作商。在这种情形下，传统的日本式企业系列模式开始被打破。

这一降低成本举措的实施，极大地压缩了丰田的成本，利润水平显著上升，相对竞争对手的竞争优势日益明显，丰田的国际市场占有率不断上升。自2005年起，渡边捷昭执掌的丰田开启了另一项被称为“价值创新”（VI）的成本压缩计划。该计划旨在通过加强汽车零部件的模块化和系统集成程度，进一步节省零部件成本。根据该计划，丰田压缩的成本将从计划实施前的每年10亿美元上升至27亿美元，从而再次提升公司的利润水平。

痛定思痛的丰田

长久以来，丰田人一直都对自己的创新能力和各种管理能力充满自信。然而，当丰田汽车的质量获得全球市场公认后，寻求越来越低的成本及越来越高的利润似乎成为丰田唯一的信条。2005年，在与美国《时代》杂志记者对话中，渡边捷昭表示，作为丰田的社长，他最为关注的是质量与成本。但是，渡边捷昭采取的政策实际上却是降低成本费用高于一切。

这次丰田陷入“召回门”事件，并不是简单的技术性召回和检讨就可以解决的。这样大规模的召回行动，在汽车发展史上也是未曾有过的；丰田长期以来压缩成本的成果，可能在短时间内被侵蚀殆尽。错误虽然会导致危机，但也会为变革带来契机。这次危机给所有丰田高管和员工带来了前所未有的紧迫感。除了在全球总计召回千万余辆汽车外，丰田公司还不得不因为自身的失误向美国政府支付了4 880万美元的罚金。但这似乎也给了丰田一次反省自我的机会，丰田未来会朝什么方向发展，人们拭目以待。

资料来源：张妮．丰田“召回门”事件的危机公关．中国发展观察，2010（3）；张琴．丰田“召回门”尘埃落定 危机带来紧迫感．（2011－04－06）．搜狐汽车；丰田汽车召回门．（2011－01－06）．新华网；王囡囡．失灵的丰田公关．第一财经日报，2010－03－01；“召回门”凸显丰田危机管理漏洞．（2010－02－22）．新华网.

企业发生危机之后，应迅速调集人员赶赴事发地点，深入了解危机涉及的各个方面，收集有关危机的综合信息，在对调查结果进行评估的基础上，形成基本的调查报告，为制定危机处理方案提供基本依据。除此之外，企业还应定期对自身业务的方方面面进行全方位的严格评估，并根据自身发展情况及客观环境的变化，定期审视各个环节以适应环境的变化，这将有利于企业持续不断地创新。①

一、危机调查

危机调查就是对引发的事件做全面、深入的调查，调查的结果可以作为企业进行危

① 杨晓云．企业危机战略柔性管理研究．锦州：辽宁工业大学，2012.

机处理的重要依据。对于整个危机处理进程来说，首先应当进行的工作就是对危机事件展开调查；只有当事实被弄清后，企业才能对危机做出正确合理的决策。由于危机调查的结果会直接影响到危机处理措施的选择，危机调查必须受到企业危机管理者的高度重视。

（一）危机调查的特征

为了保证危机调查的有效性，企业必须把握好危机调查的如下几个特征：

1. 及时性

危机事件发生后，企业应该在最短的时间内查清危机事件的真相并做出相应的反应，否则，贻误时机会使社会公众误认为企业不负责任，进而对企业危机后的重生造成不利影响，所以，危机调查必须分秒必争。

1993 年 6 月 10 日，有媒体报道百事可乐中发现针头，引起全美的极大反响。事件发生后，百事公司迅速成立危机管理小组，由公司总裁直接领导，立即对事件和位于西雅图的工厂进行了全面的调查。6 月 14 日，百事公司向灌装厂商发布了一份《消费者咨询内部说明书》，介绍了之前数起“针头”事件的内部调查结果：首先，媒体报道的注射器是糖尿病人注射胰岛素专用，而其生产车间从来没有这些东西。其次，百事可乐使用的是全新包装，不存在重复使用或再次灌装的情况。最后，生产线上有两道外观检验程序：第一道在注入饮料前，第二道是瓶罐在加注生产线上的时候，之后瓶罐才被封盖。经过快速、缜密的调查，百事公司断定：首先，以灌装生产线的速度和安全程度基本上不可能有任何外来物体进入未开启过的饮料罐的情况；其次，消费者发现的物体并不是在工厂内进入罐中的。这一调查结果为百事公司进一步澄清事实，获得消费者的信任提供了有力支撑。

2. 客观性

调查结果一定要具有客观性，只有客观、真实地了解到危机事实，企业才能够准确地评估危机。若将虚假信息掺入调查结果，则可能致使企业做出错误的判断，发布不当的声明，或采取不合理的处理方法，反令危机负面影响扩大。

3. 完整性

引发危机的原因有很多，而且往往从表面看起来是一件很小的事情，但是隐藏在背后的深层次原因却有可能给企业带来致命的危险。因此，危机处理人员必须高度重视这些隐蔽性更强的间接因素。为查明引起危机的深层次诱因，危机调查必须全面、完整，不疏漏细节问题，还应针对重要细节问题展开深入调查。

4. 专业性

一些危机的调查需要专业策划或专业技术鉴定的支持，并需要聘请相应的专家对危机的根源进行深入剖析，同时调查所具有的客观性、及时性以及完整性也都体现了危机调查的专业性。

以屈臣氏遭遇的产品危机为例。2012 年 8 月 8 日，一条“屈臣氏面膜疑致消费者死亡”的消息在网络上传得沸沸扬扬。一时间，屈臣氏这家著名的连锁零售店被置于舆论的风口浪尖。在得知这一消息后，屈臣氏主动行动，立即宣布全国各实体店和网店的涉事面膜全部下架，并将同一批次的涉事面膜产品送至专业权威机构检测。拿到检测报告后，屈臣氏立即在公司官网上发布了《关于国家化妆品质量监督检验中心公布屈臣氏珍珠臻致美白面膜检验结果的声明》：经过国家化妆品质量检验中心（广州）检验，该涉事面膜无质量问题。屈臣氏在第一时间，用权威的专业鉴定结果向消费者澄清了事实，主动争取到了对事件的全局控制权，并以积极的姿态和严肃的态度赢得了更多消费者的信赖。

案例8-1

苹果供应商员工中毒事件

苹果公司是一家美国科技公司，主要进行智能手机和电子设备的研发、设计和生产。2008年，苹果在苏州的供应商联建科技先后有工人在生产车间出现四肢麻木、刺痛、晕倒等中毒症状。经过苏州第五人民医院鉴定为“正己烷中毒”。2009年下半年，该公司数十名工人因接触正己烷中毒入院，被当地职业病防治部门评为九级或十级伤残。

2010年2月21日，央视《焦点访谈》曝光联建科技员工正己烷中毒事件，舆论开始将矛头指向苹果公司，质疑“带毒的苹果”。2010年3月16—17日，苹果公司中国分公司召开新闻发布会，地点定在北京店，邀请消费者协会负责人，中央电视台、北京电视台、《人民日报》等主流媒体，以及部分苹果用户。会议期间，媒体记者依次进入会议现场，由工作人员分头向媒体记者介绍有关情况，公司负责人、消费者协会负责人和部分消费者代表也出席了会议。苹果公司相关领导向各位与会媒体记者说明此次发布会的相关背景和目的，针对苹果公司售后服务事件，在会上向消费者表明，苹果公司已经修改了售后服务协议，并且宣读苹果公司的售后服务协议，承诺将对中国用户提供全球一致的售后服务。公司负责人在发布会上，向消费者郑重地道歉，请求获得原谅，向消费者承诺，一定不会再发生类似的问题。在与会领导、嘉宾讲解完毕后，发布会进入自由提问阶段，由与会记者和部分受邀参加会议的消费者针对苹果售后服务展开提问，公司领导人及相关负责人针对消费者的投诉，耐心地进行了答复。在道歉结束后，公司向所有用户和记者发出监督检查的邀请。

18日，公司致函北京电视台、《扬子晚报》、《人民日报》等主流媒体，通报苹果公司调整售后服务协议的决定，让更多的用户知道这个决定。从3月18日到4月，公司安排相关人员时刻关注网络，浏览各大论坛、微博，根据网络动态决定下一步的行动；聘请较好的网络公关公司回帖，回击恶意留言，引导舆论走向；在苹果官网、微博、贴吧上及时通报公开的信息，向网民表达苹果对用户的歉意，希望网民给苹果一次改正的机会，表明苹果公司一直以来都很重视中国的用户，愿意在大家的监督中成长；时刻保持对用户舆论的关注，尽量降低负面影响，继续登报致歉。

2011年2月15日，苹果公司公布了2010年供应商责任进展报告，公司表示：“已证实所有受影响的员工均已得到治疗，我们会继续检查病例，直到他们完全康复。”这份报告公布之后，媒体对苹果的报道开始从一致的批判转为多元化。根据公众环境研究中心等调查机构在2019年的报告，公司供应商的137名员工的赔偿诉求仍未完全解决。有业界评论人称，面对媒体的质疑，苹果在短期采取了一定的措施，但是后续的处理略显单薄，这也许会对公司的品牌形象造成负面影响。

资料来源：张帆．毒苹果：谁的耻辱．中国经济时报，2011-03-03；伍君仪，王敏．“毒苹果事件”揭开幕后元凶神秘面纱．西部时报，2011-03-01；周斌．法律聚焦“苹果代工员工中毒”事件．人才市场报，2011-02-26；徐淼，霍玉菡，魏小央．苹果承认在华“毒工厂”自曝家丑仍难得人心．中国贸易报，2011-02-24；石述思．“毒苹果”的救赎．工人日报，2011-02-23；闫静．维权难仍是最大心结．中国应急管理报，2011-02-24.

（二）危机调查的内容

企业危机调查主要包括以下三个方面的内容：

1. 危机的经过调查。

企业工作人员进入现场，掌握危机过程的全部情况，包括危机爆发的具体时间、地点、周围环境、当事人员的反应等。

2. 危机的危害调查

了解危机的直接损失和间接损失程度。其中，直接损失包括危机造成的伤亡人数及情况，损坏的财物类型、数量和价值，以及危机对企业产品销售情况的影响等；间接损失包括危机所造成的企业形象受损以及员工士气低落等。一般而言，直接损失较为直观，也容易受到企业的重视；间接损失的调查则难度较高，往往被许多企业忽视，尤其是看不到危机对员工心理的负面影响。因而，企业通常会低估危机的危害性，致使危机处理不到位。通过调查，企业应确认危机涉及的受害者对象，包括直接受害者、间接受害者，调查危机对他们的影响程度和他们对企业的态度和要求。

3. 危机的原因调查

企业通常需要挖掘隐藏在危机背后的因素，才能发觉引发危机的真正原因，对此制订有效的危机处理方案，起到事半功倍的作用。在探寻危机原因时，除了要细致客观地进行现场调查外，还需听取受害者、现场反应者及旁观人的描述和表态。只要危机爆发的真正原因调查清楚，危机当事人各自所应承担的责任也就一目了然了。

案例8-2

三鹿奶粉事件对政府的考验

在2008年发生的三鹿奶粉事件中，我国政府在第一时间采取了一系列措施，以最快的速度应对并处理这一引起社会广泛关注的事件。

三聚氰胺“一石激起千层浪”

2008年3月，南京市鼓楼医院泌尿外科接收南京市儿童医院转来检验的10例婴幼儿泌尿结石样本，三鹿婴幼儿奶粉问题开始浮出水面。7月16日，甘肃兰州大学第二附属医院向省卫生厅做出报告，表示该院收诊的患肾结石的婴儿大为增加，且患病婴儿都食用过三鹿牌配方奶粉。7月24日，河北省出入境检验检疫局检验检疫技术中心检验了三鹿集团生产的16个批次的婴幼儿奶粉，发现15个批次的奶粉含有三聚氰胺。8月13日，三鹿集团封存了每千克含10毫克以上三聚氰胺的奶粉，三聚氰胺含量在10毫克以下的奶粉暂不停止销售，但将逐步退出销售市场。9月9日，媒体首次报道甘肃14名婴儿因食用三鹿奶粉同患肾结石。当天下午，国家质检总局派出调查组赶赴三鹿集团。9月11日，陕西、宁夏、湖南、湖北、山东、安徽、江西、江苏等地也出现类似案例的报道。当天，三鹿集团股份有限公司工厂被贴上封条。9月12日，联合调查组表示，调查组已确认“受三聚氰胺污染的婴幼儿配方奶粉能够导致婴幼儿泌尿系统结石”。同日，石家庄市政府对外宣布，三鹿集团生产的婴幼儿问题奶粉系不法分子在奶源收购环节中掺入三聚氰胺所致。

直面责任

9月1日，国家重大食品安全事故Ⅰ级响应启动，党中央、国务院迅速组建了应急处置领导小组。卫生部下发文件，要求各医疗单位免费医治服用过问题奶粉的患儿。9月16日，三鹿集团董事长田文华被免职。同时，石家庄市分管农业的副市长张发旺、市畜牧水产局局长孙任虎、市食品药品监督管理局局长张毅和市质量技术监督局局长李志国也被免职。9月17日，田文华被刑事拘留；石家庄市市长冀纯堂被免职。9月18日，国家质检总局发出通知，决定不再继续实施《产品免于质量监督检查管理办法》，并收回蒙牛等乳品公司获得的“中国名牌产品”荣誉。该通知还表示，国家质检总局不再直接办理与企业和产品有关的名牌评选活动。

9月22日，国家质检总局局长李长江引咎辞职。10月8日，卫生部等公布了乳及乳制品中三聚氰胺的临时限量：每千克婴幼儿配方乳粉中仅允许存在1毫克三聚氰胺。10月9日，国务院颁布《乳品质量安全监督管理条例》。

危机中的应对

为了避免该事件可能导致的社会恐慌，我国政府通过及时调查并公布权威信息，稳定了广大消费者的情绪，为事件的进一步妥善处理争取了时间。

事件爆发后，国务院及时启动了国家重大食品安全事故Ⅰ级响应，组建了卫生部牵头、国家质检总局等部门和地方政府参加的三鹿牌婴幼儿奶粉事件处理领导小组。其中，在得知有甘肃婴幼儿疑因食用三鹿牌婴幼儿奶粉患上肾结石的当日，国家质检总局即着手调查，抽样检测相关产品，并开展全国性的婴幼儿配方奶粉专项检查。

为全面救治患病婴幼儿，卫生部要求患病婴幼儿接受医疗机构的治疗，相关费用由国家财政负担。另外，卫生部还将上海公共卫生公益服务电话021－12320转设为全国婴幼儿奶粉事件健康咨询电话；消费者可通过咨询了解奶粉事件的就诊情况和医疗提示，从而正确疏导就医。

针对奶粉市场的乱象，国家质检总局连同其他机构全面检测了市场上所有品种的婴幼儿奶粉，责令不合格奶粉停止销售；国家工商行政管理总局下发文件，要求各地工商部门严格查处含三聚氰胺的液态奶，责令相关产品下架停售。

为迅速查实造成婴幼儿奶粉被污染的缘由，各地方政府和监管机构展开了婴幼儿奶粉产业链的全方位排查，涉及生产和奶牛养殖、原料奶收购、乳品加工等各环节。农业部门召集紧急会议，要求农业机关密切观察该事件对奶农和奶业造成的负面影响，并加强生鲜奶和饲料的质量安全检查；农业部共派出六个督导组，奔赴河北、内蒙古、黑龙江、河南、新疆、山东等6个省、自治区的基层养殖场、饲料厂、奶站、乳品企业和超市，了解和督导原料奶和乳制品的生产销售和经营管理工作。

各级政府对违法犯罪分子和相关责任人进行了严肃处理。2009年1月，石家庄中级人民法院做出判决，三鹿集团原董事长田文华被判处无期徒刑；生产销售含三聚氰胺混合物的张玉军被判处死刑，张彦章被判处无期徒刑；向原奶中掺入含三聚氰胺混合物并销售给三鹿集团的耿金平被判处死刑；生产销售含三聚氰胺混合物的高俊杰被判处死刑缓期两年执行，薛建忠被判处无期徒刑。

尽管三聚氰胺事件在政府的控制下逐渐平息，但我国的食品质量安全仍是广大群众最为关心的问题，也是各级政府需要下大气力解决的问题。此次危机不应仅是对政府的考验，更应该引起政府的深思。

资料来源：三鹿三聚氰胺奶粉事件全过程回放．(2009-01-01)．搜狐新闻；卫生部将021-12320增设为奶粉事件咨询热线．(2008-09-19)．新华网；国办要求进一步做好婴幼儿奶粉事件处置工作．(2008-09-20)．新华网；农业部：避免奶农杀牛倒奶现象出现．(2008-09-20)．新华网；王比学．人民时评：三鹿奶粉事件折射出政府危机处理能力．(2008-09-17)．人民网.

（三）危机调查的方式

危机调查的方式主要包括：

1. 现场勘察法

现场勘察法即通过对事发现场的实地勘察，了解危机发生的相关情况及其后果。为防止危机现场遭到破坏，危机调查人员应在最短时间内到达事发地点。

2. 询问法

询问法即通过直接询问危机的相关利益者来了解危机发生的过程、危害性大小以及造成危机的原因，询问的人群包括受害人、反应人员及旁观见证者等，在询问时要清晰明确地了解被询问者知道的事实和个人所持有的态度。询问法具体包括面谈、电话访谈、问卷调查等。

其中，面谈不但有利于双方顺利地进行沟通，而且能透过面谈人的神情、语气等感知到更多信息；但面谈耗费人力和时间，成本较高。电话访谈则具有速度快、成本低的特点，在极其注重时效性的危机处理中，其作用不容忽视，但该方法难以涉及较复杂的问题。问卷调查也可获得较为全面的信息，但其周期长、花费大，企业可利用互联网平台发放和收集问卷，以提升问卷调查的效率。

3. 观察法

观察法即企业工作人员不对外透露自己的身份和任务，仅从局外者的视角观察相关利益者对危机的反应，从而知晓他们的意见和态度，作为企业危机处理措施的决策信息。

4. 文献分析法

文献分析法即通过收集大众媒体对危机的报道及利益相关者对危机态度的报道，或者通过查阅企业已有的文件或凭证，了解有关情况，查找危机爆发的原因。

二、危机评估

（一）危机评估的主体

危机调查所取得的结果，需要由企业高层管理者和危机处理小组进行评估。因此，企业的高层管理者和危机处理小组的成员是危机评估的主体。危机评估中，企业高管层和危机管理小组的判断力和决断力起着关键作用。为了提升评估的准确度，企业可以从外部引入相关专家作为危机评估的主体加入危机评估工作。在完成危机评估的基础上，出台危机调查报告，对危机状况做出明确的判断。

（二）危机评估的作用

企业如果只是为了进行危机评估而评估是没有意义的，只会浪费资源和时间。只有将危机评估的结果应用于危机处理的实践中，才能获得实际收益，具有意义。一般来说，危机评估结果的作用有：

第一，评估结果可以确认危机的实际损失程度和危机处理措施的合理性，帮助企业有的放矢地制订出相应危机反应和恢复计划，使计划更具实际指导意义；帮助企业改进危机沟通和媒体管理工作，改善危机管理的机构设置；有助于企业完善资源的后勤保障工作，使危机处理得到更好的资源供应；有利于企业对预警系统进行更新和调整，提高危机预警能力；还有助于企业改进预控措施，使预控措施更为有效。

第二，企业可以利用评估结果判断危机未来演进的趋势，采取对人员和财产的保护措施，减少危机发生时可能造成的人员伤亡和财产损失。

第三，根据评估结果可以对企业的组织结构、组织文化、运营模式、人员配置以及管理方式进行改革，使其具有更强的预防和处理危机的能力。

第四，评估结果可以用来教育企业全体员工及管理者，帮助他们提高应对突发事件的意识，增强危机管理者的信息收集能力，并且有针对性地对他们进行培训，增加其预防和处理危机的技能和知识。另外，还可以将评估结果作为隐性知识的一部分，让企业全体人员共享。

（三）危机评估的基本原则

1. 危机评估的客观性原则

为了保证危机评估的客观性，企业可以聘请一些与危机事件无关的专家，如聘请危机管理专家、危机管理咨询机构的专业人员或者有关的技术专家（如化学家、财务专家、工程技术人员等）。因为危机管理工作人员通常已受到危机发生和发展进程中个人关注因素潜移默化的影响，带有一定的片面性，容易产生评估偏差；而且如果危机评估中出现与其原有看法不一致的结果时，他们也很难接受。

聘请的外部人员则不会受到既定观念的影响，较容易做出客观、公正的评估。原因在于：第一，局外人与危机评估没有利益关系。危机评估可能产生对处理危机的有关人员不利的结果。例如，如果评估结果认为反应人员在应对危机的过程中存在失职或决策失误问题，那么评估小组中的这些反应人员就会为自己辩解，或者不让这样的评估结果产生，而局外人则能避免这一问题。正所谓“当局者迷，旁观者清”，局外人能够从旁观者的视角觉察到局内人难以察觉的现象或问题。第二，专家能为危机的评估工作带来更有用的建议。专家可以利用他们所涉领域的渊博知识，结合危机的实际情况，为企业提供一些非常有用的建议。总之，尽管危机评估小组主要由一些对危机情况比较了解的内部成员组成，但为了保证危机评估的客观性，在评估小组中加入局外人也是必不可少的。

2. 危机评估的准确性原则

第一，为了获得危机评估所需的准确信息，企业可以采用背靠背的信息收集方法。在背靠背的信息收集方法中，信息收集者不知道谁提供了信息，信息提供者也无法获取其他信息提供者的信息。这一方式的优势在于，信息收集者能够收集到详细的信息内容，并得知人们内心的真实想法。由于不用担心遭到报复或得罪他人，信息提供者心理压力较小，故意隐瞒真实情况的概率大幅降低，企业因此更容易了解到事件中存在的问题。

第二，广泛、全面地收集信息。企业应调查所有与危机事件有关的人员，收集与危机事件有关的所有记录，并且进行实地调查。与危机有关的人员通常包括危机受害者、反应人员、恢复人员、领导者、受危机影响的员工、新闻记者、利益相关者以及社会公众。对上述人员应采用背靠背的信息收集方式，同时，针对不同人员的不同特点以及他们在危机事件中所扮演的不同角色，有重点地让他们提供相应的信息。例如，危机的受害者可以提供的信息有：危机情景的描述、危机事件中心的描述，以及危机反应措施是否及时、恰当等。反应人员可以对危机应对过程中的资源供应和配置提出问题，总结反应过程中的经验。另外，企业在日常管理中会有各种各样的记录，只要没有丢失或破坏，那么这些记录都可以作为危机评估的有用资料。例如，在发生空难时飞机上的黑匣子就是非常重要的资料，凭借黑匣子中的数据可以分析飞机失事的原因。

3. 危机评估的实效性原则

在危机事件的处理过程中，对于企业调查到哪些第一手资料、进行了怎样的分析、做出了什么样的决策、采取了什么措施等一系列问题，都要真实准确地进行分析和总结，以便从中找出可行的处理问题的规律。另外，在评价危机管理的成功与失败时，应该以在危机处理过程中损失的降低程度、公众的满意程度以及对社会造成的不良影响的最低程度为危机管理实际效果的基本评价标准。

（四）危机评估的主要内容

危机评估应涉及危机管理的全部内容，需要对危机管理的整个过程重新审视、认真分析，以便发现问题、改正问题。具体而言，危机评估的主要内容包括危机管理的架构、计划、预警、沟通、媒体管理以及处理措施。

1. 对危机管理架构的评估

这部分评估主要检查危机管理架构体系是否能够达到结构设置的目的，能否尽早察觉危机并给予反应，架构体系设置是否需要调整及如何加以调整；企业的组织文化是否适应危机管理的需要，如果不适应则需要进行怎样的改进；危机管理者得到的资源是否充足，部门间的配合情况如何，是否应该给予危机管理者更多的可控资源或者赋予管理者更大的权力；危机管理小组是否充分发挥了应有的作用，人员的组成是否合理以及应如何改进危机管理小组的组建和运作；危机处理知识和技能的培训是否能够提高危机处理的有效性，需要对培训进行哪些改进。

2. 对危机管理计划的评估

这部分评估主要检查企业是否为发生的危机制订了危机管理计划。如果没有，则需考虑是否忽视了这种危机的重要性，并分析忽视这种危机重要性的原因，而且需要确定是否有必要对所有危机风险的重要性重新进行评估。如果企业已经制订了危机管理计划，就应分析该计划是否为危机管理工作提供了有用的指导。如果该计划的作用不大则应找出原因，并且根据危机管理的实际经验和教训对危机管理计划进行改进和调整。

3. 对危机管理中预警工作的评估

这部分评估主要考察危机是否能尽快识别出来，应采取何种措施来加强对危机的识别；企业危机预警系统是否能够及时对危机给出警报，危机预警制度是否有改善之处；企业是否足够重视预警警报，应当怎样提高员工对警报的重视程度；企业是否采取了适当合理的危机预控措施，是否准确估计了危机发生概率，是否应对不同类型的危机实施新的预控措施。

4. 对危机管理中沟通工作的评估

这部分主要从内部和外部两个方面对危机沟通工作进行评估。首先，企业的内部沟通是否顺畅，存在哪些问题，这些问题对危机产生了怎样的影响，可以采取哪些措施予以纠正。其次，企业的外部沟通中哪些是有效的，哪些是欠缺的，分析其中的原因并提出相应的改进措施。具体而言，企业需要评估在危机发生过程中的信息获取和信息沟通是否全面有效，可以采取哪些措施予以改进。沟通中的“噪声”影响有哪些，该如何消除或减轻“噪声”的影响。沟通设备的运作是否正常，需要修理或重新购置哪些设备。

5. 对危机管理中媒体管理的评估

在这部分内容中企业要评估向媒体传递的信息是否合理，能否满足媒体的需要，双方之间是否存在冲突，应如何改进与媒体的沟通。具体来说，企业需要考虑在危机中对媒体记者的管理是否有效，媒体记者是否妨碍了危机处理，企业应如何做好对媒体记者的管理。另外，企业还应调查媒体管理部门是否有效地履行了其传播职能，新闻发言人是否合格，是否应该更换新闻发言人，或者应该为新闻发言人提供哪些培训以提高其技能。

6. 对危机管理中处理措施的评估

在这部分内容中需要评估危机爆发后企业的反应是否迅速，能否进一步提高反应速度。如果行动迟缓则需要分析其中的原因，并提出相应的改进措施，以避免不应有的连锁反应。企业还应评估危机中哪些损失是可以避免或减少的，应采取何种举措来避免或减少这些损失。

思考题

1. 危机调查的特征有哪些?
2. 危机调查主要包括哪些内容?
3. 可以运用哪几种方式进行危机调查?
4. 在进行危机评估时应把握哪几项原则?
5. 危机评估的主要内容是什么?

课后案例讨论

小黄车的起与落

2014 年，戴威刚刚创立小黄车时，也许没有想到接下来要面临的跌宕起伏。从一个点子出发——“无桩单车共享”，将人们闲置的自行车共享给他人使用并收取租金，为闲置资源提供使用通道——公司越做越大，投资也越来越多，用户规模不断扩张，小黄车一路狂奔，直到梦幻的破灭。

开局顺风顺水

功夫不负有心人。戴威与同学在校园里大力宣传共享单车模式，小黄车正式上线第 2 天，公司就获得了 300 单用户。这使戴威和他的团队欣喜若狂，不过更值得激动的事情还在后面。到了第 3 天，订单数量达到 500 单。上线第 10 天，订单数量达到 1 500 单。到 2015 年 10 月，仅北京大学的单校日订单就超过 4 000 单。“投放车辆＋订单快速增长”的模式不断被复制，先是布局北京的中国人民大学、中国地质大学、中国农业大学、北京语言大学、北京航空航天大学，在拿到金沙江创投的 1 000 万元 A 轮融资之后，小黄车大量从自行车生产厂家订货，又进入了北京其他 20 多所高校和武汉、上海、天津等城市的校园。在戴威看来，一切都顺风顺水。

瓶颈与突破

到 2015 年 12 月，小黄车的日订单已经达到 2 万多单。然而，到 2016 年 4 月，在公司投放了原来 5 倍的自行车之后，日订单竟然还保持不变，平均每天依然只有 2 万多单。公司在开会分析后得出结论，原来，大量的自行车存在外流出校园的现象。小黄车联合创始人杨品杰回忆说：“比如，同学骑车出去买个东西，就不骑回来了，我们得找人往回搬，但架不住每天都有人往外骑啊，还是个净流出的状态。”小黄车的创始团队对此问题展开了激烈的争论，最后，公司 CEO 戴威决定封校，即小黄车只能在校内使用。封校政策发挥了作用，小黄车的日订单数从 2 万多单直接提升到 8 万单，到 2016 年 5 月 17 日，订单数突破 10 万单。5 月 26 日，小黄车获得了经纬中国领投的 B 轮融资。2016 年 9 月，各大高校一开学，小黄车的日订单数迅速涨到 40 万单，公司的收入也随之涨到每月 1 000 多万元。

就在小黄车沉浸在封校政策带来的巨大收益后，公司发现在城市街头骑着摩拜单车的人越来越多。一个多月前，摩拜单车宣布进入城市市场，这使戴威开始反思当初的封校政策。戴威认为，再这么下去，公司可能会失去进入城市的绝佳时机。2016 年 11 月，小黄车正式启动城市服务。2 周后，日订单数超过 150 万单，成为继淘宝、京东、滴滴等互联网巨头之后中国第9家日订单过100万单的互联网平台。12月，小黄车进军海外，在美国旧金山、英国伦敦、新加坡开始运营。以下数字足够说明其令人目眩的扩张速度：2016年10月，小黄车只有6万多辆单车，8个月后，这个数字扩大了100倍。

扩张梦的幻灭

随着公司越来越大，问题也暴露出来。“公司几十个人的时候，大家一块出去吃个串儿喝个酒就把会开了，现在我们光总部就有600多人，不能再凭热情凭感情就让它得以最高效运转，只有组织制度的建立才能提供基础的安全。不过现在因为扩张速度快，制度设计上还是会落后。这是非常痛苦的，就像长个儿的时候腿疼一样，因为你长得太快了。”戴威说道。2018年9月，因拖欠贷款，小黄车被凤凰自行车起诉。同月，有网友反映，在使用小黄车App时，无法退还押金。10月27日，又有媒体披露小黄车退押金周期再度延长，由原来的1～10个工作日延长至1～15个工作日。2018年10—11月，小黄车被北京市第一中级人民法院、北京市海淀区人民法院等多家法院列入被执行人名单，涉及执行标的超5 360万元。至少有9家公司因为合同纠纷将小黄车告上法庭，涉及物流运输、房屋租赁、拖欠贷款等多种事由，虽然部分案件已达成和解，但仍有多起案件还在审理之中。此外，小黄车还涉及多起劳动合同纠纷。公司CEO戴威被北京市海淀区人民法院正式列入“老赖”名单。

此外，还有一则小黄车“押金秒退”的消息在微博上发酵。有网友在网络上声称，自己通过假扮外国人用英文给小黄车写了一封投诉邮件，希望小黄车能够尽快退还押金，这封信发出后没多久，小黄车就给该用户退还了押金，同时，还用英语给他回复了一封道歉信。该事件曝光后，小黄车因为退押金的事被推上了舆论的风口浪尖。

2019年1月21日，小黄车欠款总额超过1.41亿元，至此，小黄车已经无力回天了，从200亿元的估值到全线溃败，戴威也从富豪榜上35亿元的身价跌到列入“老赖”名单。而公司仍有800万用户在排队等候押金的退还。

资料来源：陈邓新．ofo还欠的40多亿元该怎么还．(2019-10-19)．亿欧；谢诚，郑馨悦．百年品牌押注共享单车惹祸 上海凤凰计提ofo坏账逾4 000万元．证券日报，2019-04-23；丁晓东．ofo，怎样才能拿回我的押金?．IT时报，2019-03-08；李乔宇．ofo半个月退24万户押金 顺丰申请冻结公司账户或先拿钱．证券日报，2019-01-03.

▶ 结合案例内容，试回答以下问题：

1. 在公司发展的不同时期，可以做哪些调查来避免之后的危机?
2. 在公司发展的不同时期，可以运用哪些评估方式来避免之后的危机?

第9章
危机处理策略

每临大事有静气，不信今时无古贤。

——翁同龢

在成为一个领导者的潜质中，处理危机能力占15%，成功的领导必须具有炉火纯青的危机处理艺术。

——史蒂芬·柯维

学习目标

- 明确危机中止策略的含义；
- 掌握危机隔离策略的两种情形；
- 明确危机消除策略的含义。

引　例

双汇与“瘦肉精”风波

双汇的发展与壮大

双汇集团总部位于河南省漯河市，是一家以肉类加工为主营业务的大型食品生产集团。作为业内首屈一指的企业，双汇集团拥有年屠宰生猪2 000万头，肉类加工300万吨的生产能力。每天借由双汇集团的配送渠道送往全国各地的肉类产品多达8 000万吨。2010年，在中国500强企业的排行中，双汇集团名列第160位。

在企业的发展过程中，双汇集团非常看重跨地域经营，在全国12个省、区、市建有现代化的肉类加工生产基地，而公司的配送网络更是延伸到了全国31个省、区、市。作为跨区域经营的重要成果，双汇集团于2008年投资9 000万元成立了全资子公司——济源双汇食品有限公司，之后又对其进行增资，使该公司的注册资本达到了2亿元。在济源双汇建成投产后的第二年，公司就完成了屠宰生猪26万头的生产目标，这一数字占集团总屠宰量的2.16%。

屡遭禁用的瘦肉精

瘦肉精是一类药物，指能够促进瘦肉生长的药物添加剂。所有能够促进瘦肉生长，抑制肥肉生长的物质都可以称作“瘦肉精”。瘦肉精摄入过量，将直接导致人体急性中毒。临床表现主要有：话多、心动过速、过度兴奋、心慌手抖等。健康的成年人如果得到及时医治，问题不会太过严重；但如果中毒的人本身患有心脑血管等方面的慢性疾病，瘦肉精中毒就有可能致命。

瘦肉精在上海曾经导致了几百人的中毒事件。由于西方社会一般不消费动物内脏（内脏尤其是肝脏会残留瘦肉精），因而，美国、加拿大以及新西兰等国家允许使用瘦肉精这类物质。在中国，通常意义上所讲的“瘦肉精”，是指克伦特罗——该物质曾经作为一种治疗支气管哮喘的特效药物用于临床治疗，后来，正是由于其副作用太大而遭禁用。另外，沙丁胺醇、特布他林等药物也可以实现“瘦肉”的效果，但是，由于该类物质对人体健康危害过大，因而在全球遭到禁用。

瘦肉精风波下的“万人职工大会”

2011年3月15日，央视率先曝光了双汇集团旗下济源双汇食品有限公司收购并加工出售瘦肉精猪肉的事件，引起了市场的高度关注。当天下午，隶属于双汇集团的上市公司双汇发展的股票跌停。而对此，双汇集团表示集团并不知情，并将立即调查济源瘦肉精事件。由此，双汇瘦肉精风波正式升级。

面对突如其来的瘦肉精事件，双汇集团于3月16日正式发布致歉声明，向全国消费者道歉，同时责令子公司济源双汇停产整顿自查。3月17日，双汇集团再次就瘦肉精事件发表声明，双汇集团明确提出，将召回由济源双汇生产并销售的肉类产品。同时，集团已对济源双汇的相关负责人进行处罚，将该公司的总经理、主管副总经理等相关人员免职。3月23日，双汇集团召开全国经销商视频会议，共邀请相关人员4 000多人。会议以应对下架危机，重新启动市场为主题，向经销商征求建议。两天之后，为了安抚同处艰难困境的供应商，双汇集团又召开了全国供应商视频会议。3月31日，双汇第三次召开会议，主要对象为企业内部员工。双汇集团所有管理层成员、漯河本部员工、经销商代表以及部分新闻媒体代表等共万人出席了会议。在会上，双汇再次致歉，并向全社会公开整顿举措。

双汇集团的一系列举措赢得了上下游企业的理解，参加会议的供应商、销售商更多地表达出对双汇的信任和支持。其中，一位来自吉林的经销商甚至在会议过程中激动地喊出了“双汇万岁!”的口号。但是，该大会并没有消费者参加，有专业人士认为，这场大会实为公关公司的手笔。

瘦肉精使双汇“瘦身”

3月15日，双汇集团旗下的上市公司双汇发展的股票跌停，当日集团市值蒸发103亿元；据保守估计，本次瘦肉精事件直接影响集团销售额15亿元；而济源双汇处理肉制品和鲜冻品直接损失预计3 000多万元；由于公司决定对每头生猪都进行检查，全年预计增加检测费3亿多元。在事件过去两个星期之后，有报道指出，虽然在上海的数家超市中，双汇牌肉类制品还在继续销售，但深陷瘦肉精风波的“双汇冷鲜肉”已难觅踪影，行业中甚至出现了之前经营双汇牌冷鲜肉的店铺改换店名的情况。在北京市场，随着瘦肉精事件的爆发和蔓延，京客隆、超市发等北京本土超市已陆续下架部分双汇产品，仍然在售的双汇肉类产品也出现滞销。

2011年8月，双汇集团公布旗下双汇发展公司的半年报。在报告期内，双汇发展生产高低温肉制品共计33.15万吨，比上年同期下降28.44%；屠宰生猪114.54万头，比上年同期下降 37.93%；销售高低温肉制品 62.97 万吨，比上年同期下降 21.27%；销售鲜冻品 32.08 万吨，比上年同期下降 33.30%。此外，双汇的品牌形象还受到巨大伤害。

走出瘦肉精的阴影

此次瘦肉精危机使双汇集团意识到，必须解决供应链上猪肉流入的问题。对此，自危机爆发之后的第二天，即 3 月 16 日起，双汇集团对肉类产品的检测改为更严格的“逐头检测”，以确保集团产品的安全性。

从企业治理的角度而言，本次瘦肉精事件的直接原因在于双汇集团内部管理上存在重大的漏洞。为此，在“万人职工大会”上，双汇集团与中国检验认证集团签署战略合作协议——双汇集团希望通过引入独立的第三方监管机构，提升集团的内部管理水平，防止瘦肉精事件等类似事件再次发生。

在商业战略上，双汇集团开始向产业链上游扩张。在本次事件之前，双汇集团年屠宰的 2 000 万头生猪中，产自双汇自营养殖场的仅为 30 万头，巨大的需求缺口使得双汇集团必须依赖外部资源实现供给与生产之间的平衡，而外部生猪质量则难以保证。为了解决这一问题，双汇集团计划建立一个年生猪出栏量 100 万头的养殖场，逐步减少生猪的对外依赖性。

双汇集团的案例证明，只有真诚地道歉、积极地查处、及时地补救、主动地改进，才能挽回公司声誉；只有履行企业的社会责任，才能最终赢得消费者的理解，重新获得消费者的信任。

资料来源：双汇万人职工大会应对瘦肉精危机．(2011－04－01)．人民网；双汇董事长就瘦肉精事件向消费者致歉．(2011－04－01)．新浪网；双汇发展因“瘦肉精”冲击净利重挫八成．肉类工业，2011 (9)；央视调查“健美猪”黑色产业链 双汇被曝收购“有毒”肉．(2011－03－16)．中国食品产业联盟.

古人云：“智者千虑，必有一失。”企业的成长与发展不可能是一帆风顺的，偶尔遭遇困境、经历危机也是情理之中的事情，关键在于企业怎样面对危机，如何处理危机。选择适当的危机处理策略，有助于改善危机处理的效果，减少危机的危害程度，甚至还可扭转局面并扩大企业的知名度①，促使危机转变为商机。企业常规的危机处理策略，包括危机中止策略、危机隔离策略、危机消除策略和危机利用策略四种。危机利用策略非常重要，将在下一章专门探讨。

一、危机中止策略

一旦危机事件爆发，政府以及媒体都会在短时间内介入，企业此时的任何举动都会受到公众的关注。而如果企业不作为或者推卸责任，将会导致危机事件的影响力和破坏性进一步增强。所以，危机发生后的第一时间，企业就应做出反应，采取措施以控制事

① 刘凤军．品牌营运论．北京：经济科学出版社，2000：89.

态的发展，防止事件扩大。[①] 如果危机事件的根源在于企业的产品质量问题或者生产过程造成的污染等问题，企业就应立即实施中止策略，即停止销售并立刻回收产品、关闭有关工厂或分支机构等，主动承担相应的损失，防止危机进一步扩散。

例如，我国香港的维他奶公司在欧洲市场发生产品变酸事件之后，公司立即回收并销毁了当地市场上的全部产品，并请权威的研究机构进行化验，证明产品变酸是由少量无害细菌导致的，并不影响健康。为此，维他奶公司花费了 6 600 万港元的处理费用，相当于公司半年的利润，但维护了公司的形象。

再如，2008 年 9 月我国爆发了婴幼儿奶粉三聚氰胺事件。患病婴幼儿因为在不知情的情况下食用含三聚氰胺的奶粉，产生肾结石。中国奶制品企业爆发了一次大规模的信任危机。国家质检总局正式公布了奶粉中含三聚氰胺的 22 家乳品企业名单，其中三鹿奶粉首当其冲。一时间，人们“谈奶色变”，乳品企业的社会形象降至冰点。其中，蒙牛乳业三个批次的婴幼儿奶粉被检出三聚氰胺超标。9 月 17 日，蒙牛向消费者致歉并做出三大承诺，表示公司将立刻停产整顿相关产品的生产线，确保不再发生类似事件。同时，蒙牛还迅速调查事件的源头，发现是不法奶农在原奶里掺假。9 月 27 日，新华网刊登了名为《内蒙古拿出亿元资金稳定奶源基地》的专题报道，报道指出：“为了切实保障奶农利益，帮助奶农渡过难关，内蒙古自治区政府决定，拿出 1 亿元资金，重点支持伊利、蒙牛两大企业稳定奶源基地。”针对企业遭遇的信任危机，蒙牛集团总裁杨文俊介绍说，为了避免类似情况的再次发生，蒙牛已调整了检测程序，有效地缩短了原奶检测所需的时间，在更大范围内对集团奶源质量进行检测和监控。为此，蒙牛集团已经陆续投入 9 000 万元，用于购置相关检测仪器和配套药品，而这高昂的投入费用更加彰显了蒙牛消灭问题牛奶的决心。

案例 9-1

圣元化解“致死门”危机

2012 年 1 月 11 日，江西省都昌县一对龙凤胎一死一伤的消息引起了媒体的关注。根据媒体的报道，这对龙凤胎被怀疑因食用了圣元优博奶粉出现了严重的不适症状，进而导致死伤。就在这一事件爆出前不久，圣元奶粉刚刚经历了“激素门”事件，而此次“致死门”事件再次将圣元推上了风口浪尖。对于圣元奶粉而言，如何更具说服力地澄清事实，如何揭示事件的本质，乃至是否需要对死伤婴儿及其家人进行赔偿，成为摆在企业面前的难题。

“致死门”危及圣元

2012 年 1 月 7 日，当婴儿夭折后，家属就找到了销售奶粉的超市和圣元奶粉在当地的经销商，由此，圣元“致死门”事件被引出。1 月 10 日，由于不满超市和经销商的解决方案，死者家属在超市门前停尸问责，圣元乳业江西分公司得知这一情况之后，主动向当地工商部门和公安部门报案，“致死门”事件进一步升级。随后，圣元发布声明称，将会积极地配合相关部门进行相应的调查，而公司也会及时向外界公布调查结果。1 月

① 王红丽，崔晓明．你第一时间选对核心利益相关者了吗？．管理世界，2013（12）：133-144．

12日，圣元公布导致“致死门”事件的产品批次的出厂检验报告，报告显示，该批次奶粉的所有检验项目结果均为合格，不存在威胁婴幼儿身体健康的质量问题。圣元国际董事长张亮表示，圣元对受害者的家庭表示深切的同情和慰问，同时，他坚信，该事件属于孤立事件，与圣元产品质量无关。张亮同时补充道，圣元乳业已决定不召回公司的任何一款产品。就在圣元公布事件检测报告的第二天，第三方质量检测结果出炉，该报告同样证明圣元奶粉不存在质量问题。之后，九江市都昌县政府就此结果发布公告，江西省电视台也就此事专门采访了都昌县工商局局长，圣元“致死门”事件真相因此得以澄清。

圣元直面“致死门”

在“致死门”事件爆发之初，死者家属在超市门口停尸问责时，圣元乳业江西分公司便做出了快速的反应：一方面，公司主动向当地工商部门和公安部门报案，向其反映情况，并配合工商部门进行相关乳品的取样和封存工作；另一方面，公司在对婴儿的死亡表示惋惜和同情之外，承诺将检验结果公布之后，承担企业应负的责任。

在事件的调查过程中，圣元乳业借助多种途径传递出相同的声音，以避免说辞不统一产生的误会。在事发后的第二天，圣元乳业的生产部门负责人表示，对于本次事件，公司将会设立专门的新闻发言机构，统一向外界发布消息，生产部门对此事件不做单独的评论。同时，圣元乳业也对外承诺，所有关于该事件的最新进展情况，公司将会在其官方网站上发布。

事实胜于雄辩

从1月7日“致死门”事件发生，到1月11日该事件被媒体曝光，圣元组织相关力量，在4天时间内获得检测结果，并借助媒体和政府的力量及渠道将结果公之于众，为平息本次事件提供了最有力的证据。

在此之前，很多企业在遭遇危机之后，往往在第一时间为自己辩解，试图逃避、推卸责任，或者凭借企业的一己之力向消费者、媒体以及公众澄清事情真相，而圣元在应对本次“致死门”事件时提出了完全不同的解决思路：一方面，圣元乳业第一时间对外宣称圣元奶粉不存在质量问题，并于事件被媒体曝光后的第二天，通过公司官方网站公布产品质量检测结果；另一方面，公司积极借助外部权威主管部门或者机构的力量来为自己验明正身。另外，在处理此次事件的过程中，圣元乳业对于媒体和政府的作用予以高度的重视，积极通过媒体和政府的资源向消费者和公众澄清事件的真相。在权威的第三方检测结果出来后，圣元乳业通过当地媒体和政府的力量，对检测结果进行了公开宣传，获得了公众的理解和信任。

信心与策略兼具

在此次事件的处理过程中，圣元积极联络公安和工商部门，在事件调查过程中发布的一系列言论中，展现出相当的自信。负责处理本次“致死门”事件的圣元相关人员在接受媒体采访时表示，“造成婴儿死亡是一件很严肃的事情”，“圣元对于婴儿死亡的原因予以高度的关注，在政府和权威部门的相关结果出来之后，如果圣元的产品存在安全隐患甚至安全问题，圣元将承担相应的责任，绝不推卸”。

在此次事件的处理过程中，圣元还不断根据势态的变化，适时调整策略。在事件原因尚不明朗之时，圣元通过声明宣称："公司已对同批次产品留样自检，自检结果显示，产品微生物指标完全符合国家相关标准。加上本月12日的产品追溯核查，我公司已完成全部的自查工作，检测结果再次说明'都昌男婴死亡事件'与圣元产品没有关联。"在事情真相逐渐明朗后，圣元还进行了相关公关措施。公司在其官方网站上引用九江市都昌县政府所发布的新闻称，关于圣元奶粉的权威质量检测结果已出，检测显示圣元奶粉质量合格，与都昌婴儿之死无关。此外，圣元集团还在网易、新华网等大型网络媒体上刊发一系列正面宣传文章，澄清事情真相，证明自己的清白，尽可能消除本次"致死门"事件的后续影响。

至此，圣元"致死门"事件画上了一个圆满的句号，但这一事件却警示着其他企业不断思考：对于危机的出现是否已做好了准备？企业如何才能做得更好？

资料来源：伯建新．解读圣元乳业"致死门"的危机公关．(2013-09-14)．全球品牌网；圣元奶粉"致死门"续：官方称死因系捂热综合征．新京报，2012-01-14.

二、危机隔离策略

危机的发生往往具有"涟漪效应"，如果不加以控制，危机影响的范围将不断扩大。隔离策略旨在将危机的负面影响控制在最小的范围内，避免造成更大的人员伤亡和财产损失，殃及企业其他的生产经营部门或相关公众。隔离策略主要有以下两种情形：

1. 危害隔离

危害隔离即对危机采取物理隔离的方法，使危机造成的财产损失控制在一定范围之内。比如，火灾发生之后，采取果断措施切断火场，以免"城门失火，殃及池鱼"。对于多元化经营的企业，在某一产品线发生信誉危机之后，应采取有效的隔离措施，避免对其他产品线造成不利的影响。

2. 人员隔离

危机发生后，应进行有效的人员隔离，由首席危机官负责的危机管理小组调配人力资源来处理危机，让其他人继续从事企业正常的生产经营活动，以防止危机对企业正常的生产经营活动造成冲击，使企业的市场被竞争对手所侵蚀。

企业在隔离危机时，要了解危机不能有效隔离的各种原因，再有针对性地采取相应的措施。危机不能有效隔离的原因主要包括：危机处理不当、危机处理不力、存在无法控制的客观因素。

(1) 危机处理不当。危机处理不当是指危机反应人员采取了不恰当的危机反应行动，使本来不应该受到危机影响的领域也受到了危机的影响。一般而言，危机事件本身并不能影响这些领域，但企业的危机管理不当，将危机事件引向了这些领域。这些领域通常包括组织中未受危机影响的正常工作、新闻媒体以及公众形象等。

发生危机时，企业需要将正常工作与危机管理工作区分开来。企业在进行危机管理的过程中，一方面要做好正常的工作，尽量避免因应对危机而对正常的工作产生影响。然而危机来临时，不少企业的高层管理者难以兼顾危机管理和组织的日常管理工作。因此，企业一把手可以在危机管理和其他的日常管理工作中择一亲自负责。

如在应对泰诺胶囊引起的中毒死亡事故时，强生的董事长伯克任命副董事长科林斯全权处理危机。得到授权的科林斯在几位主管的配合下，每天专职处理危机，而公司的大部分员工依旧处理着公司的正常业务，强生公司的每一位员工，无论来自哪一个国家，都能定期收到公司危机处理的进展报告。

（2）危机处理不力。危机处理不力是指企业在应对危机的过程中采取了一些并非十分有效的措施，导致危机蔓延和一系列连锁反应，使危机影响到更为广泛的领域。这些连锁反应往往处于危机有可能影响到，但只要采取有效行动就可以免遭影响的领域，因而在危机处理前期，企业就需十分谨慎、通盘考虑。

（3）存在无法控制的客观因素。无法控制的客观因素是指由于危机的能量很大，或者是应对危机的资源无法在危机反应时获得，危机不能被有效隔离。在危机处理的过程中，这一部分因素是危机管理人员所难以驾驭的，因而也无法应对。为了杜绝此类因素的干扰，企业可以通过积极的危机预防和危机开始阶段的有效行动，来减少危机应对中的不可控因素。例如，在危机开始阶段采取降低危机爆发强度的措施，在危机日常管理中储备更多的危机反应资源等。

三、危机消除策略

消除策略旨在消除危机所造成的各种负面影响，这种负面影响既可能包括物质财富上的损失，如企业生产场地遭到破坏、产品大量积压等，也可能包括精神上的损失和打击，如员工士气低落、股东信心不足、企业形象受损等。

例如，“9·11”事件以后，美国通用汽车受到沉重的打击，北美地区销售额一度下挫 40%。在事件的发生地纽约，一段时间内竟无一人购车。为了扭转销售颓势，通用汽车顺应“9·11”事件后美国民众中激发出来的空前高涨的爱国热情，不失时机地提出了“让美国继续转动起来”这一极富感情色彩的口号，在媒体上大做广告。同时，公司考虑到“9·11”事件后的特殊情况，制订了新的促销方案，对所有车型实施零利息贷款购车的优惠政策。情感与实惠的双重功效，使得世界汽车业排名第一的通用汽车的销售量很快恢复增长，并带动美国汽车工业在 2001 年第 4 季度增长了 14.4%。

2017 年，大众汽车宣布召回 180 万辆汽车，成为当年的重要新闻。召回的车型涉及一汽大众汽车有限公司 2007 年至 2014 年生产的部分迈腾、2009 年至 2014 年生产的部分大众 CC；上海大众汽车有限公司 2011 年至 2015 年生产的部分帕萨特。另外，约 1.9 万辆进口车型也在召回范围。此前，国家质检总局曾经多次接到消费者对此问题的反映和投诉，网上诸多媒体也满是大众汽车设计存在缺陷的报道。为了避免事件进一步升级，大众汽车以诚恳的态度采取积极的召回策略。此前 2015 年，大众曾被曝出“柴油门”事件，这次召回使得企业的形象在消费者心中有所提升，一定程度上消除了上次危机带来的负面影响。

案例9-2

星巴克品牌危机

"黑色"星期四

2018年4月12日，星期四，一家费城的星巴克门店经理报警了，要求警方将正在咖啡厅等候但是并没有购买任何东西的黑人赶出去。这一幕正好被其他顾客用手机拍了下来，并上传到了社交媒体上。

可想而知，视频以极快的速度传播开来，短短数天浏览量已经超过900万次，并且出现了网上的大规模抗议活动。事件的广泛传播和不断升级引起了主流媒体的关注，警方也开始介入调查。转眼，星巴克已经身处舆论的猛烈声讨当中了，一些网民还呼吁抵制星巴克。

周末，星巴克首席执行官凯文·约翰逊（Kevin Johnson）发表对合伙人和顾客的公开信，对这种"扎心"的事件表示难过。费城警察局局长则在社交媒体脸书（Facebook）上强调，警察并没有做错任何事情。他声称，当时他们接到咖啡店店员报警，称两名黑人男子想要使用他们的卫生间，但因为没有购买任何东西被拒绝，之后两人一直没走，店员认为他们涉嫌非法入侵。然而，两名男子在社交媒体上声称，他们只是在等朋友到了再点餐。

出面道歉

4月15日，黑人权益问题积极分子阿萨·哈利夫（Asa Khalif）在费城星巴克门店外举行抗议活动。在巨大的压力之下，那名报警的星巴克经理也在警方调查之前离开了门店。

4月16日，凯文·约翰逊出现在《早安美国》节目中，他说这名经理的行为是严重错误的，应该受到谴责。在随后的主持人谈话栏目中，主持人表示对他的坦率印象深刻。他还指出，他希望当天与两位被赶出星巴克门店的朋友见个面，好好道个歉。此外，他还接受了费城许多其他媒体的采访。

4月17日，凯文·约翰逊进一步宣布，公司将于5月29日下午关闭所有的8 000家美国星巴克门店，开展关于杜绝"种族偏见"的培训。在他的同一份声明中，他还指出这只是一个初步的行动，后续还会与前总检察长埃里克·霍尔德（Eric Holder）和反诽谤联盟以及其他社会公益组织合作，共同抵制和预防不当行为的再次发生。当天，美国警察发布了事件的调查报告。

4月18日，星巴克执行董事长霍华德·舒尔茨（Howard Schultz）说他十分"羞愧"和"尴尬"。4月19日，两名被捕的黑人男子向美联社发表讲话，并出现在《早安美国》节目中，表示他们正在寻求事件的"改变"。5月2日，经过大半个月的协商，最终星巴克与两名男子达成和解。星巴克将为两名男子提供精神损失和解费。

恢复品牌形象

关闭8 000家门店，并让17.5万名员工接受培训以防止类似事件的发生，包括赔偿给两名黑人男子的损失费，虽然使得公司暂时摆脱了舆论的谴责，却让公司在财务上遭受了巨大的损失。星巴克意识到，相对于紧急培训，平时的员工教育更为重要。有评论人士说道，未来星巴克也许将面临更为严峻的形势，如何在合伙人制度下，对这么多家门店的员工进行统一化、常态化的培训，是对星巴克管理能力的重大考验。

资料来源：党超峰．星巴克再爆种族歧视？黑人男子借厕所遭拒 白人男子却获准．(2018 - 04 - 17)．中国日报网．Stevens M. Starbucks CEO Apologizes After Arrests of 2 Black Men. The New York Times，2018 - 04 - 15；Siegel R，Horton A. Starbucks to Close 8 000 Stores for Racial-bias Education on May 29 After Arrest of Two Black Men. The Washington Post，2018 - 04 - 18；Gathright J，Sullivan E. Starbucks，Police and Mayor Respond to Controversial Arrest of 2 Black Men in Philly. NPR News，2018 - 04 - 14.

思考题

1. 什么是危机中止策略？
2. 危机隔离策略有哪几种情形？哪些因素会影响危机的隔离？
3. 企业应如何消除危机造成的影响？

课后案例讨论

肯德基鸡肉供应风波

2018 年，肯德基在英国“变味”了。当时的人们是这么说的：“从来没有吃过这么难吃的炸鸡，莫不是他们使用了过期的鸡肉?”到了 2 月，很多肯德基店在英国的业务彻底关闭。这段插曲最早要追溯到 2017 年 10 月份，当时肯德基取消与其上游的食品配送专业公司——彼得韦斯特（Bidvest Logistics）的合作，转而与敦豪公司（DHL）签订了新的长期合作协议，后者以送货上门服务而闻名。

肯德基和敦豪公司在联合声明中称：“我们将会大力关注创新、质量和可靠性，并对英国食品服务供应链进行革命。”然而，在接受配送管理工作的几周内，整个运送系统就崩溃了。敦豪在英国只有一家处在格拉比地区的运营中心，难以对分散在英国各地的特许经销商实现准时交货。截至 2 月 16 日，肯德基餐厅的主要原料已经售罄，其中包括鸡肉。情况进一步恶化，在接下来的一周里，数百家餐馆被迫关门。此时，全球新闻媒体都在报道这一事件，播放愤怒的顾客抱怨被迫去汉堡王的画面。伦敦哈姆莱茨塔的当地警察甚至被迫发推特提醒市民，鸡肉短缺“与警方无关”。

根据社交媒体统计公司 Brandwatch 的数据，仅在 2 月 21 日，就有 53 000 条肯德基鸡肉售罄的消息出现在各大社交媒体上。肯德基英国和爱尔兰首席营销官梅根・法伦（Meghan Farren）在接受采访时说：“说实话，当时我们的业务处境艰难。我们在英国和爱尔兰拥有 2.6 万名团队成员，其中许多人每天都受到客户的辱骂。他们因为没有盐、没有番茄酱包、没有鸡翅而受到指责”“当时，公众并不明白这不是我们团队成员的错。他们不明白，这不是因为团队成员的懒惰，我们实际上面临着一个更大的问题”。

随着 900 家餐厅关闭，品牌受损程度与日俱增。肯德基制定了两个目标：一是大规模公开道歉，以减轻对食客和特许经营人造成的影响；二是对解决问题的措施做出清晰、透明的解释。但肯德基很快发现，问题并没有那么简单。几乎 71%的英国人每年至少去一次肯德基，24%的人每周或每月在肯德基餐厅就餐。肯德基在英国的受众如此之多，此次事件的影响范围如此之广，对品牌形象的损害如此之大，以至于只是简单道歉和解释难以摆平此次事件。英国消费者对他们眼中空洞的道歉并不陌生，肯德基必须改变传统的策略，避免在电视上出现常见的高管道歉，并把责任一股脑地推卸给新的供应商合作伙伴敦豪公司。

为此公司与英国媒体机构蓝色449（Blue 449）开展合作，决定使用平面媒体来与英国消费者进行沟通，在人们的观念中，平面媒体内容比电视和社交媒体内容的可信度更高。最终公司选择了《太阳报》和《地铁报》作为目标宣传报纸。这两份报纸已经累计印刷超过600万份。肯德基原有的简称为“KFC”，原先公司对这三个字母的宣传是“谦逊、幽默和诚实”，但是这一次公司大胆而脚踏实地选择了另一种排列方式来向公众进行真诚的道歉。“FCK”先是出现在报纸上，后来炸鸡桶也换上了相应的标签。公司在报纸上的广告中这么说道：“一家炸鸡店不卖炸鸡，这真是可笑。”毫无疑问，人们的注意力立马就被吸引住了。这种品牌的自我贬损令人们啼笑皆非。广告中开玩笑地说：“这是糟糕的一周，但是我们正在取得有效的进展，每天都有越来越多的新鲜鸡肉被送到我们的餐厅。”广告最后把消费者引导到一个专门的广告网站中：“一个不卖炸鸡的炸鸡店”，标题这么写道。肯德基再一次用幽默的手法缓解了顾客沮丧的心情。

这则广告仅出现在2月23日的两家英国报纸上，刊发当日就引发了700多篇新闻报道和电视讨论，在全球共吸引了7.97亿观众。另外还有2.19亿社交媒体用户接触到了“FCK”品牌的形象，这意味着，在3个月内，该活动已经产生了超过10亿的总点击量。这些都来自一则新闻广告。在广告发布后的几周内，肯德基稳步恢复了正常运营，这意味着餐厅可以重新开业并提供完整的菜单。敦豪公司被取消了部分职责，英格兰北部和苏格兰350个网点的原料配送业务将再次由之前的供应商彼得韦斯特公司负责。

然而，有证据表明，这不仅仅是肯德基的“恢复正常”。事实上，这则广告还起到了宣传公司品牌的正面作用。根据品牌研究公司YouGov的数据，29%的人注意到了这家快餐店，此前肯德基品牌的关注度只有7%。在危机期间，该公司在消费者中的品牌印象得分从−2降至−12，但此后又回到−1。YouGov品牌主管阿米莉娅·布罗菲（Amelia Brophy）表示，这凸显出该公司品牌复苏的成功。

不仅如此，这次事件还弥补了潜在的公司内部的分裂，广告团队负责人法伦（Farren）称：“我们开始做广告之后，我们的团队成员感受到支持和重视。我们感到一种责任，应当帮助我们的公司走出困境。”这次广告最初只是一种帮助品牌止损行动，很快被誉为企业危机管理的最伟大范例之一。FCK广告在戛纳斩获了一个银狮奖和三个金狮奖，其中包括印刷和出版类奖项。2018年9月，FCK还获得了营销新思维大奖的年度活动大奖。

“我们一开始并没有打算做什么大事。我从中学到的是，让人们对你产生同情心，对重建信任和原谅真的很有帮助，而这正是我们所做的。”法伦坚称，随后的赞誉和成功完全出乎意料，这也强调了对待品牌要像对待客户一样重视。“作为人类，我们让人们同情我们，看到我们的感受。品牌就像人，是由人类经营的。如果你想让别人与你建立联系，你就要真诚、开放、诚实、谦逊。我们就是那样做的。”

资料来源：刘曦．英国门店闹“鸡荒”肯德基打自嘲式广告道歉．（2018-02-26）．新浪网；Rainey C. Okay，KFC's Ad About Its Chicken Shortage is Pretty Great. Grub Street，2018-02-23；Allen F, Hell C. Why Did KFC Run Out of Chicken, What Was the Apology 'fck' Advert and Which Kentucky Fried Chicken Stores Are Open Now? . The Sun, 2018-02-28.

▶ **结合案例内容，试回答以下问题：**

1. 肯德基在处理危机时有哪些值得借鉴的地方？
2. 你认为今后肯德基应该进一步采取哪些措施来重新赢得消费者的信任？

第10章
危机利用策略

祸兮，福之所倚；福兮，祸之所伏。

——《老子》

每一次危机既包括导致失败的根源，又孕育着成功的种子。发现、培育，以便收获这个潜在的成功机会，就是危机管理的精髓。

——诺曼·奥古斯丁

学习目标

- 了解三种危机利用策略的内涵；
- 领会逆向思维策略的应用；
- 理解正面迎敌策略的应用；
- 掌握侧面出击策略的应用。

引　例

一则声明化危为机：1314茶促销造假事件

“1314茶”是一家奶茶品牌，同时，公司也出售抹茶卷、戚风蛋糕等多种甜品及小食。该品牌将创意与奶茶相结合，是一个具有娱乐社交属性的品牌。消费者在饮用前可以在心中随便提出一个问题，当揭开奶茶的封盖时则会看到该问题的答案。公司建立于2018年1月，起初名为答案茶，后更名为1314茶。通过采取差异化的促销方式，1314茶在奶茶市场上不断扩张，销量显著提升。但技术的外包却给1314茶带来了一场风波。

2018年6月，1314茶针对世界杯推出了一系列促销活动，其中就包括“玩游戏赢iPhone X”活动。该活动吸引了千余人参加，竞争十分激烈。然而，在6月21日，当活动进行到最后一天时，有参与者站出来质疑排名第一的玩家可能存在作弊的行为，这种说法在网上立刻得到了其他玩家的支持。这些网友认为在现有的游戏规则下，排名第一的玩家“120秒”的成绩根本不可能实现，肯定存在游戏数据造假。这种观点不断发酵，最终成为舆论的共识。

面对不断累积起来的强大舆论攻势，1314茶迅速做出反应，仅用一则声明就快速平息了网友的“怒火”。公司没有急于推卸责任，而是首先承认游戏存在一定的漏洞。公司在声明中指出：“针对玩家的质疑，我们与技术方取得联系并多次向技术方求证成绩的真实性，技术方表示游戏到 100 秒时，会增加难度，几乎全屏幕都是人，基本不可能达到 120 秒。”然而，公司也并不认可网友对 1314 茶“数据造假”的控诉，1314 茶直接指出 120 秒的成绩来源于游戏漏洞。对此，公司还专门在声明中贴出了与游戏技术方的聊天记录，希望能够让 120 秒玩家与其他玩家都信服这一调查结果。声明的最后，1314 茶再次向公众表达歉意，并罗列出具体的处理方案。公司将保留第一名玩家的有效成绩。此外，公司将额外送出一台 iPhone X，对其他玩家进行弥补，iPhone X 将以抽奖的形式发放。对所有参与的玩家，公司将补偿 10 元电子优惠券。

危机退场，1314 茶的口碑不降反升。当月，1314 茶的百度搜索指数直升 175%。在随后的半年内，奶茶销量也提升了一倍。2018 年 8 月，公司与资本方在多轮谈判后，完成 A 轮融资，并与盒马鲜生达成战略合作，计划未来在全国布局更多的门店。从默默无闻到一炮打响，1314 茶成功地将危险化为了机遇。1314 茶在面对记者采访时强调：“去伪存真是我们的品牌态度，一生能做好一件事就足够了不起的信念让我们对待任何事都是如此较真。”

资料来源：年轻态的“1314 茶”开启年轻人的市场．中华合作时报，2018－08－07；彭颖．“网红”茶饮进入调整期．南方日报，2018－06－06.

《周易·乾卦》云：“君子终日乾乾，夕惕若，厉无咎。”这话是说人不仅要整日自强不息，奋发向上；而且要心存警惕，才能免除灾祸。同样，企业在其成长过程中也需要有危机感。但仅有危机感还不够，还需要懂得如何处理危机，甚至是巧妙地利用危机。

一、危机利用策略概述

危机利用是危机处理的更深层次作为，如果说危机处理是危机管理的核心内容，那么危机利用也应成为企业危机管理的重要组成部分。危机就好比是企业成长道路上的一次次测验，有小测验也有大考。企业危机利用策略就是帮助企业应对测验的宝典。危机与机遇如影相随。自然界中的鳄鱼需要牙签鸟来帮助它把牙缝中的肉丝清理干净，而对于牙签鸟来说，在鳄鱼嘴里找食物既有危险也是机遇。因此，企业遇到危机时，首先不能自乱阵脚，需要保持镇定，冷静地看待危机并找到成功化解危机、利用危机的路径。不得不承认，哪怕在同一危机面前，不同企业的表现也可能会截然不同。不同的应对措施，结果可能大相径庭，也可能异曲同工。因此，我们有必要梳理企业利用危机的策略，以指导企业在危机管理中通过有效处理危机而达到利用危机获得正向效应的实践活动。

顺势而为方显明智，逆势而为铸就传奇。一些企业之所以更为卓越与优秀，除了机遇以外，其自身具备的能力也是支撑企业成长的必要条件。对于优秀的管理者来说，遇到的每一件事都可能是机会。《兵经 100》有云：“目前为机，转瞬为机；乘之为机，失之无机。”企业的灭亡必然由危机引起，但是有危机未必就走向灭亡。经营企业就是在经营风险，只有在风险中寻求突破，从不平衡中获得平衡才能最终走向成长。市场危机、财务危机、人事危机以及信誉危机等犹如达摩克利斯之剑，任何一个企业在成长过程中都必然会遭遇危机。然而，有的企业在危机面前倒下，有的则迎难而上，再创辉煌。危机出现后，通过恰当的危机处理策略最后转危为安，这仅仅是第一步。实际上，越是在危机时刻，越能反映出一个优秀企业的整体素质、综合实力和博大胸襟。倘若企业在危机中处理得当、表现得体、诚实负责，甚至有可能变坏事为好事。从这一点来看，危机本身并不可怕，重要的是企业应当拥有应对危机、利用危机的能力。

管理是一门科学，更是一门艺术。当企业处于危机当中时，恰恰是企业最受关注的时候，倘若企业在及时、有效地处理危机之后能够主动牵引危机的关注点，让危机成为企业品牌宣传的突破口，就可以做到使危机为企业所用。

企业处于由外部宏观环境、政府、供应商、顾客、竞争对手以及企业内部构成的系统当中。该系统中任何要素的变化，都会给企业经营带来一定的影响。根据危机的来源，可以将危机划分为来自企业外部环境威胁的危机和源自企业内部管理不善的危机。由于危机的来源不同，利用危机，化“危”为“机”的策略和方式也有所不同。

外部宏观环境、市场、顾客和竞争对手等诸多外部因素始终处于不断变化当中，这些变化有可能给企业带来危机，从这个意义上来说，企业时刻处于危机之中，稍有不慎就有可能招致惨败，甚至灭顶之灾。在那些所谓的“常青树”企业的背后闪烁的是企业高层管理者深深的危机感。华为总裁任正非说：“在这瞬息万变的信息社会里，唯有惶者才能生存。”如何从风云变幻的外部环境中，嗅出“威胁”，捕捉“机会”，是企业在危机管理中的必修课。外部宏观环境包括经济环境、政治法律环境、社会文化环境、自然环境和技术环境等。在宏观环境面前，企业必须顺应大趋势，把握住规律，及时调整企业商业模式，有效做出把握时机、获取商机的判断。“别人冷静时我疯狂，别人疯狂时我冷静”，巴菲特如是说。危机也意味着转机。美国总统奥巴马在 2009 年上任时适逢美国身陷次贷危机，他的政治顾问对他说：你不要浪费了这次经济危机。20 世纪 70 年代，能源危机、金融危机同时爆发，企业面临巨大的困难，然而接下来却是商界的繁荣与商业规则的全面升级。

企业也有自己的内环境——企业文化、底蕴、员工的状态等，就像人的体液、器官等构成的人体内环境。无论企业规模大小，只要团结一致、蓬勃向上、有朝气，就有可能成为一个强大的企业。内部有活力的小企业甚至会胜过暮气沉沉的大企业。人的内环境变化会引起“上火”“生病”等，企业的内环境也会变化，重要员工离职等事件也会使企业陷入危机。

当企业面临危机时，必须进行透彻的分析，并结合企业自身情况采取妥当的措施。例如，我国出口加工型制造业企业在对外贸易中，经常面临西方发达国家在税收等方面的威胁。以我国的光伏产业为例，当前正面临前所未有的困境。我国光伏产业最大的特点就是“两头在外”，即产业链上游的硅料和硅锭生产与产业链下游的光伏产品应用都在国外。我国光伏企业承受着腹背受敌的艰辛。当然，另外一些企业则积极应对，最终化险为夷，得以迅速成长，成为行业中的佼佼者。1998 年金融危机爆发时，东南亚经济不景气，中国海尔在印度尼西亚等东南亚国家和地区设立的企业也难逃厄运。但是，海尔没有放弃，而是进行科学的市场分析，发现东南亚的家电消费停滞仅仅是因为金融危机发生，消费者不敢消费，而非真正的市场饱和。海尔便决定不失时机地加大在东南亚国家的广告宣传力度，因为此时当地广告价格还不及金融危机发生前的 1/3。海尔选择在非常好的广告位置做广告，这使海尔在东南亚这些国家的知名度大增。待金融危机过后，市场对家电的需求迅速上升。此时，人们购买家电，最多想到的便是海尔。至此，海尔虽逢金融危机，却也因危机中的举措得当而深深扎根于东南亚市场。

企业利用危机的策略归纳起来可以分为逆向思维策略、正面迎敌策略和侧面出击策略，下面将一一阐述。

二、逆向思维策略

逆向思维策略是说企业在危机出现时，采取出乎公众意料的做法。应用逆向思维策略来利用危机可以用“反弹琵琶”一词来形象地概括。反弹琵琶原指敦煌壁画中的一种舞姿，也就是“反手拨弦自在弹”，现在用于比喻突破常规的思维、行为，与常规事物对着干。企业应对危机时，也可以不按常理出牌，反其道而行之，通过“反弹琵琶”的方式寻求突破，并由此推出一系列“组合拳”，从而最大限度地克服危机带来的不利影响，逆势发力，变被动为主动，化危机为转机。逆向思维策略应用起来并非易事，企业高层管理者必须拥有卓越的分析力、判断力和胆识。例如，在“非典”期间，北京所有的肯德基餐厅不但没有停业，反而利用自身清洁卫生、提供外卖等优势，独辟蹊径抢占市场。不少餐厅外卖的销售额占营业额的1/3以上，汽车穿梭餐厅的用餐量反而比过去增加了100%。再如，金利来在金融危机时不但没有因为消费者减少支出而像别的服装品牌那样降价处理，反而逆势提价。待到危机过后，金利来高端品牌的地位已悄然形成。

企业在危机面前，采用逆向思维策略可以将原本运用常规思维难以解决的问题轻松破解，还会令企业独辟蹊径，在其他企业没有注意到的地方有所建树。危机利用策略中的逆向思维策略并非无本之木，在营销领域中早已有反向营销应用的实践。反向营销是相对于传统的正向营销而提出的。传统正向营销是企业先制定营销战略，然后再选择相应的战术，并依据战术在目标客户市场推行；而反向营销则是将市场与顾客摆在首要位置，将一系列以客户为核心的战术最后演变成企业可长期执行的营销战略。根据迈克尔·波特提出的三种基本竞争战略，差异化竞争战略是许多企业的追求。然而，在产品和服务空前丰富的今天，要想做到差异化实属不易。当年，包括通用汽车在内的众多汽车公司生产的都是外形笨拙的大轿车，大众汽车则决定推出小型轿车，于是甲壳虫问世。时至今日，甲壳虫仍是许多消费者心目中的挚爱。反向营销的外在表现是与其他企业的做法背道而驰，而其内涵则是彰显个性、标新立异。在采用逆向思维策略利用危机时，企业也在对危机的性质、外部环境和企业内部要素进行深入的分析，进而选择与其他企业在面临相同境遇时截然不同的做法，达到自我提升的目的。诚然，采用逆向思维策略利用危机并非易事，具体操作起来还需要解决各种问题。

现代企业的成长环境复杂多变。面对的消费群体偏好、性格以及追求等都在不停地变化；科学技术日新月异、突飞猛进；国际政治虽然表面平和，但也暗潮汹涌；经济虽在发展，但经济方面的重要指标却在不停变化……企业处在瞬息万变的社会系统中，不可避免会有挑战，有时甚至是危机。例如：国家政策改变、同行业挤压、合作伙伴的不诚信等。危机下，企业能否存活下来，有赖于企业高层管理者的智慧和勇气。尤其是在经济危机或行业危机等重大危机发生时，总会有一大批企业成为历史。当企业遇到危机的时候，大公司可以凭借雄厚的资金以及广泛的人脉资源采取适当的措施，所以稳定性较高。而小公司则不然，小公司的资本薄弱，没有办法一掷千金地去做广告，没有人脉帮助渡过危机。所以，在应对危机时，人们总觉得小企业没有魄力，那其实是因为它们难以承担“有魄力”的资本，而且一个小风险就很可能会摧毁一个小公司。在复杂的社会环境中，它们就像一叶扁舟，当危机袭来时，马上就会危如累卵。而往往这些时候由于员工对企业的不自信，企业内部也会出现一些问题，甚至出现墙倒众人推的情况。

那么当小公司遇到行业大危机会怎么样？坐以待毙还是主动出击？想要“轻舟飘过万重山”，但会不会从此“一叶扁舟下汪洋”？浙江裕华木业在“双反”中的出色表现告诉人们，小企业也可以在危机面前有大作为。

案例10-1

裕华木业“小公司”天降“大危机”

“双反”危机

自2006年以来，美国举起“反倾销”“反补贴”的大棒，对非美国本土的企业“痛下杀手”。而被“双反”的企业中有四成是中国企业。包括当时铝材料全球第二、亚洲第一的忠旺集团等在内的一大批大企业被迫转向国内市场。对于中国那些主要对美国出口的小企业来说，这一打击更是致命。

2010年10月21日，美国硬木地板商联盟向国际贸易委员会以及美国商务部提出对中国的实木复合地板进行反倾销和反补贴调查，并指控中国复合地板倾销幅度高达242.2%，在中国木地板行业中涉案的企业共有169家，涉案金额逾100亿元。对于这些企业来说，如果败诉，就必须退出美国市场或者承担上亿美元的罚款和242.2%的反倾销税。这是中国整个木地板行业的危机，更是众多出口企业必须直面的挑战。

裕华木业成为美国商务部强制性措施处理单位之一。作为一个将85%左右的产品销往美国的浙江当地民营企业来说，这种危机是致命的。

就在我国商务部和中国林业产业协会协调国内地板企业共同积极应对、行业协会统一组织无损害抗辩之时，裕华木业却做出惊人之举：董事长金月华宣布主动提供数据参与应诉与调查。金月华认为：这是危机，但何尝不是一个置之死地而后生的发展机遇？金月华说：“‘入世’这些年，贸易摩擦官司耳闻目睹多了，得出一个结论：打肯定比不打好。”

裕华木业这条“小胳膊”能拧得过美国这条“大粗腿”吗？

沉着“应战”

不同于其他企业只在商务部的协调下被动“积极应对”，裕华木业采取了四大步骤：第一，在公司做好员工工作，利用开动员会等手段，告诉员工“这是压倒一切的大事”，使公司上下对此次调查信心高涨并且共同努力；第二，在公司内成立应诉小组，董事长金月华亲任组长；第三，狠心拿出数百万元资金聘请中美双方两个律师团队；第四，向媒体传达“裕华木业通过产品质量占领市场而非价格”的理念。

在调查期间，一切都得按照美国人的标准来。从2011年12月到2012年2月，在整整3个月的时间里，美国方面提出疑问，金月华来作答。根据美国法规，除了个别问卷外，其他调查问卷都要作答。都答完后，如果美方还有疑问，就要继续答。3个月下来，4 000多页的累积作答资料堆在了金月华的案头。核查账目时，细微的误差都将会给接下来的核查带来问题，但裕华木业在两周内核查了公司十年的账。

答卷完毕，还得应对美方派人到厂进行的调查。2012年6月6日，美国商务部核查组来到裕华木业进行实地核查。金月华带着美国人用了两个星期的时间把裕华木业（除了技术机密外）从里到外瞧了个明明白白。美方详细了解了包括原材料采购、现场作业、订货等整个业务流程，仔细核查产品及包装的每一部分成本。甚至，美方核查人员还玩起回马枪，刚回去又立马"杀回来"。裕华木业对此不仅不发任何牢骚而且继续认真接受核查。尽管"轻舟已过万重山"，金月华仍然无限感慨道："这种核查是很难过的。美国人从2006年开始对我们进行'双反'调查，没有一家企业拿到过双零税率。"

美方"双反"调查的核心就是成本的核查。结果令美方人员大吃一惊，美方人员确定裕华木业并不是一个靠低成本生存的企业。就产品价格而言，裕华木业最贵的木地板标价在每平方米上万元，普通板材也可以做出珍贵板材的效果。例如，普通鸡翅木可以利用最新的技术呈现出珍贵木材——非洲崖豆木的纹路，附加值高出同行业50%。

另外，裕华木业在面对媒体的采访时，不断提及"裕华木业是通过产品质量占领市场的，而非价格"，"裕华木业在新工艺新技术应用方面已走在国内同行前列，参与了15项国家标准和1项国际标准的起草与制定，拥有23项自主专利"，并"通过了美国制定的甲醛释放的全球最高标准CARB P2认证"等，使得企业在大众心中留下了美好的印象。

终得"胜利"

2012年，美国商务部宣布浙江裕华木业被裁定为零税率，而这不仅仅意味着裕华木业继续稳占美国市场。

自2006年美国掀起"双反"后，"双反"已经成为美国打击中国贸易的主要手段。裕华木业成为唯一一家获得"双零"税率的中国企业，获得了新华社、浙江电视台、中央人民广播电台、上海电视台（东方卫视）、新浪网、网易网、腾讯网等300多家媒体的持续关注，央视也做了深入专访。一直以来默默无闻的裕华木业在中国和美国赢得了极大的尊重，也为国内许多同样遭"双反"的企业提供了更为重要的借鉴。

虽然此次应诉花费上千万元，更是耗时两年之久，但这是绝对值得的。核查结果被众多媒体宣扬，"裕华"这一品牌及其商品也被众多媒体提及和宣传，知名度大大提高。政府颁发"'双反'杰出贡献奖"等，国内很多企业也以与裕华木业合作为荣，裕华木业则在站稳美国市场的同时积极开拓国内市场。正如金月华决定积极应对时所期望的那样，裕华木业真的实现了华丽转身。

在面对新浪网记者的采访时，金月华表示："靠核心技术、靠高品质取胜，我们是强大的小公司。"

资料来源：刘刚．浙江裕华木业何以在美对中"双反"调查中获双零税率．浙江日报，2011-11-28；美国地板联盟起诉被驳回 浙江企业完胜美国"双反"．(2012-11-22)．金融界；中国企业首次完胜美国双反 浙江裕华木业获双零税率．(2012-11-25)．新浪浙江.

三、正面迎敌策略

企业在面临一些危机时不能采取回避的“鸵鸟政策”，必须想方设法，正面迎敌。能够应用正面迎敌策略的危机主要是指那些由竞争对手造成的威胁。中国自古就有“亮剑精神”——剑客狭路相逢时，无论对手有多么强大，就算明知不敌，也要亮出自己的宝剑，即使倒在对方剑下，也虽败犹荣。“狭路相逢，勇者胜。”在面对强大竞争对手的挑战时，企业必须有针对性地进行大量的研究，通过详细的市场分析，明确顾客的真实需要，进而准确定位。在与竞争对手的较量中要扬长避短，并抓住时机苦修内功。正面迎敌策略的另一个要义就是要锐意创新。很多时候，危机时刻恰恰是革新的良机。顺风顺水的时候，企业容易陷入惰性当中，沉迷于已有的成功。而在危机到来之时，企业要被动或者主动地寻求出路，于是危机倒逼企业追求创新。创新是推动组织前进的主要动力，一个组织若总是提供千篇一律的服务，无法让顾客眼前一亮，是无法满足消费者日益增加的需求的。因此，要锁定消费者的视线，就必须推出不一样的产品，不一样的极致体验。在迪士尼乐园落户我国香港以前，香港海洋公园在香港是“独行天下，一统江山”的局面，迪士尼乐园的落户势必给香港海洋公园带来冲击。经过一番挣扎，香港海洋公园并没有倒下，而是最大限度地发挥主观能动性，采用正面迎敌策略，最终成功地在与迪士尼乐园的对决格局中获得一定的“发牌权”。

案例10-2

香港海洋公园接招迪士尼乐园

香港海洋公园于1997年竣工，它是香港特区政府旗下的非营利机构，自负盈亏，是本地唯一以海洋为主的主题公园，在无数香港人心中留下了温暖的回忆。它被誉为“全球最受欢迎的主题公园”之一。虽然拥有诸多美称的香港海洋公园的发展史充满了艰辛，但在它充满智慧的领导人以及忠于岗位的员工的积极配合下，总能于危险时刻急中生智，顺利渡过艰难时期。

迪士尼乐园的开幕，是福还是祸?

迪士尼乐园于2004年开幕。它的开幕给香港海洋公园带来了极大压力。迪士尼是国际品牌，仅凭借品牌的力量就可以吸引众多游客。历史经验表明，只要迪士尼开业的地方，本土公园都会蒙受重大损失，香港海洋公园面对如此劲敌不得不分析所处困境：首先，公园基础设施陈旧，多数游客被迪士尼乐园吸引；其次，员工士气低落，情绪悲观，甚至有的选择跳槽；最后，政府也对迪士尼乐园给予相当多的关注，就连合作伙伴的态度也有所动摇。这一切劣势都使香港海洋公园在竞争中处于极其不利的境地。在如此激烈的竞争环境中香港海洋公园到底该何去何从？在遭遇大众的冷遇后，它发现“不在沉默中爆发，就会在沉默中死亡”，唯有绝地反击，才能扭转局面。

生的希望：全新独特的市场策略

香港海洋公园对顾客进行了大量分析，意识到对于本地游客来说，海洋公园已经缺乏新鲜感了。而对于内地游客来说，名声在外的迪士尼乐园更具有吸引力，更值得游览。

游客量的下降已然成为定局。为了在竞争中突出自己的优势，香港海洋公园为自己寻找了新的定位，将差异化坚持到底。于是，“一个土生土长，并以透过互动娱乐联系大自然和大众的主题公园”，成为新的发展方向和目标。这样，同样是主题公园，香港海洋公园以不同的定位，为其争取市场带来希望。

为了改变公园的陈旧设施，扩大公园规模，香港海洋公园成功地申请了55亿港元的重建计划，消息一出便引起不小的反响，媒体也争相报道。重新建成后的香港海洋公园占地面积达到87公顷，在规模上大胜迪士尼乐园，这就意味着香港海洋公园可以容纳更多的游客，而且凭借其得天独厚的地理优势，可以给游客塑造完美的视觉盛宴。

新鲜感永远是游客最需要的体验，香港海洋公园为了提高新鲜感，大力宣传节日性活动，并在活动中加入了创新元素。例如，充满快乐与恐怖感的万圣节活动哈啰喂全园祭大受游客欢迎，也让游客享受到充满刺激与惊悚的服务，给顾客以终生难忘的印象。迄今为止，香港海洋公园已连续12年推出万圣节活动，每年都给游客带来不一样的互动体验。

香港海洋公园在实行本土化方面也做得非常成功，它声称自己是“香港人的主题公园”。它给香港市民提供各种优惠票，如办理全场入场证，游客便可以以优惠的价格，一年内无限次游玩该公园。甚至在“好赏香港”活动中给所有持香港身份证的市民免费入场的资格。另外，它还向香港市民广泛征集园内拍摄的照片，这也得到了市民的热烈回应。照片在短时间内筹集完毕，主题定为“30年快乐的集体回忆”，这一手段更加勾起了香港人的回忆与浓浓情意，将海洋公园融入了香港人的血液。

价格方面，香港海洋公园为了减轻游客的负担，将成人门票价格定为185港元，而迪士尼乐园门票高达295港元。

与此同时，香港海洋公园在内地加大了广告宣传力度。它的广告极富创意，采用问答形式，画面夸张，提高了观众对动物的求知与接触的欲望。2005年，香港海洋公园在广东电视台发布了第一则促销广告后，立刻吸引了全国的游客，游客量暴增，每天都突破上万人次。

交通方面，香港海洋公园也极力做到最好。它虽然没有迪士尼乐园那样直达的交通工具，但它广结合作伙伴，扩大网络销售点，使游客可以在地铁、电影院、马戏团等场所方便地买到门票。另外，它与大巴公司合作，提供直达香港海洋公园的免费大巴，大大节约了游客的时间成本。

扭转战局，实现超越

香港海洋公园在各方面的不懈努力下终于取得了预期的成果。

香港海洋公园带来的极致体验深入人心，游客量已高达400万，非但没有下降，反而上升，这给迪士尼乐园带来狠狠一击。在网上公开投票中香港海洋公园名列“我最爱品牌”的前三名。不仅如此，甚至在福布斯网站上，它也被选为“十大最受欢迎的主题公园”之一，这大大增加了它的国际影响力。

在公开市民调研中，它被3万市民选为“我最爱的旅游景点”，这是对香港海洋公园所做本土化努力方面的又一次肯定。员工士气大增，悲观情绪消失无踪，精神抖擞，焕发光彩。他们为香港海洋公园实现前所未有的超越始终不懈地努力着。

正如香港海洋公园市场部经理维维安·李（Vivian Lee）所说：“迪士尼是值得学习的对象，但是它都是死的童话，而我们则是活的幻想，我们一点都不比它做得差，在很多方面，我们甚至比它做得更好。是我们更多地给了迪士尼竞争压力，扑克牌发牌权似乎现在在我们手里。”

资料来源：精彩案例：香港公园转危为机．（2008－06－16）．经济观察网；香港海洋公园．百度百科；岳淼．香港海洋公园：一个城市活的幻想．（2016－05－26）．豆丁．

此外，在遇到产品引发的危机时，企业最好也采取正面迎敌策略。产品危机主要是产品质量危机。产品质量危机是由于产品质量问题而对企业声誉产生重大威胁的负面事件。产品质量危机爆发的主要形式是传媒式危机，即媒体报道导致企业出现危机的情形。这种危机对企业来说很多时候是突发性危机，结果难以预测。企业往往是在毫不知情的情况下被卷进危机当中，而且这种危机波及面大、传播速度快，容易引起消费者的群体性恐慌。产品危机是企业在运营过程中总能碰到的棘手问题，倘若处理不当，将给企业造成无法估计的损失。2005年光明“回产奶”事件使光明乳业市值短时间大幅缩水，三鹿集团甚至因为2008年产品危机而破产。众多企业对产品危机缺乏实质性的预测准备，而且在产品危机到来时，也往往采取模糊应对或者干脆不管不顾的态度。也有一部分企业在出现产品危机后，把握好自己处于舆论的风口浪尖并为人们关注的焦点时期，开展一系列积极的营销策略组合，将产品危机转化为企业的营销机会。正所谓，“解铃还需系铃人”。既然缘起媒体，最后的解决路径也要诉诸媒体。当产品危机发生后，企业应立即仔细调查事情原委，在诚恳道歉的同时，表示将尽可能地对消费者负责。这样做除了能够给企业消除危机负面影响争取时间，还能给消费者留下好印象，从而获得消费者的谅解与支持。研究表明，产品危机出现及其处理与消费者对该企业的品牌信任有着密切联系。

还有一类必须正面迎敌的危机便是企业自身内部管理问题引发的危机。“千里之堤，溃于蚁穴。”企业内部的管理问题就像人类肌体的疮口，倘若不及时清理，就有可能病入膏肓，无药可救。内部管理出现问题，进而引发危机，最后轰然坍塌的企业不胜枚举。曾经笼罩着一层层金色光环的世界最大能源交易商安然公司，就因财务舞弊而在美国资本市场遭到投资者抛弃，不仅使自己付出了沉重代价，也严重破坏了美国资本市场的秩序；一度占据全球2/3摄影产业市场份额的柯达公司，因为未能及时捕捉到影像数字化大行其道的趋势，迷失了战略方向，最终在民用数字影像技术领域江山不在，只能眼睁睁地看着竞争对手在自己原来的地盘上圈地建城。当然，也有一些企业在面对危机重重的内部管理问题时，大刀阔斧地实施改革，最终实现华丽转身，重新占据行业制高点。IBM便是采用正面迎敌策略，利用自身内部管理危机成功转型的杰出企业。

案例10－3

IBM勇敢变革，应对挑战

IBM印象

IBM于1911年在美国纽约州阿蒙克市创建。在100多年的发展历程中，IBM经历了三次重大转型以满足市场需求，转型后的IBM继续引领科技行业发展。IBM在20世纪90年代的转型仍在支持着IBM今天的发展。

IBM于1993年开始第二次转型，IBM的产业重心由大型主机转移到了以个人计算机为代表的“分布式”计算系统上。由于个人计算机的推广，大型主机在市场上的份额大幅减少。主营大型主机业务的IBM首当其冲，以致公司现金流转问题严重。IBM变革的大幕徐徐拉开。

危险，IBM

1985年，IBM依托大型主机的绝对优势占据着超高的市场份额。此前19年，IBM年均营收增长率达到14%。科技进步带动着“分布式”计算系统的成型与问世，大型主机市场受到严重威胁。IBM忽视了市场的变化，未能对业务进行及时的调整，导致IBM从1990年到1993年的惨痛失败。

1990—1992年，IBM在大型计算机业务上的营收从130亿美元滑落至70亿美元。同时期，电脑硬件的毛利率也大幅下调，由56%跌为38%。整体不利的销售情况使得总毛利率由18%下降至6%。1993年，IBM累计亏损已达160亿美元。

IBM内臃肿的机构、陈腐的官僚气息、主营业务的支柱作用降低，这些都加重了IBM的危机。

IBM开启变革

拯救IBM的计划在1993年得到实施，郭士纳走进了IBM的视野。

IBM的问题出在内部。郭士纳上任伊始即面临是否要拆分公司的问题，IBM前任CEO的拆分计划已得到公司大多数人的同意，但郭士纳否决了这个提议。郭士纳认为只有IBM保持完整，才能维持IBM的竞争优势。

因此，IBM需要即刻解决内部问题。郭士纳首先对S/390主机的销售进行整顿。他了解到IBM内部一直坚守S/390的高价战略，从而促使消费者选择价格较低的日立公司、富士通公司的产品，因此，降低S/390主机的销售价格是挽救S/390主机的唯一方法。IBM在两周内给出了S/390主机价格调整的目标，把1993年价值6.3万美元的S/390主机价格降到2000年的2 500美元以下。同时，IBM提升了S/390主机的软件价格，6年内的年均增长率达到了20%。郭士纳的第一项决策虽然在短期内使IBM失去了十几亿美元的利润，但在长期内却让S/390的市场份额大幅增长。

IBM的内部变革有三个主要方向：根本改变公司的经济模式、再造商业模式、出售生产不足的资产以筹集资金。IBM实施了精简机构和裁员计划、节省开支以提高行政效率、减少股东红利发放以增加自留资金等手段来达到内部变革的目标。裁员3.5万人，业务流程改进节省28亿美元，将155个数据中心减少到16个，出售部分土地等，这些措施帮助IBM重新稳住了阵脚。

IBM要处理的外部问题是广告和客户关系。IBM解决广告问题的方法是合并IBM全球范围的广告部门，仅委托奥美公司处理IBM的广告业务，让IBM在世界范围内拥有同样良好的客户形象。郭士纳对大公司的首席信息官坦陈IBM犯下的错误，询问首席信息官，得出了IBM已经离客户越来越远的结论。随即郭士纳推出了“拥抱计划”，要求高级经理人与客户直接沟通，了解客户的需求，以此增进IBM与客户间的联系。

新IBM，新机遇

IBM业务整合的重点在服务业。1995年，IBM的服务机构对客户的服务范围极为有限，仅限于产品维护和编码。郭士纳体验过 IBM 糟糕的服务，这种服务已经缺少了它应有的职能与性质。1996 年，IBM 整合服务业，打造了“全球服务部”。到郭士纳离任时，他已把服务业的价值从 74 亿美元提升到 300 亿美元。

早在 1996 年，互联网只存在于实验室与大学的时候，IBM 就发现了互联网的前景，成立了“互联网事业部”以应对互联网未来的发展。由于软件开发支撑着互联网的发展，因而 IBM 高价收购了莲花软件公司，体现了对互联网前景的乐观判断。如今，互联网业已成为科技创新与前进的核心。随着互联网对金融、实业与零售的渗入不断加深，在几乎所有的世界 500 强企业中，互联网的作用都是非常重要的。IBM 在互联网业务上的预见性和行动，助力 IBM 领先同类企业。

郭士纳开启了 IBM 的变革。2001 年，郭士纳离任时 IBM 营收已达 884 亿美元，净利润超过 77 亿美元。郭士纳对 IBM 的变革形成了今日 IBM 的主营业务框架。

IBM 的各主要业务对股价贡献比准确地反映了 IBM 变革的高效性，中间件与软件贡献率达 43.4%；科技服务为 23.6%；商业服务是 12.6%；金融，操作系统和其他，服务器和存储及其他分别贡献 9.8%、9.6%、0.9%。此六类业务是 IBM 实施变革的重点与中心，现在它们在推动着 IBM 前行。

资料来源：郭士纳．谁说大象不能跳舞．北京：中信出版社，2003；沃特曼．IBM 变革管理．哈尔滨：哈尔滨出版社，2004.

四、侧面出击策略

在一些危机中，企业难以运用逆向思维和正面迎敌策略，这类危机通常不是指向企业产品，而是指向企业自身形象。尤其在网络时代的今天，便捷的网络传播环境更是一把双刃剑，既可以成为为企业塑造形象的平台，也可以是煽动、扩散公众对企业及品牌不满情绪的利器。企业有必要捕捉危机背后隐藏的事件本质，了解对企业造成负面影响的信息的扩散路径，进而采取相应的应对策略。当企业面对这一类危机时不便就某一件事为自己辩护，因为这种做法可能进一步加剧消费者对企业的不信任感，甚至撕裂企业与消费者之间的关系。企业最好是通过从其他方面来积极地重新塑造自己的良好形象，转移消费者的视线，力求取得消费者的同情和支持。

那么企业可以通过哪些方面来重新塑造自己的良好形象呢？企业社会责任是企业树立良好社会形象的有力工具，是企业与其他利益相关者沟通的桥梁。例如，捐助希望工程、支持贫困儿童、扶助社区等做法都经常为企业所用。消费者认可是企业承担企业社会责任时最大的动力，但企业也不能将全部精力倾注于慈善等社会责任内容，为消费者提供高质量、可靠的产品和服务才是最根本的，企业万不可顾此失彼、本末倒置。企业应对损害自身形象的危机时，可以运用热心公益慈善事业等方式来树立良好的社会形象，同时也要在产品、服务等方面下苦功，建立起在消费者心中的诚信账户，并不断“储值”，争取从消费者那里获得更高的“信用额度”。当危及企业形象的危机到来时，它们能使部分消费者自觉自愿地继续支持该企业及其品牌。家乐福 2008 年遭遇来自消费者的抵制，之后它通过一系列举措成功脱险，并因此提升了企业品牌的知名度，成为通过侧面出击策略利用危机的典范。

案例10-4

家乐福应对消费者的抵制

家乐福的“行路难”

家乐福，这家1995年首次进入中国的法国零售连锁集团，在开始设立其第一家大卖场时，便以其新型的经营理念，一举赢得了广大消费者和中方合作伙伴的肯定和青睐，为其在中国的发展奠定了坚实的基础。自1995年起，家乐福先后进入中国的各大城市，2007年，其在中国的门店总数达到109家，持续保持着其卖场领先地位。虽然在此期间，家乐福也遭遇了各种产品和服务带来的危机，但其在中国的发展还算平稳。但是在2008年，家乐福陷入了一场自1995年进入中国以来最大、最严重的危机，瞬间成为众矢之的，各地民众纷纷组织大规模的批判与抵制活动，并在网上号召国民“五一”不去家乐福，让家乐福在中国遭遇最大的冷场。

2008年对于全世界来说都是不平凡的一年，4月7日，北京奥运会火炬接力在巴黎站传递活动中，遭到暴力破坏，奥运火炬差点被夺。这一事件，无疑引起了中国民众对法国的不满，随后家乐福的大股东出资赞助分裂势力集团的消息不胫而走，迅速通过互联网和手机信息传播到中国的每一个角落。这一消息深深地伤了中国家乐福粉丝的心，也使家乐福遭遇各地消费者的批评与抵制。

杯水车薪，危机愈演愈烈

面对中国消费者坚决的抵制行为，家乐福集团随即做出反应，否认了支持分裂势力这一说法，并在第一时间出面澄清。与此同时，家乐福还迅速打出横幅和标语，表明其对北京奥运会的支持，并把这些横幅和标语放在各个分店最显著的位置。但是，此时人们的爱国情绪空前高涨，这些行为犹如杯水车薪，根本无法阻止事态的蔓延。一波未平，一波又起。家乐福在其官方网站打出：“五一”期间，家乐福将进行大幅度的促销活动。此消息一出，又在网络上掀起了轩然大波，网友认为家乐福此举再一次挑衅了中国人民的爱国情感。这无疑是往中国消费者的伤口上撒盐，家乐福又迎来了新一轮高涨的抵制情绪。为了避免事态进一步扩大，家乐福的高层迅速出面澄清，并表示这是其之前就已经计划好的正常假期促销活动，而且声称家乐福历年都有“五一”促销的传统，不是专门针对抵制活动刻意进行的。4月15日，为表达对中国广大人民爱国情感的充分理解和高度的尊重，家乐福不得不宣布在全国范围内取消既定的所有“五一”假期促销活动。

抓住契机，转败为胜

面对从未遇到的如此重大的危机，常规处理危机的方法已经无能为力，此时的家乐福手足无措，甚至可能因这次危机从此在中国市场偃旗息鼓。

2008年5月12日，四川汶川发生大地震。这是中国遭受的破坏性极强、波及范围极大的一次灾难。全国人民都沉浸在巨大的悲痛之中，家乐福当天就迅速做出反应，捐赠人民币200万元。5月14日，家乐福又捐赠人民币100万元，用于灾后重建学校并积极参与救灾活动，在一定程度上挽回了家乐福的形象，许多网友对此也多表示支持，认为家乐福知错能改也是好的。在取得阶段性进展的时候，家乐福一鼓作气，乘胜追击。5 月 23 日，家乐福在此前捐赠的基础上，再捐款人民币 2 000 万元。于是，家乐福在此次震灾中共捐赠 2 300 万元人民币，成为在华投资的法资企业中捐款额最多的公司。在举国悲痛的时候，家乐福的这一举动表达了其诚意，也是对此前的事件做出的最好的回应。

与此同时，家乐福高层管理人员在此期间也不时接受媒体的采访，多次声明其没有资助分裂势力集团，并强调会始终如一地支持北京奥运会。家乐福因这一系列善举，让中国消费者对其有错便改的做法赞誉有加。家乐福不仅转败为胜，还赢得了更高更广的知名度。2008 年对于家乐福而言绝对是命途多舛的一年，但它也因此受到更多、更广泛的关注。仅用一个多月的时间，家乐福就从这场突如其来却至关重要的危机中成功解脱出来，为它继续在中国市场的发展开辟了一条更宽的道路。仅 2008 年，家乐福就先后在中国各地新开门店 23 家，创下其一年内增开门店数量的纪录，为未来在中国的发展打下了一定的基础。

资料来源：王嵬．家乐福临时取消“五一”促销．东方早报，2008－04－26；李燕君．家乐福中国内地门店分布 2008 版．（2008－12－31）．联商·资讯中心．

企业在经营过程中遭遇危机是必然的，因为市场、竞争对手、顾客等外部因素始终处于不断变化之中，而企业内部管理问题也有可能将企业推向危机的深渊。尽管危机往往具有突发性，但是多数情况下，危机也意味着契机。总之，企业应当学会运用危机利用策略，将坏事变成好事。

思考题

1. 为什么危机也可能是契机？
2. 试解释危机利用中的逆向思维策略的内涵。
3. 哪一类危机适合运用正面迎敌策略？
4. 为什么说损害企业形象的危机往往适合采用侧面出击策略？

课后案例讨论

腾讯之路

自腾讯公司成立，它从拓展网络寻呼系统的单一业务发展到集通信、资讯、娱乐和电子商务等服务为一体的综合网络平台，从一个小型网络公司发展到中国最大的网络社区，奇迹般地只用了十几年的时间。腾讯确实如其所说，为用户提供“一站式在线生活服务”。此后，无论是改良还是创新，腾讯公司仍源源不断地推出一系列网络产品，扩充自己的业务范围，突破自己的局限性。无论中国用户是否明确地选择了腾讯，在其强大市场份额之下，腾讯竟然独揽了 11 亿用户，其中大部分是微信用户，QQ 用户的数量也超过了 8 亿人。此时的腾讯正处在巅峰时刻，无论是财务状况、公司团队还是产品服务都可以说是中国网络的强势门户，它的一举一动都影响着中国网络平台的发展。在众多用户的支撑下，腾讯发展迅猛，其产品几乎成为人们在线生活必不可少的一部分。

进入低谷

腾讯的发展并不是一帆风顺的。起初，腾讯乐此不疲地推出各种网络软件，这让一些小企业难以生存，并且已经涉及安全防护方面的软件。随着QQ医生的逐渐升级，腾讯展开了与奇虎360的正面竞争。2010年9月，奇虎360忍无可忍，为求生存，发布了名为“360隐私保护器”的软件，通过该软件毫不留情地揭露了腾讯“偷窥隐私”的行为。此信息一经发布，用户虽然无法查证“偷窥”的真实性，却认为腾讯的行为令人不齿，腾讯的信誉和企业形象严重受损。

2009年8月，新浪微博开放。大量网民涌入新浪微博，新浪还邀请众多明星注册微博，吸引了更多网民加入使用微博的行列。微博就是微博客，相对于博客来说更便于操作，信息更易传播。微博的火爆直接导致腾讯QQ空间的活跃度下降。而类似于微博的人人网也在年轻人之间蔓延开来，抢走了不少QQ空间的年轻用户。两大竞争对手在短时间内就瓜分了QQ空间的主力用户——青少年。作为腾讯公司的重要业务，QQ空间的使用量下降，间接地影响到QQ系列产品的市场，腾讯QQ、QQ邮箱、QQ校友的使用频率都有不同程度的下降。与奇虎360一战后，腾讯还未完全挽回网民的信任，却又遭其他厂商“趁火打劫”，被抢走了大量用户，腾讯此时面临极大的考验。

再创奇迹

2011年，腾讯在压力最大的时候，通过不断试错和学习，推出了微信这一手机聊天软件。它凭借QQ离线助手这个独一无二的功能与竞争对手的产品明确地区分开来，短期内快速地吸引了众多用户。而其中的“摇一摇”“微信二维码”“实时对讲”“多人聊天”“位置导航”“朋友圈”等新奇功能的罕见组合，对年轻用户来说十分具有吸引力。除了常见的iSO、Android、WP版本，微信也关照到小众用户的版本，一时间刮起了微信的风潮。微信的成功一方面是依靠产品自身的优点和大量的宣传活动，另一方面借助其与腾讯QQ的微妙关系。在微信的客户端，用户可以QQ号绑定注册微信，直接导入QQ通讯录，并接收QQ邮箱提醒等与腾讯相关联的其他业务。从微信的角度来说，6亿QQ用户为微信提供了庞大的用户群。从其他业务角度来说，微信的流行会间接带动旧业务的又一波发展。由于腾讯各个方面的支持，微信在短短的两年内，用户便达到3亿，这仅仅是国内的情况。2011年4月，微信以WeChat的名字正式进入国际市场。比起当年腾讯QQ的称霸盛况，更是有过之而无不及。电信运营商甚至表示，微信已经冲击到了传统业务。经过多年的发展，微信在中国网民用户之中的渗透率已经达到惊人的97%。

守业转型

在统一了聊天软件市场之后，腾讯终于迎来了更广阔的世界和更大的挑战。腾讯并没有就此偏安于聊天软件市场，因为公司准确地预见了人们社交需求多样化的发展趋势，这样下去在不久的将来，腾讯的社交软件老大的地位可能会受到动摇，巨大的用户群也给腾讯的商业模式拓展提供了坚实的基础。2014年，腾讯开展战略转型，决定进军移动支付行业。微信用自带的超级流量实现了导流，通过春节红包的形式吸引用户绑定账户，在市场上发展迅速。经过6年的增长，目前已经处于中国移动支付行业第一梯队的位置。此外，腾讯还决定大力发展游戏娱乐业务，2013年公司果断将游戏业务资源和经营重心从端游业务移至手游业务，顺应了智能手机发展的趋势。直到2019年，腾讯网络游戏收入增长至1 147亿元。

经历了跌宕起伏的发展历程，腾讯的故事还在继续。

资料来源：吴辰光．传统业务遭受微信冲击 电信运营商与腾讯谁能胜出．北京商报，2013－03－20；刘菊花．李毅中：工信部正抓紧处理 360 与 QQ 纠纷事件．(2010－11－10)．中国新闻网；曹敏洁．周鸿祎：与腾讯是躲不开的竞争 360 损失并不大．东方早报，2010－11－09；刘育英．四家公司宣布抵制“360”用户桌面争夺战升级．(2010－11－05)．中国新闻网；杨东杰．马化腾：不采取措施 QQ 三天就可能全军覆没．(2010－11－05)．经济观察网；李冰．微信上线手机号转账功能补齐被银行、支付宝落下的短板．证券日报，2019－10－25.

▶ 结合案例内容，试回答以下问题：

1. 为什么腾讯能够在重重危机中成功脱险并取得胜利?
2. 你认为腾讯公司是否应该对微信业务收费? 为什么?
3. 腾讯应如何缓解与电信运营商的紧张关系，避免潜在危机?

第11章
危机恢复

故天将降大任于斯人也，必先苦其心志，劳其筋骨，饿其体肤，空乏其身，行拂乱其所为，所以动心忍性，曾益其所不能。

——《孟子·告子下》

人生的光荣，不在永不失败，而在于能够屡仆屡起。

——拿破仑

学习目标

- 理解企业危机恢复的要义；
- 掌握企业内部恢复的步骤及相关内容；
- 掌握企业形象恢复的内容；
- 理解危机总结的内涵；
- 了解危机总结的方法与技术。

引　例

海航债务危机

2017年，海南航空集团（以下简称“海航”）遭遇了空前的流动性困局。此前一段时间，海航一直在进行大量的海外并购活动。在海外收购踩下刹车之后，海航需要处理更紧迫的大事——降低负债。2017年的年报显示公司全年总资产达到了1.2万亿元，资产负债率达到了59.78%，而这个数据在2016年则是59.43%。2017年偿还债务支付的现金就高达2 695亿元，同比增长40%。其中，上半年偿还债务支付的现金为1 115亿元，下半年付出了1 580亿元的现金。

疯狂并购

2016年，海航系的天海投资以杠杆并购的手法，并购了英迈国际。59.82亿美元对于当时营收总量还不足10亿元，净利润不足3亿元的天海投资来说确实困难。为了促成收购，天海投资发行了总额为10亿元的公司债并变更非公开发行募集资金120亿元。同年，渤海金控旗下Avolon凭借着自有资金、银海贷款以及摩根士丹利和UBS给予的不超过85亿美元的贷款完成了对美国CIT下属商业飞机租赁业务的收购，共花费103.8亿元。此外海航系还大举进行了一系列海外并购活动：以4.5亿美元收购了巴西蔚蓝航空

23.7%的股权，以3 000万欧元收购了葡萄牙TAP航空23.7%的股权，以1.59亿澳元收购了澳大利亚维珍航空13%的股权，以14亿瑞士法郎收购了瑞士佳美61.7%的股权，以26亿美元收购了爱尔兰Avolon 100%的股权，等等。2017年海航以22.1亿美元收购了纽约曼哈顿大楼，这一次则是通过发行5亿美元商业抵押贷款进行的并购。此时的海航利息支出已达156亿元，短期债务达1 852亿元，远超其现金储备。

债务到期

中国证券登记结算有限责任公司数据显示，截至2018年1月20日，海航旗下8家A股上市公司的股权均有质押，总数高达834笔。据不完全统计，海航通过直接和间接质押旗下公司（非上市公司）股权融资金额超过1 000亿元。

值得注意的是，2018年，海航旗下将有大批公司债到期。从2018年4月份开始，海航即将面对59亿元的还款，以及后续超过443亿元的债务。

截止到2017年末，海航一年内到期的非流动负债总额达到558亿元，同比增长了一倍。一年内海航要偿还的债务总规模应在600亿元左右。除了债务之外，海航还需面对利息支出。三年来海航财务费用项目下利息支出增速迅猛，数据显示，2015年海航利息支出为119亿元，2016年为197亿元，到了2017年这一数据就达到了318亿元，两年间增长了167%。面对紧逼的债务，2018年1月18日，海航董事局主席陈峰承认公司出现流动性难题，但他乐观地认为，海航能够解决现金短缺问题，2018年将继续获得银行及其他金融机构的支持。

大举还债

自2017年6月以来，海航陷入了前所未有的流动性困境，持续多年的高速扩张模式戛然而止，这艘巨轮的掌舵者也审时度势，从活跃全球的激进大买家转身为交易场上资产处置的大卖家。但转变尚未完成，2018年7月4日，海航董事长王健突然离世，这令一切雪上加霜，也令外界对海航未来的命运充满猜疑和担忧。带领海航实施多元化和全球化高速扩张战略的人是王健，王健突然离世后，此前早已淡出海航业务一线的陈峰不得不重回一线，出任董事长。陈峰回来的第一件事就是对资产进行大幅出售，降低负债率。

1月26日，海航将以2.05亿澳元（约10.5亿元人民币）出售悉尼写字楼One York。这栋大楼为海航服务五年，带来利润8 800万澳元（约4.5亿元人民币），收购价为1.17亿澳元。2017年11月，路透社报道称，海航将出售并回购NH酒店集团1.14%的股权。2017年12月，《华尔街日报》报道称，海航计划将旗下纽约曼哈顿、伦敦金丝雀码头以及旧金山等地的一些写字楼进行出售，价值约60亿美元。海航方面表示，此次出售这些写字楼符合公司有买有卖的投资理念，于适当时候变现部分成熟投资，以释放其资产价值。未来，海航将不断根据规划调整资产配置，加速公司发展。1月25日，路透社报道，海航正在考虑旗下Swissport的首次公开发行或出售，苏黎世和纽约目前都在上市地点的考虑范围之内。海航不仅紧急抛售国外资产，海航的一些国内地产资源也在出售范围。有传闻称，海航已与碧桂园、融创、中粮等多家企业进行洽谈，预计出售资产总额为20亿元。除了出售资产，海航表示愿意为一年期融资支付11%～12%的利息，并拟成立基金，邀请投资者直接参与投资。

陷入泥潭

整个2018年，海航一直在努力化解流动性危机，将精力集中到航空主业上，并开始加快出售资产。2018年年报显示，部分子公司和业务的出售使得海航旗下各业务板块的收入和成本均大幅下降。其中，商贸及物流收入398亿元，同比减少143亿元；酒店餐饮收入6亿元，同比减少47亿元；航空运输收入271亿元，同比减少46亿元；金融服务收入209亿元，同比减少14亿元；房地产收入31亿元，同比减少10亿元。

尽管海航大幅开展急流勇退的举措，但是似乎没有彻底解决问题。海航的债券报告显示，2019年上半年海航亏损35.2亿元。虽然海航持续进行资产处置，但2019年上半年的资产负债率不降反升，仍有超过7 000亿元债务待偿。业界有评论人士幽默地称道："真可谓'增肥'容易，'瘦身'难啊。"

资料来源：张超凡．海航基础对外担保逾期 收购关联企业的背后逻辑．中国房地产报，2020-04-20；杜恒峰．套路中小债权人：只会让海航"无海可航"．每日经济新闻，2020-04-15；张晓迪．海航处置旗下百亿资产 约400亿元债务到期．(2019-05-11)．东方财富网；张晓迪．海航境外公司债务违约 资产被债权人接手．(2019-04-27)．新浪财经；李曼宁．海航系A股最新动向：半数公司大股东股份被冻结 全数高比例质押．证券时报，2019-04-02.

当企业危机事件尘埃落定或者烟消云散时，企业便进入危机恢复期。很多企业存在一个误解，以为危机事件一旦过去，危机便已终结，忽略了危机恢复这个环节。企业危机恢复是指在危机事件得到有效控制之后，企业为了恢复其正常的状态和秩序，通过一系列的措施完善企业内部管理，恢复与利益相关者的关系，重塑企业形象，重获市场份额的过程。危机恢复实现了企业危机管理重心的转移，从遏制危机事件本身转移到危机问题根本解决上来，彻底医治"病根"。

一般而言，企业危机恢复有两个目的：一方面维持企业的生存和发展，对危机造成的损失进行修复；另一方面，抓住危机给企业带来的机会，为企业崛起做准备。在这个阶段，企业危机恢复的主要任务包括企业内部恢复、企业形象与市场恢复和危机管理的总结。

一、企业内部恢复

企业内部恢复的目的是让危机期间为了应付危机所调配的人力、物力和财力能够回到正常状态，企业的生产秩序恢复正常。

（一）企业恢复的步骤

1. 建立危机恢复小组

企业进入恢复阶段，需要经过一定程序来逐步实现恢复过程。这时需要建立危机恢复小组指导危机恢复工作。危机恢复小组与危机处理小组在目标、职能、组成人员以及决策执行者等方面都有很大区别。

危机恢复小组的目的是使企业从危机事件的影响中恢复过来，而危机处理小组的目的重在控制和平息危机，减少危机对企业造成的损失和影响。危机恢复涉及整个企业和全体员工，危机恢复小组的主要职能是进行决策，而具体的恢复工作则需要企业各个部门的全体员工共同承担，因此，在组织结构上，危机恢复小组不再需要单独设立运作和执行部门。可见，危机处理小组的决策主要由危机处理小组成员来执行，危机恢复小组的决策则应由其全体成员共同执行。

2. 收集全面的信息

危机小组进行危机恢复决策必须最大限度地获得有关危机的信息。信息可以来源于危机的受害者、危机反应人员、帮助企业进行危机反应的其他企业成员和受到危机影响的利益相关者，还可以通过企业专门的人员进入危机现场对危机的损失进行评估和现场调查，获得全面的信息。

3. 确定危机恢复对象及其重要次序

经过信息收集的程序之后，危机恢复小组应对危机造成的损害有全面深入的了解。危机对企业造成的损害，有些是显性的，例如直接的经济损失、人员伤亡、厂房受损等，但也有很多属于隐性的，会在更长时间内逐步显现出来，例如信誉、品牌美誉度等无形资产受到的损害。因此，企业需要了解进行恢复的所有对象。

在确定恢复对象范围的基础上，需要将恢复对象的重要性依次排列出来。重要性排列有助于企业抓住恢复计划的重点，并在实际执行工作中加以落实，避免平均用力或轻重倒置，这对加快企业恢复的速度、加强恢复工作的质量，都有重要作用。

4. 制订危机恢复计划

制订危机恢复计划可以指导企业进行具体的危机恢复行动，在制订的时候需要注意计划的可操作性，要符合实际情况，能指导企业员工开展工作。同时还需注意计划的明确性。

5. 执行危机恢复计划

危机恢复计划执行阶段是最为关键的环节。在这个环节当中，不可避免地存在与企业原有的设计和管理的冲突，危机恢复小组需要在各部门之间进行积极协调，消除这些冲突和矛盾。同时，危机恢复小组要发挥主导作用，以企业大局为中心，督促各部门按时按量地执行恢复计划，以保证整个计划的正常推进。

（二）人员恢复

危机过后，无论是高层管理者还是员工都可能会有一种疲惫感，因此，需要尽快恢复整个企业的积极状态。

首先，企业要对危机期间临时调动的人员和资源进行重新整合，使整个企业的工作从紧急状态恢复到正常的秩序。一方面，为了保证组织能正常运作，对于岗位缺失的，企业需要迅速填补合适的人员，同时精兵简政，解决冗员问题；另一方面，企业需要防范危机事件造成的人员流失问题。

其次，经历过危机之后，人们或多或少都会在心理上受到影响。有的人受到危机刺激以后，当遇到相似的情景或得到言语和文字提示时，或在某一特殊时刻，会不断闪现痛苦回忆。对大部分人来说，随着时间的推移，危机造成的心理影响会慢慢地淡化，不需要外界的干预而自我恢复，对他们的正常生活和工作不会产生明显的影响。但对于企业而言，有意识地帮助受到危机影响的员工，可以加快他们心理恢复的速度，使他们尽早恢复到正常的心理状态。

企业应重视心理受影响者，有意识地通过座谈会、心理辅导等措施对员工进行心理疏导。对心理障碍较为严重的受影响者，企业应主动调整工作、重新安排工作时间，并请心理医生治疗，承担起企业应尽的责任与义务。

（三）组织恢复

企业进行组织恢复要进行的改进包括重新设计企业的组织结构，强化组织内部的信息沟通和反馈渠道，避免因信息沟通不畅而再次引发危机事件。同时，企业需要对危机期间的财务进行平衡预算，并对损失做估算，补给资金和资源。

调整不合理的企业结构是组织恢复的重要任务。当组织结构需要改进或重建时，生活或者工作在该结构中的组织成员必须团结一致，共同承担责任。危机管理之初，企业关注的是与组织中成员的安全及生存息息相关的活动，之后，企业就要将注意力放在改进及维护组织或团队中的系统及人、机的修复和维护上，企业的生存需要与各利益相关者保持良好的关系。

二、企业形象与市场恢复

（一）企业形象恢复

企业形象是现代企业最为宝贵的财富之一，是塑造企业核心竞争力的重要组成部分。危机给企业形象造成的破坏会直接影响社会及消费者对企业的认知，进而影响企业的市场份额，危及企业的生存。恢复产品形象对于企业夺回自己失去的市场份额非常关键。1999年可口可乐在比利时“中毒门”事件爆发以后，虽然其财务损失达1.3亿美元，全球裁员约5 200人，但可口可乐首席执行官宣称：“可口可乐的确付出了巨大代价，但是我们成功保护了自己最有价值的东西——品牌形象。”

企业形象恢复策略主要基于以下两个条件：一是企业被认为需要为危机事件承担责任；二是公众对责任的看法要高于危机事件的真相本身。也就是说，只要公众认为企业应该为危机事件负责，那么企业形象就已经受到牵连。不管事实如何，企业必须马上采取形象恢复措施。他还提出了企业可能采取的五种典型的恢复策略：否定、推诿责任、降低危机冲击性、道歉、修正行动。[①]

保持态度和行为的一致性是企业获得公众信任的基本条件。如果组织在危机发生前形象不佳，人们对其在危机中形象的突然提升一般会持怀疑态度。人们也倾向于认为危机前组织的形象更接近于组织的真实形象。因此，组织在平时就要注意形象维护，危机

---

① Benoit W L. 4 Image Repair Theory. Crisis Communication. 2020 (23): 105.

发生后再努力恢复过去的良好形象。同时，企业应坚持诚信，保持语言和行动的一致性，言出必行是恢复企业形象的要素之一。

危机发生后，企业是为了公众利益还是为了一己私利而牺牲公众利益，往往决定了企业形象恢复的成败。总体而言，企业形象恢复的主要任务包括：

（1）充分了解企业在危机中公众形象的现状。企业在进行形象恢复时，要从企业的综合形象、技术形象、市场形象以及社会形象等角度对危机前后企业形象的变化进行核定。企业需要确定在经历了危机中稳定力与破坏力的博弈后企业形象发生了哪些改变，对企业形象进行第二次界定。通过明确以下几个问题，为开展相应的形象恢复工作提供思路：企业形象是否发生了较大改变？已经发生的改变是否与企业的既定形象严重冲突？再生的形象代表了机会还是威胁？与公众对行业企业的预期是否相符？

（2）公关活动是企业形象恢复的必要手段。企业采取积极的公关活动是企业与公众之间沟通的桥梁。企业可以通过媒体广告宣传、召开新闻发布会、举办公益与联谊活动、完善销售策略、提升产品质量、改进与公众交流的渠道等，加强公众对企业的认识，获得公众对企业工作的理解。

（3）以行动树立良好的企业形象。危机过后，企业要采取一定措施，进一步完善管理体制，调整组织机构使之更精干、更有效率，与此同时，还要以诚实和坦率的态度安排各种交流活动，加强与社会公众的沟通和联系，及时告知危机后的新局面、新进展，消除危机带来的形象后果，恢复或重新建立企业的良好声誉和美好声望，恢复客户的信任和无形资产的价值，再度赢得社会各界的理解、支持与合作。

（二）企业市场恢复

企业市场恢复最佳的策略是小心地建立商业程序，并且建立监督机制以完全避免产品伤害危机。次佳方案是当所有事前工作不起作用，而产品危机危及顾客的健康或福利时，选择合适的反应方式。① 市场恢复主要有以下几个方面：

1. 产品策略

在危机以后，企业在恢复市场时，依据企业能力、市场情况等可以采取产品维持、产品缺陷改进以及产品功能增强三种策略。

产品维持策略是在不改变核心产品、形式产品以及延伸产品的基础上重新进入市场，此方法对产品的价值提升没有作用，适用于部分非产品伤害造成的危机。

产品缺陷改进策略是对造成产品伤害危机的产品缺陷部分进行修正，这种修正可能是对产品本身的修正，也可能是对产品生产过程的修正。如果企业的产品确实含有违禁成分，或者某项指标超出国家标准，企业应该重新生产，使之符合国家标准。

产品功能增强策略是指在原有产品基础上，附加产品或潜在产品的内容，从而增加产品的顾客价值。例如给顾客的一系列附加利益，包括运送、安装、维修、质量保证等。

企业需要根据实际的财务情况、危机处理情况、竞争对手及公众的反应等进行综合

① Jin Y，Vn der Meer T G L A，Lee Y I，et al. The Effects of Corrective Communication and Employee Backup on the Effectiveness of Fighting Crisis Misinformation. Public Relations Review，2020（3）：10－19.

处理技能；有针对性地对组织结构、运行机制、人员配置、管理方法等进行改革，完善危机管理小组设置，对危机预警系统进行更新和调整，使组织具有更强的危机预防和处理能力；进一步改进危机管理计划，使危机管理计划有更强的指导作用。另外，企业应根据评价结果改进组织的资源储备和后勤保障工作，使危机处理可以得到更好的资源供应，及时采取对人和财产的保护措施，减少危机发生时可能造成的人员伤亡与财产损失。同时，企业应加强组织的沟通和媒体管理工作，增强组织的信息收集与传播管理工作，使媒体更好地为企业的危机管理服务。

（二）危机管理总结的方法和技术

1. 公关效果评估法

对企业公关效果进行评估通常用于评价企业在危机处理时面对公众媒体、利益相关者时所采取的公关活动对危机事件的作用。

对危机事件展露度进行评价可以计算出该事件在媒体上发布的次数、篇幅或者网络新闻专题的点击量。但这种衡量方法并不能十分准确地得知多少人阅读或者了解所有的信息，以及他们的真实想法。

通过调查公关活动而引起的危机事件的知名度、公众的理解与态度变化，可以知道多少人知道了这个危机事件，多少人向他人传播过，多少人因此改变了对企业的看法等问题。但是这种方法往往成本较高，需要确定一定的样本人群，并制作和发放调查问卷，还需要专业人员进行调查分析。另外，通过观察企业在公关活动以后销售额和利润的变化可以评价公关活动对企业销售额的影响，即评价公关活动是否对企业产品和服务有积极的影响。

在此基础上，为了对公关活动进行定性和定量分析，企业可以采取 360 度整合营销传播的公关评估，包括对企业形象设计、公关活动、广告、促销、媒介投放和媒介互动等各方面的全面评估。

2. BASIA 法

BASIA 法（经营和利益相关者影响评估法，bussiness and stakeholder impact assessment）是把经营和利益相关者相结合的一种影响分析方法，达到了经营分析法和利益相关者分析法二者互补的效果。[①] 单纯的经营影响分析（bussiness impact analysis，BIA）注重的是企业的有形组成部分和内部经营活动，而忽视了对相关人员所受影响进行参量分析。因此，应改变经营影响分析中的 BIR 模式（经营（bussiness）、影响（impact）、补救（remedy））的部分问题，使之适用于对企业利益相关者影响的分析。

BASIA 报告提供了企业经营、影响、补救三个方面的资料，据此企业可以确定优先权的指定、对企业危机补救措施的改善、过程管理。其主要的利益相关者包括顾客或消费者、企业成员、股东、债权人、债务人、供应商、政府组织以及大众媒体。通过分析利益相关者对企业经营的要求，可以对一些影响进行评估并提出补救措施。

---

① 希斯．危机管理．2 版．北京：中信出版社，2004：58.

3. PICPIC 法

管理者所需要的是能够快速有效地使业务过程和利益相关者受益的恢复方法，PICPIC 法能够将管理力度集中于这一双重任务的实现。PICPIC 法即计划（planning）、信息（information）、核心（core）、人（people）、整合（integration）与持续性（continuity）。[①] PICPIC 法的目标是使人们通过主动参与计划、信息交流、核心业务以及组织或者团队基础设施的恢复，从而参与恢复的整个过程。PICPIC 法可将有形的实体方面（计划、信息交流和确定恢复的核心需求）与心理的无形要素（人力、参与性和连续性）结合起来。

计划应尽可能包括所有可能发生的风险情况，无论这种风险发生的概率如何。为了避免计划过于复杂，企业可以通过确认和注意日常的活动，并且在计划中着重考虑那些发生概率更大的风险和情况，减轻恢复计划的负担。在恢复管理的同时，也要考虑危机或者灾难对人的忧虑和需求产生的影响，因此，管理人员还必须明确计划的优先次序。

信息管理对于企业危机或者灾难的恢复极为重要，通过足够的信息，管理者能根据情况判断出危机的破坏性和严重性。此外，企业还需要将恢复管理的信息反馈给受危机或灾难影响的人，让他们了解恢复的进展情况以及他们可以自己完成的恢复工作。

核心是指维持组织或团队运作的最必要的那些活动。只有核心作业得以保障，支持活动才能重新开始；也只有支持活动完全起作用时，组织或团队的其余活动才能再次开始。

在危机反应和恢复计划阶段，人是最基本的组成要素。参与的人不仅包括直接受害者，甚至还包括受到恢复计划影响的人，以及那些没有直接受到危机冲击，但是依然受恢复过程影响的人，例如不得已接受减少的服务和直接或间接地为恢复支付成本的利益群体。因此，危机管理者需要保证信息流的通畅，保障受危机影响的各方人士的参与。

危机过后不久，企业便进入资源恢复与整合的阶段。这就需要做出一个详细且连续的恢复计划，进行有效的恢复管理，其目标是使企业运作走上正轨，尽可能让受害者得到最满意的结果。例如，整合传播渠道（公告、报纸、电视、广播、网络）可以使人们获知和交流信息，提升销售渠道的畅通性。

危机恢复是一个持续的过程，恢复计划应概要地指出如何保证核心流程的继续，如何以及何时能够让中断的流程恢复正常。这会使利益相关者相信企业可以恢复到他们能够接受的正常状态。

思考题

1. 企业内部恢复的重点在哪里？
2. 如何进行企业形象恢复？
3. 如何进行企业市场恢复？
4. 企业在进行危机总结时的核心任务是什么？

---

① 希斯．危机管理．2 版．北京：中信出版社，2004：314.

课后案例讨论

富士康事件

富士康集团创立于1974年，主营业务涉及电脑、通信以及消费电子等多个领域。1988年，富士康落户深圳。目前，公司拥有60万名员工，是全世界规模最大的电子产品生产商。然而，自2010年1月起，在短短10个月的时间内，富士康公司接连发生14起员工跳楼事件，一时间引起了巨大的轰动。而富士康由此招致了外界的一致谴责，这个电子制造业巨头陷入了舆论的漩涡。

富士康被指管理不够人性化，将低成本的代工发展到了极致。就像电影《摩登时代》所描述的那样——在工业起步时期，工人与机器之间存在着隐性的冲突，主人公不得不在不断加快的传送带式的作业线上加快工作节奏，最终被逼得精神失常……然而类似的情形却出现在了全球最大的代工企业富士康。“作为企业的基层员工，我们很辛苦，每天就像机器零件一样运转，毫不夸张地说，员工已经被训练成了一台机器。而基层管理者不尊重我们员工的自尊心。有时候，说不好就骂。”富士康员工声称赚的钱里面加班赚的有一半之多。“我已经在这里做了5年多了，每天都重复着枯燥的操作，”曾经在富士康工作过的员工张金补充道，“在频繁的员工跳楼事件发生之后，我立刻选择了辞职。”

公开道歉

富士康集团负责人郭台铭接受采访时数度用“检讨”一词表态。“最近的一段时间内，公司员工出现了一系列突发事件，这给我们的管理敲响了警钟。”富士康公关部门相关负责人表示，虽然富士康管理着数十万员工，但这不能成为公司疏忽管理的理由。

2010年5月26日，富士康的最高管理者郭台铭在接受采访时，对公司接连出现的员工跳楼事件向全社会道歉。郭台铭表示，对于一连串突发事件，他本人以诚挚而慎重的态度对员工及其家属，以及关注此事的社会公众，致以最高的歉意。郭台铭在致全体同仁的一封信中表示，最近集团公司发生了多起坠楼事件，给大家增加了许多压力与影响，他本人也感到非常意外、震惊、惋惜和痛心。郭台铭补充道，为了杜绝此类事件，富士康集团已经着手建立员工关爱中心，设立员工关爱热线，试图通过这些措施，帮助有需要的员工。作为集团总裁，他感到压力巨大，责任重大；他呼吁全体员工积极行动起来，关心身边的同事。

26日11时35分，郭台铭在深圳富士康公司南大门露面，带领媒体记者参观厂区及员工生活设施。这是设厂20多年来，堪称世界上最为神秘工厂之一的富士康，首次向国内外媒体同时敞开大门。据悉，这是深圳富士康公司首度大规模开放让媒体记者参观，时间大约有15分钟。而整个路线，被安排在最能代表富士康特色的几个点上——被精心挑选的一线生产车间、游泳池、员工关爱中心、社区医院。郭台铭称，早在一年之前，他们就已经意识到了员工当中存在某些情绪问题，所以当时就成立了员工关爱中心，员工有心理压力可以上网登记，随后会有专人协助处理。“这些心理咨询员都是富有热心、精挑细选出来的员工，他们大多接受了一年多的培训。”

对于备受社会指责的“员工之间冷漠”的问题，郭台铭表示，富士康已经专门着手启动一个“50人相亲相爱小组”的项目，即将员工分成若干个50人小组，借此来加强员工之间的交流，预防自杀事件的发生。“周一就已经开始着手成立‘50人相亲相爱小组’，但周二就发生了第11起自杀事件，我们很努力去做，但噩运一直在考验富士康，我们需要时间，努力跟时间赛跑。”郭台铭再次“恳求各位不要再报道‘什么时候是下一跳’。我真的没办法保证。我希望你们（媒体）多报道光明的、积极的一面”。他弯下腰对着台下的媒体三鞠躬，“恳求大家啦”。

布下“天罗地网”

富士康集团在事件发生后迅速报告政府，积极配合公安机关对事件展开调查，积极与员工家属进行联系，做好善后工作。同时，也检讨自身在文化管理、员工关怀、心理辅导等方面存在的问题，从制度、文化、心灵、环境等方面采取措施。

建立 24 小时通报机制，针对员工工作、生活、交友、情感、心理等异常状况，建立信息员制度。信息员以车间主管、宿舍管理员及室友等为主，构建关爱平台。设立员工关爱热线 78585 和员工关爱信息平台，由专人负责联络，每条信息都必须及时处理。邀请各方面专家赴厂指导，并与深圳市精神卫生中心合作，实施员工心理援助计划，外聘、内训心理辅导师，建立心理咨询室，接待员工咨询；建立联席会议制度。每天下午 5 点，在员工关爱中心召开专项会议，现场解决问题。会议由行政总经理主持，人力资源、党委、工会、卫生、安全等部门主管及专案工作人员参会，推动“富士康心灵之约”系统工程；集团工会进一步落实心灵驿站、心灵家园、心灵视窗、心灵物语、心享网站、心灵空窗、心灵热线、心灵港湾八大项目建设。同时，开展员工心理健康拓展训练，开设心理宣泄室，为员工播放励志、情感、成长类电影。执行“周休一”制度，即员工每周至少休息一天，开展加班管控保护稽核；推动员工救助工作，救助困难员工，慰问困难员工家属，慰问患病员工、工伤员工，及时发放慰问金；构建“爱心之网”，在员工宿舍周边建立“天网、地网、隐形防护网”，以防止跳楼事件发生。

《每日经济新闻》认为，富士康的问题其实是所有转型中企业存在的普遍问题。这从另一个侧面说明，低廉劳动力形成的竞争优势已经很难保持了。企业不转型，没有活路；经济不转型，没有前途。“十四连跳”之后富士康宣布大幅加薪，并结束了其与深圳长达 20 余年的“热恋”，踏上了内迁之旅。

资料来源：毛建国．富士康“八连跳”说明转型之必要．每日经济新闻，2010－05－13；汪苏．富士康《致富士康同仁的一封信》曝光．（2010－05－26）．财新网；王传真．富士康针对员工跳楼事件推出多项措施．（2011－06－06）．新华网．

▶ 结合案例内容，试回答以下问题：

1. 除了进行员工心理健康恢复，富士康在人力资源管理方面还可以采取哪些恢复措施？为什么？

2. 你认为在富士康发生员工跳楼事件背后更为深层的原因有哪些？

第12章
危机管理沟通

> 以诚感人者，人亦以诚应；以诈御人者，人亦以诈应。
>
> ——薛宣
>
> 沟通是管理的浓缩。
>
> ——萨姆·沃尔顿
>
> **学习目标**
>
> - 掌握危机管理沟通的对象、原则、技巧；
> - 明确危机管理中的内部沟通；
> - 明确危机管理中的外部沟通；
> - 明确危机管理中的政府沟通。

引 例

特斯拉爆炸事件

特斯拉（Tesla）是一家美国公司，由一群硅谷工程师于2003年创建。公司主要设计、生产和销售电动汽车和电动动力系统。2008年，特斯拉推出了一款纯电动跑车，引起了全世界的广泛关注。在接下来的4年中，公司在37个国家销售了2 300辆车，其中包括全电动高端轿车型号Model S和Model X。此外，特斯拉也生产电动传送系统，供应其他汽车制造商，例如丰田公司和戴姆勒公司。

2013年10月1日，一辆特斯拉Model S在华盛顿肯特高速公路上撞上金属碎片后起火。由于车载警报系统发出警报，司机下了车，走到几十米外。他并没有受伤，但汽车燃起了熊熊大火。一名目击者用手机录下了这场火灾，并将视频上传到YouTube上，该视频迅速走红。事故报告称，消防员试图用水灭火，但位于车底盘的电池被重新点燃。最后，他们直接将水浇在燃烧的电池上，才扑灭了大火。事件发生后两天，特斯拉股价分别下跌6.24%和4%。

事故发生一天后，特斯拉全球通信总监伊丽莎白·贾维斯-肖恩（Elizabeth Jarvis-Shean）对媒体发布了一份62字的官方回应。事件发生3天后，特斯拉董事长、产品架构师和首席执行官埃隆·马斯克（Elon Musk）在特斯拉官方博客上发表了一份声明，详细解释了事件的基本情况和起火原因。

首先，他提到这次事故非常罕见。汽车在行驶过程中，一块大的金属物体突然从前方的运货车上掉下来，以极高的速度恰好撞到了车上，因此事故并不是由车辆引起的。此外，马斯克还提到正是车上的报警系统及时提醒司机靠边停车并下车，才让他安全地离开了事故现场。事实上，汽车电池组内部的防火墙稍微减弱了火势的蔓延。如果是传统的汽油车面临相同的情况，后果会更糟糕。因为汽油车的车底只有一块薄的保护金属板，油箱上的刺点可能会导致汽油凝结并烧毁整辆车。马斯克在他的博客中详细解释道，电动汽车比汽油汽车更安全，“我们电池组的燃烧能量仅为一个油箱所含能量的10%左右，电池组被分成16个模块，模块之间有防火墙”。此外，马斯克还指出，数据显示，“传统汽油车起火的可能性是特斯拉汽车的5倍”。因此，在火灾风险方面，他声称电动汽车比传统的汽油汽车更安全。此外，他还发布了车主对此事的回应。这位车主声称特斯拉在这次事故中表现良好。此外，他感谢特斯拉的支持，并期待拥有另一辆特斯拉汽车。

马斯克的一系列回应被新闻媒体广泛传播。诸如《洛杉矶时报》《纽约时报》《华尔街日报》《华盛顿邮报》《时代》等著名的新闻媒体，都表示赞同马斯克的观点。《洛杉矶时报》《圣何塞信使报》《今日美国》则直接引用了马斯克博客上的话——“如果一辆普通汽油车在高速公路上遇到同样的物体，结果可能会糟得多”来作为它们的观点。然而也有部分媒体持反对意见。《今日美国》称马斯克“从不羞于在个人博客上为公司的电动汽车辩护。正是因为特斯拉股价下跌，马斯克才做出反应，我们可以设想如果股价没有下跌，马斯克一定会无动于衷”。但是，抛开一些负面评论，总体而言舆论还是倾向于马斯克的，也倾向于对理性和坦诚予以认同。

资料来源：Jensen C. Tesla Says Car Fire Started in Battery. The New York Times，2013-10-02；Rogowsky M. Tesla's Musk Responds to Recent Fires，Says A 'Higher Standard' is Fair. Forbes，2013-11-19；Curry C. Tesla Fires Raise Doubts about Seemingly Untouchable Company. ABC News，2013-11-10；张云．特斯拉在美起火 概念股处境堪忧．第一财经日报，2013-10-08.

在危机管理中，与各界公众的沟通是十分关键的一环。良好的危机沟通有助于缓和企业与公众之间的矛盾，维护企业的正面形象，促使危机尽快得到解决。

一、危机管理沟通概述

（一）危机沟通的对象

在危机处理过程中，对于员工、股东等企业内部公众而言，企业应学会如何通过有效的沟通安抚他们的情绪，以免后院起火，使企业雪上加霜；对于媒体、顾客、政府部门或社会中介组织、供应商、经销商、社区居民等外部公众而言，危机沟通的重点在于改变企业在他们心目中的不良形象。企业应针对不同的对象，确定不同的危机沟通重点和危机沟通策略。

1. 员工

对于企业员工而言，危机沟通应注意以下事项：

（1）及时通报情况，让所有员工了解危机真相，稳定军心，以免不必要的猜疑，避免谣言从内向外传播。

（2）设身处地为员工着想，向员工说明：企业会尽一切努力确保他们的切身利益不受危机的影响，或尽量减少危机对他们的切身利益的影响程度，使员工能够与企业同舟共济，共渡难关。

（3）如员工有伤亡损失，应全力做好救治和抚恤工作。

（4）明确员工对外发表相关言论的统一口径。

（5）采用员工大会、企业简报、内部网论坛、电子邮件等诸多方式加强与员工的沟通，并为员工提供表达个人意见的机会。

2. 股东

对于股东而言，危机沟通应注意以下事项：

（1）尽快向股东详细报告危机发生的原因、处理过程、处理结果。

（2）向股东说明危机的负面影响是暂时的、可以克服的，树立股东对企业长远发展的信心，确保股东对企业的长期投资。

（3）对于主要的股东，在危机发生后，可以邀请他们亲临企业视察，让他们看到企业处理危机的决心和员工的士气，使他们给予企业危机处理必要的支持。

3. 媒体

对于媒体而言，危机沟通应注意以下事项：

（1）主动向媒体提供危机信息，积极配合记者的采访，正确地引导记者。

（2）在向媒体公布危机信息之前，应在企业内部统一认识，以免引起不必要的麻烦。

（3）指定专门的发言人负责对媒体发布信息，接受媒体的采访。

（4）为了避免媒体的报道不准确，重要事项一定要以书面材料的形式发给记者。

4. 顾客

对于顾客而言，危机沟通应注意以下事项：

（1）通过在大众媒体刊登致歉广告或登门拜访等方式向受到伤害的顾客表示诚挚的道歉，并尽快赔偿有关损失。

（2）通过经销商或在各种媒体上刊登公告，及时告知顾客产品存在的潜在缺陷，并尽快收回有缺陷的产品。

（3）认真听取顾客对有关事故进行处理的意见和愿望。

（4）邀请顾客代表参与危机处理过程，强化与顾客的双向沟通。

（5）通过多种渠道将危机的发生经过、处理过程和处理结果告知顾客。

5. 政府部门或社会中介组织

对于政府部门或社会中介组织而言，危机沟通应注意以下事项：

（1）危机发生之后，尽快向相关的政府部门或社会中介组织报告，争取它们的帮助与支持；在危机处理过程中，形成定期报告制度。

（2）主动配合政府部门或社会中介组织的调查，如实向它们反映情况。

案例 12－1

老罗砸西门子冰箱事件

网络媒体中网民的态度和舆论固然会对企业造成巨大的影响，但这种影响却不及公众人物的一些举动。如果将网民的舆论比作落入水池中的一颗颗小石子的话，那么公众人物的态度和舆论就像是一块巨石。

西门子与罗永浩

西门子公司是世界最大的机电类公司之一，1847 年建立。如今，它的国际总部位于德国慕尼黑。西门子公司是在法兰克福证券交易所和纽约证券交易所上市的公司。2019 年，西门子营收增长 5%，达 868.49 亿欧元；订单额增长 7%，达 979.99 亿欧元；在盈利方面，调整后的息税前经营利润微增 1%，达 89.86 亿欧元。

罗永浩系教师出身，牛博网创始人，老罗英语培训创始人，著有《我的奋斗》一书，目前是锤子科技的 CEO。高中辍学，曾经摆地摊、开羊肉串店、销售药材、做期货、销售电脑配件、从事文学创作。2001—2006 年曾在北京新东方学校任教，由于教学风格幽默诙谐并且具有高度理想主义气质的感染力，极受学生欢迎，并有“老罗语录”流传于网络，成为网络红人。

老罗砸冰箱

2011 年，老罗将大锤砸向了西门子冰箱。

两个月前，老罗家里用了 3 年的西门子冰箱冷藏室积水。当时，老罗并未将此当回事，打算“扔了算了”。在扔冰箱之前，他顺手发了一条微博抱怨——“西门子冰箱和洗衣机陆续都坏了”。这条微博成了事件的开始，短时间内，数百名网友在这条微博下留言，表示家中的西门子冰箱“有问题”，还有人上传了视频。罗永浩称，通过微博统计，有近 500 人遭遇了类似的问题，涉及五六种型号。冰箱门关不严导致冷冻室结霜、耗电量增加。

9 月 29 日，博西家电通过微博表态：“近日网友反映西门子冰箱门偶有关不上的现象，我们立即与生产、质控等部门进行了核查，确认不属于质量问题。尽管如此，我们将对遇到类似情况的用户提供上门检测和维护服务。”

10 月 15 日，由于博西家电发出的公告并未按罗永浩的要求提及批次和质量问题，罗永浩表示并不满意。正是这一公告坚定了罗永浩砸冰箱的决心。

11 月 20 日，罗永浩等人来到西门子（中国）北京总部大楼外，将 3 台冰箱砸坏，并递交诉求信，要求西门子公司改正声明并召回问题冰箱。

11 月 25 日，博西家电举行媒体沟通会，发表声明：“西门子家电理解并尊重消费者为维护合法权益所开展的措施，但也希望此类措施应在合理、合法的范围内开展……”博西家电（中国）副总裁王伟庆表示，所有在中国生产、销售的西门子冰箱均符合国家标准。王伟庆称，西门子家电已回访了通过客服热线和微博反映冰箱门问题的 80%用户。维修人员检查发现，冰箱门无法关紧主要是搁物架放置物品过多、冰箱底脚不平整、门胶条等零部件老化等原因所致。在沟通会上，还请来了检测机构的专家详细讲解国家标准中对于冰箱气密性能的要求。王伟庆还表示西门子产品的销售未受到影响。

西门子道歉

12月1日，西门子公司在自9月27日起经历了罗永浩微博爆料、西门子冷淡回应、罗永浩怒砸冰箱、西门子举行发布会“科学”辩解之后，终于首度公开致歉。西门子冰箱的生产商博西家电（中国）副总裁王伟庆等相关负责人在广州表示：“我们在前期的沟通中太技术化了，没有考虑到消费者的多样化需求。总体来看，我们做得不够好。我们表示歉意，也会更多注意沟通方式。”但王伟庆表示，虽然有500人次反映冰箱门问题是很大的数据，可是企业对“批次”的界定与罗永浩所认为的不一样。罗永浩对于西门子的态度及解决方案并不认可。同时，西门子此举也并未获得消费者的广泛谅解。

12月4日，西门子家电中国区总裁兼首席执行官罗兰·盖尔克通过视频向对西门子冰箱门关闭效果不满意的消费者致歉，并提出解决措施：开通微博客户服务平台，解决网络投诉和维修申请；提供免费上门检测服务；在条件允许的情况下为消费者免费安装闭门器。但他还是强调只有极少数量的西门子冰箱出现冰箱门不易关上的情况，并认为从整体上说西门子冰箱不存在质量问题。

这是自9月27日罗永浩微博爆料西门子冰箱门问题以来，西门子方面首次公开道歉。但罗永浩对此并不认可，罗永浩称，如果西门子公司不在一两周之内给一个明确的答复，他将采取下一步的措施——租赁场地将那些与自己意见相同的消费者集结起来，共同砸自家的西门子冰箱，其中包括还在运输途中的作家韩寒的冰箱。

12月13日，罗永浩在其拥有百万粉丝的微博账户上公开求租场地，同时对“砸冰箱活动”做出预告。

12月20日，在跟西门子就“冰箱门弹开”问题争执了近3个月后，罗永浩再次向西门子发难。在北京的海淀剧院，罗永浩再次抡起大锤，砸向了数十台有各种各样问题的西门子冰箱。

资料来源：胡立彪．双重标准终害己．（2011-10-17）．价值网；刘文．西门子的“理性”回应无异于卸责．消费日报，2011-11-24；刘文．消费者维权咋就这么难．消费日报，2011-12-29.

6. 供应商

对于供应商而言，危机沟通应注意以下事项：

（1）将涉及供应商利益的有关危机的消息及时以书面形式通知供应商，并告知供应商危机对其业务可能造成的影响。

（2）对于主要的供应商，企业应直接派员前去进行面对面的沟通、解释。

（3）危机处理完毕，应以书面形式表示歉意，并对理解和援助企业的供应商表示诚挚的谢意。

7. 经销商

对于经销商而言，危机沟通应注意以下事项：

（1）及时将危机可能对产品的供货和销售造成的不利影响以书面形式通知经销商。

（2）对于主要的经销商，企业应直接派员前去进行面对面的沟通、解释。

（3）对于需要经销商配合开展的问题产品回收工作，事先以详细的书面材料的形式告知经销商回收应注意的事项。

（4）将危机处理结果以书面形式告知经销商，并对危机处理期间经销商的理解和支持表示谢意。

8. 社区居民

对于社区居民而言，危机沟通应注意以下事项：

（1）针对火灾、爆炸、污染等涉及社区居民利益的危机，企业应通过地方性媒体刊登公开致歉信，或者派人到居民家中道歉。

（2）通过与社区居民中的舆论领袖或其代表进行有效的协商，确定双方都能接受的赔偿金额。

（3）及时向社区居民公布危机发生的原因及其处理结果。

（4）向社区居民宣传企业致力于改善社区关系的各种公益计划，如赞助社区活动、向社区开放企业的相关生活服务设施等，以增进企业与社区居民之间的情感。

（二）危机沟通的 3T 原则

危机沟通的 3T 原则是指主动沟通原则（tell your own tale）、全部沟通原则（tell it all）、尽快沟通原则（tell it fast）。①

1. 主动沟通原则

主动沟通原则是指企业主动将危机有关信息对外披露。采用主动沟通原则，就意味着企业成为信息沟通的主渠道。此时，公众将企业作为主要的信息来源，别人的声音就无足轻重了。如果在危机发生后，企业什么也不说，人们就很可能用主观臆测来填补所有的疑问，企业有效的危机沟通渠道的缺失将导致谣言四起，各种版本的说法层出不穷，使企业丧失危机沟通的主动权，为以后的工作埋下隐患。

2. 全部沟通原则

全部沟通原则是指企业将自己知道的危机事实全部告知公众。采用全部沟通原则，就意味着企业在对外沟通时讲真话，不隐瞒有关事实。

如果将危机相关者分为当事人和旁观者两类，旁观者对危机真实情况可能知情或不知情，当事人对危机信息可采取的策略包括公开或隐瞒两种，则危机沟通策略有四种选择（见表 12-1）。

表 12-1　不同的危机沟通策略

	旁观者知情	旁观者不知情
当事人隐瞒	全盘否认	无可奉告
当事人公开	被迫承认	主动披露

（1）全盘否认。指在旁观者已经知情的情况下，当事人竭力隐瞒危机的相关信息。如果企业执行全盘否认的危机沟通策略，实际上是自欺欺人的做法，毕竟“纸包不住

① Regester L. Risk Issues and Crisis Management in Public Relations：A Casebook of Best Practice. Fourth Edition. London and Philadelphia：Kogan Page，2008：117.

火”，一旦事情败露，对维护企业的形象极为不利。

（2）无可奉告。指在旁观者不知情或不完全知情的情况下，当事人竭力隐瞒危机的相关信息。执行无可奉告策略的基本假设是：有关危机的信息可以被控制住。很多企业在遭遇危机时，总想尽量保持低调，能捂就捂，能避就避，奉行“沉默是金”的处世之道。但现代社会是一个高度曝光的社会，任何秘密都可能暴露出来，因此无可奉告策略带有较大的危险性，一旦危机有关信息被旁观者知晓，企业就十分被动。况且，企业一旦采取无可奉告策略，往往引起公众的各种猜疑，甚至谣言四起，对企业极为不利。

（3）被迫承认。指在旁观者已经知情的情况下，当事人被迫承认危机的相关信息。一旦企业在危机沟通中到了被迫承认的地步，它必然在公众中产生不诚实的形象，影响相当不好。

（4）主动披露。指在旁观者不知情或不完全知情的情况下，当事人主动向外界公开危机的相关信息。对于企业而言，虽然主动披露相关信息可能导致一定的法律成本，但企业信誉资产的价值要远远高于企业短期的法律成本，因此主动披露策略对企业往往是有利的。

波音公司在1988年爆炸事件中的表现就是主动披露的突出例子。1988年3月27日，一架波音737飞机在从檀香山起飞后不久，发生局部爆炸，一名空姐因被气浪抛出窗外而殉职。幸好飞机驾驶员沉着操纵，飞机安全着陆，旅客和其他机组人员全部平安。事件发生后，波音公司没有采取回避策略，而是迅速做出反应，积极调查，主动宣传，解释事故系飞机太陈旧、金属疲劳所致。原来，这架波音737客机起落已达9万次，飞行时间已达20年。在发生爆炸事故的情况下，它依然能够安全着陆，足以证明波音飞机的优越性能。而且，新型波音飞机已经解决了金属疲劳的技术难题，飞机将更安全。成功的危机传播策略使波音公司掌握了主动，不但没有损害公司的形象，反而进一步增加了客户的信赖感。

3. 尽快沟通原则

在实施危机沟通时，企业不但要积极主动、讲真话，还要注意在第一时间进行沟通。如果企业拖拖拉拉，各种传言往往就会先入为主，企业要想再改变公众的认识、信念和态度就很难。

案例12-2

福胶集团马皮事件

山东省平阴县东阿镇有2 000多年的阿胶生产历史，山东福胶集团就坐落在这里。福胶集团的前身是平阴阿胶厂。2001年，集团的固定资产达到2亿元，职工1 500人，销售收入接近1.2亿元，利润500万元。然而，2002年一场突如其来的马皮事件却使福胶集团元气大伤。

央视惊爆马皮事件

对于福胶集团而言，2002年4月14日是一个难以忘记的日子。当晚，央视的《焦点访谈》栏目播出了一篇题为《马皮上有文章》的报道。该报道指出：福胶集团用马皮充当驴皮生产阿胶，公然造假。

众所周知，阿胶的生产原料是驴皮。在民间，阿胶又称驴皮胶，具有良好的补血功能。《焦点访谈》的报道，立即引起了相关部门的重视，引发了众多媒体的兴趣，在经销商和消费者当中掀起轩然大波。

马皮事件曝光的第二天，山东省药品监督管理局以特急传真电报的形式发出了《关于对全省阿胶生产企业进行检查的紧急通知》，要求阿胶生产企业所在各市的药品监督管理局立即对辖区内的阿胶生产企业进行严格检查，主要检查其原料进货渠道、购进原始凭证、入库验收记录、成品检验记录、库存记录与原料库存情况等，重点检查有无购进碎马皮等杂皮的情况及泡皮、洗皮工艺。同时，要求省内所有药品经营企业和使用单位，对现存福胶集团生产的"福"牌和"东阿镇"牌阿胶暂停销售和使用。

山东省、济南市两级药品监督管理局共同组成调查组，进驻福胶集团，进行全面检查，暂时查封了福胶集团所有的生产车间和仓库，并专程赴河北省皮货供应商处取证。

马皮事件曝光的第二天，全国各地的媒体相继以不同的篇幅对《焦点访谈》栏目的报道进行了转载。

福胶集团马皮事件曝光的当晚，很多经销商就打电话给福胶集团总部，要求退货。作为福胶集团最重要的市场，广东的销售额占企业全部销售额的60%。广州、深圳等地的连锁药店将福胶集团产品撤下柜台，销售基本停止。

福胶集团以沉默面对

从一开始，福胶集团就发现央视所罗列的种种迹象有疑，但面对经销商及媒体的质疑，福胶集团却保持了一周的沉默。此间，在福胶集团的网站上，没有看到任何对事件的解释。在经销商和媒体的质疑声中，福胶集团习惯以"等待调查结果"作答。集团负责人甚至关闭通信工具，原因是"怕有其他媒体打电话来，解释不清"。

就在调查组进驻福胶集团的第三天，他们发现"事实与媒体报道有出入"，随即下令福胶集团半成品车间恢复生产，以避免已在生产线上的原料报废。这事实上是官方发出的"福胶集团没有造假"的最初信号，但福胶集团仍没有抓住这个机会向外界辩解。

面对福胶集团的沉默，当地媒体甚至专门刊发了一篇题为《福胶，你为什么不吱声?》的文章。

福胶集团开始公开表态

4 月 22 日，新华社刊发《山东封杀假阿胶》一文。直到这时，福胶集团总经理杨福安才亲临广州，召开了一次新闻发布会，这是马皮事件爆发后福胶集团首次公开亮相。

在新闻发布会上，福胶集团声明：自 1980 年以来，公司一直被评为山东省产品质量信得过单位，通过了国家、省、市药品管理部门的生产许可证验收，阿胶及系列产品也严格按照国家标准生产，各项质量指标完全符合标准，建厂以来没有发生过一起质量投诉与纠纷。在新闻发布会上，福胶集团称自己"从来没有用过马皮或掺杂马皮生产阿胶，今后也决不会用马皮生产阿胶"。同时集团对外声明：马皮事件系同行某家企业不愿看到福胶集团日益壮大，暗中收买福胶集团内部职工所为，对此，公司将保留追究法律责任的权利。

对于央视的报道，福胶集团也一一做了解释与说明：

第一，报道中主持人的背景画面是河北无极县马皮贩子的存货现场，并非福胶集团东阿镇阿胶有限公司的货场。

第二，经集团认真调查和反复辨认，央视记者采访的皮贩子从未给东阿镇阿胶有限公司供过货。节目中皮贩子声称“给平阴”，是在有人有意提示下顺口说出的，声音能辨别清楚。

第三，记者从20个泡皮池中打捞到一小块马皮属于正常现象。按照山东省驴皮质量标准规定，在驴皮收购中允许有20%以下的杂质。驴皮供应商经常故意掺杂马皮等杂物。按照集团的驴皮原料管理规定，在泡皮池中的马皮还需经过洗皮和投料前的挑拣两道工序，用于熬胶的原料100%是驴皮。

第四，待检区有马皮存放是正常的，不能因此就定论为用马皮造假阿胶。在待检区存有4堆皮，第一堆是牛皮，用于熬黄明胶，第二堆是已分拣好的驴皮，第三堆还没有分拣，第四堆是已拣出的杂皮，正待退回。

第五，节目中投料的录像画面不能辨清驴皮的真假，画面也非记者所拍。报道将泡皮、投料两个工序使用的不同工具车剪辑在一起，省略了实际工艺中的刮毛、切碎、清洗等工序，画面失实。

第六，在福胶集团1998年12月31日的“物料采购最高限价公布表”中将马头皮、马腿皮列入其中的原因在于：当时许多供应商在送驴皮时，常有马头皮、马腿皮夹带，对此，集团在严格分检验收之后，将杂皮统一作价收下，集中处理给一些单位和个人用作饲料、肥料等。这个表是价格发布表，而非采购验收单。

福胶集团元气大伤

经过10天的认真调查取证，调查组于4月24日下午宣布：从4月24日起，启封福胶集团所有的生产车间、成品库，全面恢复生产。

5月6日，山东省和济南市药品监督管理局公布了调查结果：根据调查取证的事实，认定“没有证据能够证明山东福胶集团有生产假药的行为”，经省药品检验所抽检，产品质量合格。当天，山东省药品监督管理局发出《关于山东福胶集团有限公司阿胶产品可以继续销售和使用的通知》，允许福胶集团的“福”牌阿胶和“东阿镇”牌阿胶两种产品继续销售和使用。

福胶集团躲过了这场生死劫。但福胶集团的许多市场却已失去，品牌价值更是损失惨重，部分省市甚至要将查封的福胶集团产品当作假药就地销毁。

6月2日，在北京国际饭店召开的产品推介会上，杨福安声称：马皮事件使得福胶集团产品出现了“封库、退货、撤柜、投诉”等较为严重的后果，马皮事件发生后，全国1 700多个代理商有90%提出退货，甚至提出索赔，很多大中城市的撤柜面超过80%，5 000多万元的产品在流通渠道无法销售。马皮事件造成直接经济损失1.5亿元，间接经济损失2.7亿元，损失总额达4.2亿元。

资料来源：刘刚．危机管理．北京：中国经济出版社，2004：175－180；高建成．名药阿胶能否走出“马皮阴影”．中国商报，2002－05－13.

（三）危机沟通的技巧

善用危机沟通中的技巧，能令沟通工作事半功倍，强化危机管理效率，提升企业形象。

1. 确保畅通的沟通渠道

有效的危机沟通渠道具有全方位的特点。企业应综合运用多种形式的危机沟通渠道，以使公众对危机的实情有正确的认识，避免公众的误解。常见的危机沟通渠道包括以下一些类型：

（1）通过大众媒体进行沟通。具体包括：召开新闻发布会、向媒体提供新闻稿、接受记者采访等。

（2）设立专门的接待人员。其职责是接待各方面来访的公众，包括媒体、政府部门、受害者及其家属、供应商、经销商等。

（3）设立热线电话。危机爆发后，应立即开通并对外公布专门的热线电话，以备公众的投诉和咨询。有条件的企业，热线电话应 24 小时开通。热线电话能否发挥良好的作用，取决于热线电话接听人员的素质，为此，企业应对他们进行有针对性的培训，并就最常见的问题，准备规范的答案。

（4）企业网站。企业可以在自己的网站澄清危机的有关事实，发布危机处理的最新进展，并就公众关注的各种问题予以明确的答复。在危机处理期间，网站上的有关内容要注意及时更新。

2. 注重与公众的情感沟通

按照马斯洛（Maslow）的需求层次理论，感情和归属的需要是人最重要的需求之一。在危机发生以后，公众除了利益抗争之外，还存在强烈的情感对抗。如果企业不注意危机对公众的情感造成的影响，则很容易使公众的情绪进一步激化。因此，在解决直接的、表面的利益问题的基础上，注重与公众的情感沟通就显得非常重要。企业应根据所面对公众的心理特点，采取恰当的情感联系手段，解决公众深层次的心理问题，平息公众的怨恨心理，强化企业与公众的情感联系。

3. 避免使用生僻的技术术语

在对外部公众开展危机沟通时，一味从技术上对危机进行解释，使用大量生僻的技术术语，往往会招致公众的反感和厌恶。正如美国道化学公司的唐纳德·斯蒂芬指出的："堆积数据令公众烦躁，唯有用带有感情色彩的语言，简洁明了地概述关键事实，才能使你的信息传播主动，并显示出组织对公众的关心。"

案例 12-3

比利时和法国的可口可乐中毒事件

1999 年 6 月 9 日，比利时有 120 人在饮用可口可乐之后发生中毒，其中有 40 人是学生。中毒者出现呕吐、头昏眼花、头痛等症状。同一时期，法国也有 80 人出现同样症状。拥有 113 年历史的世界知名品牌可口可乐面临着巨大的信任危机。

一周之后，中毒原因基本查清。原来，可口可乐在安特卫普的灌装厂使用了不纯的二氧化碳，饮料发出怪味、产生沉淀，消费者饮后感觉不适。同时，可口可乐在法国北部敦刻尔克的工厂生产的易拉罐在运往比利时灌装厂的途中受到了防霉剂的污染，这种防霉剂是运输部门用来清洗货物传送带的。

但问题在于：针对中毒事件，一开始是由美国亚特兰大的可口可乐公司总部来负责对外沟通。在近一周时间内，公司总部得到的消息都是气味不好引起呕吐及其他不良反应，可口可乐总部认为这对公众健康没有任何危险，因而没有启动危机管理预案，只是在公司网站上粘贴了一份相关报道，里面充斥着普通人看不懂的专业词汇。同时，也没有公司高层管理人员出面表示对中毒者的关切。

此举使消费者认为可口可乐缺乏人情味。更为严重的是，由于没有让当地分公司的管理层充分参与中毒事件的沟通并及时做出反应，可口可乐总部根本不知道就在事发前些天，比利时出现了一系列肉类、蛋类等日常生活用品中发现有害物质的事件，比利时政府因此受到公众的严厉批评，此时，正急于向全体选民表明政府对食品安全问题的态度，可口可乐撞在了枪口上。6月14日，比利时政府宣布，全面禁止销售可口可乐公司的产品。第二天，法国的卫生和商业部门也做出决定，从全国市场撤出500万瓶可口可乐饮料，并就中毒事件进行深入调查。

在媒体十分发达的现代社会，可口可乐中毒事件的消息在很短的时间内迅速在全球传播。荷兰、卢森堡先后宣布暂时禁止可口可乐公司的所有产品在本国市场上销售。沙特阿拉伯也宣布停止从比利时进口可口可乐饮料。其他国家的一些消费者也开始对可口可乐表示怀疑，转而购买其他厂家的饮料。中国有关部门也对可口可乐中国公司的生产进行了检查。

1999年6月29日的《华尔街日报》报道，法国卫生部部长伯纳德·考彻纳（Bernard Kouchner）对这一事件评论道："在广告和市场营销方面如此老到的一家公司，沟通能力如此糟糕，真是让人吃惊。"

直到6月17日，可口可乐公司CEO道格拉斯·伊维斯特（Douglas Ivester）才从美国赶到比利时首都布鲁塞尔，举行记者招待会。一些媒体评论道："乘坐喷气式飞机从美国飞往欧洲只需要10多个小时，伊维斯特从美国赶往布鲁塞尔却花了近10天时间。"随后，可口可乐公司展开了强大的宣传攻势。

6月22日，比利时所有报纸都刊登了伊维斯特的道歉信和全幅彩页广告。他在信中写道："对于所有的比利时人，我要对由于此事而给你们造成的麻烦和不适表示深深的歉意。我的同事和我要努力工作，以重新赢得你们的信任。"在信中，可口可乐公司提出要向比利时每户家庭赠送一瓶可乐，以表示公司的歉意。可口可乐公司宣布，将比利时国内同期上市的可乐全部收回，并向消费者退款。6月24日，在法国北部城市举行的记者招待会上，伊维斯特当众喝了一瓶可口可乐，这张照片被登在世界许多媒体上。

6月23日，比利时卫生部决定，从次日起取消对可口可乐的禁销令，准许可口可乐系列产品在比利时重新上市。第二天，法国食品卫生部门在对法国敦刻尔克的可口可乐生产基地进行了安全检查后证实，该基地生产的可口可乐、芬达和雪碧等系列饮料均符合卫生要求，从即日起取消对可口可乐的禁销令。

此外，可口可乐公司还设立了专线电话，开设专门网页，回答消费者提出的各种问题。比如，事故影响的范围有多大，如何鉴别新出厂的可乐和受污染的可乐，如何获得退款等。

可口可乐中国公司声明，中国的可口可乐产品全部在中国制造，所用的原材料均未从欧洲大陆进口，且中国所有可口可乐生产厂房均装有二氧化碳净化系统，有健全的检测制度，故不会出现上述问题。同时，中国也没有进口这次“出事故”的饮料。6 月 29 日，相关部门在接受新华社记者采访时表示，在北京等 5 城市灌装生产的可口可乐符合国家卫生标准。

从第一例中毒事件发生，到比利时、法国等国禁销令的发布，仅 10 天时间，可口可乐公司的股票价格下跌了 6%。中毒事件造成的直接经济损失高达 6 000 万美元，总损失达到 1.3 亿美元，全球共裁员 5 200 人，1999 年底公司宣布利润减少 31%。中毒事件之后，伊维斯特也被迫辞去 CEO 的职务，新 CEO 对公司进行重组时不再沿用总公司负责制，而将“全球思维，本地执行”的座右铭纳入企业管理理念。此次危机发生之后的一段时间内，可口可乐公司宣传活动的主要目的都是重振公司声誉。

资料来源：刘刚．危机管理．北京：中国经济出版社，2004：182－185；卢奇志．可口可乐的辉煌与失误．财会岁月，2000（19）；李光斗．品牌秘笈：广告策划基本原理．北京：作家出版社，2002.

4. 注重双向沟通

危机沟通应该是双向的。企业及时向各界公众沟通信息，可以帮助公众了解危机的实情，避免谣言的产生，使公众认识到企业为解决危机所付出的巨大的努力；而企业建立各界公众发表自己意见和建议的渠道，则有助于企业了解公众的真实想法，使企业明确危机症结之所在，找到合适的危机解决途径，同时，可以为公众提供一个情感宣泄的机会。在危机处理过程中，一些企业十分注意将危机发生的经过、处理过程、处理结果及时告知各界公众，但过分依赖这种单向的沟通方式，没有建立有效的信息反馈渠道，结果事倍功半，效果很不理想。

5. 一个声音对外

企业危机管理小组不但要明确专门的发言人，还应明确危机沟通的具体内容，确定统一的危机沟通口径。在危机沟通中，前后矛盾、数据冲突等往往会在公众中造成不好的影响。对于暂时不能确认的事情，企业应说明实际情况，表明自己正在着手开展调查或制订方案，而不能随便表态，以免陷入被动。

6. 实施持续沟通

许多企业往往犯这样的错误，在危机爆发之初，迫于社会公众强大的舆论压力，它们很注重沟通，希望通过频繁的危机公关尽快控制事态。但随着危机的缓解，它们便减少乃至停止了沟通。事实上，采取合理的途径将危机处理结果向公众传播，能够给危机处理过程画上一个圆满的句号。持续沟通是企业增进与公众的感情、确保企业尽快从危机中恢复过来的有力保障。

7. 树立全员危机公关意识

在危机处理中，尽管有专门的发言人负责对外沟通工作，但企业对危机的基本态度却实实在在地体现在每位员工的精神面貌上，落实在员工的具体行动中。在危机发生后，企业应让全体员工树立危机公关意识，使他们掌握必要的危机公关技巧，与公司的对外态度保持一致，并通过员工的言行举止感染外部公众。

日本名古屋褚本电力公司下属一家发电厂因造成海水污染，威胁当地居民的利益而被查封。事件发生后，在完善环境治理措施的前提下，公司制订了长远的公关计划，并将实施消费者亲善行动的任务落实到 1.8 万名员工身上，平均每位员工走访了 20 位当地居民。这些员工不但主动拜访当地居民，连走路也与居民聊环保问题，不少人还穿上公司的工作服参加当地的慈善活动。通过全体员工几年不懈的努力，终于改变了当地居民的看法，赢得了他们的谅解。

二、危机管理中的内部沟通

企业内部公关是外部公关的基础，企业只有在充分进行内部公关的基础上，才能进行外部公关活动。而企业的内部沟通又往往被经营者所忽视，因而增大了企业危机管理的难度。

（一）企业内部沟通措施

具体而言，内部公关的措施包括开展内部公关、搭建沟通平台以及建立领导小组等三个方面。[①]

1. 开展内部公关，稳定员工队伍

美国企业界流传着这样一句话："如果企业管理者不能充分地与员工沟通，向员工表明危机的威胁，那么这家公司将失去员工的信任，从而失去效率和效益。"员工作为企业的重要资源，是企业无形的财富。企业拒绝向员工公开危机真相，将不利于企业开展危机管理活动，进而影响企业的社会形象和经营绩效。即使企业侥幸渡过了危机，如果失去了员工的信任，企业之后的发展道路仍将困难重重。真诚地与员工进行沟通，既能让员工理解企业的处境，避免不实言论的传播，又能让员工树立忧患意识，保持对工作的积极态度，不仅有助于企业在危机时刻维持正常的生产经营秩序，而且能提高企业的凝聚力和向心力。为了使公司员工能够更好地与企业一道应对危机的挑战，企业应该做到以下两点：

（1）向员工公布事件真相。来自内部的支持是企业应对危机的重要资源，如果无法获得内部员工的支持，企业的危机处理活动将难以真正有效地开展。因此，危机爆发之后，企业一定要向员工公布事件真相，使员工明确地知道危机事件的起因和经过，同时，企业应该将重要的决策告知员工，让员工了解企业的决策初衷。而且，企业应该在环境允许的情况下，尽可能多地向员工披露与本次危机有关的信息，解释危机的具体情况。

（2）统一员工口径。在应对危机时，企业应保证内部沟通体系的通畅。首先，对外传播的信息一经发布就会立即引起舆论的关注，如果公司发布的消息相互矛盾会进一步深化危机，因此，企业应全面地分析当前情况，统一口径，并保证内部沟通渠道的畅通。其次，企业应任命专人负责对外发布新闻，并任命其他职员负责电话、网络等媒体渠道

① 孙佳．浅谈从人力资源管理角度处理内部公关中的一些问题．投资与合作，2012（8）：62.

的信息发布工作，同时，应该保证不同员工之间的信息交流，以保持一致的口径。最后，企业应形成信息发布制度，强化新闻发言人等在信息发布方面的专业功能，引导媒体与负责新闻发言的人员进行联系，避免与新闻发言工作无关的员工接受采访。

2. 搭建沟通平台，建立沟通渠道[①]

（1）构建专用的危机信息沟通渠道。在应对危机的过程中，构建专用的信息沟通渠道对危机的处理有着重要的意义，但也通常被企业所忽视。由于危机信息沟通渠道的缺失，往往难以实现信息在企业内部的快速传递，不利于企业在第一时间做出反应。更为严重的是，渠道的缺失可能直接造成信息丢失，使企业的危机管理活动处于被动。因此，为了有效地解决这一问题，企业需要建立稳定、高效的信息沟通渠道。在设计该渠道时，企业应关注以下三方面因素：一是适用性，该信息沟通渠道能够满足企业在危机沟通方面的需要；二是稳定性，该信息沟通渠道运行平稳，不会轻易受到环境影响；三是便利性，对于企业员工而言，该信息沟通渠道易于掌握。

（2）简化信息沟通渠道。企业应该在保证信息交流渠道健全的前提下，防止沟通渠道复杂、冗长导致的信息传递迟钝、信息丢失和信息失真等情况。为此，企业应适当简化企业内部的沟通渠道，缩短信息发出者和接收者之间的传递路径，提升企业对危机信息的反应速度，加快企业危机应对策略的制定过程，以迅速、深入地解决危机事件。

3. 建立领导小组，指导内部沟通

在进行危机沟通管理的过程中，企业需要成立内部沟通管理领导小组，以方便企业进行信息的有效管理，提升企业内部沟通的效率。内部沟通管理领导小组应首先制定危机信息管理的相关制度，对危机管理中的内部沟通重新进行流程设计，并围绕这一流程配置相应的人员，明确各员工、各部门的权力和责任。企业应该以内部沟通管理领导小组为危机沟通的中心，连接企业的各个部门，并保证关于危机的信息能够得到充分的重视和妥善的处理。其次，内部沟通管理领导小组需要组织企业在信息收集和信息分析方面的工作，以增强企业在信息接收和信息处理方面的效率。

（二）企业内部沟通的基本方法

1. 员工会议

召开内部员工会议是企业进行内部信息沟通最为重要和正式的方法。在危机事件发生之后，企业往往通过召开内部员工会议，向企业员工传达相关的事件信息和企业决策层的相关决策。召开内部会议能够提高企业内部的信息交流效率，能够在短时间内向更多的员工传递大量信息。同时，这一方法能够实现企业高层与员工之间的双向交流，有利于企业高层了解企业所面临的实际困难。此外，员工会议的形式多种多样，随着通信技术的发展，越来越多的企业采用电话会议和网络会议的形式召开内部员工会议。

2. 内部报刊

通过内部报刊向员工传递信息也是现阶段企业信息沟通的重要方式。相比于召开内

---

① 王彩平．危机管理中媒体沟通的理念与方法．行政管理改革，2017（6）：36－40.

部员工会议，内部报刊往往能够传递更多的信息，并且书面的形式更具有正式性，可以增强员工对于企业相关制度和决定的执行力度。但是，内部报刊的形式也存在出版周期长等弱点，不利于企业针对危机事件进行快速的反应。为了解决这一问题，企业通常会采用企业简报、企业公告等形式，实现企业信息的快速传递。

3. 单独交流

与企业员工进行个别交谈是企业在进行危机管理沟通中最为直接的一种方式。通过单独交流，企业高层能够深入、准确地就某一具体问题与员工进行交谈，获得相关的信息。但这一方式的缺点也十分明显，企业只能与小部分员工进行单独交谈，因而企业所获信息有一定的片面性。

4. 网络平台

现阶段，越来越多的企业建立了办公自动化系统，为内部沟通的网络化和电子化奠定了基础。企业可以向员工发送内部邮件，使员工能够及时了解到危机事件的真相，明确进一步的工作方向和工作重点。同时，网络平台还方便企业获得来自员工的反馈信息，便于企业进一步完善危机管理措施。

除了上述四种方法之外，企业热线电话以及企业职工代表大会等也是企业经常采用的方法。企业还可以根据自身特点和应对危机事件的需要，灵活地制定和选择适当的内部沟通方式，实现内部沟通的高效和稳定。

三、危机管理中的外部沟通

外部沟通是企业危机管理沟通的关键，能否切实、全面地进行危机管理沟通，直接决定了企业危机管理的成败。一般而言，企业危机管理中的外部沟通应该包括以下五个方面的内容①：

1. 取得受害者的谅解

企业争取受害者的谅解，能够在两方面对企业的危机管理产生积极影响：一是为企业赢得公众的谅解和支持，树立对受害者负责的良好形象；二是为企业的危机管理活动树立标杆，使企业在应对危机时有据可依。在争取受害者谅解的过程中，企业应行动迅速，争取在第一时间与受害者取得联系，同时要耐心听取受害者对于事件的看法和意见，主动向受害者询问赔偿要求。对于负有部分责任的受害者，企业也不应该立即予以追究。为了强化危机公关的效果，企业应安排企业高层管理者，与受害者进行交谈，及时对外发布与受害者的交涉结果。

2. 争取新闻媒体的支持

媒体是新闻事件的传播者，能够在很大程度上影响公众的态度；同时，媒体对于危机事件嗅觉敏锐、反应迅速，能够快速地向公众传递事件的细节。因此，在危机管理中，

① 徐晓婷．新媒体视角下企业危机沟通管理研究．经营者，2019（13）：38－40；向磊．新媒体下企业危机管理的研究．科学大众，2020（2）：46－47.

企业要处理好同新闻媒体之间的关系，争取新闻媒体的支持，为此应遵循以下几点[①]：

（1）迅速反应。在危机事件发生之后，企业必须立刻做出反应，向媒体公开传达企业的观点和态度，并对社会上流传的种种不实言论进行驳斥。

（2）谨慎传播。在危机事件尚未水落石出之时，企业不要对危机事件向媒体做出任何推测性说明或妄下断论。为了防止企业做出错误的判断，使公众对企业的危机事件处理态度和处理水平产生怀疑，同时，为避免媒体由此对企业产生不信任感，企业应谨慎地向媒体发布消息。如果企业尚未清楚地了解情况，应如实告知媒体，同时承诺将会对这一问题进行深入调查，等调查结束后将会给予答复。

（3）坦诚沟通。部分企业基于自身利益方面的考虑，对于部分确系企业自身原因而导致的危机事件进行隐瞒，企图逃避责任。事实上，事件真相曝光之后，企业因隐瞒事实所遭受的损失往往更为严重。因此，企业应坦诚地向媒体公开事情真相，借助媒体的力量表达企业的歉意。

（4）积极配合。由于新闻媒体具有舆论监督功能，会披露对企业不利的消息，因此，部分企业对新闻媒体持有抵触甚至敌视的态度。为了赢得新闻媒体的支持，企业应摒弃对新闻媒体的不合作态度，以诚恳、信任的态度与新闻媒体进行沟通。同时，对于媒体的不实报道，企业要提供真实材料，并予以纠正，而不应将追究相关媒体的责任作为事件处理的重点环节。

3. 维持业务伙伴对企业的信任

企业的业务伙伴可以分为供应商和顾客两个部分。对于供应商而言，当企业遭遇危机时，供应商可能会担心企业受危机事件的影响，出现资金链紧张、订货量减少甚至可能由此破产的情况，而不愿意与企业继续进行商业往来。对于顾客而言，企业遭遇危机事件，将会破坏企业的行业形象，影响顾客对于企业的信任。对此，企业应主动与业务伙伴进行联系，向其表示企业对于对方的重视，表达继续合作的意愿。而且，企业应将危机事件的真相告知合作伙伴，有意识地维护对方对于企业的信任，避免对方因社会上、行业中流传的不实言论而弱化甚至中断与企业的合作。

4. 冷静地对待竞争对手的攻击

企业遭遇危机，是竞争对手难得的进攻机会。对此，企业应做好以下两方面的工作：

（1）平静应对。当企业遭遇到竞争对手的攻击时，要有理有据地进行反驳，不要因为受到对手攻击而产生“同归于尽”的想法，或者揭发对手甚至行业的隐情和内幕，避免与对手陷入长时间相互攻击的困局。

（2）争取外援。在企业应对来自竞争对手的攻击后，应主动寻求媒体、政府、学者甚至公众的支持。来自行业外部的理解与支持，不仅能够分散外界对于企业危机事件的关注，为企业应对危机营造相对宽松的环境，而且能够使企业增加克服困难的信心和动力。

5. 树立良好的社会形象

在危机管理过程中，社会公众也是企业外部沟通的重要对象。树立良好的社会形象，

---

① 单业才．企业危机管理与媒体应对．北京：清华大学出版社，2007.

不仅有助于企业处理危机事件，减小企业因危机而蒙受的损失，对于企业在后危机时期的恢复和重建工作也有着积极的作用。因此，企业在应对危机时，应时刻注意维护自身的社会形象，重视并强调公众在危机事件中的利益，以争取公众的理解、同情和支持。

四、危机管理中的政府沟通

（一）政府沟通的意义

在企业发生危机之后，政府的介入将会从以下几个方面对企业的危机处理工作产生影响：

1. 政府对企业危机的调查与处理

为了维护广大公众的利益，政府有关部门承担对企业的监管职能。如对于可能危害社会公众利益的企业危机，政府有关部门有权依法开展调查，了解危机对相关公众的危害程度及危机发生的原因，并根据调查的结果，对企业采取相应的处理措施。

以 2002 年 11 月 1 日起在我国正式实施，后经多次修订的《中华人民共和国安全生产法》为例。该法规定，国家安全生产监管部门的安全监督检查人员具有以下职权：第一，现场调查取证权，即安全生产监督检查人员可以进入生产经营单位进行现场调查，任何单位不得拒绝，有权向被检查单位调阅资料，向有关人员了解情况。第二，现场处理权，包括对安全生产违法作业当场纠正权；对现场检查出的隐患，责令限期改正、停产停业或停止使用的职权；责令紧急避险权和依法行使处罚权。第三，采取查封、扣押等行政强制措施权，其对象是不符合国家或行业安全标准的安全设施、设备、器材、仪表等。

在发生涉及公众利益的危机之后，企业应认真配合政府有关部门的调查。如果调查结果是企业确实存在危害公众利益之处，企业必须按照政府有关部门提出的整改、处罚措施坚决整改，并承担相应的责任；如果调查的结果是企业不存在危害公众利益之处，则有利于让政府有关部门了解事情真相，有助于获得政府的长期支持。

2. 政府对企业危机真相的澄清

如果企业危机是由顾客、媒体等公众的误解或竞争对手的中伤引发的，澄清事实就至关重要。尽管企业可以通过召开新闻发布会、撰写新闻稿、接受媒体采访等形式向外界公布事情真相，但由于公众已经有了先入为主的看法，企业的解释往往不太容易被接受。而政府所特有的公信力，使得其所发布的信息更容易为社会大众所接受，此时，政府的介入往往能够使问题迎刃而解。

因此，在自身不应承担责任却遭遇不利的舆论压力的情况下，企业应主动与政府有关部门取得联系，请求政府有关部门对有关事件展开调查，让政府了解事情的真实情况，并取得政府的支持与帮助，通过政府的文件或声明澄清事实，说服社会大众改变对企业的不利看法。

3. 政府对危机企业的救助

对于企业来说，各种具有不可抗力性质的外部因素引发的危机具有冲击大、波及面广的特点，甚至可能危及一个或几个行业。此时，完全依靠企业自身的力量往往难以确保企业从危机中尽快恢复过来，需要政府提供相应的援助，如减免企业税收、向企业提供贴息贷款乃至直接给予资金支持等。

（二）政府沟通的途径

作为社会组织中的构成元素，企业的危机管理活动需要得到政府的理解和支持。因此，与政府进行危机沟通，是企业应对危机的重要环节。从总体上来说，要想构建良好的政企关系，企业必须树立良好的社会形象，主动承担企业的社会责任，积极响应政府号召。具体的沟通方法包括以下四点①：

1. 第一时间沟通

危机发生之后，企业应第一时间与政府取得联系，向政府报告事件的真实情况，主动请求政府的理解和支持。在这一过程中，企业切不可存在侥幸心理，不能试图掩饰事件的真相。

2. 定期化沟通

随着事件的发展，企业应定期与政府取得联系，向政府汇报事件的进展。在汇报中，企业要说明当前的企业经营状况、受害者的最新反应以及企业进一步的应对措施等，要重点突出企业在树立良好社会形象、履行社会责任方面的努力。如果需要，企业可以向政府提出援助申请，借助政府的力量应对危机。

3. 专人化沟通

任命专职员工负责与政府沟通，能够显著提升沟通效果。企业在斟酌负责与政府沟通的人选时，应重点考虑该员工的平时工作内容以及沟通能力、外交辞令技巧等方面的水平。在确定人选之后，应对专职人员进行培训，使其了解当前企业危机管理的进展情况，掌握应对危机的专业知识。值得强调的是，企业选用的政府沟通专员应是企业的重要管理者，表示对政府的重视。

4. 后危机沟通

在危机平息之后，企业应对危机过程中的处理经验、教训和启示进行全面的总结，提出整改办法，并交送相关政府部门，取得政府部门的信任和理解。

思 考 题

1. 危机管理沟通在危机管理中有什么意义？
2. 除了员工以外，企业危机管理中的沟通对象还包括哪些？
3. 如何进行危机管理中的内部沟通、外部沟通以及政府沟通？
4. 试列举你所知道的媒体沟通案例。

---

① 王雪芳，张红霞．全行业危机下沟通策略的选择与消费者信任重建．管理学报，2017（9）：1362－1373.

课后案例讨论

红黄蓝幼儿园事件

亲子园

1998年，红黄蓝创建了第一家亲子园。红黄蓝先后打造了红黄蓝亲子园、红黄蓝幼儿园、竹兜育儿三大教育品牌，形成0～6岁一体化早期教育模式。红黄蓝在中国300多个城市拥有1 300多家亲子园和近500家高品质幼儿园，累计为数百万个家庭提供了早期教育指导与服务。

2017年9月，红黄蓝成功赴美上市，作为中国首家独立上市的幼教类企业，又赶上幼教的风口，红黄蓝备受热捧，股价开盘仅7分钟就较发行价暴涨40%。红黄蓝的营收逐年攀升。2014年、2015年、2016年营收分别为6 510万美元、8 290万美元、1.08亿美元。虽然2014年、2015年都是净亏损的，但到2016年实现扭亏为盈，全年的净利润达到650.5万美元。2017年上半年营收增长30.9%，达到6 434万美元，归属于股东的净利润为532.7万美元。

负面新闻

2017年11月22日，《新京报》报道，红黄蓝幼儿园出事了。多名幼儿家长反映，北京朝阳区管庄红黄蓝幼儿园（新天地分园）老师涉嫌对学生扎针、喂药片，曝光的图片显示孩子们身上有明显的针眼。事件一曝光，立即引起社会强烈关注。

事实上，红黄蓝幼儿园不止一次被曝光类似事件。2017年4月，北京大红门附近的红黄蓝幼儿园就被曝光老师虐待学生。当时一段网络视频显示，一名老师用脚踢正坐在板凳上的孩子。当时，红黄蓝幼儿园声称这是“个别教师出现的严重错误行为”，并对该园的园长进行了停职检查。如此频繁的事故凸显了红黄蓝严重的管理问题。需要指出的是，在大大小小的管理事故中，红黄蓝的处理方式并不被家长接受。2017年7月，青岛红黄蓝万科城幼儿园的午餐中吃出六条虫，涉事园长被免职。但是，据家长们称，涉事厨师没有任何歉意，而园方领导也只是口头道歉，没有当场表态怎么处理这件事。2016年6月底，青岛红黄蓝万科城幼儿园的黄一班共有16名孩子不同程度地出现手足口病的症状，家长们称，园方不仅没有通知家长，甚至蓄意隐瞒，自己还是从别的家长口中得知的。2015年11月末，10多名在吉林省四平市红黄蓝幼儿园就读的孩子被发现身上有大量疑似针扎的伤痕，家长先后向警方报案，涉案的4名教师被刑拘，分别被判处有期徒刑两年六个月至两年十个月。

消息一经报道，公司股价下跌超过21%。

低效回应

12月28日，公司发布了一项声明，称“本案虽是个人行为，相关恶性谣言也已由公安机关和主流媒体进行辟谣，但也反映出我们的管理还需持续提高和改进”。然而这种推卸责任的做法似乎没有得到舆论的支持。声明还称：“自去年事件发生以来，我们痛定思痛、直面问题、切实整改……尽我们的全力解决幼儿园管理工作中存在的难点问题。”公司针对此次事件提出了大量的整改措施，并对公众进行了承诺。“我们会继续履行社会责任，在各级政府、教委、相关部门和社会各界的大力帮助与监督下，坚决支持并认真落实《中共中央 国务院关于学前教育深化改革规范发展的若干意见》，办让社会安心、政府放心、百姓满意的幼儿园。”

虽然公司的声明起到了一定的作用，但是能否从根本上改变公众对红黄蓝的负面印象，恐怕还是个未知数。红黄蓝未来是否能够挽回声誉，取决于公司开展变革的决心和能力。

资料来源：何天骄．红黄蓝收入增速放缓背后．第一财经日报，2018－05－17；缪因知．在美国追责“红黄蓝”，可行吗？．新京报，2017－11－29；斯涵涵．愿“红黄蓝事件”成为虐童休止符．健康报，2017－11－28.

▶ 结合案例内容，试回答以下问题：

1. 红黄蓝公司的危机管理沟通存在哪些问题？针对这些问题，如何进行改进？

2. 假设你在 2017 年 11 月被红黄蓝公司聘用以应对本次危机，请为红黄蓝公司设计危机管理的路径。

第13章

危机管理中的媒体公关

巧言令色，鲜矣仁。

——《论语·学而》

我自己对危机最基本的经验，可以用六个字概括："说真话，立刻说。"

——诺曼·奥古斯丁

学习目标

- 明确媒体公关的含义及其在危机管理中的重要性；
- 明确新闻发言人的确定方法及工作职责；
- 掌握新闻发布会的组织方法；
- 明确新闻稿的撰写方法与发布方式；
- 掌握媒体采访与接待的注意事项；
- 掌握媒体关系的建立与维护的方法。

引　例

拼多多优惠券事件

拼多多被"薅羊毛"

2019年1月20日，拼多多被薅羊毛了。

薅羊毛是网络用语，指网民利用各种网络金融产品或者红包活动推广下线抽成赚钱，又泛指搜集各个银行等金融机构及各类商家的优惠信息，以此实现盈利的目的。商家发放各类优惠券，本着促销的目的，却由于疏忽和技术漏洞，成为"待薅的羔羊"。

1月20日拼多多优惠券事件是典型的薅羊毛事件，拼多多本来与卫视节目合作提供线下100元无门槛优惠券，但被犯罪分子瞄准了时机，通过非正常途径生成了二维码，从网络上传播通过话费、Q币充值的方式大量购买变现，有人利用过期的优惠券套取资金，有些优惠券只需要支付4角6分就可以充值100元的话费，还可以无限制地领取无门槛全场通用的100元优惠券。一夜之间，拼多多被薅羊毛达千万元。

拼多多的回应

20日凌晨，拼多多优惠券漏洞传遍了社交群，到了20日早上9点，优惠券漏洞还可以利用，直到遭盗取优惠券和正常优惠券的总和突破拼多多平台预设的阈值上限，系统监控到异常并自动报警后，拼多多的风控团队才反应过来。当天，拼多多做了两件事，一是发表了一篇例行公事的宣告，二是澄清了谣言。

幸运的是，拼多多规模足够大，市值千亿元以上，承受得起这次损失，甚至还上了几次头条。遗憾的是，拼多多危机公关实在是有失水准，令人失望。拼多多新浪官方微博声明：1 月 20 日晨，有黑灰产团伙通过一个过期的优惠券漏洞盗取数千万元平台优惠券，进行不正当牟利。针对此行为，平台已第一时间修复漏洞，并对涉事订单进行溯源追踪。同时我们已向公安机关报案，并将积极配合相关部门对涉事黑灰产团伙予以打击。

接着就没有任何通告了，拼多多的高层在处理这件事上犹豫了，或者根本没有这方面的预案。拼多多紧接着做了一个错误决定，联系腾讯和商家，在没有正式通知用户前就直接冻结用户的所有优惠和退单。作为拼多多的第二大股东，腾讯立刻冻结了拼多多提供的账户名单中用户的所有 Q 币。毫无疑问，这个做法太过简单粗暴，直接伤害了用户的感情，也失去了舆论权和主动权。

挑战依然存在

事实上，防范“羊毛党”是摆在所有电商平台面前的一大防控挑战。

目前，薅羊毛基本上已经形成了上下游完整的产业链。一个团队可以针对电商平台的一个漏洞进行攻击，其成员轻轻松松就能月入万元。典型的待薅场景还包括 O2O、互联网金融等等。自 2014 年起，更是出现了薅羊毛的平台，出现了招聘员工、募集资金等组织行为。其规模丝毫不亚于一些中小型互联网平台公司。

之前东方航空的 App 也出现过纰漏，很多国内头等舱的往返机票最低只需 90 元，部分经济舱仅需 50 元，这是网络漏洞造成的，但是后来东方航空也确认这些已经售出的票是全部有效的；腾讯视频也出现过 2 毛钱开通 VIP 的漏洞，类似事件京东、苏宁电商平台都有发生过，但最后一般也都自掏腰包为自己的错误买单。2018 年 12 月 17 日，星巴克上线“星巴克 App 注册新人礼”营销活动，遭受黑灰产“羊毛党”大规模攻击。他们利用大量手机号注册星巴克 App 的虚假账号，并成功领取活动优惠券，导致星巴克的营销活动两天即停止。

此次拼多多的股价在开盘之前大跌 6%，好在最后重新上涨。对于电商平台而言，如何做好预警，杜绝薅羊毛的行为已经越来越重要了。这不仅是对企业运营能力的考验，也是对企业风险管理能力的考验。

资料来源：江德斌．拼多多“被薅羊毛”的警示．经济日报，2019-01-22；陈姗姗．拼多多的大 bug 非个案 但薅羊毛也需谨慎．第一财经日报，2019-01-22；王小月．“薅羊毛”月薪过万 是谁助长了黑灰产．(2020-04-23)．中国质量网；贾梦宇．不能任由“羊毛党”随意“薅羊毛”．河北日报，2019-11-12.

一、媒体公关及其在危机管理中的重要性

媒体公关（media public relationship）是指企业或组织通过协调与媒体之间的关系，使得企业与媒体在面对同一事件时，有相同的价值观点和利益诉求，进而借助媒体的力

量，快速、准确地传播企业或组织的观点和立场，使事件朝有利于企业或组织的方向发展。

企业媒体公关质量的高低对于企业的发展、产品的推广和品牌形象的建立有着重要的影响。企业在危机管理过程中重视对媒体开展公关与沟通活动，建立并维护与媒体的良好关系，能够为企业带来以下便利①：

（1）使企业获得外部监督。媒体可以为企业提供有关危机预警的信息，帮助企业更好地做好危机预防工作。媒体的曝光能够迫使企业对自身的生产和经营进行有针对性的审查，提早发现潜在的漏洞和隐患，进行改进和弥补，提高企业生产和经营的规范化程度，从而提升企业的市场竞争力。

（2）帮助企业传递信息。作为社会信息链的重要环节，媒体掌握着信息传播的宝贵渠道资源。作为企业向外界传递信息的重要窗口，媒体的支持与配合能够最大限度地提升企业的信息发布效率，帮助企业占据信息传播的制高点。同时，媒体还能够帮助企业有效地处理不实消息，避免企业因谣言传播而蒙受损失。

（3）向企业传达社会公众的声音。媒体能够帮助企业管理者了解公众对于危机事件的态度，使管理者能够据此进行有效的决策。媒体实现了信息在企业和社会公众之间的双向传播，帮助企业了解事件的利益相关者的态度和要求，有助于企业确定危机公关的重点，设计危机公关的路径，更加有针对性地进行判断和决策。

（4）为企业提供外部支持。为了提升新闻的可读性和权威性，媒体会聘请专家对危机事件进行评论和解读。企业可以充分利用媒体搭建的平台，通过分析专家意见获得外部信息支持，对事件进行重新评估和认识，进而帮助企业正确地处理危机，避免进一步的损失。

（5）帮助企业重新树立良好的企业形象。由于媒体，特别是大型权威媒体的客观性和公正性，其报道能够在很大程度上影响公众的判断和认知，因此，和媒体建立良好的关系，能够帮助企业向公众传达企业认识错误、承认错误、纠正错误的态度和行为，帮助企业重新树立良好的企业形象。

拙劣的媒体公关与沟通，对企业危机管理的影响也是多方面的：一方面，媒体可能成为危机的制造者或导火索，许多企业的危机都是从媒体对某一事件或内幕的曝光引起的。另一方面，媒体是危机进一步扩大的推波助澜者。如果企业在危机爆发后不及时反应，或对不实之言不迅速加以澄清，在媒体的渲染之下，危机的危害程度会进一步加剧。

为了提高企业媒体公关的水平，提升企业应对危机的能力，企业在媒体公关的过程中应遵循以下基本要点②：

（1）企业应建立与媒体的良好关系。企业应转变对新闻媒体的认知和态度，积极寻找与企业有相同价值观点和利益诉求的媒体，建立并维护与媒体的良好关系。随着市场经济的不断深入和社会的发展完善，新闻媒体已经不仅仅是宣传企业的窗口，更是社会舆论监督的重要组成部分，承担起了揭露和纠正包括企业在内的各个社会元素不道德甚

---

① 胡春明．正确处理企业与媒体关系．中国出版，2010（14）：27－28.

② 严立新．危机主体在媒体公关中消解信息不对称的策略选择．新闻大学，2008（2）：113－117.

至违反法律规定的行为的责任。同时，由于社会公众同企业之间存在“信息不对称”，媒体在信息传播过程中扮演着重要的角色，新闻媒体的报道能够在很大程度上影响社会公众对于事件的看法。因而，企业应该转变对新闻媒体的认知和态度，积极建立并维护与媒体的良好关系。

（2）主动、迅速地向各类媒体传达企业的观点，力争在第一时间争取舆论的制高点。主动、迅速地就所发生的事件表示关注，是企业危机公关的重要原则。通过在第一时间与媒体进行直接的沟通，使社会公众和媒体感受到企业对事件的重视和对事件利益相关者的尊重。同时，由于媒体是社会舆论的主要传播者，企业要想真正地影响社会公众，媒体是最为快速、便捷的渠道。企业借助媒体向社会公众传达自身的观点和看法，能够使信息在最短的时间内传递给信息受众，从而在危机处理的过程中抢占先机。

（3）灵活运用多种新闻发布方式。在必要的时候，通过组织新闻发布会、撰写新闻稿件的形式，就社会所普遍关注的问题进行深入解释。召开新闻发布会和撰写新闻稿件能够在短时间内使数十家甚至上百家的媒体获知信息，是一种高效的信息传播方式。同时，召开新闻发布会能够得到媒体的信息反馈，及时地了解社会公众对于事件的观点，进行双向的信息交流，有助于企业进一步明确危机公关的方向。

（4）系统地建立危机管理中的媒体公关计划。为了做到趋利避害，企业应将媒体公关与沟通纳入危机管理计划，并提前准备相关媒体及其联系人、联系方式的清单。只有这样，危机爆发之后的媒体公关与沟通才不致措手不及。

案例 13 - 1

海底捞“勾兑门”事件

2011 年 8 月 22 日，《城市信报》的一则消息引起了人们对海底捞火锅食品安全的疑虑。据该报记者“卧底”海底捞火锅店打工的所见所闻，《城市信报》曝光了海底捞火锅店的多处食品安全隐患，引起了公众和媒体的广泛关注和强烈不满，给海底捞的公司形象造成了严重的影响。

媒体曝光：海底捞金玉其外，败絮其中？

提到海底捞火锅，大多数人最先想到的可能是“西瓜可以整个打包带走”“服务员给顾客买冰激凌”等为人津津乐道的小故事，而这正是海底捞公司文化的一个缩影。公司也曾自豪地宣称，海底捞虽然是一家火锅店，但它的核心业务却不是餐饮，而是服务。而在落实“服务兴店”经营方针的过程中，海底捞集团创造性地提出了许多提升顾客就餐体验的措施，例如：为等位的顾客提供小吃、饮料，甚至是美甲服务；为当天过生日的顾客“免单”。而这仅仅是海底捞提升客户就餐满意度的种种努力中的一小部分。2009 年，黄铁鹰主笔的商业案例《海底捞的管理智慧》入选《哈佛商业评论》，成为该杂志中文版进入中国以来影响最大的案例；而之后出版的《海底捞你学不会》更是对海底捞公司这一独特的企业文化和经营理念进行了深入的剖析。一时间，海底捞成为中国餐饮界乃至整个服务行业关注的焦点和学习的榜样。

然而，此次《城市信报》的深度曝光，使得原本风光无限的海底捞陷入了信任危机。《城市信报》曝光了海底捞有多项管理活动不符合食品卫生管理要求，甚至部分环节存在着虚假宣传、涉嫌欺诈消费者的行为。报道中称，该报记者进入青岛某海底捞火锅店“卧底”打工，在打工期间发现，海底捞公司对外宣称为骨头熬制的骨头汤，实为勾兑制成，同样的情况还存在于店内的柠檬水和酸梅汤等饮品。更为严重的是，该店的培训师再三叮嘱新员工：“虽然我们的骨头汤是各种料兑的，但是你一定不能这么和客人说。”此事件一经曝光，引起了媒体的广泛关注和公众的强烈不满。

借助媒体，真诚道歉

面对公众的不满，海底捞公司立刻做出回应。8月22日当天，海底捞公司发布《海底捞公司关于媒体报道事件的说明》和《海底捞公司关于食品添加剂公示备案情况的通报》；次日下午，海底捞公司又通过公司官方网站发布《海底捞就顾客和媒体等各界关心问题的说明》，就消费者和媒体关心的问题进行了回答，并通过海底捞公司官方微博和公司董事长张勇的微博对上述三篇声明进行了转载。海底捞公司声称，经过调查，公司所提供的骨汤锅底、柠檬水、酸梅汤等产品的确为配制生产，但配制所使用的原材料均为正规企业所生产的产品，同时按照国家食品药品监督管理局的相关规定进行了公示。同时，张勇在微博上表示，海底捞能够对骨汤锅底、柠檬水、酸梅汤等产品生产流程的合法性与安全性给予充分保证，并称“勾兑门”事件的最主要原因为海底捞公司在管理方面存在漏洞，责任不在门店。公司会认真总结本次事件的经验教训，提高公司的服务水平，杜绝此类事情再次发生。

感谢媒体，配合监督

针对《城市信报》等参与挖掘、报道本次海底捞“勾兑门”事件的媒体，海底捞公司并没有进行质疑甚至是抨击，相反，公司明确对外表示，感谢《城市信报》等媒体在监督公司经营方面的努力。同时，为了方便媒体对海底捞公司继续进行监督，公司将向媒体公开总部3名负责人的联系方式，并欢迎各家媒体参观海底捞公司的生产基地、物流基地和各个门店后厨，监督其按照合法合规的方式生产经营。公司诚恳的态度得到了媒体的广泛认可，关于海底捞公司积极改正错误的正面报道逐渐取代了之前抨击海底捞管理混乱的负面消息，成为媒体报道的主旋律，为海底捞公司重塑公司形象发挥了积极作用。

资料来源：梁俊民．风险沟通中的信息管理与发布研究——以海底捞“勾兑”事件为例//谢耘耕，陈虹．新媒体与社会：第三辑．北京：社会科学文献出版社，2012；和味千拉面一样，海底捞的骨头汤也是兑的．城市信报，2011－08－22；三问海底捞．城市信报，2011－08－22.

值得关注的是，随着网络媒体、手机媒体等新型媒体的兴起，媒体公关出现了全新的变化，催生了“新媒体公关”概念。其中，“新媒体”指的是相对于电视、广播、报纸等传统媒体而言的新型媒体形态，这些全新的媒体形态大多建立在计算机网络的基础上，比较常见的形式包括数字电视、移动电视、手机媒体、博客等。而“新媒体公关”强调的是企业通过协调与新型媒体之间的观点和利益，借助新型媒体的力量，使企业的观点能够为更多的事件利益相关者所了解和接受，进而维护企业的利益，促进企业的发展。

随着网络媒体和手机媒体为代表的新媒体的迅猛发展，信息的传播途径更加多样，信息的传播速度空前提升，也使传统媒体的影响力受到很大削弱。同传统媒体相比，新媒体有以下几个方面的特点①：

（1）全时传播。按照传播的时效性标准进行划分，媒体信息传播可以分为定时传播、即时传播、实时传播以及全时传播。其中，全时传播指的是信息可以在任意时间内进行传播。目前，借助网络和移动通信技术，新媒体能够在第一时间将信息传播给公众，而公众也可以通过新媒体在任意时间接收信息，实现信息流动的双向加速，极大地提升信息传播的速度。

（2）全域传播。借助科学技术的进步，新媒体的信息传播克服了地域和空间的限制。在新媒体时代，信息的发出者只需要最为基本的设备，就可以在大部分地区进行信息发布和信息传播。与之相同，信息的接收也不再受空间的制约。信息传播空间限制的消除，使得公众可以在任一区域对发生在世界各地的事件进行关注，扩大了信息的影响范围。

（3）全民传播。在传统媒体时代，信息的发布、传播由政府和媒体所垄断，而在新媒体时代，借助网络媒体和移动通信媒体，每一位民众都可以参与到信息的传播过程中，掌握一定的话语权，这使得信息的传播者和接收者之间的界限日益模糊。同时，论坛、博客、手机短信等建立在新媒体平台之上的传播形式的深入和普及，在为信息的全面传播提供便利的同时，也提升了民众对信息传播的参与热情。

（4）全速传播。在新媒体时代，信息的传播速度明显提升。现阶段，随着信息传播技术的发展，信息发布和信息接收的同步进行成为可能，公众能够迅速了解事件的进展。

（5）全媒体传播。在传统媒体时代，信息传播的载体局限于文字和图片，而新型媒体大大丰富了信息载体的种类。作为新媒体的重要信息传播载体，音频和视频不仅提高了信息传播的效率，而且使信息的受众能够更为直观、明确地感知信息，给予信息受众身临其境的信息感受。

（6）全互动传播。在新媒体的推动下，社会公众不再是媒体的被动接受者，而是可以通过新闻评论等形式，参与到信息的传播和加工的过程中。由于这一改变，新媒体给信息的受众提供了相对宽松和自由的环境，将信息与信息受众的反馈融为一体，掀起了互动型信息传播的潮流，使得信息更容易被受众认可和接受。

由于新媒体发展迅速，新媒体公关也呈现出全新的局面。一方面，新型媒体信息传播速度更快、受众更广、影响更大，给企业的危机管理工作提出了更高的要求；另一方面，新型媒体的出现，为企业进行危机管理提供了全新的视野和途径。

但新媒体的发展也给企业危机公关造成了一定的危害，体现在以下几个方面：

（1）新媒体增大危机爆发的可能性。传统媒体往往更为重视对内容的审定和核查，往往谨慎地对待尚未确定的消息和新闻。同时，传统媒体信息制作、加工时间较长，信息承载量有限。与之相比，新媒体的信息传播方式更为丰富和灵活，信息的荷载量更大，与事件相关的蛛丝马迹都可能成为危机事件曝光的导火索，加速危机事件的曝光进程，增加危机发生的可能性。

（2）新媒体扩大危机的影响范围。由于网络技术和通信技术的发展，新媒体所传递

---

① 张荣刚．网络媒体环境下企业危机公关分析．商业研究，2010（8）：85-89；张丽莲．新媒体时代的企业危机管理策略．科技管理研究，2009（8）：95-97.

的信息能够通过网络、手机快速地传递给所有利益相关者，其他社会公众也能借此了解到事件的缘由和经过。另外，新媒体的出现使得信息的地域性限制被打破，因此，对于大型跨国公司而言，一旦危机爆发，危机所造成的破坏性将会在世界范围内蔓延。

（3）新媒体加快危机的传播速度。危机事件具有高度的紧急性，需要企业在短时间内提出应对方案。而新媒体的出现，更是加快了危机事件的传播速度，使得危机能够在更短时间内被利益相关者和公众所知晓。

（4）新媒体放大危机的破坏效果。由于危机影响范围的扩大、传播速度的加快以及企业反应时间的减少，新媒体所造成的破坏效果也不可避免地被放大。同时，新媒体数量众多、风格各异而又立场不同，企业难以从新闻报道中发掘有价值的应对建议，也间接增大了危机的破坏力度。

同时，新媒体的出现也为企业进行危机管理提供了便利，集中反映在以下几点①：

（1）为企业提供沟通渠道。新媒体在传播速度、影响范围方面有着得天独厚的优势，企业可以借助新媒体的力量，向利益相关者和社会公众传递企业对于危机事件的观点和立场，并公布对危机事件的解决方案，使得利益相关者和社会公众能够及时地获得相关信息，为平息危机奠定基础。

（2）丰富企业的沟通方式。新媒体具有形式上的多样性，能够为企业提供多元化的沟通平台。常见的新媒体平台包括：网络新闻专题、网上记者招待会、电话专家连线、虚拟社区在线通告以及BBS社区链接等。企业可以依据时间的特点和企业自身的资源优势，对危机管理的沟通方式进行选择，以实现更好的信息传递效果。

（3）便于企业引导舆论。新媒体具有高度的匿名性，任何人和组织都能够借助新媒体充分地表达自己的观点，争取更多利益相关者和社会公众的支持，进而正面地引导社会舆论。企业可以通过开通企业官方微博、网络论坛发帖等方式传播观点和态度，通过网络口碑营销、品牌互动营销等方式提高企业的认同度和美誉度，为企业的危机管理活动争取舆论的支持。

随着新媒体的兴起，作为危机管理的主体单位，企业应采取以下媒体公关方式②：

（1）反应迅速。在新媒体时代，信息的传播速度更快，影响范围更广，企业必须快速反应，及时向利益相关者和社会公众表明立场和态度。随着新媒体的发展，“先入为主”的原则得到了更广泛的认同。在危机事件爆发之初，由于情况不明朗，往往会出现“信息真空”，如果企业不及时发布信息，满足利益相关者和社会公众对于事件的知情需求，将会给不实言论以生存的土壤，滋生流言蜚语等对企业不利的消息。

同时，对于尚未调查清楚的情况，企业不应臆断和推测。企业以及企业管理者的一言一行，都会被新媒体记录并对外传播，如果企业的推测不符合最终的事实结果，利益相关者和社会公众会怀疑企业处理危机的能力和态度，这一声音将会借由新媒体放大和增强。

（2）公开坦诚。知情权是危机事件的利益相关者和社会公众的一项基本权利，向社

---

① 路正佳．新媒体环境下企业危机管理．电子商务，2012（7）：11.

② 杨跃之，岳中刚．企业危机管理对策研究．全国商情（理论研究），2010（22）：10－11.

会公开事件真相，坦诚地接受公众的监督也是企业危机管理活动必不可少的一环。现代公共关系领域的学者艾尔维·莱德贝特·李曾经提出著名的“公开管理”原则，该原则的核心就是“公开、快速地向媒体、利益相关者以及社会公众提供准确的消息”。在新媒体时代，企业坦诚地公开事件真相，在使更多的人了解事件真相的同时，能够为企业树立积极、主动、负责、诚实的良好社会形象。借助新媒体的力量，这一良好的企业形象能够改变人们对于企业的印象和看法，有助于企业的危机管理。

（3）明确对象。在新媒体时代，媒体的分众化趋势日趋明显——媒体种类的繁多给了不同年龄、性别、职业、爱好的人们更多选择的空间，不同类型的媒体会拥有不同特点的受众。因此，企业在进行媒体公关的时候，要明确公关的目标和对象，有区别、有针对性地开展媒体公关活动。

各类新媒体的受众多为普通民众，而新媒体的从业人员大多不具备企业管理和设备、技术方面的专业知识，因此，企业在进行媒体沟通时，应尽量避免使用专业术语、行业内通用语言，应在充分理解受众的感情倾向的基础上，用富有感情色彩、生动形象的语言进行表述，争取获得媒体、利益相关者以及社会公众的理解和同情。

由于不同群体有着不同的立场，企业的新媒体沟通也应采用不同的语气，重点强调的内容也应各有侧重。在编制信息时，企业既要考虑受众群体的不同关注倾向和情感诉求，又要保证企业的信息不会相互矛盾，给人以言而不实、信口开河之感。

（4）留有余地。在新媒体时代，企业应一如既往地支持、配合媒体，摒弃抗拒甚至敌视媒体的错误观念。但企业的言论和行动可能会面临被扭曲和错读的危险。这就要求企业在应对新媒体时，留有余地，在减少不实新闻所带来的威胁的同时，为企业之后的言行留有发挥的空间。

二、新闻发言人的确定及工作职责

新闻发言人是企业公众形象的代言人，其言谈举止直接关系着企业的利益，因此，对于发言人的选择，企业应予以重视。在确定新闻发言人时，企业应参考以下选拔标准①：

（1）形象佳，口才好。在镜头前，新闻发言人能够做到自然大方，沉着老练，平静稳健，给媒体和观众以可信赖感。在发言时，发言人能保持诚恳亲切的态度，同时口齿伶俐，有突出的信息传递水平。

（2）出色的应答能力。在召开新闻发布会时，新闻发言人需要专心倾听记者的提问，明确记者的问题。在面对记者提问时，新闻发言人要反应敏捷，思考迅速，应对冷静，能够迅速、准确地回答问题，避免由于发言人停顿时间过长，给媒体和公众留下言不由衷和刻意隐瞒事实的印象。

（3）快速掌握企业生产经营过程中的基本专业知识。由于专业分工的不断细化以及生产流程的复杂化，新闻发言人难以成为通晓企业生产经营各个领域的百科全书式的人

① 张凯兰．政府危机管理中新闻发言人制度的实效性分析．中州学刊，2005（6）：5－8.

物。因此，在危机爆发之后，需要新闻发言人能够在短时间内掌握所需的专业知识，并充分理解，不会因为缺乏专业知识而影响其发言的权威性和说服力。

（4）具备应对媒体的技巧。新闻发布会大多以问答方式进行，新闻发言人应掌握应对媒体的技巧。在遇到不便回答的尖锐问题时，能够灵活地运用各种应答技巧和委婉的语言来化解困局，同时，新闻发言人能够及时地对不正确的信息进行质疑和纠正。

在确定新闻发言人的选拔标准之后，企业还需要进一步明确新闻发言人在媒体公关中的工作内容。一般而言，新闻发言人的工作涉及以下几个方面①：

（1）公开信息，化解危机。危机是企业生产经营过程中的正常现象。对于企业的管理者，特别是高层管理者而言，如何正确地面对危机、处理危机，将直接关系到企业的切身利益。如果危机管理措施不当，会促使危机升级，进而酿成更大的危机。随着信息技术的不断发展，信息传播已经进入大众传媒时代。作为"三角互动关系"的重要一环，媒体成为企业和公众之间的信息交流桥梁，因此，对媒体公开信息，有助于企业迅速、高效地将信息传递给公众，加速危机的消解过程。新闻发言人是企业形象的代言人和信息的发布窗口，其职责之一就在于对公众和媒体公开信息。在这一过程中，新闻发言人应运用专业技巧，注意把握信息表达方式，保持适当的发言态度，以提高信息表达的效率，提升信息的有效性和影响力。

（2）设置舆论议程，塑造企业形象。作为大众传播领域的一项重要假说，议程设置理论兴起于 20 世纪 70 年代的美国，其主要含义是：大众媒体在进行新闻选择时，往往会关注一部分问题，而忽略另一部分问题，而这一做法本身可以影响公众舆论的关注焦点。信息的受众将倾向于了解大众媒体关注的问题，而不会主动讨论未被媒体关注的问题。同时，被媒体关注的问题是如何呈现、如何排序、被赋予的重要性和意义也将影响到公众对议题的认知。因此，新闻发言人在进行新闻发布时，可以遵循议程设置理论，通过议程的巧妙设置隐蔽地引导社会舆论，使社会舆论朝着有利于企业的方向发展，进而塑造、维护企业的社会形象。

（3）满足公众认知需求。满足公众对危机事件的认知需求，向社会公众告知事件的真相，不仅是企业社会责任的一种体现，更是企业应对危机的一剂良药。通常而言，企业和社会公众之间存在着严重的信息不对称，公众无法及时了解到事件的真相，如果企业在危机发生后没有做到第一时间向社会和媒体公开信息，那么社会舆论渠道很快就会被谣言和小道消息填塞。美国心理学家奥尔波特（Gordon Allport）和社会学家波斯特曼（Robert Postman）曾联合提出过一项关于流言传播的公式：

$$R=i\times a/c$$

式中，R（rumor）是指流言的影响力；i（importance）是指流言对信息受众的重要程度；a（ambiguity）是指所传流言的模糊度；c（critical ability）是指公众对流言的辨别能力。

这一公式的文字表达为：公众认为越重要的信息，同时越感到模糊不清的信息，传

① 赵瑞华．新闻发言人——政府危机管理中的公关利器．公关世界，2006（2）：38-40；张春明．新媒体背景下社会组织新闻发言人制度创新研究．领导科学论坛，2017（3）：17-19；王湘学．新闻发言人制度初探．中国市场，2011（31）：60.

播得越广越快，影响力越大；而如果公众对流言的辨别能力很强，则流言的传播空间将会受到压缩。因此，作为企业与媒体、社会公众沟通的重要窗口，新闻发言人承担着满足公众认知需求的责任，这要求新闻发言人对公众关心的、怀疑的事件内容进行阐述和解释，通过积极主动的“发声”，遏制流言对企业形象的破坏，打消社会公众对于企业的怀疑，保障企业生产经营的平稳。

（4）建立与媒体的良性互动关系。企业、媒体以及公众之间的信息互动，体现着典型的“多次博弈”的特点，因此，建立与媒体的良性互动关系，对于企业危机管理意义重大。企业是社会经济生活的核心力量，也是社会的重要组成部分；而媒体是社会的观察者和监督者，代表公众行使社会监督的职能。同时，媒体也是一种公共资源，占据着社会信息传播的制高点。在企业危机管理的过程中，与企业关系良好的媒体不仅可以帮助企业监控可能导致危机发生的各种潜在因素，更为重要的是，在危机过程中，作为企业和公众的代言人，它们完全可以促进双方信息交流，起到疏导公众不满情绪的作用。因此，在处理危机事件时，企业应该充分利用媒体资源，定期、及时向媒体发布相关信息，取得媒体的信任与帮助。在这一过程中，新闻发言人扮演着重要的角色。新闻发言人可以通过回答媒体提问的方式，就媒体关心的内容阐述企业的观点和立场，不仅可以填补信息真空，引导社会舆论，而且可以配合媒体对于危机事件的报道，维护媒体的知情权和监督权，这有助于建立与媒体之间的良性互动关系。

优秀的新闻发言人除了明确工作内容外，还需遵循以下四个原则，以追求最佳的传播效果。

（1）及时性原则。时间就是新闻的生命，新闻的时效性决定着新闻的价值，最快地发出新闻是媒体行业公认的竞争法则。现代传播领域渠道多、速度快、覆盖面广、信息量大，完全封锁消息越来越难。在各类危机事件出现之后，各家媒体必定要在第一时间挖掘新闻。如果此时企业的新闻发言人选择不作为或反应迟钝，将会为谣言提供传播的机会。新闻发言人必须在危机爆发后的第一时间发布相关新闻，实现本企业信息的“先入为主”，迫使公众对其他来源的消息进行质疑和排斥。

（2）真实性原则。通常情况下，危机给企业造成的负面影响远远大于正面效果。如果企业的新闻发言人担心因公众了解了事件真相而影响企业的正常生产经营，破坏企业的社会形象，进而在新闻发言时进行信息扭曲，传递不实消息，则会加深危机的危害性。随着科技的进步和社会的发展，媒体的监督呈现出全方位、深入化的特点，而社会公众的维权意识也在不断加强，新闻发言人的不实信息难以掩盖危机事件的真相，也不会由此降低公众对危机的关注度。因此，在危机事件发生后，新闻发言人应争取公众的信任，增加所发布信息的透明度和可信度，为公众提供做出理性判断的媒介环境，避免真相大白后局面失控。

（3）主动性原则。在全球化和信息化的大背景下，不同国家、地区，各个城市之间的联系日益紧密，资源和信息的交流日益频繁，这使得危机信息的传播呈现出即时性和跨区域的特征。而随着信息技术的发展，公众获取信息的渠道越来越多，成本越来越低。这就要求新闻发言人在危机发生后，必须及时、主动地向媒体和公众传达与事件相关的消息，积极邀请各类媒体参加新闻发布会，保证企业信息发布权威者的地位。

（4）口径一致原则。危机事件之所以能够愈演愈烈，很重要的原因在于媒体和公众对于企业的不信任。企业失信于公众和媒体的原因很多，其中之一是口径不一致。新闻发言人是企业与媒体、公众之间信息沟通的桥梁，应自始至终由一个人来担任，同时，在选择所发布的内容时，不应把有分歧的或未经证实的观点向媒体和社会公众发布，以避免矛盾信息出现。在企业内部，新闻发言人需要全程参与危机管理，有权收集和知晓危机事件各个方面的消息，了解需要公开或不能公开的内容，以便对外界保持危机信息的一致性和连续性。新闻发言人的发言内容，决定了公众和媒体对于整个事件的认知和判断，影响着公众对企业的态度和看法。通过新闻发言人的信息传递，要使公众对危机的真相普遍知情并准确理解，为企业处理危机赢得支持，从而帮助企业渡过难关。

三、新闻发布会的组织

召开新闻发布会是危机媒体沟通最重要的渠道。它具有沟通范围广的特点，能够同时邀请数十家乃至上百家媒体参加，便于企业迅速澄清事情真相；同时，新闻发布会可以有效地满足企业与媒体之间双向沟通的需要，记者可以就自己感兴趣的问题和自己认为最佳的角度进行提问。

（一）新闻发布会的举办时机及地点

新闻发布会举办时机的确定取决于以下因素：第一，记者频繁前来采访，企业危机管理小组应接不暇。第二，企业如果不抓紧公布事情真相，可能造成流言满天飞；或者企业如果不立即表态，将会引发利益相关者的强烈不满。第三，企业掌握了有关危机情况的足够信息，否则，新闻发布会很可能缺乏内容。当企业掌握了足够的危机信息，且媒体和社会各界公众对企业危机极其关注时，企业应尽快召开新闻发布会。在持续时间较长的危机的处理过程中，企业还可能需要召开多次新闻发布会。

召开新闻发布会要选择在媒体相对集中的大城市举行。对于产品市场主要局限于某些地区的企业而言，应在企业所在地或主要消费地的城市举办新闻发布会。具体的会场选址应考虑交通方便，并拥有举办新闻发布会所必需的各种硬件设施。

（二）新闻发布会的准备工作

1. 确定新闻发布会的持续时间

危机沟通的新闻发布会时间不宜过长，最好控制在1～1.5小时。发言人介绍情况的时间最好不要超过半小时，将其余时间留给记者提问。新闻发布会正式开始的时间选在工作日的上午10时或下午3时为宜，以方便记者到会。召开新闻发布会的日期应避免与一些社会上重大的活动和纪念日冲突。

2. 提前向相关媒体发送邀请函

在确定新闻发布会的具体时间和地点之后，应提前向相关的媒体发送邀请函。所选择的媒体要与企业危机沟通的主要受众具有较强的相关性。

3. 确定新闻发布会的主持人和发言人

主持人和发言人是新闻发布会最主要的角色，对他们的要求往往很高。主持人的作用在于介绍发布会的主要参加者，宣布发布会议程，掌握发布会进度，控制现场气氛，确定提问题的记者。主持人应具有良好的形象和口才，具有亲和力。企业应按照危机管理计划的要求确定发言人。发言人应全面熟悉企业基本情况及危机相关信息，头脑冷静，思维清晰，反应灵敏，语言表达能力强。

4. 准备新闻稿及相关资料

为了减少媒体报道的失误，企业应为与会的每位记者准备一份新闻稿，内容涉及危机的原因、经过、影响程度、企业已经和准备采取的措施等。有必要的话，还可以向记者提供介绍企业情况的背景资料。对于发言人而言，应准备与危机相关的详细的书面资料。为了防止发言人发生记忆错误，尤其应将与危机相关的数据记录在书面资料中。

5. 布置好新闻发布会现场

根据可能参加新闻发布会的记者的人数，合理安排座位的数量。新闻发布会的现场灯光、温度要适宜，要准备好必需的设备，如音响设备、投影设备、照相摄像设备等。在新闻发布会现场的入口处，应准备好签到本，并安排专人负责在现场引导与会记者签到与入座，分发材料或礼品。发言席要事先准备好姓名牌。发布会现场可以准备自助的茶水或者工作餐。

6. 进行新闻发布会的演练

为了防止在新闻发布会上发生意外，主持人和发言人有必要在发布会召开之前进行演练。企业应指定专人负责协助发言人预测记者可能提出的问题，并提前准备答案。①

（三）新闻发布会上的主持、发言及应答技巧

对于主持人而言，在新闻发布会现场，需要注意以下问题：

（1）在新闻发布会正式开始之前，介绍发布会的主要参与者。

（2）按照预定的时间，控制新闻发布会的进度。在行将结束记者提问之前，要明确告诉哪个问题是最后一个问题。

（3）由于危机沟通的新闻发布会有可能气氛比较紧张，因此要善于运用诚恳的态度、礼貌的语言，缓解现场的紧张气氛，维持现场正常的秩序。

（4）如果今后还会召开新闻发布会，在发布会结束之前，要告知记者大致的时间和地点。

（5）发布会结束之前，对相关公众对企业处理危机的支持和记者的到场表示真诚的感谢。

对于发言人而言，在向媒体介绍危机及其处理情况时，应注意以下事项：

（1）语气真诚，以富有同情心的态度来表达歉意、表明立场、说明企业的应对措施。

（2）尽快切入正题，不讲套话。

---

① 陆云．网络环境下企业危机公关策略研究．现代商业，2018（11）：83－84.

（3）介绍危机及其处理情况简明扼要，控制在预定的时间之内。

（4）对技术性、专业性较强的问题，应使用清晰、不产生歧义的语言，以避免出现猜忌和流言。

（5）必要的时候，使用投影设备说明问题。

在面对记者有关危机的提问时，发言人要注意以下问题：

（1）认真倾听记者提出的问题，不要中途打断记者的提问，等记者的问题全部说完之后再开始回答。

（2）对于尚没有结论的问题直接指出来，不用猜测或不真实的信息来填补消息的空白，并表示会尽早提供答案；对无法提供的信息，应礼貌地表示无法告之并说明原因。

（3）对于记者提出的刁难问题或穷追不舍，要始终控制住自己的情绪，语速维持在正常水平，语气平和，不能高声叫嚷。

（4）在回答问题时尽量使用正面的语句，将问题引向有利于企业的事实。

（5）对于记者不合适的说法应在现场予以纠正，但态度要缓和。

（6）尽量用事实和过程说明问题，避免使用纯粹主观的评价。

四、新闻稿的撰写与发布

新闻稿是新闻发布会所提供的主要文件之一，也是企业与媒体沟通的重要书面文件。在不需要召开新闻发布会的场合，新闻稿的地位尤其重要。因此，在危机处理过程中，企业要善于通过向媒体提供有关危机及其处理的新闻稿来进行有效的危机沟通工作。

（一）新闻题材的挖掘

新闻价值是新闻稿的生命。对于企业而言，有关危机沟通的新闻稿要达到预期的沟通效果，必须努力挖掘其新闻价值，即哪些内容是媒体和大众所关心的。

（1）选择合适的角度进行报道。危机处理小组应善于发现企业危机以及危机处理中最抓人的细节，作为其新闻稿诉求的重点。

加拿大的普拉特·惠特尼公司是一家飞机发动机生产商，它的例子就很能说明问题。装有该公司生产的发动机的一架飞机在美国境内下降时，遭遇一只叼着兔子的老鹰，被老鹰抛弃的野兔被巨大的吸引力吸入发动机。在飞行员紧急降落之后，地勤人员迅速检查了发动机，野兔的撞击只是使螺旋桨受到了轻微的损伤。公司火速派人赶往美国，对其生产的发动机进行全面检查，得出的结论是：野兔之所以没有撞坏发动机是因为发动机构造合理、质量可靠。结论传到总部，普拉特·惠特尼公司通过精心策划，大力宣传其生产的发动机是世界上唯一受过高空撞击试验的发动机，公司声誉大增。

（2）注重新闻稿的实效性，确保新闻稿的内容新颖。

（3）充分利用权威机构或权威人士的评价说明问题。权威机构或人士的观点对于公众而言具有很强的诱导性，能够改变公众对企业形象的不利认识，充分显现企业为解决危机所付出的巨大努力。

（4）站在大众的角度进行换位思考，以确保所撰写的新闻稿符合他们的思维习惯，真正回答他们所关注的问题。

（二）写作体例的选择

新闻稿最常见的写作体例可以分为消息和专稿两大类。消息是指以简短的文字迅速报道新闻事实的一种题材，具有短小、精悍的特点；而专稿又称通讯，较为详尽地报道新闻事件或新闻人物，篇幅较长。

1. 消息

在危机原因及详细经过尚未调查清楚或危机处理措施尚未确定之前，企业为了达到迅速向公众传递危机信息、表明自己对危机处理的认真态度的目的，大多采用消息的写作体例。在时间较紧的情况下，企业应尽可能选择消息这一写作体例。

2. 专稿

在危机调查结果全部出来、企业危机处理措施已经确定或企业危机处理告一段落的情况下，企业可以采用专稿的形式向公众说明危机的详细状况、处理经过及处理结果。通常而言，专稿需要经过周密的构思和深入的调查，因此，是时间较为充裕情况下的选择。

（三）新闻稿的撰写要求

（1）新闻稿必须真实，如果企业有意对媒体隐瞒或歪曲危机的有关事实，一旦被媒体发现，将损害自己的形象。

（2）在消息的写作中，对危机及危机处理过程的叙述要简明扼要、主次分明、重点突出；在撰写专稿时，要紧紧围绕企业危机处理中最感人、最有意义的一面写好、写深。

（3）无论是消息还是专稿，标题的基本要求都是准确、鲜明、简洁、生动。专稿的小标题也要扼要提炼、引人注目。

（4）在结构安排上，消息大多采用倒金字塔式的写作结构，按照重要性递减的次序安排写作内容，以便吸引读者；专稿的写作结构则可以灵活多样，可以选择倒金字塔式结构、并列式结构、金字塔式结构中的某一种，也可以综合运用以上各种结构。

五、媒体采访与接待

有意识地安排媒体专访有助于实现对危机及其管理过程的深度报道，确立正面的舆论导向。对媒体主动上门或电话采访做好接待工作，有助于媒体了解危机实情，并能够使媒体感受到企业在危机处理中良好的合作态度和致力于解决问题的基本导向，取得媒体的好感和支持。

在媒体采访的安排与接待方面，应注意以下一些问题：

（1）选择有影响力的媒体安排专访。如果企业已经与这些媒体建立了良好的合作关系，则专访的效果更好。

（2）在专访之前，发言人要认真准备，掌握的材料一定要新，能用数据说话的一定要用数据说话。对于电视专访，发言人还要注意着装、仪表等方面的问题。

（3）如果能够在安排媒体采访前联络各方面的公众代表参与采访，让他们从中肯、公正的角度对危机及企业在危机中的表现发表自己的看法，提出有关建议和意见，则效果更佳。

（4）企业应安排专门人员负责对上门采访的记者的接待工作，千万不能让他们受冷遇，更不能对媒体的采访在企业各部门之间推诿。

（5）对于通过热线电话进行采访的记者，当记者的提问超出接线人员所能回答的范围时，接线人员应将电话直接转接给发言人，或另行为记者安排时间对发言人进行采访。

六、媒体关系的建立与维护

在危机管理的过程中，媒体扮演了重要的角色。对于企业而言，建立与媒体的良好关系，对于企业进行危机管理有很大帮助。在对危机管理中的媒体公关进行总结之后发现，企业可以通过进行媒体关系运营管理以及媒体有效沟通，提升自身的危机管理水平。同时，新型媒体的出现，使得企业在进行媒体公关时，有了全新的方向，也间接地强化了媒体在企业危机管理中的作用。具体见图13－1。

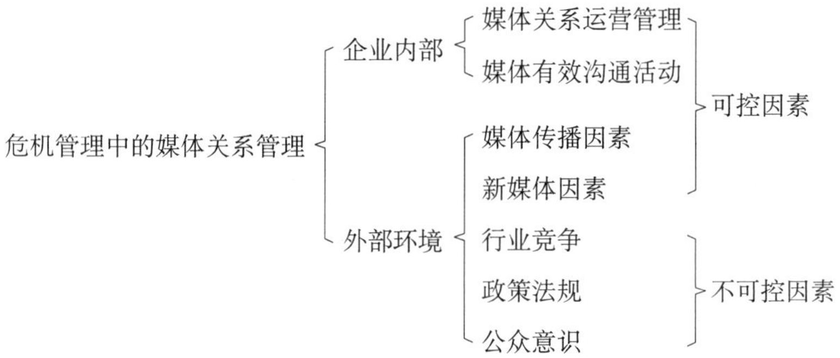

图13－1 企业危机管理中媒体关系管理图

为了构建良好的企业-媒体关系，企业可以进行以下几方面的尝试[①]：

1. 树立正确的媒体关系观念

要建立同媒体的良好关系，企业首先要树立正确的媒体关系观念。媒体肩负着进行社会舆论监督的重责，有权对企业进行监督，但同时，媒体对于企业也有积极的一面：企业必须意识到媒体是企业进行信息传播的重要渠道，企业可以借助媒体的力量与利益相关者以及社会公众进行信息交流和信息互动。对于企业的危机管理而言，媒体挖掘危机事件的同时，也能够有效地传播有利于企业平息危机的信息。因此，企业必须改变错误的排斥媒体观念，梳理正确的媒体关系意识，进一步发展和完善企业-媒体关系机制，积极争取媒体对企业危机管理活动的支持。

① 余峻才．对企业危机管理中媒体应对策略的思考．石油化工管理干部学院学报，2008（1）：1；万全球．“互联网＋”时代的企业危机公关和媒体应对．新媒体研究，2018（24）：119－120.

2. 设立专门的媒体关系管理机构

为了提高企业处理媒体关系的质量和水平，企业需要任命专门的部门或人员负责处理媒体关系。企业在设立该专职部门、任命专属职员时，应重点考虑相关人员以下几个方面的素质：

（1）从业经验。负责媒体公关的部门和相关人员，应当具备新闻出版行业的相关知识经验，掌握该行业内的人脉关系。

（2）新媒体意识。现阶段，随着新媒体的兴起，以互联网为介质的各类网络媒体逐渐进入人们的视野，而新媒体的特点使得企业往往很难控制信息的传播。因此，企业的专职机构和专职人员必须树立新媒体意识，关注网络等新兴媒体传播的信息。企业也可以通过建立企业官方网站、企业官方微博等方式，借助新媒体的力量获得一定话语权。

（3）信息处理能力。企业设立的媒体关系专职机构应当统筹协调各部门，全面地收集、整理信息，并选择有价值的信息向媒体公开，保证信息真实和一致。

在专职人员的选拔完成之后，企业还应重视对他们进行专业化培训，以专业化的视角要求他们。专业化培训不应局限于危机发生时期，在危机的预防期以及危机过后的时期，都应该重视对企业人员进行培训。

3. 建立与媒体的多层次合作关系

多层次合作关系，指的是在危机预防时期以及后危机时期，企业内部的不同级别的人员应依据自身的职级和工作内容，与不同层次、不同类型的媒体人员加强交流合作。例如：企业内部负责媒体关系管理的员工需要和媒体的新闻记者、新媒体的板块编辑等人员加强交流、建立联系；而企业的高层管理者应抓住适当的机会，与媒体的管理者、总编等人接触和互动，强化合作，密切联系。

4. 及时与媒体取得联系

危机爆发后，企业应重视与媒体的互动交流，让媒体了解企业的立场和态度并最大化地进行宣传，同时，应与媒体保持即时联系，力争在第一时间将与危机有关的详细情况告知媒体。企业需明确媒体在企业信息发布中的核心地位，应该将危机的调查和应对工作透明化，让媒体、利益相关者以及社会公众了解危机事件的每一步发展情况。必要的时候，企业可以选择由企业高层管理者代替媒体管理专员出面，向媒体传播信息，进行对话，以此表示企业对媒体、利益相关者和公众的重视，增强企业观点和言论的权威性和严肃性。

5. 从媒体的角度对社会舆论导向进行引导和管理

在危机延续期，企业在引导舆论朝着有利于企业方向发展的同时，还要充分考虑媒体的态度和利益，把握、控制社会舆论的导向。在危机延续期内，如果企业在此之前能够及时公开相关信息，做到公开坦诚，那么媒体往往会对企业所公开的信息以外的内容做进一步报道，这时，媒体报道的重点会从危机事件的起因、过程等显而易见的内容转变为对埋藏在表象之下的深层次原因的猜测。因此，企业应该关注并把握媒体的心态变化，站在媒体的角度思考问题，并主动为媒体提供所需要的信息，在防止媒体由于主观臆测而进行不实报道的同时，也可以潜移默化地控制和引导舆论导向。

延伸阅读13-1：企业开展媒体公关时的误区

6. 寻找时机进行企业宣传活动

在后危机时期，企业需要摆脱危机的阴影，从危机中恢复。在危机的恢复期间，借助媒体进行宣传是企业恢复活动的重要一环。通过宣传，企业可以将媒体和社会公众的关注焦点由危机事件转移到企业的其他活动上；在进行宣传活动的同时，企业也应将企业文化、发展理念的软信息同时传递给媒体和公众，让媒体和公众了解企业在危机事件后的发展计划和经营模式，重新建立对企业的信心。

思考题

1. 媒体公关的定义是什么？媒体公关在危机管理中的作用是什么？

2. 在最近发生的危机管理事件中，哪些是由新媒体曝光的？当事企业是怎样进行新媒体公关的？效果如何？

3. 选取一项危机事件，模拟企业为应对此次危机事件而召开的新闻发布会。

课后案例讨论

《王者荣耀》：被央视点名批评

《王者荣耀》是一款由腾讯开发的手机游戏，游戏注册用户超过2亿，日活跃用户超8000万，其中00后用户占比超过20%。随着《王者荣耀》的不断成功，负面新闻也层出不穷，2017年就是一个其危机集中爆发的年份。2017年初，11岁女孩为买装备盗刷10余万元。2017年4月底，广州17岁少年玩《王者荣耀》40小时，诱发脑梗险些丧命。2017年6月22日，杭州一名13岁的学生因玩《王者荣耀》被父亲教训后从四楼跳下。这些新闻迅速在网络上传播，成为人们关注的焦点。

针对舆论的走向，7月2日，腾讯游戏发文宣布，为保障未成年人健康成长，将于7月4日以《王者荣耀》为试点，率先推出健康游戏防沉迷系统的“三板斧”，包括限制未成年人每天登录时长、升级成长守护平台、强化实名认证体系。同日，腾讯官方微信账号进行了推送。7月3日，人民网发表题为《人民网一评〈王者荣耀〉：是娱乐大众还是“陷害”人生》的评论文章，指出：“以《王者荣耀》为例，对孩子的不良影响无外乎两个方面：一是游戏内容架空和虚构历史，扭曲价值观和历史观；二是过度沉溺让孩子在精神与身体上被过度消耗。”文章指出：“多数游戏是无罪的，依托市场营利也无可厚非，但不设限并产生了极端后果，就不能听之任之。这种负面影响如果以各种方式施加于未成年的孩子身上，就该尽早遏制……立足平台，要市场更要责任。立足政府，要创新更要监管。”

7月3日，腾讯游戏官方微信发布《王者荣耀》制作人李旻的公开信，题目为《为了爱，为了梦想》，第一次正式回应有关儿童沉迷的质疑。李旻指出，有人沉迷就来怪罪游戏，“我们觉得很委屈”。7月4日，题为《人民网二评〈王者荣耀〉：加强“社交游戏”监管刻不容缓》的文章指出，不管是游戏制作方、政府部门、家庭、学校等，都不能只顾眼前的输赢，只有站在同一战队，才能打赢这场“社交游戏”的监管战。文章写道：“如果家庭成员，尤其是家长对孩子或者不管不问，或者一封到底，纵使气急败坏也无济于事，与其关上游戏的门还不如打开疏导陪伴的窗。”

7 月 4 日，腾讯官方微信再次发文《对话〈王者荣耀〉制作人：道阻且长，我们已启程》，疑似侧面回应人民网的质疑。

腾讯逃避责任的做法似乎没有起到应有的作用。腾讯股价早盘 11 点 49 分开始下跌，累计短短 15 分钟，直接跌了 4.62%，1 222 亿港元市值瞬间灰飞烟灭。截至收盘，腾讯仍跌 4.13%。在香港上市的其他手游股票均应声大跌。

资料来源：杨植雅．现象级手游的危机公关表现与问题反思——以《王者荣耀》为例．现代商业，2018 (6)：142－143；郑凤岐．别让孩子在手游中沉迷．山西日报，2017－08－03；田丰．怒怼《王者荣耀》更该反思什么．中国青年报，2017－07－17；王月．王者荣耀被痛批，腾讯该不该委屈？．电脑报，2017－07－10；袁跃兴．“王者荣耀”：游戏还是“毒药”？．上海金融报，2017－07－07.

▶ 结合案例内容，试回答以下问题：

1. 在本案例中，腾讯公司媒体公关的哪些做法值得肯定和效仿？
2. 假设你是腾讯公司的决策者，你会怎样处理本次事件？

第 14 章

外部环境变化与危机管理

善战者，求之于势。

——《孙子兵法·势篇》

要学习看出缓慢、渐进的过程，必须放慢我们认知变化的步调，并特别注意那些细微以及不太寻常的变化。

——彼得·圣吉

学习目标

- 明确政策法律环境变化的危机预防和危机处理措施；
- 掌握恶性竞争的危机管理方法；
- 了解意外事故的危机管理重点；
- 明确自然灾害危机预防方法和危机处理重点；
- 掌握媒体负面报道危机的产生原因及管理方法。

引　例

华为供应链危机

美国的制裁

2019 年 5 月，美国将华为列入“实体清单”，禁止华为在未经美国政府批准的情况下从美国企业获得元器件和相关技术，使华为陷入了空前的“供应链断裂”危机。

5 月 15 日，美国商务部宣布把华为及其子公司列入出口管制的实体清单。

5 月 16 日，中国外交部强调我国将采取必要措施维护我国企业合法权益。

5 月 17—18 日，华为海思内部信称，备胎芯片“全部转正”，任正非回应出口禁令：“对华为影响不大。”

5 月 19 日，谷歌母公司 Alphabet 暂停向华为转让硬件、软件和技术服务。

5 月 20 日，受实体清单影响，英特尔、高通、赛灵思、博通等美国芯片厂商以及手机零部件商 Lementum 表示停止向华为供货。

5 月 22 日，微软从其在线商店中停止销售华为 MateBook X Pro 笔记本，日本软银集团旗下 ARM 表示已停止与华为的合作关系，日本三大通信商表示预定 5 月在日本发售的华为 P30 系列手机将暂停发售。

5 月 24—25 日，国际固态技术协会（JEDEC）及 SD 记忆卡协会均将华为从合作名单中剔除，微软公司已将华为从其提供云设备的网站中删除，亚马逊日本（东京）已经停止直接销售华为的产品，认证所有蓝牙设备的 Bluetooth SIG 很有可能会暂停华为蓝牙技术的授权。

华为的行动

在应对前所未有的“断供”危机过程中，华为的社会关系网络发挥了重要作用。华为在不到一个月的时间内与清华大学、华中科技大学、重庆邮电大学等高校签署合作协议，通过产学研合作加快科技成果转化步伐。华为还与中国邮政、华夏光电、俄罗斯最大的移动运营商 MTS 等公司展开了新的项目合作，不断扩增合作者的基数。这些横向联系形成的外部社会资本在危机管理过程中使华为迅速获得了经营所需的替代性资源、技术、信息、知识，在一定程度上弥补了美国供应商断供产生的损失。

公司积极与政府监管机构保持沟通。5 月 22 日，工信部表示支持华为与其他国家企业的合作。5 月 31 日，商务部表示将制定“不可靠实体清单制度”。各国外公司、组织机构及个人如果没有遵守市场规则对中国企业进行封锁或断供、严重损害中国企业正当权益，将被列入不可靠实体清单。国家发展改革委也宣布将研究建立“国家技术安全管理清单制度”，为我国技术型企业提供制度保护。政府组织的频繁发声，成为华为在此次科技战中强有力的后盾。

危机爆发之后，任正非多次接受采访，公布了应对此次供应链危机的“备胎计划”，表现出了华为应对危机时的企业自信及企业精神，华为在国内外媒体中获得了广泛好评和支持，并向公众传达了正面积极的形象。

未来之路如何走

虽然华为获得了国内消费者和媒体的情感上的大力支持，但是未来面临的挑战依然存在。在各方的压力之下，美国为华为提供了 120 天的缓冲期，9 月 15 日开始正式断供芯片。根据我国媒体报道，华为开始紧急加价购买芯片，并向联咏、敦泰、台积电等多家厂商发出了原材料购买需求。但是即使如此，有评论人预测，华为 2021 年智能手机产量可能下降到 3 000 万部至 5 000 万部，下跌幅度将会高达 74%～85%。尽管有供应商会为华为补上有关缺口，但对于整条供应链的损失，仍是无法完全弥补的。

由于美国的制裁，华为不得不转变资金使用方向，加大研发力度，因此出现了资金短缺。据报道，2019 年，华为正在计划通过允许员工购买公司虚拟股票的方法筹集资金，以加快“南泥湾计划”的实施步伐。“南泥湾计划”旨在全面摆脱对美国芯片等上游高级原材料的依赖。2019 年，华为在研发上总共投入了 1 317 亿元，占其当年总收入的 15.3%。

然而，正如一位业界评论人所言：“无论是芯片还是系统，都不仅仅是钱和人的问题，更重要的是时间的积累。”华为能否在下一次危机到来之前做好充分的准备，不仅所有中国消费者对此充满期待，全球消费者也在拭目以待。

资料来源：李斌，谭蓉．企业社会资本与危机管理策略分析——基于华为供应链危机的案例研究．中国物流与采购，2019（23）；冯维．华为应对供应链危机的六大经验．中国邮政快递报，2019-06-12；曹思源．浅析华为集成供应链管理的机遇与挑战．经贸实践，2017（13）.

面对外部环境变化，不少企业难以顺利渡过危机。其原因在于，企业以往对环境的假设已不合时宜，以往的做法不再符合外界的变化趋势。因此，为经受住外部危机的考验，企业应重视对外部环境变化的监测，并根据外部环境的变化，开展有针对性的危机预防和危机处理工作。

一、政策法律环境变化引发的危机管理

（一）政策法律环境变化引发的危机

1. 政策法律环境变化引发的企业危机类型

（1）企业难以适应新政策法律环境。政府在财税、金融、产业、收入、消费等方面政策法律的变动，给一些企业带来机遇，对一些企业却可能构成威胁。在新政策法律环境下，难以适应的企业面临竞争力下降、利润下滑或资金不足等危机。以产业政策为例，政府抬高了产业进入门槛，对于该产业内现有的企业无疑是一个福音。但对于现在投资该产业的企业来说，损耗了时间和财力成本，却无法达到最低的门槛要求，失去价值的前期投资给企业带来损失。

（2）企业违反新政策法律受到制裁。随着新政策法律的出台，企业以往合法的经营行为可能会被认定为非法，若企业延续以往的行为方式，不及时加以修正，政府主管机关或司法机关将对企业施加制裁。以往由于我国法律法规不够完善，企业违法成本不高，因而屡屡挑战政策法律底线。但随着法制建设的日益完善和市场监管领域重大违法行为举报有奖措施的出台，企业的违法成本大幅上升，企业可能因为违反新制度而受到严厉处罚，对企业形象造成负面影响，从而对企业当前的生产经营活动构成威胁。

2. 政策法律变化的类型

企业面临的政策法律环境具有复杂性，涉及企业经营的各方面，不同因素的制度环境变化对企业的影响有所不同，例如：税收政策直接影响到企业的利润情况，市场竞争政策影响企业的市场占有率和行业竞争活动，用工政策影响企业的人力资源管理。不同方面的政策法律变化对应的预防和处理方式往往也不同，总体而言，政策法律环境的变化有如下三类：

（1）纵向型。指政府和立法部门基于国家宏观经济和社会文化发展需要，进行制度调整或再设计，从而导致的政策调整。它对企业的宏观环境影响较大，涉及货币政策、财政政策、环境污染治理、投资审批、国际贸易等方面。

（2）横向型。横向型政策法律调整旨在规范企业与其他社会组织的经济交往活动，为企业间互动设定基本行为准则。横向型调整涉及合同、行业竞争、商标专利等方面。

（3）内部管理型。主要指企业内部管理的政策法律调整规范，涉及企业用工、公司治理、生产安全制度等方面。

（二）政策法律环境变化的危机预防

为了减少政策法律环境变化对企业的不利影响，趋利避害，企业可从以下方面入手

对政策法律环境变化可能引发的危机进行预防：

1. 加强对政策法律环境变化的预警

及时了解政策法律的变化是企业有效进行危机预防的前提，政策法律环境的监测应成为企业危机预警系统的重要内容。一般来说，国家修订法律和变更政策前，会进行调研和评估。企业应及时了解相关动向，对政策法律环境的变化保持高度的敏感性，尽快确认可能对企业造成不利影响的政策和法律变化。

从政策法律变动目的来看，政策和法律变动的主要出发点有：鼓励经济发展、调整产业结构、鼓励科技创新、引导社会文化发展和改善民众生活等。提前识别经济社会发展动向，有助于企业预测未来的政策导向，以使企业提前做好调整的准备。

法律法规、政策的制定和实施具有一定的专业性，企业管理者不一定能理解政策法规的内涵，管理者可聘请法律顾问、咨询学者和专家，以获得专业性指导，就企业的法律政策环境进行评估，以提前预警。

2. 对政策法律环境施加一定程度的影响

尽管政策法律环境因素大多在企业不可控的范畴，但部分政策法律环境因素可以通过企业的努力加以改变。企业不应一味成为环境的被动适应者，在条件允许的情况下，企业完全有可能成为环境的影响者和改变者。

企业有多种影响政策法律环境的方式和策略，我国企业通常采取的策略有七类，如表 14－1 所示。

表 14－1 企业影响政策法律环境的策略

策略类型	行为内容
直接参与策略	企业通过其员工对某些政府政策、法律制定与实施过程的直接参与，起到影响作用，主要方式有作为准政府官员参与政府决策、参与半官方的行业协会的活动、帮助政府部门起草政策法规与执行文件等
代言人策略	企业通过直接或间接的途径，找到政府官员，希望他们在制定和实施政府政策时，考虑本企业的利益
信息咨询策略	企业通过正式或非正式的途径，向政府部门或官员递交企业的研究报告、产业分析和本企业的观点与意见，希望政府部门在决策时参考
调动社会力量策略	企业通过影响舆论，影响社区公众、消费者和股东等关键利益相关者，使他们产生有利于本公司的意见倾向，从而间接影响政府决策
经营活动政治关联策略	将自己的某些经营活动与政府部门政绩及个人的偏好、意愿等联系起来，增加政府部门及个人与企业的关联性和依赖性，从而增加企业在政府政策决策过程中被考虑的分量
财务刺激策略	通过向政府部门、个人以及政府直接负责的社会公益事业进行捐助和财务上的支持，从利益与情感上影响政府部门和官员的决策
制度创新策略	企业发现某些领域的政策真空，或政府政策过时、不完善和不适应新形势的方面，在企业管理实践过程中遵循新的规则，并结合其他政治策略的实施得到政府和行业承认，或结合新技术的出现，推动管制政策的变迁

资料来源：田志龙，高勇强，卫武．中国企业政治策略与行为研究．管理世界，2003（12）：98－106.

企业在评估和选择策略时，应注意分析这一行动的投入产出关系，综合考虑资源状况和环境改变的可能性，以便分析对政策法律环境施加影响在经济上是否合算、效用如何。当然，更为重要的是，企业开展的影响政策和法律制定的行为必须合法合规，不得违背社会公众利益，不可逾越商业准则的界限。

3. 对可能出现的政策法律环境变化做好准备

实践中，大部分企业由于缺少相关资源和渠道，难以有效影响政策和法律。因而，对于无法避免的政策与法律调整，企业必须做好准备。面对可能出现的不利变化，企业可以从多方面入手。首先，针对发生概率较高、危害较大的宏观政策变化，提前制订危机管理计划，以避免危机爆发后猝不及防。其次，对于经济结构调整、科学技术进步、社会文化环境变迁等因素所引发的政策与法律调整，企业应以主动适应代替被动应付的态度，在技术、产品、管理手段、营销手段等方面开展创新工作，使企业成为技术的领先者和消费潮流的领导者，避免因跟不上经济转型和社会发展而陷入危机。最后，企业应密切跟踪潜在危机爆发点，采取技术性手段减少损失，尝试转移政策与法律风险，如通过保险、合同等方式，将部分风险转移给利益相关者，给予本企业占优价值点的补偿或让步。如汇率改革以来，人民币对主要币种大幅升值，给外销比例高的企业带来较大负担，汇率损失严重，企业可尝试运用远期外汇合约，锁定未来价格，降低汇率风险。

（三）政策法律环境变化的危机处理

在处理因政策法律环境变化而引发的危机时，以下几个问题需要引起企业的重视：

1. 及时转变经营方式，适应新环境

若危机由企业违反新政策法律遭受处罚而引发，企业应坦诚接受，转变经营行为方式，适应新政策环境。例如，一些企业长期依赖税收优惠或财政补贴而生存，进行粗放型生产，政策优惠减少或取消后，企业利润率迅速下降，企业不得不提升产品附加值或压缩经营成本，以提升竞争能力，适应新环境。

2. 寻求政府部门的支持与帮助

政府部门与立法机关制定与修改政策法规时，需平衡多方面因素，如面临利益冲突，可能会预留政策过渡空间或回旋余地。因此，当企业遭遇与政策法律环境变化相关的危机时，应联系政府部门，努力获取政策缓冲空间，争取缓解时间；若新政策存在重大漏洞，确系政府部门决策失误，损害企业利益，不利于经济社会发展，企业应与其他受损企业联合向政府部门和行业协会反映，力争纠正政策错误，消除危机根源。

3. 向利益相关者说明真实情况

政策法律环境变化对企业造成不利影响，必然波及企业的各方利益相关者。此时，如企业不与利益相关者进行有效沟通，必然损害企业在股东与公众心目中的形象。由于政策法律环境的变化对于企业多属不可控因素，企业可适当调整危机沟通重点，向利益相关者说明危机的背景和对企业的影响程度，并强调危机对他们的不便和损失是企业不愿看到的，企业在努力调整经营行为，适应新政策和法律，减少乃至消除这些不便和损失。通过让利益相关者真切地了解企业的处境及应对之策，使他们从对企业持敌对和怀疑态度转变为对企业持理解态度。

二、恶性竞争引发的危机管理

恶性竞争可分为价格性恶性竞争与非价格性恶性竞争。恶性竞争采用的方法超出市场合理竞争的界限，将引发一系列连锁反应，波及整个行业，对行业内企业可能带来长期危害。不少企业由于恶性竞争强度超出承受范围，难以应对，而陷入危机之中。

（一）恶性竞争的危机情形

1. 价格性恶性竞争

价格小于边际成本的定价行为是恶性竞争行为①，通常表现为，企业为排挤竞争对手和谋取市场份额，不惜以低于成本的价格销售产品，同行业企业迫于竞争压力，往往被迫降价，甚至退出市场。成功击倒竞争对手后，发起恶性竞争的企业抬高价格并获得市场份额。

价格性恶性竞争具有多重危害性。对于企业效益而言，不仅被动企业在恶性竞争中利益受损，发起企业由于身陷僵持的价格战，也可能效益下降，最终两败俱伤。对于行业发展而言，价格性恶性竞争破坏了行业的良性竞争秩序，许多企业消耗大量人力和财力应付价格战，影响生产创新、营销创新和产品研究开发，若企业间无法达成和解或未有第三方权威机构介入，恶性竞争长时间延续，势必造成整个行业经营秩序混乱，产业结构失调，延误产业结构升级时机。对社会稳定而言，恶性竞争造成大量人财物空耗，给社会带来极大的资源浪费，如果部分企业因此被迫退出市场，将增加失业人群，扰乱社会发展秩序。因而，价格性恶性竞争应当被制止。微观层面的企业需要采取措施防范恶性竞争，并学会如何处理和应对恶性竞争。

行业内企业数量越多，产品差异性越小，价格对消费者购买决策的影响就越大。因而，利益动机促使一些企业发起价格战，继而演变成价格性恶性竞争。行业内的竞争企业被迫应战，如果应对不利，企业将面临顾客流失、市场占有率下降和资金短缺等危机。

2. 违背社会伦理道德的恶性竞争

除价格性恶性竞争之外，还存在非价格性恶性竞争。非价格性恶性竞争通常表现为，企业利用欺骗、假冒、毁誉、窃取和不守信用等违背社会伦理道德的方式，获取商业利益。近年来，我国此类恶性竞争行为屡见报端，如曾引发轩然大波的圣元奶粉导致婴儿“性早熟”事件、伊利 QQ 星婴幼儿产品“陷害门”事件、3Q 大战、三一重工与中联重科的员工互殴事件等。此类事件牵涉的竞争行为违背社会道德准则，可能造成企业、行业和消费者共同受损的局面。在这方面，南京冠生园用陈馅制作月饼的教训就非常深刻。

---

① 郑辰之. 明显低于其他投标人的报价属于低价恶性竞争吗？. 中国招标，2019（43）：35－37.

案例14-1

南京冠生园月饼风波

央视惊曝陈馅内幕

2001年9月3日，中央电视台《新闻30分》栏目报道了南京著名老字号食品企业冠生园用陈年馅料制作月饼的丑闻。为此，记者整整跟踪调查了1年。

据知情人透露，南京冠生园用陈馅做月饼的举动始于1993年。一般而言，馅料成本占月饼零售价的20%～30%，如果使用陈馅，无疑大大减少了投入，因此，一些厂家不惜铤而走险。

卫生部发出紧急通知，要求严厉查处违法使用超过保质期的食品原料加工、生产食品。就在央视揭露南京冠生园用陈年馅料做月饼的同一天，江苏省及南京市卫生监督部门立刻组成调查组进驻该厂。在其加工现场，执法人员发现，保质期只有3个月，生产日期是2000年6月18日的山楂细蓉足足有70桶，另有7桶莲蓉的生产日期为2000年11月19日。另外，保质期最多只有3年的月饼专用添加剂竟是1995年生产的。

第二天，南京冠生园的月饼成品和馅料库被卫生监督部门全部封存，企业被勒令全面停产整顿。从9月3日起，原先备受商家宠爱的南京冠生园月饼纷纷被南京的各大商场、超市停售。购进冠生园月饼的商家纷纷向厂家要求退货，已订购的纷纷要求撤销订单。到9月5日，冠生园几乎已被完全驱逐出南京市场。

冠生园品牌全线受损

南京冠生园陈馅事件曝光后，全国20多家冠生园均被无辜牵连。这20多家企业虽早已相互独立，但由于都冠以"冠生园"的字号，无一例外地受到了空前的冲击。

1915年，为抵制洋货，一个名叫冼冠生的人在上海开办了一家以自己的名字命名的冠生园食品店，自产自销蜜饯、糖果。此后，冠生园先后在天津、汉口、杭州、南京、重庆、昆明、贵阳、成都等地开设分店。20世纪30年代，冠生园曾特邀电影明星胡蝶做广告，宣称"唯中国有此明星，唯冠生园有此月饼"，在上海滩轰动一时。

1956年，冠生园实行公私合营。此后，中央政府将各地冠生园企业的所有权划归地方政府，冠生园被拆分为各地没有任何资产关系的冠生园企业。各地的冠生园在业务上失去往来，只是每两年开一次年会交流信息。1993年以后连年会也停开，相互之间再无任何联系。

南京冠生园陈馅月饼事件的突然发生，使各地冠以"冠生园"字号的企业损失惨重，销售额下降50%以上。以上海冠生园为例，仅头10天，生字牌月饼销量就狂跌50%，经销商恐慌性退货层出不穷，在全国12个主要市场中，上海冠生园已经退出了其中5个，包括石家庄、郑州、武汉、福州、淄博；冠生园牌、生字牌蜂制品销量下跌10%；大白兔糖果、冠生园压缩饼干、冠生园休闲食品等销量亦受到影响。无怪乎上海冠生园称："别人出问题，板子却落在我们的屁股上！"

2001年月饼市场格外冷清

在南京冠生园陈馅事件被央视揭露之后，其总经理吴震中在接受媒体采访时称：他们是遭到了"知情的同行暗算"，用陈馅当新馅在月饼行业是一种普遍现象。此言无疑对整个月饼行业造成十分恶劣的影响。

北京月饼市场被笼罩上一层阴影。翠微大厦、红旗商场、人民商场、王府井百货等往年月饼销售较好的零售商，事发后的日销售量比之前下降七成左右。南京月饼市场在事发后猛然跌入冰点，金润发仓储超市的月饼展台前，许多品牌的月饼一天仅能卖一两盒。

中国社会调查事务所进行的问卷调查显示：南京冠生园陈馅事件影响了六成多消费者 2001 年购买月饼的意愿，有 14%的消费者表示 2001 年不会购买月饼。

据中国焙烤食品糖制品工业协会的估算，根据以往月饼在中秋节期间的销量，全国至少有 400 亿元的销售额，2001 年月饼的销量将比上年同期大幅度下降，销售额损失约为四成，为 160 亿～200 亿元。

资料来源：刘刚．危机管理．北京：中国经济出版社，2004：211－213；周广军．2001 年月饼市场的反思及今后对策．消费日报，2002－09－18.

非价格性恶性竞争的目的一般十分明确，意在以不正当方式获取竞争优势或打击对手。虽然失败将给发起企业带来名誉损失，甚至使其面临法律风险，但由于非价格性恶性竞争的经济成本低、隐蔽性高，一旦得手，自身利益明显，故一些企业时常有恃无恐，抱有侥幸心理，不惜突破社会和商业道德的底线，制造此类恶性竞争。因此，企业需具备恶性竞争的危机防范意识和相应的危机处理能力。

（二）恶性竞争的危机预防

对于恶性竞争，企业可以从以下方面入手，对可能引发的危机采取预防措施：

1. 对竞争者的行为进行有效识别

对于现有竞争者和替代品的生产者，企业应密切关注其行为变化，注意区分好的竞争者和坏的竞争者，根据它们的不同行为特点，采取不同的应对态度。

对企业来说，好的竞争者应具有如下一些特征：自觉遵守行规；依据生产成本或顾客承受力合理定价，不主动发动价格战；将注意力限定在某一个或数个细分市场上；致力于生产成本的降低及产品的差异化等。由于好的竞争者不在市场上胡作非为，遵循有序的市场竞争规则，力争赢得市场而非购得市场，故它们的存在，有利于吸引顾客的注意，为顾客提供更多的选择，扩大对整个产业的市场需求，同时，它们能够敦促行业内其他企业改进经营与管理，促进企业创新，并能有效地避免政府的反垄断管制。对于好的竞争者改善和维护有序竞争环境的行为，企业应明智地表示支持。

坏的竞争者则具有如下特征：经常破坏行规，利用各种非正当手段，如虚假宣传、贬低竞争对手、权钱交易等，扩充企业的市场份额；在生产能力过剩的情况下仍继续扩大投资；过分依赖价格这种单一的竞争手段，不注重产品的差异化程度的提高；敢冒大风险，以牟取商业利益。坏的竞争者更易发起恶性竞争，破坏行业秩序，造成行业的混乱和失衡。对于坏的竞争者，企业要格外重视，防止其竞争行为对企业造成不利影响。

2. 评估竞争行为及其影响

竞相压价、相互诋毁、在广告投入上相互攀比等恶性竞争行为将破坏整个产业有序的竞争环境，使相互竞争的企业两败俱伤。因此，企业在采取具有较强进攻性的竞争行动之前，一定要事先对竞争者可能采取的应对措施、反应激烈程度及企业自身承受能力有正确的估计，制订行动计划，以免陷入恶性竞争的怪圈。对于竞争者所采取的进攻性行为，企业应判断好其“棋路”，首先考虑依靠其他方面的优势应对，确立在市场中的竞争地位，实在不得已才实施针锋相对的策略，否则，也可能造成恶性竞争。

3. 设置进入障碍

行业进入壁垒低，转移和退出壁垒高，是恶性竞争产生的根源。[①] 行业进入壁垒越低、企业数量越多，恶性竞争越容易产生。针对潜在竞争者的进入威胁，企业可以从以下一些方面设置进入障碍，防范恶性竞争：第一，通过有效的并购战略，提高企业的规模经济水平；第二，通过改进产品质量，加强品牌宣传，提高企业品牌的认知度，建立顾客品牌偏好；第三，建立或控制强有力的销售渠道；第四，通过申请专利，或对技术诀窍进行有效的保密，保护已有的市场份额；第五，在政府管制的产业，通过获得有关政府部门的许可证防止潜在竞争者的入侵。

4. 建立产品差异化

培养产品差异化会增大产品特性的区分度，减少与竞争对手产品的正面竞争，从而帮助企业减少或规避恶性竞争。差异化的内容包括产品品质、产品功能、产品品牌及产品服务等。差异化的产品为市场接受，是由于其能为消费者提供独特的价值，这种价值的创造需要企业不断进行知识创造、技术开发投入、品牌建设和构建服务体系等。因而，企业应注重这些内部能力的培养，提升产品的独特价值，从而减少与竞争对手的恶性竞争。

5. 实施纵向一体化或开展供应链管理

纵向一体化与供应链管理是协调上下游企业之间关系的两种不同方式。无论是实施纵向一体化还是开展供应链管理，都有利于加强企业与供应商或经销商之间的协作，减少供应商或经销商对企业的潜在威胁。通过产业链的管理机制的完善和上下游整合能力的提升，企业对抗产品恶性竞争的能力将得到提升。

所谓纵向一体化，是指在商品生产和流通过程中处于上下游关系的企业之间的并购，涉及上下游企业之间的产权交易；而供应链管理则是从系统的观点出发，以集成思想对供应链中的物流、资金流、信息流进行设计、规划和控制，上下游企业之间通过签订具有约束力的协议，以确保其交易关系的稳定，降低交易费用，最大限度地减少上下游企业之间的无谓竞争，通过整体最优来提高供应链的整体竞争力，实现所有企业的共赢。供应链上的节点企业在产权上处于独立的地位，不涉及企业之间的产权交易。

6. 向其他产业转移

在产业竞争形势日趋严峻的形势下，向更有发展前景的产业转移是企业预防陷入危机的重要措施之一。向其他产业转移可以实施全面转产的策略，也可以在不放弃现有产业的基础上，开展多元化经营。无论是全面转产，还是实施多元化经营，企业都应考虑新进入的领域与原有领域的相关性。相关性越强，成功的把握就越大。

---

① 刘小平．浅谈我国同行业企业恶性竞争．现代营销（下旬刊），2014（11）：25.

大量企业的成功实践表明，一个企业的成长不在于其需不需搞多元化经营，而在于其自身是否围绕其核心竞争力进行多元化经营。核心竞争力是企业实行多元化经营的基础平台，企业管理层应努力确保核心竞争力的溢出效应，将核心竞争力的应用从一个行业扩充到另一个行业，从一个领域扩充到另一个领域，最大限度地实现范围经济。

摩托罗拉公司凭借其建立在无线通信技术基础上的核心竞争力，使其不仅在核心业务——交换机产品市场上享有持久的优势，而且在 BP 机、双向移动无线装置、蜂窝电话等通信产品市场上也遥遥领先。日本的 NEC 公司在计算机与通信领域都拥有核心竞争力，自 20 世纪 70 年代以来，公司将计算机领域和通信领域的核心竞争力进行有效整合，构成了公司在计算机通信领域的核心竞争力，确保了公司在计算机通信产业领域的领先地位。

在多元化扩张的过程中，如果过分强调市场份额，而忽略在扩张的同时发挥、保持或提高企业的核心竞争力，很容易导致经营失利。韩国大企业在东南亚金融危机中遭受重创，就是一个教训。它们过度开展多元化经营，同时跨越十几个乃至二十几个产业，大大加重了资金负担，造成了企业的高利率、高负债、高外债，挖空了企业核心竞争力的实力基础，因此，面对金融危机的冲击，抵御力不强。

（三）恶性竞争的危机处理

企业一旦陷入恶性竞争，面临危机，可以从以下几个方面入手进行危机处理：

1. 在企业与竞争者之间设立防火墙

当竞争者的行为破坏了整个产业在顾客心目中的形象时，在企业与这些“害群之马”之间建立有效的防火墙至关重要，否则，企业必然遭受重大损失。此时，企业应开展公关活动，若企业与恶性竞争事件无关，企业应让公众将自己与这些“害群之马”区别开来，以免引火烧身。若受到恶性竞争的影响，企业一方面需及时处理恶性竞争的影响，另一方面需及时与利益相关者进行沟通，告知事态发展，减少利益相关者的忧虑。

宝矿力水特公司在这方面做得十分出色。2011 年 4 月起，我国台湾地区爆发多起有毒添加剂“塑化剂”污染食品和饮料的恶性事件，多家知名食品饮料公司牵涉其中，备受社会关注，不少消费者谈“塑”色变。为应对危机，宝矿力水特在事件爆发后，主动将其产品送至多家权威食品安全检验机构，其大陆工厂也将生产产品送至当地质监部门检验，以证明其饮料产品安全性，检验结果显示宝矿力水特产品不含塑化剂，使得宝矿力水特与塑化剂撇清了关系。宝矿力水特公司借竞争对手销售额下降的时机，进一步高调宣传其产品安全性，引发消费者关注，抢占市场份额，收到了良好的效果。

2. 与主要竞争力量进行沟通

对于恶性竞争的发起者，企业应首先考虑协商谈判解决的可能性，力图以不损害双方利益的方式维护竞争秩序。在沟通中，企业需了解恶性竞争发起的主要原因，寻找维护共同利益的方案。企业间甚至可以化敌为友，通过能力互补支持，在利益一致的环节上达成合作，实现融合、共同发展。在形势较为严峻的情况下，企业还可以与它们就有关并购事宜开展谈判。在迫不得已的情形下，企业再进行针锋相对的应对。曾分别为全球第一大和第三大飞机制造商的波音公司和麦道公司是长期的竞争对手，前者在民用飞机市场占有优势，后者在军用飞机市场占有优势，为避免两者之间的不良竞争，两家飞机制造商将彼此的优势结合起来，积极展开合作计划，最终两家公司合并，不仅避免了激烈的竞争，也巩固了美国飞机制造商的整体利益。

3. 受影响企业求同存异，抱团取暖

面对具备相当实力企业发起的恶性竞争，单一受害企业的力量较为薄弱，受害企业间可以互相搁置分歧，相互合作，形成统一战线，对抗共同的恶性竞争威胁。在医药零售行业，面对沉重的竞争压力，不少药店采取了这一策略。以2011年由50家重庆民营医药企业联合成立的重庆医药有限公司为例，该公司成立后拥有5 000余家单体药店，成为重庆第三大医药公司，由于统合了众多门店，实行统一采购，各门店的采购成本大幅下降，为民营药店争取了一定的利润空间。

4. 寻求第三方协助

在无法解决恶性竞争的情形下，企业可以寻求第三方的协助，如监管机构、行业协会和媒体等。面对严重的恶性竞争行为，企业应向政府监管机构反映情况，寻求监管机构的协助。对于触犯法律的行为，应主动报案，寻求司法援助。

格兰仕在微波炉市场高速扩张时期就曾受到竞争对手散播恶意谣言的影响，后在政府机构的协助下渡过危机。2002年4月，网上流传一篇有关“微波炉有害健康”的文章，500余家媒体转载，当时占据国内微波炉市场70%份额的格兰仕立即开展调查，发现美国某跨国企业为谣言散布者，目的是推出其新产品。格兰仕立即向媒体澄清事实，同时主动寻求国家权威机构的帮助，格兰仕邀请中国消费者协会、国家质量技术监督局等多部门的领导和专家举办行业研讨会，集体发布辟谣声明，稳定了市场对微波炉产品的信心。

行业协会也能在一定程度上帮助企业协调恶性竞争矛盾，若处于没有行业协会的行业，企业可呼吁成立具备公正性的行业协会；若处于有行业协会但未能发挥效用的行业，企业应积极推动形成行业规范、共识和业界标准，约束部分企业的不良竞争行为，构建良性的行业竞争环境。在应对恶性竞争危机过程中，企业还可主动寻求社会舆论支持，通过舆论媒体和公众向恶性竞争的肇事企业施压，获取公众对自身受损情形的同情，并争取其他企业和政府监管机构的支持，获得外部优势。

5. 提升企业竞争能力

提升竞争能力不仅是企业最重要的恶性竞争预防措施，也是重要的恶性竞争应对措施。行业各种竞争力量的增长，使企业自身竞争力不进则退。对于产品生命周期较短、创新周期快、产品模仿性强的行业而言，这一点更为重要。在危机发生之后，企业应在较短的时间内，迅速改变自己相对于各种竞争力量的劣势，努力提升自己的竞争力，以摆脱同质性产品恶性竞争的怪圈。企业必须意识到，竞争能力的提升是解决危机的根本出路，否则，在行业监管不完善的背景下，恶性竞争事件可能重复上演，企业难逃陷入危机的宿命。

三、意外事故引发的危机管理

部分危机源于企业未意料到的事故，事故通常令管理者猝不及防，手足无措。意外事故的发生往往并非企业的过失，但管理者仍需尽力控制损失，正确处理，否则可能引发企业危机。本节讨论的意外事故主要包括企业生产经营中的偶然因素导致的产品或服务事故，及对企业的生产经营活动造成影响的外界偶然事件。其中不包括自然灾害，自然灾害引发的危机管理问题我们将在后面讨论。

（一）意外事故的危机预防

意外事故具有突发性和偶然性，企业通常难以预警和预控。对于由偶然因素造成的事故，企业仍需尽力降低其发生概率。首先，企业应制订危机管理计划；其次，企业应定期排查可能的问题；最后，企业应加强技术性细节的培训，增强员工的技术性防范意识，不少意外事故的发生源于企业的偶然技术性疏漏。此外，企业还可开展精益生产和六西格玛管理，以增强对潜在意外情形的预防能力，降低企业不可控意外事故的数量和影响范围。

延伸阅读 14－1：精益生产

延伸阅读 14－2：六西格玛管理

（二）意外事故的危机处理

1. 迅速控制事故蔓延，并查明原因，向公众解释原委

企业得知意外事故信息后，应在第一时间做出反应，按照危机管理计划成立危机领导小组，控制事故蔓延是危机领导小组最急迫的工作。对于较常见的产品安全意外事故而言，企业应迅速分析情形，确认问题范围大小，迅速召回有问题的产品，以防止危害进一步蔓延，这样也有助于企业在公众心目中树立负责任的形象。产品召回需要企业与经销商密切配合，对经销商所额外承担的工作，企业要予以相应的补偿，才能调动它们的积极性。补偿的方式包括依据经销商所承担的工作量给予一定的劳务费、延缓货款的结算周期、授予经销商其他畅销产品的独家经销权等。对于已经召回、不具有重新改进价值的产品，如食品等，企业要采取妥善的方式予以销毁；对于局部出现质量问题的产品，如机械设备等，企业要对产品有问题的部分进行重新设计，在更换零部件或重新生产、达到质量要求后再投放市场。

由于事故发生在企业预料之外，故企业同时应就事故发生的真实原因迅速展开调查，查明事故发生是源于企业偶然疏漏、不法分子陷害抑或不可消除的偶然因素。媒体广泛报道后，公众不明事故缘由，将引发对企业产品或服务的各种猜测和质疑，危机领导小组应迅速安排人员回应公众疑问，稳定舆论，与受害者和政府部门沟通确认事故原因后，立即向公众说明。特别是对于不法分子的陷害或不可消除的外部偶然因素造成的事故，企业需努力澄清，获得公众的谅解。对于故意造成事端的不法分子，企业还应诉诸法律正当维权。

2. 与受害者真诚沟通，主动承担企业应尽的责任义务

若为企业内部的偶然因素造成，则对于所造成的损害，企业应主动向受害员工和消费者致歉，并在客观调查受害者损失程度的基础上，对他们进行赔偿。不少企业在对受害者进行赔偿的问题上过于计较，态度傲慢，结果贻误了危机处理的有利时机，使危机的影响不断扩大。而有些企业在赔偿问题上具有“壮士断腕”的勇气和魄力，使很严重的事故得以迅速平息。企业还应及时与公众、媒体保持沟通，将与受害者达成的赔偿结果及企业的歉意及时告知媒体、大众，重塑企业形象。

3. 弥补意外事故漏洞，防止再次出现

意外事故若由企业内部原因造成，企业必须深刻反思自身问题，弥补漏洞，并以此为契机，检查其他可能产生类似事故的生产运营等环节，加以改善。针对不同的事故漏洞发生点，企业可从设计环节和生产环节等多方面入手。有些产品的缺陷与产品设计不合理密切相关，需要企业采用性能更优越的原材料，设计更合理的产品结构。有些产品的缺陷则源于生产组织不合理，生产线布局不科学，机器设备老化、陈旧，生产管理规章制度不健全，或生产管理规章制度执行不严，因此需要对这些问题予以解决。再如，在运营环节，企业可实行精益管理、六西格玛管理。意外事故若由外部偶然因素造成，则企业应审视与该外部因素利益相关者的营运合作活动中的潜在风险，考虑是否继续合作或修改合作机制，如重新协商风险分担机制，以降低本企业的潜在风险。

在弥补企业可控的漏洞基础上，恢复因事故受损的企业形象，对于企业重新夺回自己失去的市场份额非常关键。恢复产品形象的手段多种多样：有些企业对产品品牌和包装进行更新，使顾客很容易将新产品与有问题的旧产品区别开来，树立崭新的产品形象；有些企业通过开展大型的广告宣传，致力于让公众了解新产品的特点以及与旧产品的区别；有些企业通过策划一系列的公关活动，如开展对社会公益活动的赞助、对潜在消费者派送新产品等，获得公众的好感与支持。

四、自然灾害引发的危机管理

地震、台风、洪水、干旱、沙尘暴等自然灾害属于企业不可抗力的范畴，会对企业正常的经营活动形成威胁。自然灾害的频发使企业自然灾害风险大幅提升，企业管理者不得不正视这一长期被忽视的问题。

企业管理者应强化灾害风险意识，将其纳入战略考量范畴，有效地应对自然灾害带来的不利影响。对于各种自然灾害，企业固然难以遏制其发生，但只要事先做好准备预防工作，制订应对计划，提升灾后处理能力，就能够尽量降低自然灾害给企业造成的损失。

（一）自然灾害的危机预防

自然灾害具有不可抗力，应提前制订预案并进行演练，对可能爆发的灾害做好准备。

1. 针对所在区域发生概率较大的自然灾害制订危机管理计划

不同的地区常见的自然灾害是不同的，应针对自己产品生产或销售所在区域的自然灾害的发生特点，制订相应的详尽危机管理计划。例如，对于洪灾多发地区，在雨季来临之前，企业应提前储备生产所需要的原材料，将产成品及时向销售地运出，厂房、仓库应建在地势较高的地方，建设完善的排水系统，与医疗机构联系疫苗等。同时，对于区域内少发灾难，管理者也不能完全忽视，也应制订相应的危机管理计划。事实证明，一些突发性的损失正是来自没有准备的非预期的灾害事件。

在制订自然灾害危机管理计划的过程中，由于自然灾害的特殊性，除一般的危机管理应当涉及的内容外，应重点考虑到自然灾害风险大小类别不同对应的不同技术措施，以及与自然灾害相关的政府政策的统筹协调。在资金安排上，企业还应考虑到救灾资金与灾后恢复资金的预估安排。计划制订完成后，与其他具有一定保密性质的危机管理计划不同的是，应将该危机管理计划告知员工，令各级员工清晰了解到自然灾害后自己应当采取的措施，以备不时之需。

2. 关注政府有关部门的自然灾害预报

密切关注政府对有关自然灾害的预报有助于企业提前做好准备。对于气象条件引发的自然灾害，如洪水、台风、干旱、强降雪、沙尘暴等，应密切注意气象部门的预报；对于地震等自然灾害，应密切关注地震监测部门的提示；对于流行性疾病，应关注卫生行政部门的疫情警示及报告。部分灾害具有延续性和移动性，如沿海地区的飓风往往会逐渐转移地区，故相关灾害发生后，虽然本企业尚未受到威胁，但仍需密切关注自然灾害的转移情况，与有关部门充分沟通，评估未来对自身的影响，提前采取防范措施。若企业境外分支机构有遭遇大型自然灾害的隐患，企业应及时向领事馆或大使馆寻求帮助。

许多灾害不能提前监测到，对于未能预测到的灾害，企业需具备快速响应能力，在第一时间确认与反应。例如，安排值班制度，值班人员随时关注可能的灾害，直接向主要负责人报告灾害的发展情况，而且要使现场工作人员有一定的现场处置的临时权限。

对于未威胁到自身的灾害，企业可进行公益援助，如医药公司免费提供疫苗和医疗设备，物流公司提供物资运输服务，这些措施将能获得政府和公众对企业社会责任的认可。未受灾企业的灾害援助，还能改善经营环境，积累道德资本；若日后企业遭遇灾害，能获得政府和公众更大的支持；同时，灾害援助有助于建设企业安全文化，培养员工的灾害预防和社会责任意识。

3. 模拟自然灾害危机，进行定期演练

企业应针对发生可能性较高的自然灾害定期进行员工培训和模拟演练，一方面，这能培养员工防范意识，增强灾害实际应对能力；另一方面，企业能够借此机会，检验危机管理计划设计的合理性，及时修正不足，以免管理计划流于形式、纸上谈兵。防灾救灾设施应由企业专门人员定期进行检查，以防设备故障和老化。企业的重大危机多来自没有防范的非预期损失，企业可细致评估自然灾害的极端损失情况，进行财务压力测试，纳入战略风险考虑范畴。

4. 在投资决策上考虑自然灾害的影响

企业在寻找新的发展机会、对外扩张时，不仅需要考虑备选地区的基础设施、原材料供应、劳动力素质及成本、市场需求、税收优惠等因素，还需要考虑当地在气候、卫生等方面的条件，企业要尽可能规避投资自然灾害频发地区。在选址时，应充分考虑到自然灾害，并建立大型灾害的防控措施，否则投资决策的失误可能对企业造成极大影响。

2011年3月11日，日本发生了以宫城县三路冲为震源，里氏9级的超大型地震，死亡人数与失踪人数合计19 009人，是前所未有的东日本大地震。地震后的几十分钟内，巨大的海啸一波又一波地袭击了东日本沿岸。岩手、宫城、福岛3个县所受灾害尤其严重。海啸和地震导致供电中断，东京电力的福岛第一原子能发电所的原子炉冷却系统突然停止。第二天，原子炉内由于氢气的爆炸，放射物质漏出，日本史上最严重的核泄漏事故发生了。丰田东北汽车生产工厂等丰田的生产据点的一部分生产设备遭受了损失，包含12个全损店铺在内的450个销售点损失严重。同时，地震引起的海啸导致1 791台已完工车辆被淹。由于对地震的衍生灾害没有做出充分的预测，丰田公司遭受了巨大的损失。再如2011年7月，泰国北部湄公河区域发生洪灾，曼谷北部大城府内日企聚集的工业区进水，450多家日企工厂被迫停产，冲击了日本汽车、电子和化工行业，令日企相关产业的销量下降；危机产生的重要原因是日企在泰所设工厂过于集中，未充分考虑到严重自然灾害的影响。

在基础设施投资的建设上，企业也要做到标准到位，遵循防灾的科学原则，在消防、排水、防雷、防震等方面要合理规划、科学验证、高标准建设，提高抵御各种灾害的能力。

5. 投保降低灾害风险

企业要转变观念，由被动投保者转变为善于借助保险来控制风险者。购买人身、财产等各种保险，能够增强企业抵御自然灾害的能力，降低自然灾害的损失。但我国许多企业的投保意识并不强，如2008年南方几十年未遇的大雪给不少企业带来了损失，但媒体记者走访部分县市的调查显示，多数企业，特别是中小型企业没有投保意识，还有的企业对财产保险等不够了解而弃保，有的企业管理者甚至认为这种大雪不会得到赔偿。以南方某受灾县为例，仅有十余家企业投保，获得损失赔偿。近些年来，自然灾害频发，巨型灾害多次出现，影响面极广，已经给不少企业带来沉痛教训。在这一背景下，企业投保的意识需要加强，以更好地应对自然灾害等威胁。

（二）自然灾害的危机处理

面对自然灾害引发的危机，企业在危机处理中应把握以下重点：

1. 优先确保人身安全

自然灾害对企业财产及利益相关者的人身安全都构成巨大威胁，在“鱼与熊掌不可兼得”的情况下，企业应优先确保人身安全，牢固树立“生命第一”的原则，首先保障人员的安全，其次考虑尽力保存或转移企业财产。一些企业存在错误观念，在日常经营中以财物为中心，忽视了人的价值，在灾害防范上优先考虑经济利益和财产安全，缺乏保障人身安全的意识。结果，企业虽然保全了较多的财产，却由于疏忽造成人员伤亡，不仅面临伤亡责任赔偿，还在公众中造成恶劣影响，受到舆论谴责，面临重重经营困难。

2. 及时通知利益相关者

在自然灾害发生之后，企业应立即将灾害对生产经营活动的影响通知利益相关者，让它们尽快采取相应的措施，减少灾害带来的损失。对于供应商而言，灾害所造成的生产中断将减少对投入品的需求，及时通知供应商将减少它们产品积压的可能性；对于经销商而言，灾害所造成的生产中断将减少对产成品的供应，及时通知经销商可以让它们寻找其他供货渠道，降低促销的力度，减少缺货的压力；对于顾客而言，及时告知灾害对企业生产经营的影响同样是一种负责任的态度，使顾客可以提前寻找替代品；对于企业员工而言，管理者应稳定军心，安定内部气氛；对于股东而言，应坦诚告知实际损失及企业开展的恢复工作，减少股东对企业的忧虑。

3. 努力减少利益相关者的损失

在自然灾害发生后，企业如果能够有效地帮助供应商、经销商、顾客等渡过难关，减少自然灾害对他们造成的损失，则必然能够获得他们长期的合作与支持。例如，在洪灾发生之后，道路被冲毁使得铁路运输中断，某企业无法按照合同的约定向经销商发货，但经销商近期却有一笔大订单需要履行。由于洪灾属自然灾害，该企业未能履约无须承担责任，但考虑到经销商的利益，决定以航空运输的方式向经销商发运产品。虽然该企业为此增加了额外的运输成本，但会赢得经销商的信任。

4. 尽快恢复正常的生产经营活动

对于不可能完全避免的自然灾害，企业能否继续生存下去，取决于其营业中断情况，而非财产损坏状况，因为营业中断不仅仅是停业几天的损失，而是连续性的损失，恢复营业需要一个过程。① 灾害应急处置后，为恢复正常经营，企业管理层应及时根据受损情况，统计损失、计提费用、评估内外部影响和调整战略规划等。

为了减少自然灾害带来的冲击，恢复市场，企业应动员广大员工加班加点清理、修整自然灾害所破坏的生产经营场所和设备，取得恢复生产所必需的原材料和辅助材料，及时将市场所需要的产成品运抵目的地，争取以最快的速度恢复正常的生产经营活动。为达到这一目的，企业还可求助政府有关部门、投入品供应商、物流服务提供商等。

对于大规模的灾害，如地震等，恢复难度较大，企业面临各方面的困难，应考虑残留资产的整理收集，向政府部门求助。大型灾害后，政府会出台重建计划和配套支持，企业应及时了解相关政策，配合政府的城市重建计划，避免与政府规划发生冲突；并积极争取政府推出的税收优惠、财政补贴、救灾基金、银行优惠贷款等，以弥补企业财务缺口，支持企业灾后运营。

可见，自然灾害的危机管理工作注重细节，需要多方利益相关者的共同参与。阿提哈德航空公司走出“火山灰”危机就是应灾管理一个典型的成功案例。

五、媒体负面报道引发的危机管理

媒体是外部了解企业信息的最主要渠道之一，媒体的报道极大地影响着公众对企业

① 黄蕾．灾害风险预防：企业的“必做功课”．上海证券报，2011-07-21.

的看法。正面报道往往有助于企业形象的提升，负面报道将对消费者、股东等企业利益群体的决策产生负面影响，从而影响企业正常运行，严重者引发企业危机。媒体负面报道可能是企业危机的始作俑者，也可能是企业危机的推波助澜者，需要引起企业的高度关注。因而，预防和化解媒体的负面报道，取得大众媒体的支持和信赖，是企业危机管理的重要内容。

（一）媒体负面报道引发危机的主要情形

媒体负面报道所引发的企业危机，主要有以下一些情形：

1. 企业不当的行为被媒体揭露

经营管理出现严重问题后，企业倾向于对公众隐瞒。如今大众媒体嗅觉愈加敏锐，新闻挖掘无孔不入，采集新闻的渠道和方式也日益多元化，企业不当的经营行为越来越容易被揭露出来，为公众知晓。近些年，网络社交平台兴起，几乎人人可以通过网络社区和微博发布信息，舆论监督能力进一步加强。

不当行为曝光之后，如果企业处理不当或者依然我行我素，可能引发媒体更为详细、深入的跟踪报道。当事态由个别媒体关注演变为众多媒体关注时，企业可能面临灾难性的冲击。已有不少企业由于不重视媒体负面报道对企业的危害性，而遭遇市场的惩罚，受到重创。

2. 有失公允的媒体报道给企业造成巨大压力

由于未准确核实或违反职业道德，部分媒体可能刊登有失公允的报道，对企业造成不良影响。总结起来，有失公允的报道给企业造成压力的情形有如下几类：

（1）少数媒体不守职业道德。出于对自身利益最大化的追求，一些媒体为吸引眼球，增加收视率或订阅量，对有关企业捕风捉影，报道未加证实的传言，甚至人为炒作，置企业于非常不利的境地。

（2）报道内容不全。由于受信息收集渠道的限制，媒体掌握的信息有限，报道不全面，容易误导公众的认识，令公众基于不完整的信息做出不利于企业的判断。

（3）报道观点失之偏颇。由于受知识结构与思维方式的局限，或公众舆论的影响，一些记者难以站在中立、客观的角度报道企业问题，也可能错误理解企业境况，使报道缺乏真实性和公正性。

3. 企业保密信息被媒体披露

许多企业的战略布局、产品计划及企业间的合作内容属于保密信息，然而，由于保密工作不力或外部人士不正当的挖掘，企业的保密信息有可能被公开，或提前于既定公开日期被披露。特别是在高竞争强度的行业，企业的一举一动为竞争对手关注，竞争对手可能利用不正当手段获取企业内部信息，将不利于企业发展的资料传递给媒体。保密信息的公开将扰乱企业的未来布局和正常经营，严重者会引发企业的危机。

4. 竞争对手通过媒体散布谣言

媒体的负面报道可能源于竞争对手散布的谣言。在正当的竞争手段难以获得竞争优势时，一些竞争者可能铤而走险，采取背后捅刀子的手段，捏造谣言，通过各种途径向媒体透露，陷企业于大众的口诛笔伐当中，从而达到侵蚀企业市场的目的。由于谣言散布成本低、速度快，且具备相当的隐蔽性，能够在不经意间打击对手，不少企业在高速成长期都曾遭遇各种不利谣言，企业管理者不可不加以提防。

谣言的来源除竞争者外，还有恶意利益群体，如美国浑水调查公司就曾以夸大事实或散布假信息等方式，对部分在美上市的中国公司发布恶性做空报告，导致不少中资概念股遭到恶意做空，对在美中资上市公司造成恶劣影响。

（二）媒体负面报道危机的预防

为了避免出现重大的媒体负面报道，为自己的长远发展创造一个良好的舆论环境，企业可从以下方面开展危机预防工作：

1. 关注媒体报道，建立舆论信息预警机制

企业需要关注和识别对己不利的负面报道，建立日常监测制度，保持对公众舆论信息的警觉性。舆情监控能够使企业尽早发现问题，并加以解决，否则，不良舆论即便最终被遏制，在逐渐扩散过程中给消费者造成的心理阴影也难以消除。如 2010 年，蒙牛的产品经理安勇联合公关公司诽谤伊利 QQ 星产品，伊利正是在当年 7 月下旬的舆情监测中发现网上针对伊利 QQ 星产品的诽谤帖，伊利在与发帖者联系未果后，向呼和浩特公安机关报案，公安机关在较短时间内查明真相，避免了诽谤内容被大量转载，影响产品销量。

2. 与媒体做朋友，建立良好的媒体关系

克莱斯勒前总裁艾柯卡（Iacocca）曾向企业界提出这样的劝言："一个得不到新闻界信任和好感的企业，是不可能有大发展的；能得到新闻界的信赖，是一个企业最重要的财富之一；无论是在顺境中还是逆境中，都要善于与新闻界的人士打交道。"企业高层管理者以及公关部门平常就要与媒体互通有无，联络信息，力所能及地配合媒体的工作，建立良好的媒体关系。这样，对于企业的负面信息，媒体能够站在较为客观中立的立场，并在企业危机中真心诚意地帮助企业解决一些难题。由此，企业不仅可以在发展顺利时凭借媒体的帮助实现锦上添花的目的，也能够在出现困难时凭借媒体的帮助达到雪中送炭的效果，从源头上杜绝失实报道的出炉。

3. 谨言慎行

在与外部公众，尤其是媒体的交往中，企业管理层及员工要十分注意自己的言行，正如古语所云："不以恶小而为之，不以善小而不为。"与媒体沟通过程中的态度直接影响到媒体对企业的主观感知，在沟通的言行举止中，企业方面应保持正面的态度，懂得换位思考，谨慎措辞。如对媒体和外部公众态度冷淡、粗暴、傲慢，不仅无法争取到外界的同情与支援，更会引发公众的厌恶，招致媒体的不利报道。

4. 主动、全面、及时向媒体沟通有关信息

真实信息的空缺，给虚假信息提供了舞台。为了使媒体更公正地对企业进行报道，企业应主动、全面、及时地向媒体提供有新闻价值的信息。建立良好的沟通表达形象利于企业危机的应对。尤其是在危机发生以后，任何迟缓、隐瞒都可能导致公众误解的加深，借记者之口迅速传播事情真相是企业发生危机之后应立即采取的对策。

5. 规范自己的竞争行为

竞争对手对企业的谣言攻击，固然与竞争对手违反市场竞争的基本游戏规则有关，但在有些情况下，则可能直接源于企业过激的市场竞争策略的采用和其他不合理的经营行为。如定价上过分强调驱逐策略、广告中大肆标榜自己都可能引发竞争对手的强烈不满，在没有能力通过正当途径予以反击时，一些竞争对手就转而求助于散布谣言等非正当手段。企业在选择竞争策略时，一定要考虑竞争对手的可能反应，轻易不要采用容易激起竞争对手强烈反击的竞争策略。不正当的经营行为更应当避免，企业高层管理者不仅需严于律己，在合法合规框架下经营企业，还需培养中层和基层工作人员的行为规范意识，从各个层面规范不正当行为，从根源上减少负面报道危机的诱因。

6. 完善内部信息管理

不少负面报道源于企业内部信息泄露，健全的内部信息保存和传递机制有助于预防泄露事件。企业内部信息机制建设中，应明确各不同职位人员的信息获取权限和保密职责；企业管理信息系统在技术设计上应有针对性防范措施，能及时与重要信息的知情者和管理者沟通反馈。企业还要特别注意离职员工的信息管理。研究报告显示，高达59%的离职员工曾窃取公司机密信息，如客户联系名单等；部分离职者是为报复前雇主，还有部分离职者将公司的客户数据和其他机密信息带入新公司。因而，对于离职员工，企业一方面应抱有和善的态度，另一方面，也应加强离职员工保密职责的管理。

（三）媒体负面报道危机的处理

一旦发现媒体的负面报道，企业应区别不同情况，迅速行动，消除负面报道对企业造成的损失。

1. 就不当行为公开致歉并迅速处理

企业的不当行为被媒体曝光后，企业应通过媒体及时向利益相关者承认错误，表示歉意，避免矛盾进一步激化。企业要变被动为主动，积极投身于对受害者的损失程度的调查，查清事件的真正原因，处置相关责任人，停止或改变原先的不当行为方式，并及时将这些进展向大众沟通，转变公众对企业的负面看法。

雀巢公司在这方面就曾有过深刻教训。2005年5月，浙江省工商局发布质量抽检报告，雀巢公司的“金牌成长3+”奶粉在不合格产品之列，媒体随后跟进报道。但雀巢公司公关部门负责人的手机于5月27日起始终无法接通，办公电话也无人接听，雀巢公司仅通过代理公关公司告知采访记者，雀巢公司一旦要发布信息会立即通知媒体。5月29日，在央视的采访中，雀巢公司商务经理三次摘下话筒，要求终止采访。这一系列举动，令媒体和公众极为不满，负面报道接踵而至。在舆论声讨中，雀巢公司的形象危机加深，以致不得不付出更高代价弥补损失。

2. 迅速发布真实信息以反击不实之词

在出现错误的媒体报道时，企业应迅速召开新闻发布会或向有关媒体提供新闻稿，迅速向公众发布企业的真实信息，以减轻利益相关者的忧虑，并及时展开调查，挖掘误报的真实原因。在可能的情况下，应通过相关的政府部门、社会中介组织之口陈述事情真相；或者对记者或相关社会公众中的“舆论领袖”开放企业，让他们了解企业真实的生产经营情况。对于媒体疏忽大意造成的负面报道，理智的做法是不与媒体发生正面冲突，而是尽可能以真实信息取代不实信息而占据媒体的版面或频道。实践证明，与媒体对簿公堂有时得不偿失。

3. 合理引导舆论

根据舆论弹性原理，对于错误和反对的舆论，仅仅采取压服的方法往往无济于事，必须调动、开发正确的舆论，广泛地解释、沟通、说服和宣传，把错误的舆论争取到正确意见方面来。[①] 因此，在澄清事实之外，企业还可向公众传播科学的知识和理论，宣传企业的正面形象，开展公益活动，以增加企业正面话语权，在合理范围内引导舆论朝有利于企业的方向发展。如某券商曾于 2002 年发布多篇针对海尔的分析文章，给海尔带来不小的负面影响。事后，海尔一方面积极维权，另一方面争取舆论优势。海尔与央视沟通推出《国际化的海尔》报道，并在《经济日报》、《中国经济时报》、人民网等媒体上刊发新闻，宣传企业正面形象。这些行动成功扭转了不利舆论，维护了企业形象。

4. 查清谣言的来源并对造谣生事者提起诉讼

部分不实报道并非新闻工作者疏忽所致，而为不法分子恶意捏造，企业应通过各种渠道查明原因。如不实之言确系竞争对手等利益群体造谣中伤，应要求生事者公开道歉并赔偿损失，如生事者拒不接受，应向公安机关报案，或向法院提起诉讼，通过法律途径维权。媒体对企业维权行为及诉讼结果的关注，将有助于扭转舆论的不利局面，获得利益相关者对企业的声援。

思考题

1. 对于外部政策法律环境变化引发的危机，应如何进行管理？

2. 有人认为，面临行业内大企业恶意压低价格的行为，中小企业只能被动挨打，你同意这种看法吗？

3. 意外事故危机和自然灾害危机都具有极高的不可控性，它们的危机管理方法一样吗？有何异同？

4. 结合前两章的内容，说说媒体负面报道危机的处理难点。

课后案例讨论

阿提哈德航空公司如何走出“火山灰”危机

2010 年 4 月 14 日，冰岛埃亚菲亚德拉火山喷发，给世界各地的航空工业造成了 17 亿美元的经济损失。120 万名旅客受到影响，10 万个航班在欧洲各地停航。阿提哈德航空公司（Etihad Airways）在这场危机中也遭受了巨大打击。阿提哈德航空公司是阿拉伯联合酋长国

① 张映红．公共关系管理．北京：首都经济贸易大学出版社，2002：187.

的国有航空公司。自 2003 年成立至 2011 年，公司拥有 62 架飞机，业务遍及 47 个国家的 72 个城市。

在埃亚菲亚德拉火山爆发前，阿提哈德每周有超过 90 个航班飞往欧洲 12 个目的地。2010 年 4 月 15—21 日，火山灰云在欧洲蔓延，最终导致欧洲空域几乎完全关闭。4 月 15 日，伦敦机场全部关闭，此举立即影响到阿提哈德的 5 个定期航班以及数百名乘客进出英国。随着金融危机的加剧，越来越多的欧洲机场在 4 月 17—19 日关闭，航班也被中断。阿提哈德被迫取消所有飞往欧洲的航班，只有意大利除外。近一周的机场关闭，导致大量航班不可避免地被取消，在欧洲境内以及进入欧洲的航空公司面临严重危机。

阿提哈德自埃亚菲亚德拉火山爆发以来一直监视着局势。该公司一直在寻找降低信誉风险，最大限度减少客户不便，确保乘客、机组人员和货物安全的合作机会。具体地说，该公司采取的措施如下：建立危机管理团队。各主要部门的首席运营官和副总裁以及机场和网络运营副总裁出席会议。全天候监控事件发生，提供详细的信息交流，让各部门及时掌握情况。企业通过互联网与媒体进行高频沟通，定期发布火山灰及飞行情况。客服中心和求助热线 24 小时开放，提供数据备份支持；公司承担滞留旅客的食宿费用。这类服务包括住宿、餐饮、交通、休闲旅游，并在各酒店提供现场协助，协助查询和安排行程。2 500 名滞留旅客被妥善安置。

截至 4 月 21 日，危机逐渐结束，受影响的空域重新开放，1 500 多名乘客终于顺利抵达目的地。埃亚菲亚德拉火山的喷发对全球航空业来说是一个巨大的考验，尤其对阿提哈德来说。由于机场关闭，超过 22 000 名阿提哈德乘客受到航班取消和延误的影响。有超过 2 500 名无家可归的乘客被安置在 18 家酒店中，酒店半径超过 100 公里。在过去的一个星期中，阿提哈德已经发布了 12 条最新媒体报道。阿提哈德在仅仅一周的时间里就亏损了 5 000 万美元。

虽然阿提哈德付出了巨大的代价，但公司在顾客心中的良好声誉和品牌忠诚度成了一笔千金不换的财富。

资料来源：Balakrishnan M S. Etihad Airways：Reputation Management—An Example of the Eyjafjallajökull Iceland Volcano//Emerald Emerging Markets Case Studies，2011；Sun X，Wandelt S. Complementary Strengths of Airlines Under Network Disruptions. Safety Science，2018，103：76－87.

▶ 结合案例内容，试回答以下问题：

1. 在“火山灰”危机爆发后，阿提哈德航空公司危机处理的哪些做法值得借鉴？

2. 结合阿提哈德航空公司的案例，请你谈一谈针对自然灾害引发的危机，需要把握哪些管理要点。

第15章

企业内部失控引发的危机管理

君子求诸己，小人求诸人。

——《论语·卫灵公》

赛车最关键的技术是刹车。

——迈克尔·舒马赫

学习目标

- 明确引发扩张过快危机的原因及管理对策；
- 掌握战略与职能活动失误引发的危机形态及管理措施；
- 明确企业集团管控失灵危机的预防和处理；
- 了解引发高管团队不和危机的预防及处理；
- 明确员工流失危机产生的预防及处理。

引　例

俞敏洪遭遇性别歧视危机

俞敏洪发表“女性堕落论”

2018年11月18日下午，关于新东方创始人俞敏洪的一则视频在网上迅速传开。俞敏洪在学习力大会上做公开演讲，发表了疑似歧视女性、有违男女平等的不当言论。

在视频中，讲到如何改变教育方向时，俞敏洪举例说：“如果中国所有女生找男人的标准，都是这个男人必须会背唐诗宋词，那全中国的所有男人都会把唐诗宋词背得滚瓜烂熟；如果所有的女生都说中国男人就是要他赚钱，至于说他良心好不好，我不管，那所有中国男人都会变成良心不好，但是赚钱很多的男人，这正是现在中国女生挑选男人的标准。”俞敏洪又称，现在中国是因为女性的堕落导致整个国家的堕落。此番言论一出，《中国妇女报》第一时间发表声明反对俞敏洪的不当言论，《光明日报》等多家媒体机构也随之发声，这一演讲事件也迅速引发网友热议。

18日晚间，俞敏洪发文就此言论在其微博上致歉，表示：是自己没有表达好，引起了误解。自己真正想说的是一个国家的女性的水平，就代表了国家的水平。女性素质高，母亲素质高，就能够教育出高素质的孩子。女性强则男人强，则国家强。

俞敏洪致歉当晚，《中国妇女报》再度发声：“我们不做任何人的附庸，追求的是两性的自主、平等与和谐。俞校长，请别小看了女人，也别小看了男人，更别小看了我们的国家！”

针对俞敏洪的言论，全国妇联妇女研究所副所长、研究员姜秀花说：“俞敏洪这一席话，如果是不过脑子的胡言乱语，那说明他难当精英；如果是经过深思熟虑的缜密思考，那就更是有损精英。”演员张雨绮对此称，“我只能说，北大的教育和新东方的成功都没能帮你理解女性的价值，没让你理解什么是平等的两性关系，甚至没帮你搞明白什么是平等”。随之，这次事件形成两种不同观点，有人力挺俞敏洪，认为他的说法并无错处，只是逻辑表达不同；也有人说俞敏洪侮辱女性涉嫌性别歧视。

借力全国妇联，化解危机

俞敏洪公开发表“女性堕落论”，不仅让自身教育家的形象坍塌，也给他旗下的新东方造成了巨大的不良影响。俞敏洪“女性理论”背后是新东方股价腰斩，市值蒸发 600 亿元。更有大批民众面对新东方负责人提出的言论，对新东方的英语、高考、考研等辅导班提出质疑，存在是否会传播不良价值观给学生的担心。这一事件也引起了广大女性同胞的公愤，继而上升到了对于新东方的怀疑。随后，俞敏洪针对这次危机采取了有效的公关措施。

11 月 20 日，俞敏洪专程来到全国妇联，向广大女同胞诚恳道歉，他在道歉声明中说：“这两天，我看到听到大家的批评意见，深感不安和自责。特别是在全国妇联有关负责同志的批评帮助下，我深刻认识到，前几天在某个论坛上针对女性的言论是极其错误的，反映了我性别观念上的问题，对女性不够尊重，没有认识到男女两性都应该在家庭和社会中承担责任和义务。”俞敏洪表示一定会吸取教训，尊重女性。

11 月 21 日，《中国妇女报》表示，俞敏洪的公开道歉，得到广泛认可，反映了他作为教育工作者、知名企业家、长期支持公益事业的社会名人知错能改，善莫大焉的担当与勇气，值得肯定。俞敏洪借力全国妇联，迅速化解了一场个人及企业品牌形象危机。

资料来源：危机公关案例分享：俞敏洪“女性的堕落才导致整个国家的堕落”观点引爆危机．(2019－11－14)．即刻国际；俞敏洪“歧视女性”言论遭热议，二次公开道歉，被人民日报点名．(2018－11－22)．搜狐；“女性堕落”的言论根本站不住脚．光明日报，2018－11－20.

孟子云：“行有不得者，皆反求诸己。”当经营活动不顺利时，企业经营者应多检查反思企业自身问题，不少危机正是企业内部失控所致。本章分别就企业扩张过快、战略和职能活动失误、集团管控失灵、高管团队不和及员工流失五种内部失控情形，探讨内部危机的预防与处理。

一、企业扩张过快引发的危机管理

企业的扩张并非一蹴而就，而是受到内外部条件的制约，在制定扩张规划与决策时，企业经营者需充分考虑企业核心能力、产品技术、管理水平、人才储备，及上下游格局、产业结构、宏观经济运行和法律政策等众多因素，来合理判断扩张多大、多快及如何扩张。然而，过去有大量企业风险意识和评估能力不足，却一味追求规模和速度，盲目扩张，结果造成一系列的不良反应，甚至引发危机，走向衰亡。本节首先讨论企业扩张过快危机的表现，其次分析造成企业扩张过快危机的主要原因及其管理对策。

（一）企业扩张过快危机的主要表现

1. 财务危机

企业的扩张行为通常需要大量资金的支持，如果企业决策不当，扩张过快，可能引发财务危机，表现出以下特征：

（1）现金流紧张。新项目上马过多，并购步伐过快，会导致企业资金投入过多。由于存在建设周期和运营周期，现金回报尚需时日，账户上的流动资金大量减少，造成现金流紧张，缺少日常周转资金。生产规模快速扩大后，若没有形成规模优势，成本居高不下，企业管理成本和生产成本反而大为增加，也会吞噬流动资金，引发财务危机。

（2）负债水平过高。一定规模的负债是企业以较少的自有资产掌握更大的资产规模，帮助实现企业盈利目标的重要方式。但资产负债率并非越高越好；负债越多，表明企业资产的安全性越低。但随着扩张加速，资金需求加大，资产负债率会快速上升；在多变的市场环境中，其风险程度逐渐增加，一旦难以偿付负债，投资者对企业的信心会立即下降。另外，一些企业虽以较低的价格进行兼并收购，却漠视对方企业已承担的大量负债；兼并后，企业偿债能力无法提升，企业损耗大量资金用于偿债，资金流紧张，引发财务危机。因而，在企业扩张过程中，若企业资产负债率远远超出产业平均水平或企业的历史平均水平，企业管理层就需提高警惕，考虑放慢扩张步伐。

（3）收益率降低，企业盈利水平下降。过去不少企业管理者存在认识误区，认为企业规模越大越好。然而，企业的规模增大并不意味着资产运营效率的提升，不少企业在扩张后出现 $1+1<2$ 的问题，收益水平反而不及扩张前。究其原因，不少企业资产规模上去了，资产质量却下来了，盈利能力比扩张前反而更低，结果“大而不强”，未能为股东和客户创造价值。更有甚者，无法扭转被收购企业长期亏损的情形，实际经营境况与规划相差悬殊，反令收购企业净利润大幅下降，成为企业的拖累。

2. 人才缺乏，员工素质下降

企业在高速扩张中需要补充大量人力资源，因此不得不招收大量新员工。快速的人员队伍扩张会使整体员工素质下降，增大人员管理协调难度，间接降低企业业务运营能力。对于并购扩张的企业来说，企业间人员管理机制和文化氛围若难以融合，协调沟通效率将下降。对于企业原有员工来说，规模扩张后，工作任务范围和要求也会调整，由于已有惯性，员工适应新的工作要求和工作环境需要一定时间，一些员工因难以适应或能力不足，也会影响企业的运行效率。

3. 经营困难

人财物增加过快，企业却在营销、技术创新、资金、人力资源和信息管理等方面适应缓慢。过快扩张后，部门庞杂，事务关联复杂，内部制度难以落实，管理协调效率不高，内部控制水平下降。同时，面对前所未有的规模，管理难度快速上升；同样的时间和精力，管理者却要做出更多更重要的决策，经营决策更容易失误，致使企业运转失灵，竞争力下降。

4. 机构臃肿，官僚主义盛行

伴随企业的快速扩张，一方面，内部机构规模快速扩大，企业管理层级增多，上下脱节，经营决策指令和信息传递速度缓慢，决策程序复杂化，企业运行效率降低；另一方面，管理者容易产生傲慢心，出现官派作风，滋生官僚主义，管理者工作积极性下降，却精于人际关系与权势，不关心企业的运行状况。在这种环境下，员工疲于应付官僚性事务，对企业未来发展失去信心，部分有远见和能力的员工会选择跳槽。

（二）企业扩张过快危机的原因及管理对策

1. 盲目多元化

盲目多元化是造成企业扩张危机的重要原因，不少企业盲目拓展新产品和涉足新产业，盲目扩张后却发现资源分散，竞争能力难以统筹，整体效益不佳，甚至资金不济，发生财务危机。2007年中国企业联合会发布的《关于中国失败民营企业之原因分析》研究报告显示，在其收集的失败民营企业案例中，失败原因绝大多数为多元化。[①]

为避免盲目多元化，企业需谨慎对待多元化决策。在多元化产品结构拓展过程中，企业应注重产品间的关联性价值，依托产品间可兼容的核心能力帮助新产品建立竞争力，如依托原有的品牌管理能力推出新产品。多元化企业与单一化、多样化企业存在质的不同，多元化问题主要源于原有管理模式无法适应产业多元化结构。[②] 由于市场关联性较低，仅凭借单产品的品质和成本控制能力，或多样化产品间兼容性能力，无法为企业创造新价值，因此企业必须创造不同业务单位之间的协同能力，实现整体大于部分的简单加总。多元化管理工作不以创造具体竞争优势为重点，应突出不同单位之间的协同功能，形成较强的资源共享能力和其他协同效果，为企业带来整体效益。此外，要成功实现多元化，预防潜在的多元化失败，企业还须注重培养包容性的文化氛围，建立高效率的单位间协调机制。

盲目多元化弊病显现后，企业应梳理多元化战略和管理模式，整顿经营不佳的业务。能够建立资源共享能力的企业，应尽早建立，以提升企业价值。对于非相关多元化的企业，如难以建立资源共享能力，可考虑建立控股型模式，即企业对各个产业仅作为控股方，进行产权管理和战略指导，通过法人治理结构加强管理，在后续发展中，进一步扩充产业能力或整顿出售。若盲目多元化危机严重，资金链条断裂，企业需要大量资金，而现有融资渠道缺乏或可融资金不足时，企业应出售不能带来效益的多元化业务板块，获取应急资金。

2. 简单粗放型扩张，忽视核心竞争力的培养

一些企业的扩张形式简单粗放，以大为佳，忽视构建竞争优势和资产质量水平。在凭借自身资源扩建生产能力的内部扩张中，企业若步伐过快，会使厂房、设备、人员和

---

① 蔡麟．我国民营企业多元化战略的风险研究．上海：上海师范大学，2010：27.
② 李林．中小企业多元化战略实施路径研究．中国管理信息化，2018（5）：93－94.

管理费用大幅增加，规模效应不一定明显。在以获取其他企业控制权为主的外部扩张中，若扩张过快，企业将难以整合资源，技术和市场能力的融合难度增大，企业整体竞争力将难以提升。为避免简单粗放型扩张，企业应首先转变“为做大而做大”的观念，在扩张过程中，明确扩张能否充分利用原有核心竞争力，或培养出新的竞争优势，若没有较高的把握，企业宜采取稳健的扩张步伐，避免简单粗放型盲目扩张。

小米电视在这方面就很好地避免了这个问题。小米电视是一个从 2013 年起步的新品牌，该品牌一路披荆斩棘，可谓顺风顺水。经过几年的发展，到 2018 年，在国内电视机行业增速仅有 3.6%，多数电视机品牌出现同比下跌的情况下，小米电视增速是惊人的 312%。8 月 22 日，小米发布了 IPO 后的首份财报，小米电视业务，第二季度全球销量同比增长达到 350%，线上业务依旧强势，“618”期间，小米电视拿下了京东、天猫两个平台的销量和销售额双第一。小米电视用五年时间终于打开电视行业的格局，通过在 32、40、43、50、55、65、75 英寸的产品线全覆盖这样的策略，小米终于站在了销量第一的位置。但是在业务扩张上小米保持了稳健的策略。公司并没有盲目扩张去拓展其他产品线，进行产品多元化，而是继续深耕电视行业，并用多余的资源进行渠道拓展和海外业务开拓，使得一个好的产品能够触及更多的消费者，这种精细而科学的扩张策略为小米带来了极大的成功。而曾经辉煌一时的亚细亚则是提醒企业切勿简单粗放扩张的失败典型。

案例 15-1

亚细亚：商业帝国的坍塌

在关门停业 3 年之后，在 2001 年 10 月 14 日举行的第 4 次公开拍卖中，郑州亚细亚五彩购物广场被河南建业住宅集团有限公司以 2.3 亿元的价位买下整体产权。该广场是亚细亚集团投资兴建的一家集购物、商住、办公、餐饮等功能于一体的大型商贸中心，建筑面积居河南零售商场之最。由于投资巨大，债务缠身，加上经营业绩不佳，亚细亚五彩购物广场在 1996 年 10 月投入使用不到 2 年的时间内就宣告停业。昔日中国零售业最耀眼的明星——亚细亚就此陨落。

曾经的辉煌

1988 年 10 月 19 日，32 岁的退伍军人王遂舟被任命为中原不动产总公司副总经理兼郑州亚细亚商场总经理。1989 年 5 月 6 日，营业面积达 1.2 万平方米的郑州亚细亚商场正式开业，整个开业筹备期总共只有 198 天的时间。

亚细亚商场的开业，给 20 世纪 80 年代末的中国零售业带来了全新的气息。豪华装修、鲜花绿草、人工瀑布给人以强大的视觉冲击力。在全国商场中，亚细亚商场第一个设立迎宾小姐、电梯小姐、琴台，创立自己的仪仗队。每天清晨，亚细亚商场门前的升国旗、奏国歌仪式成为当时郑州最著名的景点。

强大的宣传攻势、耳目一新的感觉使亚细亚商场在开业之后很快就获得了消费者的认同。仅仅 7 个月时间，亚细亚就实现销售收入 9 000 万元。1990 年，亚细亚商场的销售收入达到 1.86 亿元，实现利税 1 315 万元，跨入全国大型商场 50 强的行列，名列第 35 位。

在郑州亚细亚五彩购物广场开业前夕，王遂舟在郑州各报纸投放了数十万元的广告。一句“星期天到哪里去——亚细亚”，成为当时郑州妇孺皆知的口头禅。亚细亚投入的这笔广告费是当时郑州所有商场一年广告费的总和。

扩张的悲剧

20世纪90年代初，外商开始大规模进军我国零售业。王遂舟觉察到外商大举进入中国零售业的趋势，认为要与外商展开有效的竞争，需要壮大企业规模。在与国内几家大型零售企业谈判破裂之后，王遂舟决定凭借自己的力量在全国范围内建立亚细亚连锁商场。

1993年9月，王遂舟以郑州亚细亚商场为基础，扩股成立了郑州亚细亚集团，并制订出宏大的发展规划：到2000年，亚细亚的目标是形成以零售业为龙头，以金融证券和房地产业为两翼，以实业开发为基础的大型企业集团；年销售收入达到500亿元，在全国商界排名第一；综合实力进入全国最大企业前10名，成为对中国经济有重大影响的国际托拉斯。

1994年5月，南阳亚细亚商场开业。此后，河南省内的其他亚细亚商场陆续开业。1996年2月，广州仟村百货开业。不久，上海、北京、成都的仟村百货也相继开业。在4年的时间里，亚细亚先后开出了15家大型连锁百货分店，其中，河南省内6家，均以亚细亚命名，河南省外9家，均以仟村百货命名。

然而，亚细亚所有的连锁商店的开业之日便是亏损之时。1994年，南阳分店亏损114万元，濮阳分店亏损593万元，漯河分店亏损990万元。在1996年6月14日召开的董事会上，王遂舟逐一介绍了各地连锁店的经营情况：北京日销售收入只有七八十万元，上海日销售收入为三四十万元；省内几个店每月亏损额为400万元，北京、上海、广州每月的亏损额达到2 000万元。11月，天津亚细亚商场倒闭。

1997年3月5日，王遂舟宣布辞职。此后，亚细亚在各地的连锁店纷纷停业。1998年，亚细亚首度对外宣布其总负债额为6.15亿元，资产负债率为168%。2000年7月，郑州亚细亚五彩购物广场宣告破产，郑州亚细亚宣布面向全国重新招商。

极度短缺的资金与人才

亚细亚扩张的失败与资金和人才的极度短缺直接相关。无论是在资金方面，还是在人力资源方面，亚细亚都不具备开十几家大型商场的实力。

对于亚细亚而言，自有资本总额不过4 000万元，却要进行投资近20亿元的超级大扩张，风险可想而知。更何况亚细亚的全部分店都是自己进货，自己经营。据破产清算组统计，截至2000年9月5日，郑州亚细亚五彩购物广场的负债率高达713.63%，对外债务达15.8亿元。

亚细亚在短时间内的大举扩张，也使得企业的人才奇缺。开封亚细亚商场的总经理既不懂管理，也不懂财务，只知道喝酒公关，仅一年多的时间，不仅葬送了开封亚细亚，自己也因酒精中毒住进了医院。

广州、上海、北京三地大型商场的相继开业，使得管理人员严重不足。亚细亚不得不从西安招聘了数百名青年，经短期培训后派往这三个地区。由于不了解每个人的详细情况，亚细亚只好以貌取人，五官端正、口齿清楚的派往这些地区的商场当经理或处长，其他人员则当营业员。

资料来源：刘刚．危机管理．北京：中国经济出版社，2004：240－243；王亚楼，程文超，韩天旭．五彩：商业航母何以搁浅．河南商报，2001－08－11.

3. 后端能力跟不上市场扩张速度

一些企业具备极强的市场开拓能力，能够在短时间内迅速打开新市场，然而企业原材料采购、产能、品质控制以及售后服务能力却跟不上市场开拓的速度。此时，企业如果放弃部分订单，不仅辛苦打开的新市场拱手让人，而且会损害企业信誉；如果短时间内强行增加企业内部工作量，产品品质和服务水平将下降，可能出现原材料合格标准降低，生产外包令产品质量参差不齐和售后人员素质较低等现象。还有企业忙于抢占市场，市场人员只顾签下合同，拿到订单，却不清楚技术要求、验收交货等事项，让技术、财务、生产制造部门的人员不知所措。由于市场人员欠缺必要的产品细节知识，部门间合作衔接不良；表面上企业订单多，市场占有率扩大，实际上交出的货品达不到客户的要求，久而久之，原有的客户流失，口碑下降，市场占有率也将萎缩。

要预防此类问题，企业首先需在设立市场扩张目标的同时，充分考虑自身内部综合实力。其次，高层管理者须注重部门间的协调沟通，不可过度强调某一职能，而忽视了不同职能间的相互适应；对于市场人员，需加强产品认知的培训，将市场部门作为企业整体配合运作的一环，而非单打独斗，仅顾及自身工作要求。

在后端能力无法跟上市场扩张速度的问题发生后，订单不能兑现，企业可短期内外包部分订单。若外包不利于企业长期发展战略或无法外包，企业必须结合内外部环境，选择放慢甚至缩减市场。从长期来看，要解决这一难题，企业需培养出与市场扩张速度匹配的内部能力，或专注于企业核心能力的发展，把非核心活动外包。

央视标王秦池败走麦城，就是产品无法跟上营销的典型。

案例 15－2

秦池：成也标王，败也标王

厂房、设备、土地使用权等几乎所有值钱的东西都已经因债务而被法院查封或在银行抵押，价值数千万元的白酒堆在仓库卖不出去。由于没钱偿还一笔只有 300 多万元债务的纠纷，一个一年就掷出 3.2 亿元广告费的企业差一点就被法院强制拍卖自己的商标。而这一事件的主角就是 1996 年和 1997 年中央电视台黄金时段广告标王——秦池。

靠广告起家

山东省潍坊市临朐县秦池酒厂于 1990 年 3 月注册成立。成立之初的几年，秦池只是山东无数地方小酒厂中的一个，年产白酒 1 万吨左右，产品从来没出过潍坊，效益也不景气。

1992 年，军人出身的王卓胜担任亏损的秦池酒厂厂长。第二年，同是军人出身的姬长孔来到秦池担任经营厂长。当时，秦池给人的印象是：几排低矮的平房，一地的大瓦缸，厂区杂草丛生，500 多工人很少有人安心工作。

在王卓胜和姬长孔的领导下，从 1993 年开始，秦池开始以广告为武器，发动市场攻势。尽管山东历来是白酒消费大省，但由于有孔府家酒这一强大的竞争对手，秦池决定将目光移出山东，并将目标首先锁定在东北地区，理由在于：东北地区天气寒冷，喝酒人口众多。

秦池在东北市场的突破口是沈阳。在姬长孔的精心领导下，秦池在沈阳的市场拓展策略非常成功。他在当地电视台买断时间段位，密集投放广告，而后沿街设立品酒点，请市民免费品尝秦池酒。最为轰动的一招是，秦池当时租用了一艘大飞艇在沈阳闹市区的上空游弋，撒下数万张广告传单，场面蔚为壮观。仅仅不到20天的时间，秦池酒就开始热销。姬长孔立即在媒体上发布《秦池白酒在沈阳脱销》的新闻，并采用了极富传奇色彩的报道："两个山东大汉，怀揣50万元，19天踹开沈阳大门……"

在1993年占领沈阳市场后，秦池继续借助媒体大造声势，迅速占领东北、华北、西北市场，1994年，秦池酒的销售额一举突破1亿元大关，开始实现快速增长。

标王的辉煌

标王的概念产生于1994年，当年，中央电视台首次以招标形式出让1995年黄金时段的广告位，出价最高者被称为标王。

1994年11月2日，中央电视台首届标王竞标会在北京举行，后起之秀的山东孔府宴酒一举击败老大哥孔府家酒，以3 009万元夺得首届标王的桂冠。在夺得首届标王的次年，孔府宴就从白酒行业的无名小辈一下跃为国内知名品牌。孔府宴的成功，无疑给成长中的秦池很大的启发。1995年11月8日，姬长孔代表秦池参加了在北京梅地亚中心举行的中央电视台第二届标王竞标会。

孔府家酒为了挽回前一年的失利，孔府宴酒为了保住标王的头衔，出价都超出了6 000万元，却不料一马斜出，秦池以6 666.666 688万元抢摘标王的桂冠，高出第二位近300万元。

姬长孔本来打算带着3 000万元参与竞标，这一数字是1994年秦池酒厂所有利税之和。但秦池的广告代理商告诉他，3 000万元在梅地亚只是一个中型炸弹，并不足以爆出一个轰动天下的新闻。姬长孔连夜与临朐方面联系，经过紧急的谋划，为秦池夺得标王的最终标底终于浮出水面。

蝉联标王

1996年11月8日，已经名满天下的姬长孔再次来到梅地亚中心。在标王竞标会开始之前的发言中，姬长孔所打的一个形象的比喻让所有与会人士印象非常深刻：首次夺标，秦池向中央电视台开进一辆桑塔纳，开出一辆豪华奥迪；现在，秦池每天要开进一辆豪华奔驰，争取开出一辆加长林肯。

在此次竞标会中，报价非常踊跃。在成立只有2年的爱多VCD喊出8 200万元的报价之后，江苏春兰报出1.688 8亿元，几分钟后，广东乐百氏以1.997 8亿元一举冲出，但迅速被名不见经传的山东白酒企业金贵酒厂喊出的2.009 9亿元压下去，此后，同样不出名的山东齐民思酒厂开出2.199 999 999亿元的报价。而当主持人念到秦池时，投标金额竟然高达3.212 118亿元，高出第二位超过亿元。

事后人们才知道，这个数字源于姬长孔的手机号码。

当姬长孔从北京返回秦池酒厂时，受到了全厂员工极其热烈的欢迎。

败走麦城

如果说首次夺得标王的桂冠铸就了秦池的辉煌，那么，秦池的再度夺冠则是它败走麦城的开始。秦池报出的 3.2 亿元，相当于 1996 年企业全年利润的 6.4 倍，这笔天文巨款从何而来？

就在秦池蝉联标王的同时，有人对这个县级小酒厂的生产能力提出了质疑。要交出 3.2 亿元广告费，秦池至少得卖出 15 亿元的酒。秦池怎么可能有这么大的生产能力呢？围绕这些天价数字，一些媒体向秦池抛出疑问。

《经济参考报》的 4 位记者就此对秦池进行了一次暗访调查。经过调查，记者发现：秦池每年的原酒生产能力只有 3 000 吨左右，企业每年从四川收购大量的散酒，再加上本厂的原酒、酒精，勾兑成低度酒，然后以“秦池古酒”“秦池特曲”等品牌销往全国市场。当时，在四川邛崃县，一家叫“春泉”的白酒厂 1995 年为秦池提供了 4 000 吨散酒，秦池夺标时曾向春泉拆借资金；1996 年，春泉又向秦池供应散酒 7 000 多吨。当地另外几家中小酒厂也向秦池供应散酒。

1997 年 1 月，秦池被评为“中国企业形象最佳单位”，而就在当月，《经济参考报》有关“秦池白酒使用川酒勾兑”的系列报道陆续刊出。在很短的时间里，这则报道被国内无数家报刊转载。新闻媒体的报道使消费者对秦池的不信任感急速上升，令依旧沉浸在蝉联标王喜悦之中的秦池猝不及防。

从 1997 年年初开始，秦池的各项经济指标开始大幅下滑，并陷入产品大量积压的困境。当年，企业的销售收入不是预期的 15 亿元，而只有 6.5 亿元；1998 年，销售收入更是下滑到 3 亿元。到 2000 年，由于不能支付临沂国际公司向秦池酒厂供应由西班牙进口的金属酒瓶帽的 391 万元货款，秦池酒厂被告上了法庭，秦池商标差点被拍卖。

资料来源：刘刚．危机管理．北京：中国经济出版社，2004：278－283；吴晓波．大败局（十周年纪念版）．杭州：浙江人民出版社，2010：18－19；郁义鸿，高汝熹．管理经济学．上海：上海三联书店，2004：265－266.

---

4. 产能过剩，与外部需求不匹配

外部需求具有不确定性，企业进行大幅产能扩张后，如果下游需求下降，销售额低于预期，将会出现产能过剩，固定资产闲置、存货堆积、人员闲置、生产线投资回收期延长或无法收回投资。由于企业内部资源和外部需求变化无法平衡，企业的可持续发展受阻。

供应链中的“牛鞭效应”是造成这一问题的重要原因①，消费者市场的小幅波动通过供应链条的逐级放大，使上游厂商收到大量订单，盲目扩大生产能力，扩张后的产能却与下游需求不匹配，产能过剩。为避免“牛鞭效应”，企业可鼓励零售商小批量订货，实行平价和限制促销时的采购量，减少预先购买量；加强供应链上的信息互通机制，协同预测顾客需求。由于这需要供应链企业间的相互信任，供应链上的合作企业可建立战略伙伴关系，培养整条供应链的竞争能力。除“牛鞭效应”外，这一危机还源于企业缺乏

---

① 林正章．国际物流与供应链．北京：清华大学出版社，2006：183.

市场风险意识，存在盲目乐观心态，缺少科学的市场调查。产能扩大需要考察宏观经济波动，在萎缩的经济周期中，企业更应谨慎行事，防范宏观经济衰退对产业终端需求的冲击。

这一危机发生后，企业可关闭部分产能，避免生产越多损失越大；对于堆积的大量存货，可降价出售回笼资金；企业还应考虑发展战略的调整，在技术创新条件允许下，进行产能结构改造，探索差异化发展。在我国，产能过剩时常是产业内企业的集体问题，危机发生后，若自身难以解决，应抱团取暖，联合起来向政府部门寻求政策援助，以解燃眉之急。

5. 忽视财务风险控制

企业扩张中，处处伴随着财务风险，如筹资风险、投资风险、并购风险、现金流风险等，如不注意控制财务风险或控制不当，处于快速扩张期的企业也会发生危机。首先，负债率太高是企业发展过快的典型问题，企业不应盲目寻求高财务杠杆，应避免短债长投，以防自身暴露在极大财务风险中；一旦企业经营不佳或出现外部风险，难以偿付债务，企业长期的努力将功亏一篑。其次，在扩张中，企业应注重优化资本结构，寻找最佳资产组合；在筹融资中，应在权益资本和债务资本之间确定合适的比例，将负债水平控制在可承受范围内；在投资中，要科学估算回报周期和大小，权衡直接与间接、长期与短期投资，及固定资产、无形资产与流动资产的各自比重。最后，在扩张期间的运营中，企业须做好财务监控工作，及时关注企业现金流量，加强内部审计制度，尤其是新设项目和收购公司的财务审计。同时，财务人员之间要注重合理的分工，形成相互监督的机制，堵住财务管理中的漏洞；财务管理的计算机化也有助于提高财务处理和财务决策的效率，对于杜绝财务管理漏洞非常有帮助。

财务风险控制不当造成财务危机后，应由相关的高层管理者负责，以企业内部的审计机构为主，成立专项审计小组，着手调查财务控制状况。针对快速扩张中失当的财务管理工作根源，提出危机处理的具体措施。对较有发展潜力的投资或并购项目，企业应努力说服股东进行增资扩股；对于市场需求潜力较大，但销售业绩不理想的产品，改进市场营销组合策略，提高销售业绩。

要控制财务支出，可以出台一系列成本削减计划及政策，努力压缩成本空间；派专人前往拖欠货款的单位催款，必要的时候，诉诸法律解决欠款问题。对于盈利能力差、市场前景不好的产品线或产品项目，企业应采取撤退策略，出售或关闭其生产线。企业还应努力取得银行或有关政府部门的支持，帮助企业渡过资金紧缺的危机。危机处理措施一旦确定，应迅速实施，并及时认定相关责任人的过失，严肃处理。

二、战略与职能活动失误引发的危机管理

战略和职能活动是企业活动的最重要组成部分，活动失误轻则影响本职能部门运转，重则影响企业整体经营，引发危机。本节中，我们分别从战略、营销、技术创新及信息四个方面的危机，来探讨企业活动失误的原因及相应危机的管理对策。

（一）战略危机管理

战略决策失误很容易将企业引入歧途，战略实施乏力将导致企业错过发展良机，发展停滞不前。在战略管理的过程中强化危机管理意识，对于预防及处理战略危机至关重要。

1. 战略管理失当的原因

通常而言，除前面分析到的盲目扩张外，常见的战略管理失误的原因主要有：

（1）缺乏明确的发展战略。缺乏明确的发展战略是企业发生战略危机的重要原因之一。有些企业的高层管理者整日纠缠于日常事务，无暇顾及企业发展战略，“捡了芝麻，丢了西瓜”。还有些企业根本没有认识到战略管理的重要性，缺乏对企业发展的长远规划。

（2）对外部环境变化视而不见或判断错误。以往成功的经验往往导致企业形成思维定式，对外部环境的变化视而不见，用已经不合时宜的经验应对新的环境，必然会导致企业的失败。企业也可能对外部环境的变化趋势做出错误的判断，在此基础上所制定的战略必然会出现问题。

（3）对自身优劣势认识不到位。对自身优势估计过高、劣势估计不足，或者相反，都可能引发战略危机。

对自己的实力估计过高是企业在迅速发展时期常犯的错误。“因为成功，所以失败”是许多企业战略危机的基本模式。企业的市场开拓进展顺利，销售增长迅速，往往使得企业只看到自己有利的一面，高层管理者意气风发，开始滋生冒进情绪，逐渐丧失理性。

对自己的实力估计不足则是企业在遇到困难时常犯的错误。由于害怕失败，企业往往看不到自己的竞争优势，在开展战略决策时犹疑不决，不敢承担风险，错过了很多很好的发展机会。

（4）战略选择过于保守。在战略决策的过程中，如果企业过于保守，则很容易错过市场上出现的各种机会，不能凭借自己的优势取得跳跃式发展。

即使像 IBM 这样的世界知名企业，也曾经犯过这样的错误。尽管 IBM 在 20 世纪 80 年代初推出了世界上第一台个人电脑，但公司并未看到计算机即将进入个人电脑为主潮流的时代，仍然将注意力放在大型机上，错过了良好的市场发展机遇，使戴尔、康柏等计算机公司抓住市场机遇而迅速崛起，而 IBM 到 90 年代初则形成数十亿美元的巨额亏损，直到 1993 年郭士纳担任 CEO 后局面才开始扭转。

（5）战略决策过程随意。战略决策过程随意很容易造成战略选择失误，其具体表现在：没有明确战略决策的具体程序；企业某个核心人物独断专行，个人权威太高，影响决策的科学性；重大决策缺乏科学的论证，靠拍脑袋进行决策等。

巨人集团建设巨人大厦的方案就是一个鲜明的例子。1992 年，巨人集团决定建巨人大厦的时候，最初的设想是 18 层，预算 2 亿元。在不久后出台的方案中，很快就改为 38 层。1992 年下半年，有人看到该楼盘的位置非常好，建议楼盖得高一些，由自用改为房地产开发。巨人集团很快就将设计方案提高到 54 层。不久，基于建全国最高楼的目标，再加上设计单位认为多盖 10 层对下层基础影响不大，巨人集团很快将楼高定为 64 层。

由于不喜欢 64 这个数字，又加高到 70 层，预算 12 亿元。但最终资金链断裂，巨人大厦烂尾。当时巨人集团的倒下，与其决策的随意性直接相关，正是层层加高的巨人大厦拖垮了巨人集团。

（6）战略执行不力。许多企业的战略制定过程符合科学决策的原则，所选择的发展战略也符合企业外部环境的变化趋势，企业资源也足以保证发展战略的需要。但在发展战略具体的实施过程中，规章制度执行不严、考核机制不到位、高级管理层频繁更迭等，往往会导致战略执行不力，偏离既定的方向，不能达到预定的战略目标。

2. 战略管理与危机管理的融合

基于对外部环境和内部条件的分析，战略管理的目标在于确定企业的发展战略，以在市场上确立企业的竞争优势。因此，战略管理具有较强的对抗性质，总是针对竞争对手的优劣势而制定并实施对抗性的行动。战略管理非常注重进攻性导向，对防御性策略的考虑则相对较少，而危机管理则是有效的防御性手段。片面强调战略管理而忽视危机管理，可能导致企业战略决策的失误或者企业战略实施因遭遇不测而被迫中断。因此，有必要将战略管理与危机管理密切结合起来，将危机管理意识融入战略管理的全过程。

（1）战略决策过程中的危机管理。在进行战略决策时，要对企业可能面临的风险进行细致的分析。在对不同的风险进行评估的基础上，确定主要的潜在危机的种类及其危害程度，并针对主要的危机制定若干个危机管理的备选方案，以随时做好应对不利情况的准备。这样，企业的战略决策不但做好了努力追求最好结果的准备，而且有了应对最坏局面的打算，使企业战略建立在积极、稳妥的基础之上。

（2）战略实施过程中的危机管理。在战略实施中，企业应积极对外部环境和内部条件进行有效的监控，密切注视其发展现状及变化趋势，尽早发现危机的苗头，及时采取有效的措施，确保内部资源的有效供给，或者依据外部环境的变化及时调整企业战略，将可能引发的战略危机消灭在无形状态。对于企业某一方面、某一部分出现的危机，可通过危机处理小组的有效运作，尽快控制事态、恢复形象、消除后遗症，以免危机扩大化，演变为危害企业战略实施的全局性危机。

（3）战略评价中的危机管理。在这一阶段，运用反馈控制方法对企业战略管理过程中存在的问题进行评价，分析哪些问题在事前就得以妥善解决，未演变为危机；哪些问题演变为危机，但危机的解决具有较高的效率，很快就被控制住；哪些问题引发了持续时间较长、危害程度较为严重的危机，并进一步分析为什么不同的问题会引发不同的后果。通过评价，形成一个闭环系统，用以改进今后的战略管理过程。

（二）营销危机管理

营销管理失当令销路不佳是企业发展停滞的重要原因之一，企业的营销困境可能源于企业营销决策某个方面的失误，也可能源于企业营销组合的失误。下面分别对不同来源的营销危机的预防与处理进行讨论。

1. 产品危机管理

当企业生产出来的产品与市场需要相脱节、造成产品大量积压时，就形成了产品危机。产品危机的预防与处理有以下途径：

（1）注重对顾客需求的市场调查。在产品设计与生产之前缺乏对顾客需求的调查或者调查不充分是导致产品积压的重要原因。深入细致的市场调查有助于企业开发适销对路的产品，进行准确的产品定位。

第二次世界大战以前，百事可乐抓住人们追求实惠的心理，提出了“价格相同，分量加倍”的产品定位，取得了空前的成功。但 1946—1949 年，采用相同的产品定位，百事可乐的市场占有率却不断萎缩，因为顾客不再接受百事可乐“便宜加大碗”的寒酸形象，直到 1949 年新的总裁上任后改变了产品定位，百事可乐的市场占有率才重拾升势。

市场调查的方法多种多样，可以采用询问法、观察法、实验法、文献分析法、统计分析法、专家意见法等。调查问卷的设计要全面，不遗漏重要事项；要客观，让被调查者自由作答，备选答案不能对他们有诱导作用；文字表达要简洁明了，不产生歧义。问卷的发放对象选择要有代表性。

（2）积极开展新产品研发。面对消费需求的不断变化和竞争对手产品创新步伐的加快，促进新产品研发成为预防产品危机的重要途径。面对业已发生的产品危机，尽快开发出符合市场需要的新产品是企业走出困境、摆脱危机的有效举措。新产品研发的相关问题，将在后面进一步讨论。

（3）实施大规模定制。大规模定制（mass customization）是指定制生产与大规模生产的有机结合，企业以大规模生产的低成本和高速度，为顾客提供个性化的定制产品，满足不同顾客的差异化需求。大规模定制的实施，可以使企业完全按照顾客的订货要求开展生产，从而大量减少乃至消除库存。

大规模定制主要通过以下两种途径实现降低成本的目的：

第一，实现范围经济。在大规模生产模式中，低成本主要是通过规模经济实现，通过提高产出水平和生产效率来降低产品的单位成本。而在大规模定制模式中，低成本可以通过范围经济来实现，通过使用柔性制造技术，企业应用单个的工艺过程便可完成多种产品的定制化生产，大大节约了成本。

第二，减少无谓的浪费。大规模定制是根据顾客的实际订单来组织生产的，可以有效避免大规模生产可能带来的产品滞销、积压而造成的成本损失，加快产成品的周转速度，减少原材料的储备时间和储备数量，提高资金的使用效率，使定制产品的成本接近、达到甚至低于大规模生产的产品成本。

（4）调整产品组合策略。企业应根据消费需求的变化趋势、竞争者的竞争战略和企业当前不同产品线或产品项目的盈利能力，及时调整产品组合策略，以预防产品危机。调整产品组合策略也是产品危机发生之后重要的处理措施。调整产品组合策略包括：

第一，扩大或缩减产品组合。在市场发展前景向好、竞争者尚未大量进入之前，企业应致力于扩大产品组合的广度，适当增加产品线；或者加大产品组合的深度，生产多样化的同类产品，为顾客提供更多的选择。在竞争非常激烈、市场需求饱和的情况下，企业应致力于缩减产品组合的广度，从盈利能力较弱或亏损的产品线中撤出，集中力量搞好竞争能力较强的产品线的生产；或者缩减产品组合的深度，放弃盈利能力较弱或亏损的产品项目，集中力量搞好重点产品项目的生产。

第二，实施产品线延伸策略。在高档产品市场竞争激烈、需求有限，而低档产品市场需求旺盛、存在较多发展机会的情况下，企业可以利用自己尚未充分利用的资源，实施向下延伸策略，从高档产品市场向低档产品市场延伸。此时，企业必须注意在两种不同档次的市场之间建立有效的区隔屏障，如为不同档次的产品确定不同的品牌，使得向下延伸策略的实施不会破坏原有的高档产品形象，不会挤占原有的高端市场。

在高档产品市场利润率高且未饱和，而低档产品市场竞争激烈的情况下，企业如果拥有适合进入高档产品市场的资源，可以实施向上延伸策略，从低档产品市场向高档产品市场延伸。此时，企业需要考虑：凭借企业的实力，能否确立高档产品的市场地位。否则，可能面临很大的风险。

对于原来生产中档产品的企业而言，随着消费需求和竞争形势的变化，可以考虑实施双向延伸策略，向高档产品市场和低档产品市场延伸。

（5）重视提供扩大产品。完整的产品概念包括核心产品、形式产品与扩大产品。在这个完整的产品概念中，核心产品为顾客提供最基本的效用或需求，如电冰箱的制冷功能；形式产品是指顾客对某一基本需求的特定满足形式，如电冰箱的质量、款式、品牌、颜色、容积等；扩大产品是指与产品相关的各种附加服务，如说明书、质量保证、送货、维修、技术培训、安装等。其中，扩大产品最容易被企业所忽视。而企业一旦重视附加服务，则很容易在市场上脱颖而出，在竞争中获胜。

（6）改进产品包装。自创建以来，杜邦公司一直奉行“生产高质量的产品就会赢得顾客”的思想，在化工市场的角逐中占据优势。但自 20 世纪 50 年代中期开始，杜邦公司的市场占有率日趋下降。这引起了公司高层管理者的重视，通过开展市场调查，他们提出了著名的“杜邦定律”：63%的消费者首先是根据商品的包装做出购买决策的。而忽视包装正是一些企业的产品在市场上受冷遇的重要原因。因此，当产品出现滞销时，企业应该审查包装是不是造成滞销的原因。如果答案是肯定的，应根据顾客的喜好重新进行包装设计。尤其是对于主要用作礼品的产品或高档产品而言，实施包装改进能收到显著的效果。

2. 价格危机管理

价格策略的选择错误，或价格策略的执行不力，造成企业的市场份额或盈利能力大幅度下降时，就引发了价格危机。价格危机管理需注意以下事项：

（1）综合考虑定价的各主要影响因素。影响企业价格决策的因素是多方面的，在制定价格时，需要综合考虑产品的成本、产品生命周期、市场竞争状况、顾客需求状况、政府价格管制等多种因素，片面强调某一方面的因素而忽视其他方面的因素，往往使企业制定的价格不切实际，使企业陷入困境。

（2）避免价格成为单一的竞争手段。价格只是企业市场营销组合的基本手段之一，过分依靠价格作为竞争手段，对企业的可持续发展极为不利，具体表现为：第一，由于产品高度同质化，一旦市场上出现旺销的产品，众多企业便蜂拥而上，造成企业之间的恶性竞争。浙江永康的保温杯、滑板车，温州的灯具等，都因为简单模仿、过度竞争而使整个产业集群在红极一时后又迅速消退，教训相当深刻。第二，为了追求低价，引发用低价的不熟练劳动力代替高价的熟练劳动力，用低价、劣质原材料和零部件代替高价、优质原材料和零部件的倾向，出现“劣币驱逐良币”的不合理局面，影响最终产品的质量。第三，一味的低价格竞争使得企业利润下降，造成研发投入不足，创新能力下降，难以实现向差别化竞争的转变，使企业不断陷入价格战的低效率循环之中。

（3）调价应考虑竞争对手的可能反应。价格策略的成功运用，必须以竞争对手无法实施有效的反击为前提。尤其在市场容量饱和的情况下，在企业实施降价行为之后，为了避免自己的市场份额被侵占，竞争对手往往实施针锋相对的降价策略，使企业的降价行为失去了意义，结果导致各企业之间的市场份额变化不大，而整个产业的整体利润水平却大幅度下降，企业追求自身利益最大化的结果反而是自身利益受损。因此，在准备进行价格调整之前，企业需要认真考虑市场上主要竞争对手可能的反应及反应的剧烈程度。

3. 渠道危机管理

渠道设计错误或渠道管理混乱都可能引发危机。渠道危机的预防和处理可以从以下几方面入手：

（1）合理选择或变更营销渠道。营销渠道的选择取决于以下因素：

第一，产品特性。不同的产品特性决定了营销渠道的模式。比如，对于市场使用面广的易腐产品而言，应采用短渠道、宽渠道，减少中间环节，增加同一层次的经销商数量，直至采用直接渠道，由生产企业直接建立经销网点进行销售；对于机器设备、生产所需的原材料而言，采用短渠道，乃至直接渠道同样较为适宜；对技术含量高、售后服务要求严格的产品而言，也适合采用直接渠道。

第二，企业状况。财力雄厚、品牌知名度高、拥有营销经验的大企业，可以考虑自建营销渠道；产品组合的广度大、产品线较多的企业，与顾客直接打交道的能力较强；产品组合的深度大、产品项目较多的企业，可以考虑采用窄渠道，实施选择分销策略或独家分销策略。

不同的产品线之间关联度较高的企业，可以利用同一渠道分销所有的产品。

第三，竞争状况。如果企业生产的是与竞争对手差别较大的异质产品，则可以考虑采用与竞争者相同的渠道，这样不会对企业的销售业绩造成影响；而如果企业生产的是与竞争对手差别不大的同质产品，则应考虑采用与竞争者不同的渠道，否则，必然影响企业的市场销售业绩。

第四，宏观环境。在经济萧条时期，应尽可能选择短渠道，以减少中间商环节，降低分销成本。

一旦企业的销售业绩不理想，或外部环境发生变化，企业就应重新审视自己的渠道选择是否正确，重新设计渠道模式。

（2）认真遴选或更换经销商。选择经销商需要对其资金、场地、信誉、客户资源、销售能力等因素进行考察。经销商必须拥有足够的流动资金，为了防止经销商货款结算不及时，具有较强品牌优势的企业可以要求经销商交纳一定数量的货款保证金。在选择批发商时，应重点考察其配送中心的仓储、配送能力及交通便利情况；在选择零售商时，主要考察其卖场的地理位置及可能提供给企业产品的展示面积。良好的信誉是经销商招徕更多的客户、及时向企业结算货款的保证，企业必须予以重视。经销商的客户资源是其市场拓展的基础，企业在选择经销商时，要注重考察经销商以往的经销特点，认真思考以下问题：经销商现有的客户群有哪些？其现有的客户群是否适合企业产品的销售？经销商致力于开发的新客户群有哪些？这些客户对企业产品的销售是否有利？经销商的市场拓展计划是否能够有效执行？除此之外，企业还应取得近几年经销商销售业绩的具体数据。

如果企业现有的经销商销售业绩不理想，在给予其一定的整改期限仍不见效之后，企业应考虑重新选择经销商。在更换经销商的过程中，企业应努力确保市场拓展和顾客服务的连续性，以免造成不必要的损失。

（3）加强营销渠道管理。在与经销商签订的经销合同中，需要明确经销商的权利与义务。权利包括供货保证、质量保证、价格折扣、促销协助、滚动结算、退换货保证、相关培训等；义务包括实现销量要求、执行企业的价格政策、提供市场信息、配合企业的促销行动、承担相应的售后服务工作等。

企业应按照合同中确定的考核标准对经销商的业绩进行考核与评估，对于业绩良好的经销商，可以运用以下方式进行激励：续签经销合同；授予地区独家经销权；提供更高的价格折扣；提供促销资金、促销宣传品支持；提供人员培训及支持等。企业可以通过以下措施实现对经销商的有效制约：要求经销商交纳保证金，降低或取消价格折扣政策，取消促销支持。通过这些制约措施，企业促使经销商完成销售任务指标，防止经销商压价或提价销售，确保促销资金、促销宣传品的正确使用。

4. 促销危机管理

促销策略的失误将影响企业的营销业绩及促销效果。为了避免企业陷入促销危机，或者减少促销危机的损失，应注意以下问题：

（1）选择合适的促销方式及其组合。为了宣传企业产品的品牌，企业可以采用多种促销方式，包括广告、人员推销、公共关系、营业推广等，企业应根据自己的经济实力、产品特点、品牌现状、市场态势等选择合适的促销方式与促销组合。例如，对于地产地销的产品而言，在当地的主要零售网点开展营业推广活动就不失为一种理想的促销选择；对于技术性较强的生产设备而言，对重点的潜在顾客开展人员推销活动就极为重要；当产品在电视台大规模做广告时，如果能够在主要城市的大商场配合以营业推广活动，则能大幅度提高销售业绩。

结合大众关注的焦点事件开展促销活动、选择促销方式是当前许多企业的选择，能收到较好的效果。2003年10月15—16日，神舟五号载人飞船成功发射，使中国成为世界上第三个可以独立进行载人航天活动的国家。这一事件成为国人关注的焦点，自然也就成为企业开展事件营销的对象。蒙牛、飞亚达、农夫山泉和中国人寿保险等企业有幸成为航天基金会指定的赞助商，促销效果显著。

（2）合理制定促销预算。在开展促销活动时，企业一定要考察自身的承受能力，超过自己的承受极限制定促销预算，很容易将企业引入促销危机的泥潭。我国很多明星企业都因为广告预算的冒进而深受其害。

（3）避免促销言行犯忌。在开展促销活动时，企业的促销行动、促销内容一定要考虑受众的文化背景、风俗习惯、价值取向以及政府的法律法规限制等，否则，不但促销效果不理想，而且促销活动可能遭遇市场抵制、政府取缔。一旦发现促销行动或内容的不妥之处，企业应立即停止促销活动，在做出相应的改进和调整之后再重新展开促销攻势。

5. 营销组合危机管理

为了获得市场成功，企业的市场营销策略必须进行有效的组合。一方面，企业必须重视不同营销策略之间的配合，缺乏其他营销策略的配合，某种营销策略可能孤掌难鸣，无法奏效，片面强调某种营销策略往往会以失败而告终。另一方面，在确定营销组合时，企业必须努力防止不同的营销策略之间可能出现的矛盾与冲突。例如，当企业的促销策略大幅度宣传企业的产品引领潮流时，企业的产品策略却不能有效跟进，新产品上市速度迟缓，必然影响产品的市场拓展力度。

（三）技术创新危机管理

消费需求的多样化、个性化为技术创新提供了强大的驱动力，科学技术的迅猛发展则为技术创新创造了条件。与此相适应，新产品的开发周期大大缩短，产品更新换代的速度不断加快，新产品开发风险增大。在技术创新的过程中，如果企业忽视顾客需求的变化，在技术创新上停滞不前或脱离实际，则很容易阻碍企业发展，企业对此要高度重视。

1. 引发技术创新危机的主要原因

引发企业技术创新危机的原因多种多样，其中主要原因有：

（1）将技术创新视为纯粹的费用支出。在一些企业中，高级管理层往往将技术创新看成是一种纯粹的费用支出，像压缩其他费用一样拼命压缩用于开发新产品的投入。而事实上，新产品开发是一种投资活动，只要投资项目的选择正确，投资过程的管理到位，就能够提高新产品开发的产出，即新产品投产后所形成的利润远远高于新产品开发的投资，有利于企业的可持续发展。将技术创新视为纯粹的费用支出的看法，将导致技术创新投入严重不足。而按照国际上比较一致的看法，研发投入占销售收入 1%的企业难以生存，占 2%的仅能维持，占 5%的才有较强的竞争力。因此，许多企业陷入技术创新危机也就不难理解了。

（2）将技术创新视为研发部门的事情。在许多企业高层管理者的心目中，普遍存在着这样一个误解：技术创新只是研发部门的职责，只需研发部门对它关心。但是，仅仅靠研发部门根本无法确保新产品开发项目的竞争力。例如，如果市场营销部门不提供准确的消费需求信息，新产品的开发将可能脱离顾客的需求；如果新产品开发缺乏生产部门的参与，可能使得开发出来的新产品由于生产成本过高而缺乏可行性；尤其是当新产品开发缺乏高层管理者的大力支持时，开发所需要的人力、物力、财力都无法得到保证。因此，技术创新应是整个企业的事情，否则，遭遇技术创新危机只是早晚的事。

（3）忽视顾客需求的变化。随着卖方市场向买方市场的转变，消费者的需求日益呈现出多样化乃至个性化的倾向，对产品的质量、性能、价格等的要求越来越苛刻，产品的生命周期越来越短。如果企业漠视市场需求的这种变化，不注重随着市场需求的变化加快对产品的更新换代步伐，则必然落后于竞争对手，使得自己的市场份额迅速被竞争对手质量、性能更优而价格却不变甚至更低的产品所侵占。

（4）追求技术至上主义。技术创新不只是技术上的突破，更重要的是要有商业价值，能够为市场所接受。有些企业非常重视新产品开发工作，当创新得以实现时，就以为胜券在握。殊不知，技术上的先进性并不一定意味着经营上能够成功，由于开发的新产品并非市场所需要的产品，只注重技术创新而忽视市场因素仍有可能造成技术创新危机。技术至上主义是许多研发人员以及研发出身的企业高层管理者常犯的错误。

例如，有家企业投入 1 000 多万元花数年时间开发了一种使用特殊热敏纸的打印机。该打印机的生产效率很高，具有高质量、高稳定性的特点。然而，特殊的纸张要求使得产品对顾客缺乏吸引力，销售业绩令人失望。很快，企业停止了该产品的销售。然而，已经售出的少量产品却需要它在未来几年提供相应的售后服务支持，代价非常高。因此，该技术创新项目以高额的亏损而告终。

（5）创新风险大。技术创新总是与一定的风险相对应。尤其是因面临较大的潜在市场机会而进行大规模的技术创新投资时，创新过程很长，风险非常大。有些大型的技术创新项目，需要投入数亿元的资金，花费几年乃至数十年的时间。此时，如果企业没有建立有效的风险分担机制，一旦投资失败，将面临巨大的风险损失，甚至可能一蹶不振。

（6）核心技术的丧失。核心技术的丧失往往使企业陷入技术创新危机之中。核心技术丧失的原因包括：第一，科学技术的发展使得企业原有的核心技术变为一般技术。如 20 世纪 80 年代，苹果公司以用户界面友好作为其核心竞争力并获得了巨大的竞争优势。但是，随着软件产业和技术的发展，用户界面友好已经成为所有软件厂商参与竞争必备的基本能力。第二，由于核心技术没有申请专利或进行有效的保密，被竞争对手模仿、获悉。第三，掌握核心技术的人才流失。第四，在对外剥离企业所经营的有关业务时，由于未认识到有关技术的重要性而将它排除在企业核心资源的范围之外进行出售，特别是出售给自己的竞争对手或潜在竞争对手。

2. 技术创新危机的管理对策

为了降低技术创新危机发生的概率，减少技术创新危机一旦发生对企业所造成的损失，企业有必要做好以下工作：

（1）认识到技术创新是企业发展的驱动力。企业高层管理者首先应认识到技术创新的重要性，将技术创新视为企业最重要的业务流程之一。为了使技术创新工作在企业内顺利开展，需要将技术创新置于企业高级管理层的直接掌控之中，他们必须理解技术创新机制如何发挥功效，识别技术创新过程中可能存在的各种缺陷，通过改进技术创新提高企业的竞争力。为了使企业高层管理团队高效工作，他们必须形成对技术创新的共识，并形成共同的沟通语言。国外知名企业研发投入都很高。美国、日本企业的研发投入占销售收入的比例平均在 3%左右，惠普为 9%，IBM 为 5.8%，日立、富士通等都超过了 10%。对于已经在新产品开发上远远落后于产业中的领导企业，甚至研发投入大大低于产业中的平均水平的企业而言，更应该提高认识，通过各种途径筹措新产品开发所需要的资金，加大技术创新投入，这样才能走出技术创新危机。

（2）密切关注需求变化。成功的技术创新活动的起点在于对市场机会的发现。只有密切关注顾客需求的新动向，并围绕顾客需求开展新产品开发工作，才能确保新产品的商业成功。为了减少新产品开发的风险，在新产品概念形成以后，应该挑选一部分潜在顾客，对新产品概念进行问卷测试，了解他们的期望、看法和意见，以判断新产品概念是否具有吸引力，还有哪些需要改进的地方。在新产品的样品研制成功以后，为了防止新产品大规模上市可能存在的风险，可以选定少数几个有代表性的地区对新产品进行试销。待试销获得好评，再大规模生产；否则，要么进一步改进新产品设计，要么停止新产品的开发工作。

（3）建立技术创新联盟。建立技术创新联盟是企业加快创新步伐、减少创新风险的有效举措。几家各自拥有相对优势和不同的关键资源，而它们之间的市场又无尖锐矛盾，且彼此的市场存在一定程度的区隔的企业，为了各自的利益，建立技术创新联盟，共同进行有关产品或技术的开发，可以减少开发风险，加快开发速度，取得共同的市场优势，实现所有企业的共赢。企业也可以与高等院校、科研院所合作，进行研究开发、共建技术中心、开展人员交流等，形成立足全社会的开放式科技成果转化机制，围绕主业及主导产品，提升自己的技术创新能力。

例如，美国的 IBM 与英特尔、日本的索尼与东芝、德国的西门子与荷兰的飞利浦等先后结盟，或互换技术，或共同研制开发新技术、新产品。为了与欧洲空中客车公司竞争，美国波音公司与日本三菱、富士、川崎重工等公司结成伙伴关系，共同出资 40 亿美元，开发波音 777 飞机。当世界上大多数国家达成协议停止生产氟利昂之后，杜邦公司为了能够尽快找到生产氟利昂替代产品的最佳方式，联合在相关领域具有超群能力的 20 多个组织，包括学术机构、私营公司等，使杜邦公司比规定的最后日期提前 3 年，在 1993 年就停止了氟利昂的生产。

（4）加强技术保护。对于能够申请为专利的核心技术，通过申请专利，运用法律手段避免竞争对手的模仿；不能申请专利的专有技术，要建立健全保密制度，防止其泄密而为竞争对手所掌握。在对外剥离企业经营的业务时，要注意避免因不了解企业的核心技术而误把它排除在企业核心资源范围之外而将它出售。对科技人才建立有效的激励制度，设法吸引并留住科技人才。

随着企业面临的竞争环境越来越复杂，竞争的对抗性越来越强，竞争内容的变化越来越快，竞争优势的可保持性越来越低，市场竞争越来越明显地表现出动态竞争的特点。在动态竞争的条件下，企业应不断致力于技术创新，这样才能够维护自己的技术领先优势。固守原有技术领域，必然在竞争中落败。

（四）信息危机管理

信息管理如今在企业中扮演着重要角色，但一些企业信息系统落后或信息管理不到位，难以发挥信息化对企业的促进作用，使企业运营效率无法进一步提升，阻碍了企业的发展。

1. 引发信息危机的主要原因

在企业的经营管理过程中，信息危机的出现主要源于以下一些原因：

（1）信息化建设滞后。由于观念落后、认识不到位，许多企业认识不到信息化对提高企业生产效率和管理效率的作用，不愿意投资于企业信息化建设。诸如采购、销售、库存、财务管理、统计报表分析等工作均由手工完成，造成管理过程中的大量重复劳动，管理效率低，管理差错率高，对宏观环境、市场需求、竞争形势、原材料供应等的变化反应迟缓，决策过程缓慢，决策失误率高，不但错过许多有利的发展机会，而且很容易造成战略选择错误。

（2）基础管理不到位。企业计算机管理系统的有效运行，需要以准确和完整的基础数据为前提。基础管理不到位，基础数据不准确、不完备、不及时，即使都以一定的数据库格式输入计算机系统，也是错误、过时的信息，“垃圾进，垃圾出”，难以提高管理效率和决策水平。我国有些企业的企业资源计划/制造资源计划（ERP/MRPⅡ）项目实施已达 10 年之久，但基础数据的准备工作还未完成，企业的信息化建设自然以失败告终。

（3）将信息化等同于电算化。在实施企业信息化的过程中，信息化绝对不能等同于对实际工作的简单电算化。它涉及企业管理体制改革、业务流程再造、管理方法创新等各个方面。在其他管理方面没有根本改进和提高的情况下，信息化只能是“新瓶装旧酒”。许多企业买了一大堆计算机硬件和软件，用计算机管理模拟、迁就传统的业务流程，管理效率并没有明显改进，反而增加了工作量，导致管理效率的倒退，就很好地说明了这一点。

（4）信息化建设适用性不强。在实施信息化的过程中，有些企业盲目追求先进，好大喜功，不认真进行信息化的投入产出分析。在硬件的选择上，购买最好、最新的设备，结果导致设备能力的严重闲置；在软件的设计上，提出了大量对企业来说价值不大、华而不实的功能，造成培训负担加重，使用人员工作量大增，增加了很多无谓的成本。

（5）信息安全受到威胁。病毒的攻击、黑客的侵入、自然灾害或突发事故的发生，都可能危及企业计算机系统的安全。层出不穷的计算机病毒对企业的信息系统构成巨大的威胁。互联网的发展便利了企业与业务合作伙伴和顾客的联系，有助于企业收集大量有用的信息，但同时也带来了信息安全问题。黑客通过互联网侵入企业内部管理系统的事件时有发生，窃取企业专利信息、商业秘密、顾客的信用卡资料等，对企业的正常经营和顾客的信心造成巨大的影响。此外，洪水、地震等自然灾害以及火灾、爆炸等突发事故的发生，也会破坏企业的计算机管理系统，造成企业管理数据丢失，影响业务的正常开展。

2. 信息危机的管理对策

为了积极发挥信息在提高生产和管理效率中的积极作用，避免或减少信息危机对企业造成的冲击，企业应致力于实施以下一些管理对策：

（1）加快信息化建设的步伐。信息化建设是对企业旧有的管理模式、管理思想、管理方式的一场变革，关系到企业全局，高层管理团队的认同和支持是其得以顺利实施的前提。因此，企业高层管理团队要认识到信息化的重要性。尤其是因为信息化建设滞后已经遭遇危机的企业，更应该加快信息化建设的步伐。

许多企业的成功都得益于信息化建设。在互联网还没有进入商用领域之前，沃尔玛就于 1983 年花费 2 400 万美元构建沃尔玛总部、配送中心、门店之间信息沟通的高速公路。经过多年的发展，沃尔玛已经逐渐形成了庞大而高效的信息网络，总部可以在 1 个小时内将覆盖 27 个国家的 11 500 家门店内的每一种商品的库存、上架以及销售量全部盘点一遍。信息系统的建立和投资，使沃尔玛获得了快速应对各类危机的能力。

在当前的形势下，导入 ERP 应成为企业信息化建设的重点。随着市场竞争的加剧，企业竞争的空间和范围进一步扩大，自 20 世纪 90 年代初以来，ERP 开始受到越来越多企业的关注。与 MRPⅡ侧重于对企业内部资源进行管理不同，ERP 接受供应链管理的思想，对供应链上所有节点企业的所有环节，如订单、采购、库存、计划、生产制造、质量控制、运输、分销、服务与维护、财务管理、人事管理、实验室管理、项目管理、配方管理等进行有效管理。在管理时效性上，MRPⅡ通过计划的及时滚动来控制整个生产过程，实时性较差，一般只能实现事中控制。而 ERP 支持在线分析处理，强调企业的事前控制能力，实时性强。在管理的广度上，ERP 打破了 MRPⅡ只局限在生产企业的格局，应用到各行各业，如金融业、通信业、零售业等，从而使 ERP 的应用范围极大地扩展，并逐渐形成了针对某种行业的解决方案。

（2）对信息化建设进行投入产出分析。企业信息化建设不能一味追求先进性，先进性必须与适用性密切结合在一起。企业在实施信息化建设之前，必须对信息化建设进行详细的投入产出分析。企业根据经营管理现状、经营目标、技术需求程度、资金实力、预计效果等各方面情况，决定在何种深度和广度上实施信息化建设，确定企业合理的信息化建设水平。

（3）做好需求分析。企业实施信息化建设必须从企业诊断入手，做好需求分析，找出企业运行中亟须解决的瓶颈问题。计算机管理系统的导入，实质在于用更为合理的流程设计、更为先进的技术手段，改造企业原有落后的业务流程。企业原有的基于人工管理、操作的各类活动都是以发挥人的特长和考虑到人自身能力的局限性来安排的。受人的管理幅度的限制，难以减少系统层次，人的计算能力难以实现系统的优化运行，不同的人、不同的部门之间的相互制约增加了许多不必要、不增值的活动。实施信息化建设之后，各种活动都是基于计算机管理和操作的，因此必须对企业现有的业务流程进行再造，并配合以相应的规章制度改革，以适应计算机的特点。

（4）改进基础管理工作。信息化建设需要良好的管理基础工作做支撑，尤其是基础数据的完备对信息化建设的实施至关重要。为此，企业必须加强基础数据的收集、整理工作，基础数据必须完整、准确，能及时、全面反映生产经营活动的全过程和各个方面、各个环节的基本情况，确保原始记录、会计凭证、统计资料的真实性、完整性，建立健全劳动工时、原材料消耗、资金占用、费用控制等定额标准。在掌握上述基础数据以后，还要进行大量的录入工作。为获得各种基础数据，企业必须对原有的工作方法和有关标准做全面整顿。

（5）为信息化建设提供人才保障。先进的软硬件技术只是信息化的表象，企业信息化的实质是对企业各业务模块管理需求的满足。因此，信息化的实施并非只是计算机专业人才的事情，而需要计算机专业人才与各专业部门的管理人才合理搭配组成复合型团队。如果企业拥有较多的既懂计算机技术，又懂管理的复合型人才，则无疑对信息化建设的实施大有裨益。在计算机管理系统交付使用之前，需要对相关部门的人员进行系统的培训，使他们熟悉具体的使用程序和方法，确保计算机管理系统高效地工作。

（6）确保计算机管理系统的安全。为了对病毒进行有效的防范，企业要完善计算机系统的使用管理制度，严格操作人员的操作规程，防止有毒软件、软盘等侵害系统。同时，应配备能够不断升级的杀毒软件，对病毒进行实时监测，及时杀灭发现的病毒。

企业的计算机管理系统是一个开放的系统，在同外界进行密切的信息交流的同时，如何确保商业秘密的安全、防止黑客攻击是企业必须认真考虑的问题。为此，企业有必要综合运用入侵侦测、防火墙、虚拟私有网络、内容过滤、各种病毒防护技术等网络攻击防御技术，并密切追踪技术的最新变化，对系统进行升级。尤其是在企业的计算机管理系统遭遇黑客攻击之后，更应做好安全系统的升级工作。

为了防止病毒、自然灾害或突发事故对企业数据的破坏，企业应建立数据备份制度，对数据库文件在异地进行一套甚至多套备份。

三、企业集团管控失灵引发的危机管理

企业规模壮大后，通常会形成企业集团，集团管控成为管理者的核心工作之一。由于企业规模大、层级多，内部效率不高，企业集团管控一直是困扰管理者的难题。若任由“大企业病”发展，企业不但不能取得持续的竞争优势，反而会陷入管理危机，走向衰落。

（一）企业集团管控失灵的表现

1. 各单位本位主义严重，协作困难

追求自身利益的最大化将导致各部门或子公司本位主义严重，影响企业整体目标的实现进程和企业的整体效益，使企业陷入危机。在事业部制公司中，由于不同事业部所涉及的领域不同，具有不同的任务目标和考核标准，且在本领域内的权力较大，容易形成本位主义严重的“小王国”。在独立法人的子公司间，母公司难以整合资源，实现共赢。在相关多元化的集团公司的事业部或子公司之间，项目沟通协作和资源共享困难，时常出现渠道建设重复、销售人员过剩、品牌定位冲突、技术不兼容、人力资源调动困难等问题，浪费企业资源，降低内部运行效率。总部或母公司的审计、品牌、人力、财务、文化管控部门只注重各自的管控工作，缺乏统一的战略和管控模式的引导，各自为政，管控成为事业部和子公司疲于应付的差事，管控效果较差。

2. 组织结构老化

组织结构是企业运作的基本框架，企业的组织结构形式多种多样，包括直线制、职能制、直线职能制、事业部制、矩阵制、多维立体制、控股型和虚拟企业组织结构等。[①] 集团企业内部关系复杂，组织结构与企业运作的制度流程对接，直接影响整个集团的产权管理与业务管理，如果企业不能随着外部环境和内部条件变化适时调整组织结构，很

① 孙泽厚．组织行为学．北京：清华大学出版社，2010：299.

容易因组织结构适应性差而负面影响产权控制和业务经营，进而陷入危机。一些企业观念陈旧，在多元化进程中理应放权设立事业部或控股子公司，实际上却固守直线职能制，或在事业部制弊病明显时，不从总部层面进行横向流程改造，令企业内部管理效率停滞不前，渐渐偏离市场需求。

3. 集团总部定位不清，责权机制混乱

总部的职能一般包括战略规划、资产管理、资本运营、人事管理、财务管理、审计管理和信息管理等，各项职能的权责内容与集团管控模式密切相关。管控失灵的重要表现之一是集团总部或母公司的定位不清，高层管理者未能明确总部或母公司应该管什么，不应该管什么，在管控活动中任意干涉下属单位，随意指令，缺失章法和规范性，使得管控混乱。一些企业虽然界定了总部职能，但对具体职能的权责划分不清晰，具体分工不明确，各层级各单位在无效的沟通协调工作中耗费大量精力。

4. 管控措施执行不力

管控的制度性安排与企业发展战略及内部资源状况密切相关，总部在制定管控制度前，未能充分了解企业经营状况以及各部门的沟通情况，盲目拍板，在实际操作中处处碰壁，制度可执行性较低，效果不理想。一些企业内部顽疾丛生，冗员过多，机构臃肿，人员涣散，虽然管控制度看上去十分完善，但上下缺乏协作意识和共同语言，下级单位消极应付管控措施，管控制度形同虚设，极大减损企业效率，影响企业长期发展。

（二）企业集团管控失灵的危机预防

1. 审慎选择管控模式

根据企业集团母公司和子公司权力、责任的分配情况，可以把集团管控模式分为绝对集权型、相对集权型、中间平衡型、相对分权型和绝对分权型五种。[①] 集团公司越集权，意味着决策和经营集中度越高，子公司除执行之外的权责也就越少。分权型管控倾向于财务控制，按照股权关系通过法人治理结构进行产权管理，主要起指导和效果控制作用；集权型管控倾向于统一战略规划，负责各项重要决策，并对子单位主要经营活动全面监控和审查安排；集分权平衡的企业多采取战略控制模式，集权程度介于绝对集权与绝对分权之间。可见，管控模式的选择与组织运行方式密切相关，企业高层管理者在组建企业集团、收购公司、新建机构时，应结合企业发展战略目标、成员企业重要性和要求、企业成长周期、地域分布、产品领域、规模实力、员工素质等，综合决策适合本集团的管控模式。一般来说，产品单一的企业管控模式偏向集权，随着企业进入相关多元化、非相关多元化阶段，管控模式逐渐趋于分权。

2. 合理定位各级机构功能

明确各层级机构的功能定位前，必须明确企业集团总部的功能定位。总部或母公司定位不清，必然使子公司或分支机构的功能定位不清，管控体系混乱。在企业内部，一

---

① 王凤彬，赵民杰．企业集团管控体系——理论·实务·案例．北京：经济管理出版社，2012：34－37.

般可以通过行政指令执行功能任务。但由于子公司具有法人资格，母公司对子公司的管控必须处理好各自角色定位，协调好各自职责分工，以避免子公司凭借其法人独立性与母公司发生矛盾冲突。

在功能定位上，除战略管理、资本运营、重大人事安排、绩效管理、业务协调等集团总部必须具备的职能外，集团需要根据各子机构的管理能力和管控模式等因素，合理决定总部是否应具备法律支持、职能指导、企业文化管理等功能。

在众多功能定位中，企业需突出重点职能，重点职能通常与管控模式密切相关，直接连接企业竞争优势。一般来说，企业如以资本增值为目标，应侧重资本运营和财务控制功能的管控；如以业务扩展、培养业务经营能力为目标，则还需重视职能性服务，以提高集团的整体竞争能力。外部市场和宏观环境也是确定总部定位的重要因素，由于我国资金市场和人才市场不完善，总部不应弱化人力资源和资金募集管理。

3. 适时调整组织结构

组织结构是管控理念的落实，也是企业战略实现的保证，直接关系管控措施的具体执行。哈佛商学院的一项调查显示，率先健全组织结构是多数长寿企业得以持续发展的重要原因之一。[①] 组织以机构的功能为主要设置依据，随着组织的战略规划调整和各机构功能的重新定位，组织结构也应适时调整，这一要求不仅反映在企业的总体结构上，还表现在单个机构的正规化、专业化、职业化、人员比例等方面。调整过程中，企业应以各机构的功能再定位、实现效率提升为指导思想，优化组织结构，不能简单地重新排序和连接。

不同组织结构的责任配置体系不同，责任中心制度通过机构的经营活动，间接影响企业竞争能力。企业成长初期，以职能型结构为主，二级单位主要作为成本费用中心。在多元产品企业惯用的事业部结构中，由于事业部不承担有限责任，不宜担负投资责任，可作为利润管理中心。控股型集团中，机构庞杂，企业可设立多个利润管理的业务单位；企业还可依据管控模式，在二级单位设立投资责任中心，授予单个产业投资管理活动的权限。集权模式下，总部管理机构功能较多，事务庞杂，因而总部规模较大，高层管理者需花费大量精力统筹各部门的管理工作；随着企业发展，如果管理模式渐趋分权，总部管理则应精干化，减少人员规模，将总部管理重心放在资本运营和财务控制等部门上。

4. 完善治理结构

在治理结构上，集团应加强成员企业股东大会、董事会、监事会、总经理之间的有效制衡。在我国，许多企业改制为股份公司后，并没有建立规范、合理的法人治理结构：董事会与经理层高度重合，决策与执行集于一身，缺乏有效的制衡机制；不少公司监事会形同虚设，上市公司的独立董事成为“花瓶董事”“人情董事”，没有发挥应有的监督作用。集团母公司应规范治理结构，否则长期来看，管控风险将大幅增加。

对于有法人独立性的成员企业，产权经营层级应当缩减，如层级过多，母公司的意图就难以贯彻，管控难度会加大。企业应适时进行资源整合和定位调整，新建或收购企

---

① 周毅．头脑帝国——经济皇冠：人力资源．北京：大众文艺出版社，2000：341.

业前，需明确其法人独立性及在企业架构中的位置，不盲目扩大产权层级或总部产权管理幅度。

5. 精细化管控流程

一些企业重视顶层管控设计，却忽视基层管控工作，在执行中暴露出许多细节性漏洞，员工可能自行其是、擅自做出主张，其行为方式不仅不符合企业要求，反而增大管控风险。为解决这一问题，企业应当精细化管控流程。首先，企业应规范化管控流程、制度化正式程序，使具体管控措施有可操作性。其次，管控措施应细分化，令每个部门、每个层级都明晰自身职责、控制任务及管控目的。信息化技术也是管控流程落实的重要支撑，需疏通内部信息沟通渠道，保障控制信息的传递。

6. 培育共同价值观

共同的语言和价值观有助于管控理念在基层得到贯彻执行。例如，在分权的管控体系中，如果员工独立自主性强，企业合作氛围浓，则管控制度更容易落实。在文化价值观与管控模式尚不融合的企业中，管理者须重视文化管控，培育与集团管理模式协同的内部共同语言和价值体系，使发展理念深入人心，调动员工的工作主动性。

（三）企业集团管控失灵的危机处理

1. 排查管控措施执行情况，寻找漏洞

管控失灵出现后，企业应迅速排查管控制度和执行情况，寻找问题根源。问题可能出在整体管控模式上，也可能出在子管控系统上，或者管控设计上，或者管控执行上。排查整体管控模式时，企业管理者应从战略高度，运用系统思想检查战略与组织的协同效应、管控模式的选择、各级机构功能定位及基本组织架构。若审计、人力等子管控系统的设计与整体管控模式不能融合，则需完善该子管控系统，使之符合企业战略需求。由于企业集团规模庞大、调整缓慢，发现系统性设计漏洞后，高层管理者应审慎渐进式地调整；当然，如果企业经营已十分困难，高层管理者也应拿出魄力，短期内展开大力度的组织变革。如管控失灵系执行问题，应问责执行负责人，责令迅速调整，加强核查；如系人员能力欠缺，应及时变动人事安排，以免管控失灵危机扩大。

2. 清理无效资产，整合内部资源

在企业的多元化规模扩张进程中，一些企业核心业务不突出，盲目收购过多资产，进入其他产业，却难以整合产业资源，培养竞争优势，影响核心业务发展；在庞杂的资产项目中，统合集团整体能力的管控措施无法奏效。管控失灵出现后，企业应及时梳理各项资产性质，关注它对企业整体战略绩效的价值，随后重新整合内部资产，清理难以发挥效用的资产。在整合过程中需注意到，相关多元化的成员企业之间关联性较强，存在内部经营协同，因此应以培养相关多元化业务的协同竞争力为目标，优化配置资源，对流程进行整合。非相关多元化企业则以提升内部经营效率为重点，合并同类产业资源；对于进行资源整合也难以创造长期价值的子公司，应及时进行战略转型或直接出售。通过一系列的资产清理和资源整合，企业的资产性质和效用目的将逐步清晰，与战略规划和管控模式协同，企业集团可能成为一个有机融合体。但值得注意的是，一些子公司管理模式和管理水平之间存在很大差异，资源整合难以达到预期效果，母公司应首先向子公司传播知识，调动集团资源，共享知识，夯实管理基础。

3. 人事任免调动，加强内控机制

一些企业集团的子公司或分支机构自我中心主义严重，不听从母公司或总部的号令，管控难以落实。管控危机发生后，为保证集团的整体控制，应通过正式程序对下级机构进行人事任免和调动；在重大人事任免和调动时，应稳定人心，说明人事变动缘由，并以此为契机表明总部坚决维护管理制度的态度，减少阻碍管控措施贯彻落实的人为因素。

为了使内部控制机制具有组织机构保证，减弱整体运营风险，企业集团可在董事会下设立风险控制委员会，在企业职能部门中设立审计部。风险控制委员会成员由母公司及子公司、分公司的领导和相关部门的人员组成，强调风险的事前控制，负责对重大项目进行收益、风险评估，并根据评估结果进行决策。审计部除了进行合规性审计之外，应重点进行风险性审计，强调对风险的事中和事后控制，一旦发现问题，应立即采取措施以尽量减少可能造成的损失。在成员企业治理结构上，应按照现代企业制度要求，加强规范性建设，形成良性制衡的治理机制，保障企业的可持续发展。

延伸阅读15-1：产生高管团队不和危机的原因

四、高管团队不和引发的危机管理

高层管理者的团队运作对于企业业绩有着重要作用，特别是在竞争激烈的环境中，企业的成败越来越取决于高管团队成员之间决策互动的能力和质量，高协调和高弹性的团队更富有创新力和效率。作为企业工作的主导人物，高管团队的默契协作可以转换为特殊的生产力，从而提高企业整体绩效。相反，高管团队不和带来的纷争和管理者流失对企业有极大的危害性；若不和导致高管流失，商业秘密、订单、客户以及部分核心人员可能随之流失，增强竞争对手实力，本企业潜在损失较大。伴随着高层纷争，高层管理工作质量大幅下降，企业内部人心惶惶；经营决策上，由于高管层用力方向不一，决策连续性和衔接性不佳，直接损耗潜在绩效。正如惠普中国前总裁孙振耀所说：“当一个机构做出看似愚痴、不可理喻的行为时，实质是内部政治在作怪。”

（一）高管团队不和的危机预防

高管团队不和一旦产生，不仅难以化解，且容易升级，持续时间延长，对企业产生强烈的负面影响。一场严重的高层纷争，会令企业竞争力大幅下降，一些中小企业甚至因此亏损或解散。因而，企业必须重视防范高管团队不和危机的出现，具体可从以下方面入手：

1. 审慎选择创业成员，明确创业团队决策机制

高管团队不和情形可分三类：股东之间的不和，股东与职业经理人之间的不和，职业经理人之间的不和。其中以股东兼创始者不和的负面影响最强。所以，在创业核心团队组建之时，就必须重视防范这一潜在危机。在团队成员选择上，除考察个体知识结构、经验、能力、行为习惯等因素外，还应考察长期性的互动决策因素，即相互信任、冲突管理、多元差异、对组织承诺、运用的权势类型、沟通风格、公平正义的互动程序等。[①]后者不仅对团队决策质量有积极作用，也是决定团队能否长期融合的重要因素。

创业之初，创业者就应明确公司章程的主要内容，通过机制设置减少未来分歧，有条件的创业者应聘请律师辅助章程制定。在运作机制上，创业者应明确公司组织形式、各自分工和职责、未来经济利益分配方式等。在公司发展需要聘任新高管时，不仅要关注候选人给公司带来的潜在价值，还应考察其能否与已有高管团队融合，并明确新高管的权责和收益分配，防止日后出现纠纷。在创业团队管理方面，马化腾可谓做得非常出色，在创业初期考虑周全，有效防范了公司发展中的高层纷争。

案例 15-3

马化腾的核心创业团队

腾讯公司的创业团队堪称中国互联网创业者的典范，为公司的成长和发展立下了汗马功劳。2004 年 6 月，腾讯在香港上市，当年市值达到了 66 亿元人民币。从 1998 年成立到 2005 年，以马化腾为核心的五人创业团队用默契的合作诠释了出色团队的所有特征。

腾讯创业团队成员

腾讯创业团队成员私人关系非常好，彼此非常熟悉，但各有所长。在公司创建初期，五位创始人就达成一致意见，要维持良好的内部秩序，各管一摊，职责明晰。其中，马化腾是首席执行官，张志东是首席技术官，许晨晔是首席信息官，曾李青是首席运营官，陈一丹是首席行政官。

马化腾非常聪明，注重用户体验，善于从用户角度去设计产品，将事情简单化，且技术能力非常强，将问题落到实处。在为人方面，马化腾为人低调、计划性强，有远见，在创业初期即看好互联网未来的发展，被称为“诸葛亮”。张志东头脑活跃，是个技术迷，软硬件都精通，追求完美；作为首席技术官，他全面负责专有技术的开发，包括即时通信平台和大型网上应用系统的开发。许晨晔和马化腾、张志东是大学同学，许晨晔性格随和，有亲和力，善于听取不同意见，形成个人想法但不随意表达，是位典型的“好好先生”，成为五人团队的“润滑剂”；作为首席信息官，许晨晔全面负责网站社区、客户关系和公共关系工作。曾李青是许晨晔在深圳电信公司工作时的同事，是五人中最为开放、最有激情的人；作为首席运营官，曾李青将技术产品推向市场，全面负责业务及产品种类。陈一丹是马化腾的中学同学，创业时已有律师执照，为人严谨，同时又非常张扬，能在任何时候激发大家的热情；作为首席行政官，他负责腾讯的行政、法律和人力资源工作。

五个人性格和专长各不相同，但价值观类似，都渴望开发出能够满足中国人自己使用的在线通信工具。马化腾较为包容，具有独特的眼光，审慎地选择了四位创业者，使他们有机地融合为一个团队。

---

① 鲍勇剑．营造魅力企业．上海：上海人民出版社，2007：184－185.

腾讯创业团队的机制建设

腾讯创业团队的成功之处，还在于创业之初优良的决策机制和股权结构，减少了潜在纷争隐患。

在工作中，工科背景出身的马化腾带头与下属共同探讨合理方案，绝不专断；意见不同时，他善于谦虚地表达意见，不强人所难。可以说，在以他为核心的创始团队影响下，腾讯内部亲情或朋友的关系多于上下级的关系，形成了集体管理的氛围，同事间彼此分担压力和责任，协同配合，发挥出集体智慧。

在股权结构上，马化腾开始的想法是他与张志东、曾李青三个人均分股份，但最后还是采取了五人创业团队根据分工占据不同股份的策略。即便是后来有人想增资占更大的股份，马化腾也不同意，因为在马化腾看来，应有的股份要和未来的潜力匹配，不匹配就要出问题；如果拿大股的不做事，做事的股份又少，矛盾就会发生。马化腾主动将自己的股份降到 47.5％，这样一来，一方面避免了他自身股权比例太大，一股独大，给其他人过度集权的感觉；另一方面，他作为主心骨，能够把握重大决策，除非出现其他四人都反对的极端情形，否则他不会失去公司的控制权。

最终商议下来，他们五人共凑了 50 万元，其中马化腾占 47.5％的股份，张志东占 20％的股份，曾李青占 12.5％的股份，其他两个人各占 10％的股份。由此，腾讯自创始之初，即明晰了集团领导和策略，同时马化腾是核心创始人，仍保留腾讯最重要决策者的身份。后来，公司进行外部再融资，虽然他们所持股份只有当初的 1/3 左右，但他们身价最低者都已达数十亿元以上。

资料来源：林军．沸腾十五年：中国互联网 1995—2009. 北京：中信出版社，2009：94－95；何磊．风平浪静——马化腾五兄弟．东方企业家，2010（12）：82－83；马化腾：创业最大难度在于保持内部团结．南京日报，2011－11－07；黄德华．从创业搭档谈腾讯 QQ 的创业成功．科技智囊，2012（4）：64－67；熊海燕．马化腾创业："全民公敌"偶像．黄河晨报，2012－10－29.

---

2. 完善高层管理机制，加强制度化建设

强化制度建设以弱化人治，促使高管以共同规则办事，就事论事，以防范任务型矛盾转化为关系型矛盾，是预防高管不和危机的最重要措施之一。要完善高层管理机制，应首先设计合理的企业治理结构，加强股东会、董事会和监事会的分权和制衡，规范制度设定流程。其次，在高层决策机制上，要避免高管间的共同控制，以创始人为主的团队中，应设立战略方向的决策核心者，避免团队战略理念出现分歧时，彼此无法融合，企业发展方向模糊；以职业经理人为主的团队中，可设立执行委员会等高层协调组织，分享决策信息、探讨决策方案。最后，高管层的权力应避免过度集中或过度平均。高管团队矛盾往往发生于这两个极端状况下：过度集权制度下，其他高管必须顺从集权者，不同的意见转化为隐性的矛盾种子；若权力结构过度平均，则难以从正式程序上协调高管层的矛盾。因此，在执行制度上，办事规则明确，权利义务统一，各高管的责任和权力要具体化，落实在书面上，定期向执行委员会或核心管理者汇报和反馈。

企业扩张后，在组织结构和部门规模调整中，也要考虑导致高管冲突的结构性因素。企业可缩减或分离大部门，避免大部门主义；但部门规模也不应过小，否则不利于专业化和精细化管理。同时，企业发展中，高管的技能和素质要求也会变化，企业面临调整高管队伍的要求。为保证高管队伍调整的平稳过渡，企业应提前建立合理的高管任职制度。当然，要落实制度，创始者或其他核心管理者要带头执行，该自己管的管好，不该自己管的绝不干涉。

3. 实施股权激励，统一高管团队利益

股权结构决定企业盈利的最终走向，关系企业的生存根基。吸纳对企业长期发展发挥重要作用的管理者成为股东，有利于统一所有者与管理者的利益；在利益机制统合下，高管团队的个人利益与企业整体利益有机融合，极大提高了管理者工作的积极性。由于团队目标得到统一，人们主动消除团队矛盾的积极性增加，不和情形会减少。

4. 培育共同价值观，营造协作共赢的文化氛围

在企业发展初期，高管团队目标一致，动力充足，大家荣辱与共、风雨同舟。进入发展中期后，在利益动机之外，还需要共赢协作的文化氛围促进团队融合，特别是在企业发展不顺利时，这点尤为重要。当高管团队氛围积极向上时，潜在冲突减少，并能转化为企业的文化资本，成为一种特殊的竞争能力。高管应认识到只有公司整体平台牢固了，个人才会在其中有更多发展空间，而公司整体平台建设需要整个团队协作。建立这一积极的文化氛围，要求高管团队成员真诚参与决策，公开交流，加强共识。尽管这一氛围可能会带来意见冲突，但只要成员能认识到冲突是以决策目标为导向，旨在提升企业整体绩效，他们就可能在制度框架下积极对待冲突，提升决策有效性。

为创建这一氛围，"一把手"首先要带头行动，不刚愎自用，提升合作精神，鼓励共赢价值观。其次，"一把手"或董事会要为高管团队设定共同的任务目标，将共同目标实现情况作为个人业绩之外的重要考核内容，引导高管努力提升共同绩效。当然，根据不同企业的特征，可吸引不同层面的管理者加入共同目标设立的探讨中；当自身参与到目标建设中时，往往能提升管理者的主观能动性。

（二）高管团队不和的危机处理

实践中，几乎没有一个高管团队是不存在任何矛盾的，一旦不和产生，应正视高管不和存在的客观性，采取有效措施，防止冲突进一步扩大，最大限度减弱其危害性。在处理这一危机时，企业需注意以下方面：

1. 及时干预高管不和

高管团队不和的负面影响持续时间长、危害性大，一旦产生，需尽快解决。比不和高管更具权威的经营者或机构要发挥积极作用，及时出面干预。一般来说，解决方式无外乎沟通协调自主解决、依制度办事和企业外第三方解决这三种途径。干预初期，应以沟通协调为主，促进各方关系融洽，这一过程不应神神秘秘，引发他人偏袒某一方的猜测，如有猜测应及时回应。沟通中，需引导不和者寻找双方的共同点，明晰其行为对企业经营的影响，劝诫舍小取大；同时，应为其剖析对个人声誉、社会地位和经济收益的影响，引导不和者自己拿出合理的解决方案，以结束危机。若沟通难以解决问题，恶性冲突无法缓解，企业需以整体利益为重，以既定制度为准绳，厘清危机产生的原因和发展脉络，追究责任，采取调任、解聘或职权重新配置等方式强制处理。

实践中，股东不和等危机出现后，由于没有权威者，双方互不妥协、不做让步，问题往往难以解决。可能的思路是对股权进行价值评估，弱势一方将股权转让给强势一方，双方彻底分离。若无法协商解决，也可通过仲裁或诉讼方式解决。

2. 稳定内部军心，减少对企业正常经营的影响

高管团队不和危机中，企业内部通常谣言纷飞，人心惶惶，影响基层员工的工作。为巩固自身权势，不和高管还可能在管理者中拉帮结派，并鼓动下属声援自己，引发中基层员工的不和。因而，在处理高管不和危机中，“一把手”或董事会需表明解决问题的决心，及时与员工沟通危机处理的进展，安抚员工情绪，稳定军心，减弱影响；特别是在高管辞职或被解聘离开公司之时，企业负责人应展现大度的情怀，不打击报复，营造和睦离职的氛围，稳定其他高管及基层员工的信心。

3. 探究不和内因，避免不和再次发生

危机稳定后，企业应针对高管团队不和产生根源采取措施，其中包括制度因素和个人因素两部分。为防范类似情形再次发生，首先应完善制度建设，调整不合理制度，弥补造成高管不和的制度漏洞。其次，对于个人因素而言，应加强日后对高管任职人选的考察；对于曾卷入不和危机、达成谅解且尚在企业任职的高管，过往事件处理结束后不宜再追究责任，但需让其吸取教训。

五、员工流失引发的危机管理

人才是企业竞争力的主要源泉，企业的核心竞争力的建立以具有开拓意识的人才为基础。大量员工的流失，特别是关键员工的流失，一方面破坏了企业固有的组织结构和合作模式，造成人才的不足；另一方面，流失的员工很有可能被竞争对手接纳，不但增强了竞争对手的实力，且容易导致企业技术诀窍和商业机密的外泄，对企业造成巨大的冲击，削弱企业竞争力，并令企业员工人心不稳。

延伸阅读 15－2：造成员工流失危机的原因

（一）员工流失危机的预防

积极开展预防工作，是避免员工流失危机发生的最有效途径。员工流失危机的预防，可从以下方面入手：

1. 开展人本管理

人本管理是与“以物为中心”的物本管理相对应的概念，它强调在企业管理中以人为中心，将人视为企业最重要的资源，倡导围绕调动企业中人的积极性、主动性和创造性开展一切管理活动，其核心是理解人、尊重人、激发人的热情，实现企业与员工共同发展的目标。在企业是什么、企业靠什么、企业为什么等基本问题上，始终贯穿以人为本的思想，即企业即人（of the people）、企业靠人（by the people）、企业为人（for the people），因此，人本管理亦称为 3P 管理。

（1）企业即人。为了实现企业盈利的目的，首先必须对员工进行有效的组织和管理，进而通过员工实现对物质资源的配置和利用。缺乏一支精干高效、充满才干的员工队伍，再好的机器设备、再充裕的资金也不能创造出任何效益，甚至还有可能会成为企业的包袱。企业即人的思想要求企业必须建立高度信任的文化，相信人的能力，把人的因素放在中心位置，时刻将开发人的潜能放在主导地位。

（2）企业靠人。人本管理实现组织目标的主要方式是充分依靠和利用组织的人力资本，调动人才的工作潜能。人本管理重视情感管理，运用行为科学，致力于改善人际关系，提高员工对企业的归属感；人本管理强调员工参与，全体员工既成为管理的客体，同时也成为管理的主体，鼓励全体员工通过各种途径为企业发展出谋划策，以提高企业的决策水平，强化员工执行决策的意愿和效率；人本管理提倡员工自主管理，管理层对员工充分授权，让每位员工都能享受信息和知识，在自我控制下有效地完成工作任务，达到自我实现的目标。

（3）企业为人。员工应成为企业管理活动的服务对象，管理活动成功与否不但要看股东的利益是否实现，还要看企业员工的个人目标是否实现。实行人本管理要求企业注重全面提高员工的工作质量和生活质量。

2. 设计合理的薪酬体系

在完善考核机制和适当提高员工的工资、奖金和福利水平的基础上，企业应积极探索新型的薪酬形式。对于经营管理层成员，应积极探索年薪制、养老金计划、员工持股计划、股票期权、管理层收购等新的薪酬方式。随着工业现代化的推进，不但会出现产品过剩，而且会出现资本过剩，对于许多企业来说，制约企业发展的主要因素不再是资金和生产能力，而是由知识积累所形成的创新能力。而知识，尤其是其中关键的隐性知识，又是附着在具体的人的头脑中的。关键知识的所有者对企业的重要性日益增加，但他们的流动性又很大。为了稳定拥有关键知识的所有者，员工持股计划、股票期权等方式也应该对技术型员工开放，或者让技术骨干以技术入股，通过将一部分股权让渡给技术人才，让他们参与剩余产品的分配。在高科技企业中，更应如此。

当然，在实施年薪制、养老金计划、员工持股计划、股票期权、管理层收购、技术入股等新型薪酬形式的时候，需要花费较多的时间进行相关制度的设计，以免因设计上的缺陷而影响这些新型的薪酬形式的实施效果，使员工满意度下降。

3. 倡导积极向上的企业文化

企业文化建设是企业提高员工的忠诚度和向心力的重要手段。通过创造良好的企业文化氛围，铸造员工共同的行为模式，培养积极向上的企业精神，有助于企业将员工个人目标有效统一到企业的组织目标上来。尤其是在知识型员工比例不断增加的情况下，企业文化对激发员工的自我实现愿望、挖掘员工的创新潜力、培养员工的合作精神具有重要的作用。企业要重视文化建设，下功夫培育积极、健康、向上的共同价值观，形成良好的企业风气，并将这些价值观具体落实到企业制度层面。为使企业文化落到实处，有必要导入企业形象识别系统（CIS），将企业文化细化为具体的理念识别（MI）、行为识别（BI）、视觉识别（VI）。[①]

4. 建立学习型组织

据统计，最近30年人类积累的知识占有史以来人类知识总和的90%，知识呈现出更新速度不断加快的趋势。为了使自身的素质赶上竞争的需要，企业及其员工必须具备适应动态变化的学习能力，建立学习型组织（learning organization）。所谓学习型组织，就是通过不断学习来改革本身的组织。对于学习型组织而言，必须掌握五项修炼技能，即锻炼系统思考能力、追求自我超越、改善心智模式、建立共同愿景、开展团队学习。[②] 在知识经济兴起的大背景下，企业应努力在内部创造一种学习的氛围，充分利用内部网强化知识在组织内的传播，利用有效的激励机制调动员工不断学习的积极性，为员工参与各种形式的学习和培训创造有利的条件。

5. 帮助员工开展职业生涯规划

职业生涯规划（career planning）是指一个人在将个人发展与组织发展相结合的条件下，基于个人特点、组织因素、社会环境分析，制定有关自己一生中职业发展的战略设想与计划安排。积极帮助员工开展职业生涯规划，并为员工职业发展目标的实现提供条件，有助于形成让企业和员工都满意的“双赢”局面。

具体而言，企业帮助员工开展职业生涯规划不仅能减少企业人才流失，还能提高人力资源管理水平。通过参与员工职业生涯规划，可以使企业及时掌握员工的个性特征和职业发展动向，这有助于为员工提供个性化的培训、职位轮换、晋升等帮助或激励，达到事半功倍的目的。在职业生涯规划中的有意引导，还可以使同企业目标一致的员工脱颖而出，为培养企业高层经营管理人员及高级技术人员提供人才储备，提高员工的满意度。

一般来说，企业帮助员工开展职业生涯规划的具体途径包括：第一，编制明晰的职位说明书，为员工了解企业的职位、开展职业生涯规划确立基础；第二，通过开办职业生涯规划讲座、召开职业生涯规划座谈会乃至开展一对一咨询等方式，使员工掌握客观、科学的职业生涯规划手段；第三，设计并公布职业路径，使员工在规划自己的职业生涯时把握住基本脉络；第四，推行导师制，为新员工配备导师，发挥导师对新员工职业生涯规划的言传身教作用；第五，开展以职业发展为导向的绩效评估，确立员工规划职业生涯的依据；第六，组织员工职业发展培训，培训方式既可以是脱产、半脱产培训，也可以是在职培训，使员工跟上时代与企业发展的要求。

（二）员工流失危机的处理

一旦发生员工流失危机，企业首先应明确危机的根源，这样才能制定有效的处理措施。如果危机的根源在于管理中的失误造成股东与经营管理层之间或者经营管理层与员工之间的误解或冲突，则有必要改进管理方式与方法，对经营管理层或员工进行有效的安抚；如果危机的根源在于现行的人力资源政策设计不合理，则有必要变革现有的人力

---

① 王维平，何欣．现代企业形象识别系统．北京：中国社会科学出版社，2010：54.

② 圣吉．第五项修炼——学习型组织的艺术与实践．北京：中信出版社，2009.

资源政策。员工流失危机的发生，可能造成企业人才的缺失，因此，企业还应迅速寻找合适的人才填补各种职位空缺。

1. 开展有效的安抚行动

员工流失危机的爆发，使平常隐藏在经营管理层或员工心中的不满暴露无遗，企业应针对员工产生不满情绪的主要原因开展有效的安抚行动。对于薪酬待遇太低的问题，企业应考虑同一行业内其他企业的标准和企业自身的劳动效率，确定合理的薪酬水平；对于发展空间狭小的问题，企业应尽可能创造更多的培训、晋升、轮岗的机会；对于工作氛围压抑的问题，企业应致力于建设健康、活泼的企业文化，创造良好的企业内部沟通渠道，努力协调企业内部的人际关系，丰富员工的业余生活。

尤其当企业陷入困境、被迫裁员减薪时，安抚措施的出台一定要特别慎重。否则，效果可能适得其反，导致企业的员工流失危机。例如，2000 年，当英国电信公司面临经营困难时，管理层提出裁减 3 万人，为安抚员工，管理层对自愿离职的员工开出了非常好的条件。最后令管理层大为烦恼的事情居然不是裁员而是留人。因为安抚措施不当，结果军心大乱，居然有多达 4.5 万名员工同时提出辞职，大大影响了公司的营运。

2. 变革现行的人力资源政策

当原有的人力资源政策成为企业发展的障碍时，企业就必须考虑对现行的人力资源政策进行变革。在对现行的人力资源政策，包括考勤制度、休假制度、考核制度、薪酬制度、晋升制度、培训制度等进行认真审查的基础上，针对员工流失危机中所暴露出来的问题，修订现行政策，或基于新出现的问题制定新政策，使人力资源政策符合员工的需要和企业发展的要求。

3. 迅速填补职位空缺

员工流失危机发生之后，企业必须迅速寻找合适的人选填补职位空缺，以免影响企业正常的生产经营活动。职位空缺的填补主要有两种途径：

（1）企业内部调配。企业可以提拔具有发展后劲的员工进入更高的空缺职位，这样，不但能确保空缺职位工作的连续性，而且能够实现对表现突出的员工的激励。企业也可以从人员较为充裕的部门或职位选调部分员工充实空缺职位。这种部门之间或职位之间的员工流动要求员工跨越不同的专业领域，因此，企业需要考虑员工工作的适应性，并对他们进行必要的培训。

（2）企业外部招聘。招聘新员工是弥补流失员工的主要措施。在招聘新员工时，应重点考察如下问题：求职者是否符合空缺职位的专业或技能要求？是否有较强的学习能力和培养潜力？是否有较高的道德素养？是否有敬业精神？是否善于沟通？是否有合作意识？是否具有较强的创新精神？

思考题

1. 身处高速扩张行业的企业管理者应如何防范潜在的企业扩张过快危机？
2. 如何进行战略危机管理？

3. 企业集团管控失灵的表现有哪些？

4. 有观点认为，高管团队不和是“人”的问题，是无法防范的，也是无法从根本上解决的。你认同这种观点吗？

5. 企业主动裁员可能引发危机吗？在经济危机中，应如何防范关键员工流失？

课后案例讨论

中航油期货投机事件

2004年12月，中国航空油料集团（以下简称“中航油”）新加坡公司因从事投机性石油衍生品交易，亏损5.5亿美元，成为继巴林银行破产以来国际上最大的投机丑闻之一，震惊海内外。这一事件的主角正是曾被誉为“打工皇帝”的中航油新加坡公司总裁陈久霖。

从事投机性石油期货交易

中航油为中国航空企业提供燃油，中航油新加坡公司是中航油的海外控股子公司。在总裁陈久霖的带领下，中航油新加坡公司在新加坡成功上市，成为当时中资企业海外扩张的典范之一。

2003年左右，海湾局势紧张，中国、印度等新兴经济体的原油需求也不断上升，国际原油价格开始大幅上涨。伴随原油价格不断冲击历史高点，中航油新加坡公司进口贸易减少，经营态势每况愈下。此时，陈久霖想到，公司可以利用期货期权交易来扭转经营不力的局面，增加盈利。

2003年3月，中航油新加坡公司顺利取得国有资产监督管理委员会和集团公司授权，开始油品套期保值业务。其后，在陈久霖的主导下，公司突破套期保值的规定，开始从事投机性石油衍生品期权交易。陈久霖和日本三井银行、法国兴业银行、英国巴克莱银行等大银行作对手盘，购买“看跌”期权，价格为每桶38美元。

陈久霖认为，自1978年纽约商品交易所上市原油期货及1981年伦敦国际石油交易所上市原油期货以来，国际油价包括航煤、WTI轻油、BRENT原油三种价格，平均没有超过30美元每桶，即使在战争年代均价也没有超过34美元每桶。他确信在原油价格30美元每桶之上卖出看涨期权不会亏钱。后来中航油卖出大量看涨期权的决定就是根据这个判断做出的。在最初的交易中，中航油新加坡公司的交易方向确实符合市场趋势，曾获得过1亿美元的可观利润，然而，这种局面没有持续多久。

亏损扩大，宣告破产

2004年第一季度油价再次攀升，中航油新加坡公司出现580万美元的潜在亏损，陈久霖期望油价能回跌，决定延期交割合同，交易量也随之增加。第二季度油价持续升高，公司账面亏损额增至3 000万美元，陈久霖决定再延后到2005年和2006年交割，交易量再次上升。10月，公司交易盘口已达5 200万桶，而原油价格却再创新高。为了补加交易商追加的保证金，公司消耗了2 600万美元的营运资本、1.2亿美元的银团贷款和6 800万美元的应收账款资金，账面亏损已达1.8亿美元，另需8 000万美元的额外保证金。

10月9日，中航油新加坡公司资金无法周转，陈久霖向集团首次正式呈报交易和账面亏损报告。10月20日，集团提前将配售15%股票所得的1.08亿美元资金贷款给新加坡公司。然而，亏损幅度还在增大，10月26日和28日，新加坡公司因无法补加合同保证金而遭逼仓，蒙受1.32亿美元的实际亏损。11月8—25日，衍生商品合同继续遭逼仓，实际亏损达3.81

亿美元。11 月 28 日，集团下达指示，要求新加坡公司向新加坡证交所申请办理股票停盘交易，并在危机处理过程中严格资金使用和重大事项，包括对外披露信息的审批程序。12 月 1 日，新加坡公司亏损额达 5.5 亿美元，不得不向当地法院申请破产保护，寻求股东和债权人都能接受的和解方案。这一消息公开后，国内外一片哗然。

投机巨亏谁之过？

在舆论声讨中，媒体不断质问中航油和陈久霖：为何会出现如此巨大的亏损？

2005 年普华永道会计师事务所受托公布的调查报告显示，早在 2002 年，中航油新加坡公司已在外部审计师协助下制定了《风险管理手册》，该手册当时没有包含期权交易的具体条款，但规定了公司衍生品交易的“止损”限额。同时，手册规定对新的产品进行交易必须在一个委员会和总裁的推荐下获得董事会的批准。但普华永道认为，中航油新加坡公司开展期权交易业务时绕开了董事会，自行开展了具有极大风险的新业务。

调查报告还显示，由于不愿在 2004 年前三季度季报中记入损失，新加坡公司在 2004 年多次挪盘（买回期权关闭原先盘位，同时出售期限更长、交易量更大的新期权），草率承担了大量不可控制的风险，尤其是 6 月与 9 月的挪盘未能根据行业标准评估期权组合价值，也未能在财务报表中正确反映。事实上，新加坡公司不仅未在公开的上市公司报表中反映，还向集团呈交假账。集团通过正常的账目检查，没有发现新加坡公司的不当行为。

在事后的媒体采访中，陈久霖承认自身作为总裁和董事存在问题，但也将部分责任归咎于集团。陈久霖称，集团已于 2004 年 10 月 3 日开始了解到新加坡公司的严重亏损，当时的账面损失仅为 8 000 万美元，然而集团多数高层管理者当时在休假，难以集中讨论，没有立即行动。10 月 9 日，新加坡公司向集团提出书面紧急请示。直到 10 月 16 日，集团方召开党政联席会议讨论。其后集团行动依然缓慢，新加坡公司损失仍在不断增加，直至 11 月底集团要求新加坡公司股票停牌，申请破产保护。

也有分析人士表示，在亏损不断扩大过程中，陈久霖并非不想及时斩仓，而是一方面受到交易员的蒙骗，另一方面在发出 12 道斩仓令后又被一些国际投行公司误导，一而再再而三错失良机，为轻信国际投行的市场判断付出惨痛的代价。那么，5.5 亿美元的巨额损失到底是谁造成的呢？

资料来源：周勇刚．中航油事件考验谁．中华工商时报，2005－03－14；郭蕾，秦利．中航油巨亏始末初露端倪．证券时报，2005－03－30；宗欣．中航油巨亏事件原因查明 陈久霖负主要责任．华西都市报，2005－06－07；袁小文．智慧的缺失——对中航油事件的深度剖析．期货日报，2005－09－21；刘华．审计案例研究．上海：上海财经大学出版社，2009：197－198；茅宁，汪丽．公司理财案例精选．北京：北京师范大学出版社，2010：28－33；王晓欣．“中航油事件”告诉我们什么．金融时报，2004－12－14.

▶ 结合案例内容，试回答以下问题：

1. 中航油新加坡公司和中航油分别违背了哪些危机管理的原则？
2. 试分析中航油管控失灵的内外部原因。
3. 如果你是中航油管理者，你会采取哪些整顿措施，以确保类似事件不再重演？

第16章
传统文化与企业危机管理

生于忧患，死于安乐。

——《孟子·告子下》

投之亡地然后存，陷之死地然后生。

——《孙子兵法·九地篇》

学习目标

- 了解儒家忧患意识对企业危机管理的启示；
- 了解法家思想对企业危机管理的启示；
- 了解道家思想对企业危机管理的启示；
- 了解兵家思想对企业危机管理的启示。

引　例

当疯狂英语遭遇"家暴"

疯狂的家暴

2011年8月31日，一个名为"丽娜华的Mom"的微博贴出了多张遭受家庭暴力的照片，而且博主声称自己是李阳的妻子李金，也就是照片中的受害人。一时间，这些照片的点击量和转发量骤然上升，在社会上引起了轩然大波，也将"疯狂英语"这个近来不温不火的品牌迅速推向风口浪尖。

事件爆发后，舆论哗然，但李阳一直没有做出回应。在接到下属电话告知后，他才意识到整个事件的严重性，但这没有改变李阳的工作日程，在经过短暂的情绪调整后，他坚持完成了关于家庭教育问题的演讲。

2011年9月9日，在警察的调解下，李阳和妻子达成协议，暂时缓和了关系。但之后不久，双方再次发生冲突。沟通无效之后，事态持续扩大。2011年10月下旬，李金向法院提起诉讼，要求离婚，获得子女的抚养权及分割夫妻共同财产。此后的一段时期，就孩子的抚养权、抚养费及财产分割的问题，双方始终没有达成一致。

李金在起诉书中称：在过去的12年里，她为疯狂英语的发展付出了许多心血，包括教材教辅的编撰和培训活动，但公司和家庭的财权完全由李阳掌控，李阳只给她基本的生活费，从未对她的劳动给予补偿。而且在她遭受家暴后，李阳拒绝继续支付她和子女的基本花销，不惜让整个家庭陷入困境。

这之后，李金控诉其多次遭到李阳对她的人身威胁，她要求对李阳的种种行为进行刑事指控。2012 年 4 月 12 日，她在微博上曝光了李阳给她的短信，该短信内容大意是：如果你在美国，你应该会被你的丈夫枪杀。

2013 年 1 月 29 日，李阳离婚案开庭，这已经是双方第四次对簿公堂了。2013 年 2 月 3 日，在认定李阳家庭暴力属实的情况下，朝阳区人民法院对离婚给予准许，并将子女抚养权判决给李金，要求李阳支付子女抚养费、赔偿精神抚慰金及进行相应财产分割。此外，法院也明文禁止李阳殴打、威胁李金。

除了家暴事件外，涉嫌重婚也让李阳备受争议。2012 年 12 月 11 日，李金在微博上称：2005 年 4 月，李阳和她在美国结婚，当时，李阳还没有和他的前妻正式离婚。法院的审理表明：直到 2006 年 11 月，李阳才正式在法律上结束前一段婚姻。也就是说，在中间的一年多时间，李阳是存在重婚事实的。

虽令不从

家暴事件爆发后，互联网上对李阳骂声连连。在接受《新京报》记者的采访过程中，李阳坦承自己充当了家庭暴力的反面教材。对于最初没有对家暴事件予以回应，李阳表示当时情绪不稳定，而且害怕影响授课以及整个疯狂英语的事业。对于网上的谩骂，他认为这件事肯定会对疯狂英语有很大的影响，但希望大家能把疯狂英语的事业和他个人的行为分开。希望大家能在对他的谩骂中反省和学习，这样才能减少家庭暴力行为。

事实上，疯狂英语确实受到了影响。2012 年，在李阳南京演讲的现场，几名反家暴志愿者举牌抗议，要求李阳对家暴行为进行道歉，双方甚至酿成肢体冲突，整个演讲被迫推迟半小时。在《成都商报》记者的采访中，一些准备参加英语培训的学员表示：李阳的家暴行为不可接受，因此不会选择疯狂英语。

想说转型不容易

凭借“享受英语，享受阅读”的独特理念，加上创始人李阳的满腔热情以及整个英语培训市场的高速扩张，疯狂英语创立后顺风顺水，在国内迅速走红。2002 年，李阳登上春晚的舞台，疯狂英语由此走向大江南北，在培训界可谓无人不知。在教材教辅等读物和培训活动的支持下，当年其销售收入超过 1 亿元。

但是，随着电子出版的发展，疯狂英语的传统收入来源——教材教辅受到很大冲击，其营业收入节节下滑。为了缓解和反转这种趋势，身兼疯狂英语董事长、CEO、首席讲师的李阳竭力发展公司的培训业务，辗转奔波于北京、上海等各大城市。但疯狂英语近年来仍然没有大的起色，经过思考，李阳决心对公司进行升级——引入风险资本，大幅增加培训网点数量和师资力量。就在疯狂英语试图转型的时候，这次家暴事件让李阳甚至整个公司措手不及。

资料来源：丁磊．李阳回应“家暴”：疯狂英语不拆分．21 世纪经济报道，2011－09－14；王传涛．应先为疯狂家暴道歉 再推疯狂英语．中国青年报，2012－06－20；刘洋，卢漫．李阳家暴案宣判 离婚分妻 1 200 万．新京报，2013－02－04；席大伟．四川李阳学校“负面”但不“疯狂”．成都商报，2013－02－05.

近代以来，在企业管理理论上，中国借鉴了一些西方经验，以尽快缩小与发达国家的差距。就危机管理理论和方法来说，中国的情况也是如此。改革开放后，中国的企业管理效率有了质的飞跃，危机管理水平也大有进步。

但是，危机管理具有相当强的实践性，最终要落实到“人”上。而不同国家往往具有不同的文化传统，霍夫斯泰德（Geert Hofstede）等人的研究表明：相对于英美国家，中国更强调个人修养、与外界和谐、中庸之道，这让中国表现出更强的权力差距意识、更高的集体主义倾向及高的风险规避等文化特质。[①] 因此，在企业危机管理的过程中，如果完全照搬西方管理理论，可能会出现“橘生淮南则为橘，生于淮北则为枳”（《晏子春秋·内篇杂下》）的现象。因此，在对中国企业危机的管理过程中，借鉴西方的危机管理理论和方法或许可以一时奏效，但这种管理活动先天带有一些关于文化情境的假设，即使治“标”，也无法从“本”的层次上对中国企业的危机进行管理。因此，有必要对我国传统文化中的危机管理思想进行梳理。

一、传统文化中的危机管理思想

在先秦道家与兵家著作《鹖冠子》中，记载了这么一段对话。

魏文侯问扁鹊：“子昆弟三人其孰最善为医？”

扁鹊：“长兄最善，中兄次之，扁鹊最为下。”

魏文侯：“可得闻邪？”

扁鹊：“长兄于病视神，未有形而除之，故名不出于家。中兄治病，其在毫毛，故名不出于闾。若扁鹊者，镵血脉，投毒药，副肌肤，闲而名出闻于诸侯。”

在这场交谈中，扁鹊认为大哥医术最为高明，因为在病症未发之时，大哥就能予以发现和消除，因此其才华只有家里人知道；二哥的医术其次，因为他能在病症初发时察觉和治愈，因此一般人以为他只能治小病，所以只在乡里有名；自己的医术则最差，因为总是治病于严重之时，因此需要放血敷药，人们以为我医术高明，因而名声遍及全国。这很好地诠释了中华传统文化中对危机“防大于治”的思想。

不只道家和兵家，儒家和法家学说中也有不少对于危机管理的启示。因此，系统梳理我国传统文化中的危机管理思想，一方面有助于改善西方危机管理理论在我国的“水土不服”，另一方面也有助于对整个危机管理理论形成补充，推动整个理论体系的完善，并为国外企业提供一定的借鉴。

总体来说，儒家、法家、道家和兵家对危机管理均富于启示，但各派由于出发点不一，因此侧重也并不一致。儒家从忧患意识出发，强调个人的修德，以及对整个社会的责任感，重点在于危机的预防方面。法家从制度出发，一方面倡导通过制度化管控来加强整个组织的稳定性，另一方面强调制度的与时俱进。此外，法家对君主和国家的潜在威胁进行了较为系统的总结，进而通过危机预警予以防范。道家的思想充满了辩证性，它讲求对危机的预防，要求管理者有所为，有所不为；在危机的处理中，道家也注意到

---

① Hofstede G，Bond M H. The Confucius Connection：From Cultural Roots to Economic Growth. Organizational Dynamics，1998（4）：5-21.

祸福相倚，危中有机。兵家则更进一步强调对危机的创造性利用，甚至通过制造危机而创造机会；而且，兵家高度重视危机中的信息管理并倡导以最快的速度解决危机。各学派危机管理思想见表16-1。

表16-1 儒家、法家、道家、兵家危机管理思想框架

学派	危机预防	危机处理
儒家	厚德载物、兼济天下	和为贵、仁者爱人
法家	法者王本、法与时移、察奸识危	赏罚二柄
道家	无为而治、物壮则老	祸福相倚
兵家	忘战必危	知己知彼、兵不贵久、置之死地而后生

应该补充说明的是，由于四家学说产生的大环境相似，而且存在相互渗透，因此其观点有较多的相似之处。比如，不只儒家强调管理者的修德，兵家、道家包括法家都有所强调，只是程度上存在差别而已。在危机预警方面，也有这样的情形。因此，在本书中，为了避免重复，基于程度的差别和各学派的特色而对这些思想进行了归类，比如将修德归入儒家，危机预警归入法家等。

二、儒家“忧患意识”与企业危机管理

忧患意识是中华民族传统文化的重要组成部分，也是儒家文化的重要体现。它所蕴含的危机意识、责任意识和进取意识对企业危机管理具有丰富的启示，在忧患意识的作用之下，传统的知识分子一方面修德，一方面积极承担社会责任，这在今天仍值得我们借鉴。

（一）忧患意识的起源和发展

“忧患”一词最早见于战国中期的《周易》和《孟子》。《周易》中有“作易者，其有忧患乎”（《周易·系辞下》），孟子“生于忧患，死于安乐”（《孟子·告子下》）更是脍炙人口。观《周易》全篇，其爻辞中“吝”“悔”等字样大量出现，这表现的是：在行动之前，先民通过卜卦来判断吉凶，虽然卦象不好，但如果占卜者能够加强反省和警惕，仍然可以消除祸事或者减少祸事带来的伤害。《诗经·小雅·小宛》则有“温温恭人，如集于木。惴惴小心，如临于谷。战战兢兢，如履薄冰”，这都是先民原始忧患意识的体现。

正因为此，徐复观认为：忧患意识的源头在于殷周之际的社会交替，“忧患心理的形成，乃当事者对吉凶成败的深思熟虑而带来的远见；在这种远见中，主要发现了吉凶成败与当事者行为的密切关系，及当事者在行为上应负的责任。忧患意识正是由这种责任感引发，要以己力突破困难而尚未突破时的心理状态。所谓忧患意识，乃人类精神开始直接对事物发生责任感的表现，也即是精神上开始有了人的自觉的表现”。[①] 周朝取代商朝后，认识到天命并不是有常的，保持着小心翼翼的态度，因为统治者认识到，这样才

① 徐复观．中国人性论史·先秦篇．北京：九州出版社，2014：18-19.

可能实现整个王朝的长治久安，才不至于蹈殷商之覆辙，这也是《周易》所表达的重要思想。

当然，忧患意识并不完全产生于社会变革，在先民长期与自然的斗争中，这种忧患意识也有所体现，比如“初六：履霜，坚冰至。象曰：履霜坚冰，阴始凝也；驯致其道，至坚冰也”（《周易·坤》），这意在提醒人们：霜的来临意味着很快将会结冰，天气将更加寒冷，需要提前做好保暖方面的措施。“即鹿无虞，惟入于林中，君子几，不如舍，往吝”（《周易·屯》），义即：进入山林猎鹿，如果没有虞官的帮助，贸然进行的话，不但可能无功，而且可能遭遇危险。

忧患意识产生后，逐渐上升为中华民族精神的主体范畴之一，虽历经千年而不绝。从屈原“长太息以掩涕兮，哀民生之多艰”（《离骚》），到魏徵“不念居安思危，戒奢以俭，德不处其厚，情不胜其欲，斯亦伐根以求木茂，塞源而欲流长也”（《谏太宗十思疏》），杜甫“穷年忧黎元，叹息肠内热”（《自京赴奉先县咏怀五百字》），到范仲淹“先天下之忧而忧，后天下之乐而乐”（《岳阳楼记》），再到近代林则徐“苟利国家生死以，岂因祸福避趋之”（《赴戍登程口占示家人》），孙中山“革命尚未成功，同志仍需努力”，毛泽东“落后就要挨打”，这些无不是中华民族忧患意识一脉相承的体现。

（二）忧患意识的内涵

就忧患意识的内涵来说，它至少具有以下三个层次：

1. 忧患意识是一种危机意识

在许慎《说文解字》中，“忧”被解释为思虑，“患”与之同义。《国风·召南·草虫》有“未见君子，忧心忡忡”，《论语》有“不患寡而患不均，不患贫而患不安”，曹操《短歌行》有“忧从中来，不可断绝”，其中的“忧”与“患”都是思虑的意思。《广韵》在此基础上进行了补充，认为“患”也有祸的意思。因此，从字面上来说，忧患意识指人们对可能存在的祸患的担心。天有不测风云，人有旦夕祸福。而忧患意识则正是提醒人们对可能存在的“不测”做好充分准备，避免“临渴掘井”。而且，无论就个人的际遇、企业的发展，还是国家的兴亡来说，胜利不可能一蹴而就。在通向成功的道路上，往往有无数可预见和不可预见的艰难险阻，有高潮就会有低谷，繁荣之下往往潜伏着危机，只有对危机保持清醒的意识，居安思危，个人、企业和国家才有可能实现长远的发展。

2. 忧患意识是一种责任意识

“位卑未敢忘忧国”（陆游《病起书怀》）、“先天下之忧而忧，后天下之乐而乐”浓缩了中国传统知识分子对于国家的责任感。作为清代的著名知县，郑板桥的《潍县署中画竹呈年伯包大中丞括》写道：“衙斋卧听萧萧竹，疑是民间疾苦声。些小吾曹州县吏，一枝一叶总关情。”这体现的是对人民的责任感。可以说，没有对人民和国家的责任意识，是不会产生这种忧患之情的。对于企业来说，其存在的价值在于创造利润，但是，如果企业只着眼于利润，甚至是短期利润，而缺乏对国家和人民的关怀意识，缺乏对整个社会的责任意识，是不可能实现基业长青的。

3. 忧患意识是一种进取意识

忧患意识作为儒家显著的精神特质之一，具有“君子以自强不息”的强烈进取意识。在忧患意识的推动下，中国主流知识分子激流勇进，甚至不惜杀身成仁，在“山河破碎风飘絮，身世浮沉雨打萍”（《过零丁洋》）的乱世，文天祥仍然积极奔走，最后慷慨就义；鉴湖女侠秋瑾为救国图存，巾帼不让须眉。在现代的买方市场中，企业之间的竞争日趋激烈，不图进取等于坐以待毙，而如果卧薪尝胆，一家小公司也能成长为参天大树。

（三）忧患意识的导向

就忧患的具体内容来说，忧患意识主要有两大层次。第一层次是上文所提及的忧国忧民，另一层次则是忧己。或时光逝去，或壮志难酬，忧己往往与这两者相联系。“汩余若将不及兮，恐年岁之不吾与”（《离骚》），“昔我往矣，杨柳依依；今我来思，雨雪霏霏”（《诗经·小雅·采薇》），“生年不满百，常怀千岁忧”（《生年不满百》）。在《三国演义》中，刘备居荆州而功业无望，长叹“吾常身不离鞍，髀肉皆消。今不复骑，髀里肉生。日月若驰，老将至矣，而功业不建，是以悲耳”。李白志不得伸，亦感叹“大道如青天，我独不得出”（《行路难》）。时光依然在匆匆流逝，但抱负却难以实现，由此产生的困境便成为忧患意识的重要源头之一。此外，忧患意识也来自个体所感知到的目前或者未来的“不测”，比如阮籍的“徘徊将何见？忧思独伤心”（《咏怀》），便是其在险恶政治环境中对自身命运的担忧。

那么，对于个体来说，又该如何化解这种困境？答案是修德。《周易·系辞下》载：“作易者，其有忧患乎？是故履，德之基也；谦，德之柄也；复，德之本也；恒，德之固也；损，德之修也；益，德之裕也；困，德之辨也；井，德之地也；巽，德之制也。”在《周易》中，吉凶祸福往往与个体的“德”联系在一起，修德成为解忧去祸的重要手段。关于二者的关系，牟宗三先生曾指出：“中国哲学之重道德性是根源于忧患意识。中国人的忧患意识特别强烈，由此种忧患意识可以产生道德意识。忧患并非如杞人忧天之无聊，更非如患得患失之庸俗。只有小人才会长戚戚，君子永远是坦荡荡的。他所忧的不是财货权势的未足，而是德之未修与学之未讲。他的忧患，终身无已，而永在坦荡荡的胸怀中。”①

表 16－2 是忧患意识的导向。

表 16－2　忧患意识的导向

忧患内容	行为导向
忧己	修德
忧国忧民	承担社会责任

立业应当先立身，立身必须先立德，修德对于管理者具有相当重要的意义。就企业内部而言，管理人员的言行塑造着企业文化，无论是上梁不正下梁歪，还是“其身不正，虽令不从”（《论语·子路》），都会引发企业内部的危机。名噪一时的安达信会计师事务

① 牟宗三．中国哲学的特质．长春：吉林出版集团有限责任公司，2010：12.

所之所以轰然倒塌，与管理人员的失德行为有很大关系。而在企业外部，管理人员的言行则是企业的一张名片，稍有不慎便可能引发危机。

2008 年 5 月 12 日，四川汶川发生特大地震，在为灾区捐款 200 万元之后，万科董事长王石表示，“万科捐出 200 万元是合适的”，并规定“普通员工限捐 10 元，不要让慈善成为负担”。后迫于舆论压力，王石在灾区对公司“捐款门”事件公开道歉，万科公司也随即提出捐助 1 亿元重建灾区资金的方案。慈善固然不应该是负担，但是也不应该被限制。

对企业来说，忧国忧民体现在企业的社会责任感。企业只有勇于承担社会责任，与利益相关者以和为贵，才能切实提高人民福祉，增强国家的竞争力，从而实现企业的长远发展。在现实中，有些企业在追求利润的同时忽视了利益相关者所付出的代价，亦即这种代价所带来的成本并没有以价格的形式计入企业逐利的成本，由此造成企业活动的外部不经济效应，甚至引发企业的危机。

2011 年 8 月 3 日，媒体曝光，永和豆浆号称现场磨制的豆浆，实为豆浆粉冲制，涉嫌欺骗消费者。随后多家媒体跟进，追踪报道，有店员否认。2011 年 8 月 5 日，永和豆浆首次承认存在冲制豆浆。2011 年 8 月 9 日，永和豆浆召开发布会，董事长林炳生和总裁林建雄坦承部分门店确实有冲制豆浆，宣布冲制豆浆将在店内显著位置明示，保障消费者知情权；同时，永和豆浆保证豆浆粉不含任何添加剂，如果检出，重金赔偿 100 万元；永和还邀请有关专家在发布会上向媒体和公众解释现磨豆浆和冲制豆浆的区别。随后，尽管仍有部分媒体和批评家对该事件的处理进行质疑，但该事件对消费者的影响已经迅速化解，永和豆浆的经营在遭受轻微影响后，很快恢复正常。永和豆浆之所以能够很快走出危机，在于对以媒体和公众为代表的利益相关者采取负责而真诚的态度。

在现实中，由于忽略利益相关者的利益而引发企业危机的案例举不胜举。相反，对于一个注重和周围群体长远合作，勇于承担社会责任的企业来说，即使它遇到危机，无论出于利益还是道义的考量，利益相关者很可能会施以援手，企业逢凶化吉便多了一分希望，这正是孟子“得道者多助，失道者寡助。寡助之至，亲戚畔之；多助之至，天下顺之”（《孟子·公孙丑下》）的道理。

三、法家思想与企业危机管理

先秦法家从当时社会的乱象出发，认为儒家所强调的德政和道家的“无为而治”都不可取，只有依法治国，才能实现国家的稳定和富强。从制度的角度出发，法家强调法、术、势一体的治国思想，这在后世一直沿用不衰。法家思想对企业危机管理的启示在于：完善制度建设并建立危机管理机制；保证制度的与时俱进，推进创新；建立危机预警体系。

（一）法者王本

在“性恶论”的假设前提下，法家认为“治强生于法”（《韩非子·外储说右下》），即只有坚持依法治国，国家才可能繁荣昌盛。从法家的观点出发，对企业来说，只有建立完善的规章制度体系并坚持落实，企业的生产经营才能保持稳定发展。交易成本理论认为，企业边界是由交易成本和管理成本的边际价值确定的。明确的规章制度有利于降低企业内部的管理成本，而泰罗、法约尔、韦伯等西方古典管理理论先驱将规章制度提到了前所未有的高度。

围绕制度建设问题，法家从以下方面展开论述：

1. 制度的公正性

“刑过不避大臣，赏善不遗匹夫”（《韩非子·有度》）。在企业的运营管理中，应确保规章制度能够公正地实施，制度面前人人平等。管理者一旦法外开恩，制度的权威性将大打折扣，对公司管理者和员工也起不到规范作用。很多企业往往对重要人物“网开一面”，这极易造成整个企业规章制度的松弛，最终造成整个企业的危机。

2. 制度的公开性

韩非子强调：“法者，编著之图籍，设之于官府，而布之于百姓者也”（《韩非子·难三》）。制度存在的价值在于传达期望，从而形成约束或激励，这首先有赖于制度的广为人知。对企业来说，制定规章制度往往并不是难事，但让管理人员和员工熟知这些规章制度，明白哪些事可为，哪些事不可为，哪些事必须为，这便需要企业下一定功夫了。

3. 制度的可操作性

韩非子认为立法不可失人、“其法易为”（《韩非子·用人》）。制度应该从满足人们的需要出发，从解决实际问题的角度出发。按照制度理论，作为制度的制定者，管理者赋予制度合法性，但在实际运作的过程中，制度的有效性仍然是制度能否落实的关键。企业的规章制度必须要考虑到企业的自身情况，必须能得到绝大部分员工的支持，否则，即使规章制度表面完善，实际发挥作用的仍然是潜规则。

4. 制度的稳定性

法家倡导规章制度的稳定性，所谓“法莫如一而固”（《韩非子·五蠹》）。企业的规章制度是用来保障企业的生产经营活动有序进行的，因此规章制度本身必须保持一定的稳定性，如果朝令夕改，组织很容易陷入无所适从的状态，甚至引发危机，制度的严肃性也会受到质疑。当然，法家并不要求规章制度的一成不变，而是强调“法与时转则治，治与世宜则有功”（《韩非子·心度》），这在后面会做进一步的介绍。

对企业来说，法家的制度化思想一方面有助于完善我国企业的内部管理，提高企业的运营效率，减少企业因为自身问题而带来的危机；另一方面也有助于推动企业积极建立危机管理机制，将危机应对措施程序化，减小危机对企业的冲击。

由于危机的高度突发性，在企业危机爆发后，企业决策所需要的时间和信息都相当受限，企业领导人必须在短时间内收集尽可能全面的信息，并基于不完全的信息做出决策。而且，在企业的决策过程中，也必须考虑到企业一时之间可用的人力、物力和资金都是有限的，这便对企业领导人的危机管理能力提出了挑战。

现实中，企业在危机中的决策往往是非程序化决策，这大大增加了决策的风险。对于企业来说，事先建立危机管理机制，从而在危机爆发之前加强危机应变能力，是提升企业危机管理水平的有效途径。危机管理机制是对危机管理的程序化和制度化，通过对潜在危机进行情境化模拟，提前制订相应的应对方案，从而减少危机管理决策中的偶然性，最终达到提高企业危机管理水平的目标。

危机管理机制包括危机处理的权责分配，针对灾难类危机的疏散、救援和救济等程序。对于灾难类危机，企业必须对安全通道、救灾器具与设备实施定期检查，并组织相应的模拟演习，减少灾难带来的损失。

2008年，汶川地震发生后，宝洁公司迅速应对，一方面确认公司员工的伤亡情况，另一方面更改了所有与汶川相关的出差计划，并赋予灾区员工在家上班的权利。通过启动各种应急措施，宝洁公司将地震带来的损失降到了最低。面对这样大的危机，宝洁公司之所以如此冷静，得益于其完善的危机管理机制。在宝洁，有专门的评估小组负责预测各种灾难发生的可能性，据此制定应急措施，并通过模拟演习落实到基层。

（二）法与时移

春秋战国时期，儒家和道家为了说明其学说的合理性，争相援引古人言行作为历史依据，儒家借助对三皇五帝的认同，阐述儒家的治国方针和修身理念，而道家则以伏羲、黄帝为依据，说明“无为而治”的管理思想。归根结底，这两派都表现出强烈的复古主义。先秦法家看到社会的动乱，认为儒家的“德治”和道家的“无为”均不足以实现稳定，因此大胆摒弃复古的视角，强调制度建设的重要性。

更为可贵的是，法家也注意到制度并不应该是一成不变的。韩非子在《五蠹》中，对上古、中古和近古三个时代进行了比较，说明了“圣人不期修古，不法常可，论世之事，因为之备”的观点。“时移而治不易者乱，能治众而禁不变者削。故圣人之治民也，法与时移而禁与能变”（《韩非子·心度》）。法家认为制度应与时俱进，这大大增加了法家思想系统的开放性。对于企业来说，管理的对象已经由工具人、经济人逐渐转变为社会人、自我实现人，企业经营和管理的环境都在发生变化。如何推进企业的与时俱进，保障企业的活力，这是法家思想留给后人的重要启示。

在2008年的金融危机中，许多企业受到不同程度的波及，中国诺康生物医药股份有限公司也不例外，但从2008年下半年开始，企业以危机为契机，推进对营销模式的创新，打造一个以学术为特色的营销体系，帮助企业成功渡过了这次危机，并在危机后取得了更高的增长率。事实表明，拥有创新能力的企业能够更好地预防危机，更好地降低危机带来的冲击。

就危机管理而言，一方面企业有必要建立危机管理机制，最大限度借鉴其他企业和自身的成功经验，确保危机爆发时整个企业有序应对。但另一方面，建立机制并不意味着整个程序和应对措施的僵化，相反，企业需要根据危机的来源、影响大小等特征，大胆采用新的技术和思维，在必要的条件下打破成见，运用创新的手段处理危机。

在2003年的“非典”危机中，超市和餐馆纷纷停业，啤酒生产商损失巨大。在这次危机中，青岛啤酒打破传统的惯性思维，大胆采用了新的销售渠道——与城市供水系统合作。通过这一方式，在无须与顾客面对面接触的情况下，青岛啤酒就完成了配送工作。此外，在危机中，青岛啤酒将传统销售工作的重点从酒店转移到社区和农村市场，成功扩大了顾客群体。这些创新大大缓解了“非典”带来的压力，为青岛啤酒危机后的持续增长奠定了良好的基础。

随着互联网时代新媒体的崛起，企业的危机管理创新也具备了新的条件。很多引发企业危机的信息便发端于网络这样的平台。消息通过新媒体的平台发布后，往往会在短时间内被大量点击和转发，从而迅速传播开来，这要求企业更快采取应对措施。这时，如果只是沿用传统的沟通渠道，在纷飞的流言中，企业往往处于相当被动的境地。借助微博、企业网站等新型媒体，企业一方面能够更好地了解事态的发展情况，从而启动相应的应急措施，另一方面可以通过实时发布消息，澄清流言，在危机中获得主动。

（三）防患未然

一般来说，在危机爆发以前，危机会长时间潜伏在企业中，所谓“木之折也必通蠹，墙之坏也必通隙。然木虽蠹，无疾风不折；墙虽隙，无大雨不坏”（《韩非子・亡征第十五》）。如果能在疾风大雨来临之前，发现木头已经被虫蛀了，墙已经有裂缝了，那么企业就能提前做好戒备工作，即使在风雨之后，仍然屹立。事实上，无论是出现虫蛀还是墙缝，往往是存在征兆的，是企业在早期就能发觉的，这有赖于企业的危机预警能力。

企业的危机预警系统应覆盖企业的方方面面，建立在对整个企业内外部资源和环境的系统性扫描基础上。而且，随着企业之间协作的加强，其他地区和企业的危机也往往会传导，进而波及供应链的所有成员。2011 年，日本地震引发海啸，不仅对日本企业造成了危机，也引发了苹果公司的生产危机，进而影响到我国的销售商。因此，危机预警系统应基于企业的产品流程而扩展到整个供应链，关注上下游合作伙伴遭遇危机的可能性，从而提前做好预备，避免“城门失火，殃及池鱼”。

四、道家思想与企业危机管理

道家从整个自然和宇宙的运行规律出发，发展了一套极富辩证性的管理思想，这套管理思想在汉初得到了实践，创造了有名的“文景之治”。道家主要观点包括无为、守静、贵柔、祸福相倚等，其对企业危机管理的启示主要在于：通过领导者无为而下属有为，减少企业危机；在应对危机中发现机会，推动企业发展。

（一）无为而治

“我无为，而民自化；我好静，而民自正；我无事，而民自富；我无欲，而民自朴”（《老子》第五十七章），这就是道家所提倡的“无为而治”，意思是说，管理者“无为”，整个组织便能良好运转。对于企业而言，“无为而治”体现了企业内部的上下各得其位，各司其职，整个企业秩序井然，就如整个宇宙浑然一体，是一种高明的管理艺术。

在现实中，很多企业领导人出于对整个企业的忧心，事必躬亲，奔波于各种招聘、采购、营销、谈判活动，以及企业的危机处理，但事与愿违，领导人越是忙，企业危机爆发的频率越高，到头来，企业领导人身心俱疲，企业经营每况愈下。殊不知，领导人的过多作为往往是揠苗助长，是企业危机的根源。

诸葛亮一生可谓鞠躬尽瘁，死而后已，于整个蜀汉政权劳苦功高，是后世的楷模，这并无争议。但“政事无巨细，咸决于亮”（《三国志·诸葛亮传》），这对蜀汉政权的利弊则尚待商榷。一方面，事必躬亲导致诸葛亮的夙兴夜寐，其对手司马懿也深有所知，因此在蜀汉两军的相持中，只问诸葛亮吃饭睡觉和一些琐事，并指出其“食少事烦，其能久乎?”不出司马懿所料，诸葛亮不久便因为过度辛劳而病逝于五丈原。另一方面，由于诸葛亮常年来的事必躬亲，包括刘禅在内的蜀国君臣没有得到较好的锻炼，导致“蜀国无大将，廖化作先锋”的困境，在诸葛亮去世后，蜀国人才凋敝，国运日衰，这与诸葛亮的作为仍然是有一定关系的。

“无为”不是无所作为，而是要求管理者在顺应规律的情况下有所作为，是无为与有为的结合。“人法地，地法天，天法道，道法自然”（《老子》第二十五章），“自然”乃是事物发展的规律，这个规律本身是客观存在的，比如自然界之有春夏秋冬，人之有生老病死，揠苗不能助长。管理者可以做的，就是去顺应这个规律，从而做到“道法自然”，达到“无为而治”。

既然“无为而治”是无为与有为的结合，那么，管理者又该在哪些地方有为，哪些地方无为呢? 20 世纪初，亨利·法约尔将管理的职能总结为：计划、组织、指挥、协调和控制。[①] 毛泽东则指出：领导者的责任，归结起来，主要的是出主意、用干部两件事。一切计划、决议、命令、指示等等，都属于“出主意”一类。使这一切主意见之实行，必须团结干部，推动他们去做，属于“用干部”一类。[②] 由此可见，对于企业领导人来说，最核心的事务在于战略决策与选贤任能。

战略决策关系到企业做正确的事情。企业领导人如果整天忙于琐事，很可能会没有时间思考企业战略的问题。通用电气前领导人杰克·韦尔奇高度重视这一问题，他表示：“我整天没有做几件事，但有一件事是做不完的，那就是规划未来。”[③] 对企业来说，战略是公司的发展方向，是企业领导人必须有为的核心领域，忙于琐事而忽略战略决策的领导人可谓是“丢了西瓜，捡了芝麻”。

选贤任能关系到企业正确地做事，是领导者“无为而治”的基础。一方面，领导者需要慧眼识英才；另一方面，对人才量才为用，大胆授权，做到用人不疑，疑人不用。在确定了上下级的权责后，领导者便应专注于自己的“一亩三分地”，给予人才以足够的发挥空间，以集体的智慧推动整个企业的发展。

在楚汉之争的早期，刘邦与项羽在实力上存在很大差距，因此多次遭遇危机，比如鸿门宴。但刘邦知人善用，在一次次的危机化解后，逐渐笼络了许多优秀人才，包括“运筹帷幄之中，决胜千里之外”的张良，“镇国家，抚百姓，给馈饷，不绝粮道”的萧

---

① 罗宾斯，库尔特．管理学：第 9 版．北京：中国人民大学出版社，2008：9.

② 毛泽东选集：第二卷．北京：人民出版社，1991：527.

③ 郭毅，李玉刚．战略管理案例．北京：清华大学出版社，2005：55.

何，“连百万之军，战必胜，攻必取”的韩信，而项羽“有一范增而不能用”，最终只能自刎于垓下。

总体来说，企业领导人要想达到“无为而治”，必须把握有为和无为之间的平衡，明确哪些是大事，顺道而为，哪些是琐事，选贤任能而为之，从而在企业中做到上下各安其序，避免领导人事必躬亲带来的种种危机，推动整个企业和谐发展。

（二）祸福相倚

道家思想充满了辩证性，正如“有无相生，难易相成，长短相形，高下相盈，音声相和，前后相随，恒也”（《老子》第二章），“祸兮，福之所倚；福兮，祸之所伏”（《老子》第五十八章）也体现了道家的这一思想特色。这对管理者的启示在于：一方面，福中有祸，管理者居安不可不思危，必须做好危机的预防工作；另一方面，祸中有福，危险中往往蕴藏着机遇，管理者应该临危不惧，冷静思考危机中的机遇，推动危机成为企业发展的助力。

春秋战国时期，吴王夫差即位后不久，任用伍子胥打败了当时的强国楚国，威震中原。之后又迫使越国屈服，打败齐国，一连串的胜利下，夫差愈加骄横，意图问鼎中原。公元前 482 年，夫差在黄池（今河南封丘西南）大会诸侯，击败晋国而成为新的霸主，这对于吴国这样的小国来说，已经是辉煌之极。但就在这时，越国趁着吴国北上争霸，国内兵力空虚之机，奇袭吴国，虽然夫差后来赶回，但为时已晚，吴国已经遭受重创。而且由于夫差连年用兵，国内民生凋敝，因此不久便被越国所灭。

夫差过分沉迷于当前的一片繁荣，忽略了潜在的危机，最终身死国灭，危机的巨大破坏性，可见一斑。但对于危机，我们也不可过于畏惧，或是陷入悲观主义，在危机爆发后，只要我们冷静分析，乐观应对，完全有可能化危为机，甚至为整个组织赢得新的增长点。

对企业来说，危机往往意味着机会。一方面，随着企业危机的爆发，企业遭遇危机的信息将在短时间内迅速扩散，在大众传媒愈加发达的今天，这一特点也更加显著。可以说，企业危机一旦曝光，企业将迅速成为公众关注的焦点，整个企业的知名度也将迅速上升，这就为企业转危为机创造了条件。对于企业来说，如何将这种难得的知名度转化为美誉度，是企业在危机处理时应该思考的。

另一方面，在企业的发展中，过于强调稳定，往往会使企业丧失活力，无法及时适应外部环境的变化，因此，企业必须适时推进变革，在高新技术行业中，变革甚至成为一种常态。但是，组织推动变革并不容易，这些阻力来自个人对不确定性的规避、既得利益者在变革中的损失、质疑变革对组织的整体有效性等，尤其是，当组织存在较强的文化时，变革将更难以实现。但是，企业危机的爆发却给企业的变革带来了转机。在危机爆发时，人们很可能会动摇之前的想法，包括个人的习惯、利益等诉求，并对现有制度开始质疑，变革由此具备了有效性。此外，在危机爆发时，企业常年积累的一些弊端很可能也会显现出来，企业应该对危机产生的根源和危机的应对措施进行分析，抓住这样一个综合治理的机会，从而推动企业更长远的发展。

五、兵家思想与企业危机管理

兵家思想是对中国古代战争技巧的总结，在战争中，兵家的最高宗旨是取得全胜，也即以最小代价获得最大胜利。从这一宗旨出发，兵家强调高度重视战争中信息的重要性，为了减少战争的损失，兵家倡导速战速决，不战而胜，在具体的交战策略中，兵家也表现了相当的灵活性，比如避实击虚、置之死地而后生等。企业危机与战争具有很大的相似性，这决定了兵家思想对企业危机管理的丰富启示。

（一）知己知彼

就危机管理而言，儒家、法家和道家的学说多针对危机预防，兵家的学说则主要围绕如何行军打仗而展开，即主要针对危机的处理。面对战争，兵家认为“知己知彼，百战不殆”（《孙子兵法·谋攻篇》），将信息管理提到了前所未有的高度。以《孙子兵法》为例，该书共计十三篇，几乎每一篇都渗透了信息管理的思想，比如《孙子兵法·始计篇》有“夫未战而庙算胜者，得算多也；未战而庙算不胜者，得算少也。多算胜，少算不胜，而况于无算乎！吾以此观之，胜负见矣”，“算”即运筹，是基于敌我双方情况而制定战略。《孙子兵法·地形篇》有“知彼知己，胜乃不怠；知天知地，胜乃可全”。

兵家的信息管理围绕战争展开，这些信息并不限于敌我双方情况，对可能影响战争的天时、地利等要素也进行了积极关注，“兵用力多功少，不知时者也”（《孙膑兵法·兵失》）便是这种思想的体现。总体来说，兵家的信息管理是战争中军事、政治、经济、天文、地利、外交等要素的全面统筹，为最终赢得战争创造积极条件。

在战国时期的齐魏马陵之战中，为了诱使庞涓追进，孙膑实行了“减灶”的策略，每天减少军士所挖的煮饭的灶数，让庞涓误以为齐军逃亡。庞涓果然中计，率领小股部队加快追击。孙膑根据魏军的行军速度，预料到庞涓将在日落后达到马陵，而该地正是孙膑看中的伏击地点，于是孙膑利用马陵路窄树多的特点，选中弓箭手提前埋伏，并将一棵大树剥皮后写上“庞涓死于此树之下”。结果，庞涓果然在预定时间到达这一埋伏点，由于天黑，读不清树上的字，下令点火照明。此时，齐国的弓箭手按照之前的约定万箭齐发，庞涓羞愤自尽，魏军由此败亡。

在垓下之战中，项羽军队被重重包围，为了加快整个战争的进程，刘邦阵营命令军士晚上高唱楚歌。这一方面可以唤起项羽军士的思乡之情，另一方面也意在表明：楚地已多被占领，从而瓦解项羽集团的斗志。事实也表明了这种信息战的奏效，项王听到后大惊，“汉皆已得楚乎？是何楚人之多也”（《史记·项羽本纪》）。

企业危机与战争具有很强的相似性。首先，二者都具备相当强的突发性，企业究竟何时会爆发危机，国家之间何时会爆发战争，这都是很难预测的。其次，二者都具备很强的紧迫性，企业危机或者战争一旦爆发，管理者必须尽快做出决策。最后，二者都具备相当大的破坏性，企业危机可以使一个企业破产，而战争可以消灭一个国家。

从本质上来说，战争是国家之间危机的表现形式，鉴于战争与企业危机管理的共通性，兵家思想具有相当大的借鉴意义。就信息管理而言，在企业危机爆发前，企业必须系统收集相关信息，从而有效预防危机，这与法家的危机预警思想是一致的，于此不赘述。在危机爆发后，关于企业的报道将迅速增加，流言也会迅速传开，这将导致企业危机的迅速扩大，因此，企业必须掌握信息的主动权。

在企业内部，企业要根据信息系统判断危机的根源、发展情况等，与员工、股东和债权人保持充分沟通和交流，保证生产活动的有序进行；在企业外部，企业官方必须统一口径，及时因应舆论，充分利用记者招待会、公告、微信等平台，注重对公众的引导。此外，对企业上下游的供应商和经销商，企业也应主动沟通，及时提供危机的处理进展情况，从而保障企业的稳定经营。在整个危机处理的过程中，企业必须扮演好信息中枢的角色，一方面收集信息并进行相应分析，另一方面，需要特别注意的是，应该传达怎样的信息，应该通过什么方式传达，也是企业应该思考的。

（二）兵不贵久

“兵贵胜，不贵久”（《孙子兵法·作战篇》）是兵家的重要思想。对于交战双方来说，战争是以牺牲大量的人力、物力和财力为代价的。如果战争旷日持久，即使最终取得胜利，也往往是得不偿失。因此，兵家认为：战争应该速战速决，以最小的代价赢得最大的胜利。为了在短时间内获得成功，兵家倡导先发制人，控制战争的主动权。

在官渡之战中，曹操大败袁绍，占领其地盘。但袁绍二子袁尚、袁熙逃奔到辽河流域，投靠了乌丸首领蹋顿单于，曹操有心追击，以绝后患，但又担心刘表趁机袭击，因此迟疑不决，在听了郭嘉断言刘表不会有所作为的分析后，曹操决定继续追击。到达易县后，自然条件恶劣，人马难行，郭嘉再次建言：用兵贵在神速，应远距离发动突袭，不要带上太多的装备，选择一条捷径，到时候趁其不备，必能大获成功。果不其然，乌丸人一见曹操便惊慌失措，结果单于被杀，袁尚、袁熙也在逃奔辽东后被杀。

2015 年央视“3·15”晚会曝光呷哺呷哺销售的鸭血有假，涉嫌掺杂猪血成分。消息一出，舆论哗然。呷哺呷哺在得知消息之后，在极短时间内就将相关负责人拉到一个群里，讨论如何应对。另外，呷哺呷哺还紧急上线应急预案，所有相关负责人迅速就位，启动政府与监管机构沟通、舆情监测、媒介沟通、消费者沟通、股东沟通、行业协会沟通等，并指定危机公关负责人、对外沟通负责人等等。全网舆情监控，每 15 分钟扫描一次，第一时间监控舆情走向及扩散程度。公司由于迅速反应和及时进行舆论监测，成功稳定住了舆论的走向，最终政府的检测报告证明公司并没有使用假的鸭血，呷哺呷哺终于得以走出风波。

对企业危机管理来说，快速响应尤为重要。由于现代社会的信息扩散效应，随着时间的推移，危机对企业可能造成的损失甚至会以几何级的数量增加，失之毫厘，谬以千里。在这种情况下，时间就是金钱，就是企业的信誉，就是企业的生命。面对危机，企业只有果断出击，快速响应舆论，稳定和引导舆论，速战速决，才能降低危机对整个企业的冲击，从而以最小代价取得最大胜利。

（三）造危为机

儒家和法家主张在危机爆发后保持冷静，正确应对，从而解决危机，属于稳健型的

在首个开放日，归真堂董事长张志军向众多媒体表示“熊看起来不痛”。但有参观者提出：“感觉在抽胆汁时，黑熊有一阵抽动。”2月23日和24日，归真堂陆续召开座谈会，面向记者和公众，归真堂称要将养殖场“常态化开放”，若上市成功，将建设“生态园区、科研园区和旅游园区”。

就在两个开放日结束后，归真堂和记者之间陷入了口水战，当记者问及：“你又不是熊，你怎么知道熊不痛?”归真堂董事长回应道：“你又不是熊，你怎么知道熊痛?”

即使是开放后，仍有公众对归真堂的开放日表示质疑，认为归真堂不过是在作秀，这是一次被安排、被限定的参观，眼见也不一定为实。

乱象与迷局

归真堂于2月23日开通微博，遭到一片骂声后，其微博开始转载支持归真堂的内容，其中更有一些名人要求亚洲动物基金会公开财务的言论，但随后遭到这些名人的立即否认。归真堂也被批“假冒名人转发微博”。

其实，早在2月12日，网友“谢先生”便在微博上发帖支持归真堂，但据证实，“谢先生”已经于2011年11月8日离世，这个微博账号也已不再使用。而就在那个时候，福建的一个电视台主播也发现自己的微博被盗，该微博发帖支持归真堂。2月25日，归真堂在微博上发帖称“亚洲动物基金会接受西方利益集团贿赂，打压归真堂”，并重复之前的质疑，要求该基金会公开财务。这与中国中药协会指责该基金会“受西方利益集团资助，打压民族中药”的说法一致。

一直以来，归真堂、中国中药协会与该基金会可谓针锋相对，针对熊胆产品主要用于急救药，而且不可替代的说法，亚洲动物基金会则称其“2006年开始从国家药监局数据库中记录所有涉熊胆药品，至今共有244种在售。其中，108种为熊胆粉，60种为眼药水，18种为咽喉片，其余近60种为痔疮膏等，并不涉及任何急救药品”。而且，基金会表示熊胆的很多成分可以被其他中药替代。对于财务上的质疑，该基金会则称“2011年的目前尚在审计，即将公布”。而在2月27日，归真堂创始人邱淑花接受采访，指出网上流传的病熊图片没有一张来自归真堂的熊，这次风波不过是有人对归真堂的陷害，对中医药行业的排挤。

在整个归真堂事件中，在熊是否会痛，熊胆汁药物能否被替代，归真堂和中医药是否被打压的问题上，双方各说各话。事到如今，归真堂的“活熊取胆”事件已经告一段落，可以确定的是，归真堂上市之梦将更加遥远。

资料来源：章轲．归真堂再谋上市 动物保护组织称将再次抵制．第一财经日报，2012-02-06；燕农．归真堂“开放”别弄成了“样板戏”．新京报，2012-02-21；王卓铭．归真堂公关战．21世纪经济报道，2012-02-22；归真堂创始人哭诉被陷害：早知这样就不搞上市．（2012-02-27）．腾讯新闻；李延龙．归真堂危机公关事件点评．医药经济报，2012-03-13.

▶ 结合案例内容，试回答以下问题：

1. 站在中立的立场，简要评论归真堂的危机处理措施。

2. 如果你是归真堂的危机管理人员，面对动物保护组织和舆论的反对，你会如何应对?

3. 在此次危机之后，就企业形象和社会责任方面，你对归真堂的发展有什么建议?

参考文献

[1] 艾学蛟．企业危机管理全攻略．杭州：浙江工商大学出版社，2011.

[2] 安铁雷．企业扩张方式分类及比较研究．经济师，2010（4）：53－54.

[3] 鲍勇剑，陈百助．危机管理——当最坏的情况发生时．上海：复旦大学出版社，2003.

[4] 鲍勇剑．营造魅力企业．上海：上海人民出版社，2007.

[5] 彼得·德鲁克．管理的实践．北京：机械工业出版社，2006.

[6] 彼得·圣吉．第五项修炼——学习型组织的艺术与实践．中信出版社，2009.

[7] 蔡麟．我国民营企业多元化战略的风险研究．上海：上海师范大学，2010.

[8] 曹健．我国民营企业危机管理策略研究．新商务周刊，2019（2）：18－19.

[9] 查先进，陈明红，杨凤．竞争情报与企业危机管理．武汉：武汉大学出版社，2010.

[10] 陈毓晖．中央企业提升集团管控力的研究．北京：北京交通大学，2012.

[11] 戴维·奥斯本，特德·盖布勒．改革政府：企业家精神如何改革着公共部门．上海：上海译文出版社，2006.

[12] 戴鑫，卢虹，宋爱峰．基于组织合法性与渠道权力的企业危机“逆生存”机制研究．管理学报，2018（5）：643－652.

[13] 单业才．企业危机管理与媒体应对．北京：清华大学出版社，2007.

[14] 段俊平．企业员工危机意识建立方略——管理的鲶鱼效应与伯乐相马之术．中国电力教育，2014（25）：84－85.

[15] 弗雷泽·西泰尔．公共关系实务：第13版．北京：清华大学出版社，2017.

[16] 高民杰，袁兴林．企业危机预警．北京：中国经济出版社，2003.

[17] 郭际．现代企业危机管理．北京：科学出版社，2010.

[18] 郭强．浅谈企业危机管理．商情，2013（1）：195－196.

[19] 何海燕，张晓甦．危机管理概论．北京：首都经济贸易大学出版社，2006.

[20] 何维达，郑世林，王慎蓉．基于公司治理理论的企业危机管理研究．商业经济与管理，2007（7）：45－49.

[21] 胡百精．“非典”以来我国危机管理研究的总体回顾与评价——兼论危机管理的核心概念、研究路径和学术范式．国际新闻界，2008（6）：12－16.

[22] 胡百精．危机传播管理．北京：中国传媒大学出版社，2005.

[23] 胡百精．危机传播管理：流派、范式与路径．北京：中国人民大学出版社，2009.

[24] 胡川熙．浅析如何培养高管团队的凝聚与激励．新商务周刊，2019（3）：184－186.

[25] 胡春明．正确处理企业与媒体关系．中国出版，2010（14）：27-28.

[26] 杰弗里·卡波尼格罗．危机顾问：有效预防、控制与管理企业危机．北京：中国三峡出版社，2001.

[27] 景平，黄中鼎．企业危机预警失效的人为因素研究．商业时代，2009（32）：65-66.

[28] 劳伦斯·巴顿．组织危机管理．北京：清华大学出版社，2002.

[29] 劳伦斯·巴顿．危机管理：一套无可取代的简易危机管理方案．北京：东方出版社，2009.

[30] 雷红生，陈忠卫．高管团队内情感冲突、企业家精神与公司成长性绩效关系的实证研究．财贸研究，2008（2）：99-105.

[31] 黎琼洁．关于企业危机管理的若干思考．中外企业家，2016（12）：114.

[32] 李林．中小企业多元化战略实施路径研究．中国管理信息化，2018（5）：93-94.

[33] 李沫．国有企业集团人力资源管控问题分析与对策建议——以A国有企业集团为例．中国人力资源开发，2012（7）：68-73.

[34] 李伟琪．自然灾害中的企业危机管理机制探讨．西部财会，2009（9）：50-51.

[35] 李小平，赵鸿勋．当涂县仅有10多家企业投保——谁为自然灾害“埋单”?．皖江日报，2008-03-07.

[36] 李有绪，毛磊，李斌．产业技术创新战略联盟风险识别研究．中国集体经济，2018（32）：49-52.

[37] 林景新．中国式企业危机管理．广州：广东经济出版社，2007.

[38] 林正章．国际物流与供应链．北京：清华大学出版社，2006.

[39] 刘刚．危机管理．北京：中国经济出版社，2004.

[40] 刘刚．中国传统文化与企业管理——基于利益相关者理论的视角．北京：中国人民大学出版社，2010.

[41] 刘光乾．浅析危机管理中的沟通策略．经济与管理，2004（4）.

[42] 刘苹苹．企业危机形成机理与防控研究．长春：吉林大学，2005.

[43] 刘仁辉，安实．面对突发事件企业应急管理策略．管理世界，2008（5）：180-181.

[44] 刘霞，严晓．探析我国事故灾难危机治理的行动策略．前沿，2010（19）：167-169.

[45] 刘小平．浅谈我国同行业企业恶性竞争，现代营销（下旬刊），2014（11）：25.

[46] 刘云，卢兴华，卢海星．危机管理中的信息沟通研究．科学技术与工程，2006（6）：1753-1755.

[47] 陆云．网络环境下企业危机公关策略研究．现代商业，2018（11）：83-84.

[48] 路正佳．新媒体环境下企业危机管理．电子商务，2012（7）：11.

[49] 伦纳德·萨菲尔．强势公关．北京：机械工业出版社，2002.

[50] 罗伯特·希斯．危机管理．北京：中信出版社，2001.

[51] 罗伯特·希斯．危机管理：第2版．北京：中信出版社，2004.

[52] 罗晓春．新汇改政策下企业规避外汇风险研究．商业会计，2010（19）：48-49.

[53] 毛建国．富士康"八连跳"说明转型之必要．每日经济新闻，2010-05-13.

[54] 米广弘．新闻发言人的制度建设和完善措施．公共外交季刊，2019（3）：68-75.

[55] 诺曼·奥古斯丁，等．危机管理．北京：中国人民大学出版社，2001.

[56] 诺曼·奥古斯丁，等．危机管理．北京：中国人民大学出版社，2004.

[57] 盘和林．哈佛危机管理决策分析及经典案例．北京：人民出版社，2006.

[58] 乔雪莲．母子公司管控模式设计及其影响因素的实证研究．天津：天津大学，2011.

[59] 斯蒂芬·菲克．危机管理．台北：经济与生活出版事业股份有限公司，1987.

[60] 苏伟伦．危机管理：现代企业实务管理手册．北京：中国纺织出版社，2000.

[61] 孙彩，曲世友，孙凯．对危机管理的原则及程序的探讨．科技与管理，2002（4）：89-90.

[62] 孙继伟．从危机管理到问题管理．上海：上海人民出版社，2008.

[63] 孙晓琳．财务危机动态预警模型研究．上海：上海交通大学出版社，2011.

[64] 孙泽厚．组织行为学．北京：清华大学出版社，2010.

[65] 田志龙，高勇强，卫武．中国企业政治策略与行为研究．管理世界，2004（12）：98-106.

[66] 汪蕊．社科院报告：40%中小企业在金融危机中倒闭．东方早报，2009-06-12.

[67] 王凤彬，赵民杰．企业集团管控体系：理论·实务·案例．北京：经济管理出版社，2008.

[68] 王宏伟，杨傲．试析企业参与灾害管理的收益．中国减灾，2008（10）：34-35.

[69] 王辉．我国中小企业市场营销策略探讨——基于宏观货币政策调整背景下．科技创新与生产力，2012（2）：50-51.

[70] 王维平，何欣．现代企业形象识别系统．北京：中国社会科学出版社，2010.

[71] 王文婧，赵耀杰．财务预警理论与企业预警理论初探．商品与质量：科教与法，2014（2）：150-151.

[72] 王湘学．新闻发言人制度初探．中国市场，2011（31）：60.

[73] 王媛．奔驰公司中国区总裁：奔驰要补"沟通技巧"．新快报，2002-03-26.

[74] 魏中龙．中国企业的六西格玛管理之道．北京：经济管理出版社，2005.

[75] 伍晓奕．基于危机管理的员工援助计划研究述评．外国经济与管理，2010（10）：51-57.

[76] 席酉民．企业外部环境分析．北京：高等教育出版社，2001.

［77］熊卫平．危机管理：理论·实务·案例．杭州：浙江大学出版社，2012.

［78］熊玉文．危机管理中的新闻发言人制度．南京邮电大学学报（社会科学版），2006（1）：2.

［79］许青萍．规避恶性竞争：中小企业“延年益寿”之道．前沿，2010（8）：64－67.

［80］薛澜，张强，钟开斌．危机管理：转型期中国面临的挑战．北京：清华大学出版社，2003.

［81］严立新．危机主体在媒体公关中消解信息不对称的策略选择．新闻大学，2008（2）：25.

［82］杨跃之，岳中刚．企业危机管理对策研究．经营与管理，2010（22）：10－11.

［83］姚慧丽，张丽．企业扩张方式演化及其发展趋势．华东经济管理，2007（3）：103－106.

［84］姚振华，孙海法．高管团队组成特征与行为整合关系研究．南开管理评论，2010（1）：15－22.

［85］苑志宏．中国企业扩张的现状分析．中央财经大学学报，2005（5）：54－58.

［86］张春明．新媒体背景下社会组织新闻发言人制度创新研究．领导科学论坛，2017（3）：17－19.

［87］张丰，张羽思．推行“零缺陷”管理的探索与研究，消费导刊，2018（38）：132.

［88］张国旺，李柏洲．危机管理中的有效沟通策略研究．现代管理科学，2009（6）：39.

［89］张金明，彭永华．论企业危机管理．市场周刊（理论研究），2015（10）：6－9.

［90］张丽．企业危机管理中的沟通策略．科学与管理，2009（4）：15.

［91］张丽莲．新媒体时代的企业危机管理策略．科技管理研究，2009（8）：95－97.

［92］张启安．中石化广东总经理被降职使用 13 万红酒费个人承担．（2005－04－25）．财经网．

［93］张秋霞，邵作昌．浅谈危机管理中的信息沟通问题．山东广播电视大学学报，2006（3）：9.

［94］张荣刚．网络媒体环境下企业危机公关分析．商业研究，2010（8）：85－89.

［95］张维迎，马捷．恶性竞争的产权基础．经济研究，1999（6）：11－20.

［96］张岩松，许峰．企业危机管理案例教程．北京：清华大学出版社，2012.

［97］张莹．在企业危机管理中如何有效沟通．科技资讯，2008（31）：134.

［98］张映红．公共关系管理．北京：首都经济贸易大学出版社，2002.

［99］赵定涛，李蓓．企业危机动态管理模式．管理科学，2005（3）：8－15.

［100］张岩松．危机管理案例精选精析．北京：中国社会科学出版社，2008.

［101］郑辰之．明显低于其他投标人的报价属于低价恶性竞争吗？．中国招标，2019（43）：35－37.

［102］周成．如何制定企业危机管理计划．经济管理文摘，2003（12）：10－12.

［103］周德文，张建营，张振宇．中小企业风险防范与危机管理．北京：中华工商联合出版社，2009.

［104］周琳．政策调整、盈余管理与公司价值——来自房地产上市公司的经验证据．经济问题，2011（3）：11－15.

［105］周喜，吴可夫．基于混合粗糙集与 ANN 的上市公司财务危机预警研究．企业经济，2012（2）：37－40.

［106］周阳敏．企业战略危机预警与应急管理．北京：经济科学出版社，2007.

［107］周毅．头脑帝国——经济皇冠：人力资源．北京：大众文艺出版社，2000.

［108］周永生．现代企业危机管理．上海：复旦大学出版社，2007.

［109］朱亚多．中国企业危机公关管理误区浅析．现代商业，2013（29）：112－113.

［110］朱延智．企业危机管理．北京：中国纺织出版社，2003.

［111］Hermann C F. International Crises：Insights from Behavioral Research. New York：Free Press，1972.

［112］Mitroff I I，Pearson C M. Crisis Management：A Diagnostic Guide for Improving Your Organization's Crisis Preparedness. New York：Jossey-Bass Inc.，1993.

［113］Caponigro J R. The Crisis Counselor：A Step by Step Guide to Managing a Business Crisis. Chicago：Contemporary Books，2000.

［114］Jin Y，Van der Meer T G L A，Lee Y I，et al. The Effects of Corrective Communication and Employee Backup on the Effectiveness of Fighting Crisis Misinformation. Public Relations Review，2020，46（3）：10－19.

［115］Banks K F. Crisis Communications：A Casebook Approach. New Jersey：Lawrence Erlbaum Associates，1996.

［116］Liu B F，Fraustino J D. Beyond Image Repair：Suggestions for Crisis Communication Theory Development. Public Relations Review，2014，40（3）：543－546.

［117］Lerbinger O. The Crisis Manager：Facing Risk and Responsibility. New Jersey：Lawrence Erlbaum Associates，1997.

［118］Pearson C M，Clair J A. Reframing Crisis Management. Academy of Management Review，1998，23（1）：59－76.

［119］Henslowe P. Public Relations：A Practical Guide to the Basics. Institute of Public Relations，1999.

［120］Regester M，Larkin J. Risk Issues and Crisis Management in Public Relations：A Casebook of Best Practice. Fourth Edition. London and Philadelphia：Kogan Page，2008.

［121］Uriel R，Charles M T，Hart P T. Coping with Crises：The Management of Disasters，Riots and Terrorism. Springfield：Charles C. Thomas，1989.

［122］Booth S A. Crisis Management Strategy：Competition and Change in Modern Enterprises. London：T. J. Press，1993.

[123] Stallings R A，Schepart C B. Contrasting Local Government Response to a Tornado Disaster in Two Communities//Sylves R T，Waugh W L. Cities and Disaster：North American Studies in Emergency Management，1990.

[124] Fink S. Crisis Management：Planning for the Invisible. New York：American Management Association，1986.

[125] Jaques T. Issue Management and Crisis Management：An Integrated Non-linear，Relational Construct. Public Relations Review，2007，33 (2)：147 - 157.

[126] Van Heerde H，Helsen K，Dekimpe M G. The Impact of a Product-Harm Crisis on Marketing Effectiveness. Marketing Science，2007，26 (2)：230 - 245.

[127] Coombs W T. Ongoing Crisis Communication：Planning，Managing and Responding. The Fifth Edition. London：SAGE Publications Inc.，2018.

[128] Benoit W L. Image Repair Discourse and Crisis Communication. Public Relations Review，1997 (23).

图书在版编目（CIP）数据

危机管理/刘刚主编．--2版．--北京：中国人民大学出版社，2021.11

新编21世纪工商管理系列教材

ISBN 978-7-300-29903-7

Ⅰ.①危… Ⅱ.①刘… Ⅲ.①危机管理-高等学校-教材 Ⅳ.①C934

中国版本图书馆CIP数据核字（2021）第194081号

新编21世纪工商管理系列教材

危机管理（第2版）

主编　刘　刚

Weiji Guanli

出版发行	中国人民大学出版社		
社　　址	北京中关村大街31号	**邮政编码**	100080
电　　话	010－62511242（总编室）		010－62511770（质管部）
	010－82501766（邮购部）		010－62514148（门市部）
	010－62515195（发行公司）		010－62515275（盗版举报）
网　　址	http://www.crup.com.cn		
经　　销	新华书店		
印　　刷	北京溢漾印刷有限公司	**版　　次**	2013年8月第1版
开　　本	787 mm×1092 mm　1/16		2021年11月第2版
印　　张	19.25　插页1	**印　　次**	2024年7月第6次印刷
字　　数	416 000	**定　　价**	49.00元

中国人民大学出版社　管理分社

教师教学服务说明

中国人民大学出版社管理分社以出版工商管理和公共管理类精品图书为宗旨。为更好地服务一线教师，我们着力建设了一批数字化、立体化的网络教学资源。教师可以通过以下方式获得免费下载教学资源的权限：

★ 在中国人民大学出版社网站 www.crup.com.cn 进行注册，注册后进入“会员中心”，在左侧点击“我的教师认证”，填写相关信息，提交后等待审核。我们将在一个工作日内为您开通相关资源的下载权限。

★ 如您急需教学资源或需要其他帮助，请加入教师 QQ 群或在工作时间与我们联络。

中国人民大学出版社　管理分社

教师 QQ 群： 648333426（工商管理）　114970332（财会）　648117133（公共管理）
教师群仅限教师加入，入群请备注（学校+姓名）

联系电话： 010-62515735，62515987，62515782，82501048，62514760

电子邮箱： glcbfs@crup.com.cn

通讯地址： 北京市海淀区中关村大街甲 59 号文化大厦 1501 室（100872）

管理书社　　人大社财会　　公共管理与政治学悦读坊